大學館

梁國樹◎著

梁國樹財經政策建言集 2

國際經貿政策建言

遠流出版公司

梁國樹財經政策建言集2

國際經貿政策建言

作者／梁國樹

主編／侯金英

責任編輯／張清溪・陳博志・湯清玲

發行人／王榮文

法律顧問／王秀哲律師・董安丹律師

著作權顧問／蕭雄淋律師

印刷／優文印刷股份有限公司

初版一刷／1998年7月1日

ISBN／957-32-3532-3（平裝）

定價／400元

行政院新聞局局版臺業字第1295號

Since 1975

出版發行／遠流出版事業股份有限公司

台北市汀州路3段184號7樓之5

郵撥／0189456-1 電話／2365-1212 傳真／2365-7979

Kuo-Shu Liang's Economic Policy Recommendations 2 : Taiwanese International Finance and Trade Policy
written by kuo-Shu Liang
edited by Ching-Ing Hou Liang
Copyright ©1998 by Ching-Ing Hou Liang
Published in 1998 by Yuan-Liou Publishing Co., Ltd., Taiwan
All Rights Reserved.
7F-5, 184, Sec. 3, Ding-Chou Rd., Taipei, Taiwan, R.O.C.
Tel:(886-2)2365-1212 Fax:(886-2)2365-7979

YLib
遠流博識網

http://www.ylib.com.tw
E-mail:ylib@yuanliou.ylib.com.tw

序

先夫國樹一生以研究改革經濟政策,特別是以台灣的經濟發展策略為職志。在學校任職期間,他不僅仔細分析各類經濟問題,也常對政府提出建言。出任公職期間,政策研究佔去他更多的時間。

一九八八年之後,他更承李登輝總統之命,經常向李總統提出各類政策建議。當時向李總統所提出的這些建議並不是全由國樹個人撰寫,而多半是由多位學者共同參與討論草擬撰寫而成。例如陳昭南、劉泰英、薛琦、許嘉棟、陳博志和朱雲鵬等諸位先生就經常參與這項工作;另外也有許多學者專家從事較短期性、或針對特定問題直接間接參與或協助這項工作。在報告初稿完成之後,國樹總是還再三斟酌修訂,才送呈李總統。

這一批報告可以說是國樹和共同參與這項工作之學者專家關懷國事的心血結晶。由於政策建議難免涉及對人、事、物的褒貶,有些建議在被採行之前也不宜公開,因此這些政策建議從未直接發表。如今,國樹已過世兩年,他的學生們希望將這些報告出版,一方面紀念他們的梁老師,另一方面,也為這一段國樹和他們當時盡心盡力思索國家發展方向,苦口婆心勸導國家政策的日子留下一個記錄。為此,我再次翻閱當年的這些報告,國樹當年日夜為這些建議討論思考之情景猶如在眼前;其中有些建議雖然已事過境遷,有些已被政府採行,但大多至今仍極具參考價值。

國樹一生論著甚多,但他不曾出版過自己的論文集,因為他關心的不是自己的著作或名位,而是國家政策的改善。我希望這些建議的出版不僅能提供研究者及社會大眾對我國經濟問題與政策的瞭解,也希望這些建議中政府仍未做到的部份能逐步實現。我相信這也是國樹最大的心願。

本書之編輯出版,必須感謝中央銀行許梅英小姐與游淑雅小姐長期的資料整理,以及台大經濟系在張清溪主任領導下,所有助教、組員與許多研究生幫忙校稿,尤其湯清玲小姐負責協調任勞任怨。遠流出版公司王榮文先生應允出版,林月麗與張月妃小姐的打字排版,也一併致謝。

侯金英　謹序

1997 年 9 月

[梁國樹財經政策建言集2/國際經貿政策建言]
目　錄

第六部分　國際組織

第一部分

外匯市場與金融國際化

公共支出與匯率政策對成長
與出超的影響

1989年2月

　　前呈「美國財政部報告與中美貿易摩擦問題」報告，已就我國經濟失衡調整宜遵行之方向，與政策措施之搭配，提出建議。本報告擬對公共支出增加與匯率調整對於經濟成長和貿易出超的效果，作進一步的計量分析，並提出具體建議。

　　本報告第一節利用總體經濟結構的歷史資料，提出1981年以後經濟失衡之問題所在；第二節利用一個簡單的模型，計算未來4年國內需求與匯率政策應作如何搭配，始能達到特定的成長和出超縮減目標，以及當國內需求增加不足預期，或匯率升值超過預期時，經濟成長與出超幅度所受到的影響；第三節討論各項公共支出應增加的額度及其財源，最後第四節提出政策性建議。

一、1981年以來經濟失衡之問題所在

由表1可以看出，貿易出超佔國民生產毛額的比率自1981年起逐年上升，從該年的2.05%上升到1986年的20%；隨後雖然下降，到1988年仍達9.96%。同期國內需求的各個項目則相形下降，其中民間消費佔國民生產毛額的比率由1980年的51.56%降至1987年的46.4%和1988年的49.11%，民間投資比率由15.69%降至1988年的11.99%，公共支出（政府消費、投資與公營事業投資）的比率由30.9%降至23.12%。

表1   國民生產毛額各單元所佔比率

單位: %

	國民生產毛額	國外要素所得	國內生產毛額	民間消費	民間投資	政府消費	政府投資	公營事業投資	存貨變動	輸出減輸入
1971	100	−0.05	100.05	54.08	13.14	17.26	2.76	7.35	3.00	2.46
1972	100	0.03	99.97	52.04	13.33	16.05	2.59	7.78	1.93	6.24
1973	100	−0.02	100.02	50.43	15.48	15.20	2.37	7.08	4.16	5.30
1974	100	−0.03	100.03	54.40	16.19	14.10	3.33	9.00	10.67	−7.75
1975	100	−0.57	100.57	57.45	14.33	15.87	4.35	12.59	−0.73	−3.29
1976	100	−0.71	100.71	52.47	12.57	15.30	4.68	10.60	2.92	2.17
1977	100	−0.61	100.61	51.80	12.75	15.64	5.33	7.72	2.47	4.90
1978	100	−0.23	100.23	50.30	13.67	15.20	4.15	8.02	2.43	6.46
1979	100	0.04	99.96	50.53	15.39	15.42	3.97	8.72	4.80	1.13
1980	100	−0.15	100.15	51.56	15.69	15.93	4.50	10.47	3.19	−1.19
1981	100	−0.55	100.55	52.27	14.57	16.20	4.28	9.15	2.03	2.05
1982	100	−0.04	100.04	53.03	12.66	17.01	4.47	8.78	−1.10	5.19
1983	100	0.14	99.86	52.01	11.83	16.38	3.77	7.17	−0.15	8.85
1984	100	0.98	99.02	50.82	12.00	15.97	3.55	5.45	−0.03	11.27
1985	100	1.70	98.30	50.78	10.35	16.20	3.53	4.60	−1.18	14.02
1986	100	2.51	97.49	47.10	9.97	14.82	3.51	4.33	−2.24	20.00
1987	100	2.09	97.91	46.40	11.09	14.38	3.55	4.29	0.40	17.30
1988	100	2.57	97.43	49.11	11.99	14.77	4.13	4.22	3.24	9.96

資料來源: 由行政院主計處《國民經濟動向季報》, 43, 各年名目數字計算而得, 由於四捨五入, 各比率加總不一定恰爲100。

　　這些數字顯示, 當前我國經濟處於國內需求不足和外部失衡的狀態。1988年我國國民平均每創造1元所得, 本身的需求僅達9角, 剩下的1角透過貿易出超和相對應的等值資本移出, 投資國外。

　　造成這種現象的原因很多。從較長期的角度來看, 主要原因可能在於我國所採取「出口獎勵」和「進口代替」的工業基本發展策略。前者以租稅減免、低利融資和設立加工出口區等方式, 鼓勵資源往出口競爭產業移動, 後者以關稅和其他進口保護措施, 促使資源往進口競爭產業移動, 久而久之, 兩項政策的

成功固然造就了快速的經濟成長, 也使得出口增加的比率高於進口, 造成外部失衡。

　　從較短期的角度來看, 1981年以來貿易順差擴大的主要原因有二:

1. 國內需求不足。不但民間消費和投資需求趨緩, 政府本身政策所能左右的公共支出成長率亦大幅下降。圖1顯示, 過去我國公共支出佔國內生產毛額比率愈高, 通常貿易順差比率愈低, 1981年以後二者走勢的對比更爲明顯, 前者逐年降低, 後者逐年提高。近兩年來走勢雖然已經扭轉, 仍離1981年以前的平均水準有相當的差距。

2. 新台幣幣值曾發生偏低的現象。圖1顯示, 過去新台幣幣值下降, 通常貿易順差即上升, 1981年以後的發展尤然。唯近兩年來, 隨著新台幣對美元名目匯率的大幅升值, 圖1所示實質有效匯率指數亦已大幅回升, 目前的水準漸與1981年以前長期平均值接近。

二、解決經濟失衡問題宜採取之擴大國內需求與匯率政策

經濟失衡產生的原因既然不一而足, 政府所採取的政策亦應顧全通盤經濟狀況, 多管齊下。經建會所擬「加強對美經貿工作計劃綱領細部計劃」, 雖然主要目標在於削減中美雙邊貿易失衡, 但已涵蓋擴大國內需求、降低關稅與開放市場等有助整體外部失衡調整的重要層面, 爲未來經濟調整揭示了基本方向。本節與下節針對該計劃所提公共支出擴張問題, 與該計劃中未檢討的匯率調整問題, 作進一步的計量分析。

　　如前所述, 1981年以來總體經濟失衡的具體表現就是國內需求佔國民所得的比率不足, 而貿易順差所佔的比率偏高。現階段政策的目標即在於改變此二者之比率。上述細部計劃 (以下簡稱「對美計劃」) 之四之 (一) 節, 將4年之後, 亦即1992年我國貿易順差佔國民生產毛額比率之目標訂爲4%以下; 假設國外要素所得淨額佔國民生產毛額比率維持在1989年經建計劃所訂2.65%之水準,

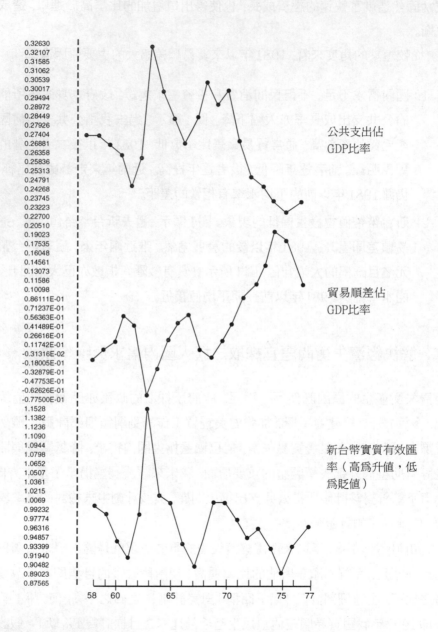

0.32630	
0.32107	
0.31585	
0.31062	
0.30539	
0.30017	
0.29494	
0.28972	
0.28449	公共支出佔
0.27926	GDP比率
0.27404	
0.26881	
0.26358	
0.25836	
0.25313	
0.24791	
0.24268	
0.23745	
0.23223	
0.22700	
0.20510	
0.19023	
0.17535	
0.16048	
0.14561	
0.13073	
0.11586	
0.10098	貿易順差佔
0.86111E-01	GDP比率
0.71237E-01	
0.56363E-01	
0.41489E-01	
0.26616E-01	
0.11742E-01	
-0.31316E-02	
-0.18005E-01	
-0.32879E-01	
-0.47753E-01	
-0.62626E-01	
-0.77500E-01	
1.1528	
1.1382	
1.1236	
1.1090	
1.0944	新台幣實質有效匯
1.0798	率（高為升值，低
1.0652	為貶值）
1.0507	
1.0361	
1.0215	
1.0069	
0.99232	
0.97774	
0.96316	
0.94857	
0.93399	
0.91940	
0.90482	
0.89023	
0.87565	

圖1

此目標表示1992年我國各項國內需求總和佔總所得的比率不能低於93.35%。究竟有無一套公共支出和匯率政策, 能使得4年之後國內需求可達到此一比率, 同時經濟成長率亦能維持在「對美計劃」中所訂每年7%之水準, 而且如果公共支出不足, 或者新台幣升值過大, 對於經濟成長和順差幅度究竟有何影響, 是政府在政策制訂時必須審慎考慮的問題。

不同的經濟模型將對此問題提供不同的答案。本報告利用一個極為簡單的總體模型 (詳見附件), 試圖獲得答案; 其主要假定為:

(1) 民間消費由實質國內生產毛額決定。

(2) 輸出由新台幣實質有效匯率與世界貿易量決定。

(3) 輸入由新台幣實質有效匯率與國內生產毛額決定。

(4) 實質國內生產毛額由需求決定。

在這些假定之下, 外在決定之新台幣實質有效匯率與世界貿易量, 決定了輸出量, 再配合政策決定之民間投資 (包含存貨變動) 與公共支出 (政府消費、投資與公營事業投資), 與模型內在決定之民間消費, 透過實質國內生產毛額之定義, 便能解出實質國內生產毛額的均衡值, 以及由之而決定的民間消費與輸入。模型流程參見圖2。

模型之主要限制為 (1) 未考慮供給面之變動, (1) 未考慮貨幣面 (貨幣、利率與物價) 之變動, 與 (3) 未將民間投資視為內在變數處理。

縱有以上諸限制, 此模型之結果仍具參考價值。其主要發現如下:

1. 假設今年經建目標可以達成, 而且明 (1990) 年至1992年世界貿易年平均成長率維持在1980至1988年間5%的水準, 國外要素所得淨額佔國民生產毛額的比率維持在2.65%不變:

    (1) 如匯率不升值, 且民間投資與公共支出年成長率維持在8.63%, 則7%的成長目標可以達成, 但1992年順差比率將達4.51%, 超過「對美計劃」所訂之目標 (表2模擬第1號)。

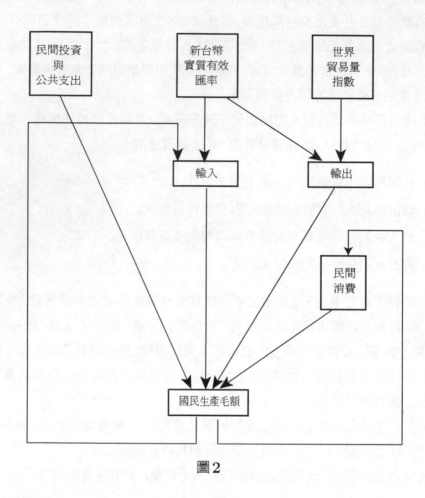

圖2

(2) 民間投資與公共支出年成長率如能達到9.30%, 新台幣實質有效匯
    率在1989至1992年3年間共計升值0.5%, 不但成長目標可以達
    成, 順差比率亦將達到目標, 降至1992年的3.75%, 折合1988年幣
    值新台幣1,676億元。此項結果應為我國未來4年努力的目標 (表
    2第2號)。

表2 模擬結果: 世界貿易量指數每年成長5%

單位: %及1988年幣值新台幣億元

編號	1989–1992 三年間民間投資與公共支出年平均成長率	1989–1992 三年間新台幣實質有效匯率指數總增加率	1989–1992三年間國民生產毛額 (GNP)年平均成長率及1992年水準	1992年民間消費佔GNP比率及其水準	1992年民間投資與公共支出佔GNP比率及其水準	1992年貿易順差佔GNP比率及其水準
1	8.63	0.00	7.00	52.24	40.61	4.51
			43,555	23,372	18,168	2,016
2	9.30	0.50	7.00	52.24	41.37	3.75
			43,555	23,372	18,508	1,676
1.1	8.30	0.50	6.66	52.19	40.63	4.53
			43,140	23,127	18,004	2,009
1.2	8.30	2.00	5.96	52.09	41.43	3.83
			42,300	22,633	18,004	1,664
1.3	7.30	0.50	6.32	52.14	39.89	5.32
			42,733	22,887	17,510	2,336
1.4	7.30	3.50	4.91	51.93	41.52	3.90
			41,054	21,899	17,510	1,646
1.5	6.30	0.50	5.99	52.09	39.15	6.11
			42,333	22,652	17,025	2,657
1.6	6.30	5.00	3.85	51.76	41.63	3.97
			39,815	21,169	17,025	1,622
2.1	9.30	1.50	6.54	52.17	41.90	3.28
			42,995	23,042	18,507	1,446
2.2	10.63	1.50	7.00	52.24	42.88	2.23
			43,555	23,372	19,187	997
2.3	9.30	2.50	6.08	52.10	42.46	2.79
			42,436	22,712	18,507	1,216
2.4	11.91	2.50	7.00	52.24	44.40	0.71
			43,555	23,372	19,866	318
2.5	10.51	2.50	6.50	52.17	43.36	1.83
			42,947	23,014	19,128	806
2.6	9.30	3.50	5.60	52.03	43.02	2.29
			41,876	22,383	18,507	986
2.7	9.30	5.00	4.90	51.93	43.90	1.52
			41,037	21,888	18,507	641
2.8	9.30	10.00	2.46	51.53	47.12	−1.30
			38,239	20,240	18,507	−509

(3) 如民間投資與公共支出增加率不能達到9.30%的目標, 則成長率將降低, 順差亦將擴大。此時如果因為順差擴大, 新台幣實質有效匯率升值幅度超過預期, 則成長率將更進一步降低, 後果堪虞。大致而言, 民間投資與公共支出增加率自9.30%每降低一個百分點, 成長率將降低約0.36%, 而1992年貿易順差將比前述預定的1,676億元多出300億元左右。在此情況下, 如果升值率增加1.5%, 固然1992年順差將降至原訂的1,676億元以下, 但經濟成長將再降0.7% (表2第1.1至1.6號)。

(4) 假使民間投資與公共支出增加率維持在預訂的9.3%, 如果匯率因市場力量或國外壓力而持續升值, 則原訂的7%經濟成長率將受到嚴重的影響。在此情況下, 如果要維持原訂成長目標, 則民間投資與公共支出增加率必須進一步提高。大致而言, 3年間新台幣實質有效匯率指數的總變動, 每較前述預訂的0.5%高出1%, 經濟成長率每年將降低約0.46%。如要達成原訂成長率, 民間投資與公共支出需比預訂的9.3%提高1.3%。事實上民間投資與公共支出的增加率很難在短期內作大幅度增加。此項結果表示, 如果升值過大, 則必須以經濟成長之降低為代價。以新台幣實質有效匯率在1989至1992的3年間共升值10%為例, 國民生產毛額年成長率將驟降至2.46%, 後果極為嚴重 (表2第2.1至2.8號)。

2. 假設今年經建目標可以達成, 各年國外要素所得淨額維持在國民生產毛額2.65%之水準, 而1990年至1992年世界貿易量年成長率比其1980至1988年平均水準低半個百分點, 而為4.5%:

(1) 如果民間投資與公共支出增加率維持在9.8%的水準, 實質有效匯率毋須變動, 經濟成長即可達到7%的水準, 而1992年順差比率亦將達到目標, 僅為3.17%, 折合1988年幣值新台幣1,419億元。這是在比較低世界貿易成長預期之下, 應該努力的目標 (表3第1號)。

表3　模擬結果: 世界貿易量指數每年成長4.5%

單位: %及1988年幣值新台幣億元

編號	1989–1992 三年間民間投資與公共支出年平均成長率	1989–1992 三年間新台幣實質有效匯率指數總增加率	1989–1992 三年間國民生產毛額 (GNP) 年平均成長率及1992年水準	1992年民間消費佔 GNP 比率及其水準	1992年民間投資與公共支出佔 GNP 比率及其水準	1992年貿易順差佔 GNP 比率及其水準
1	9.80	0.00	7.00 43,555	52.24 23,372	41.94 18,765	3.17 1,419
1.1	8.81	0.00	6.66 43,136	52.19 23,125	41.20 18,256	3.96 1,755
1.2	8.81	1.00	6.19 42,577	52.12 22,795	41.74 18,256	3.49 1,525
1.3	7.81	0.00	6.32 42,725	52.14 22,883	40.46 17,758	4.75 2,085
1.4	7.81	2.00	5.33 41,606	52.00 22,224	41.55 17,758	3.80 1,625
1.5	6.81	0.00	5.98 42,322	52.09 22,645	39.72 17,268	5.54 2,409
1.6	6.81	3.50	4.32 40,363	51.83 21,492	41.65 17,268	3.37 1,604
2.1	9.81	1.00	6.54 42,995	52.17 23,042	42.49 18,764	2.69 1,189
2.2	11.22	1.00	7.00 43,555	52.24 23,371	43.46 19,444	1.65 740
2.3	9.81	2.00	6.08 42,436	52.10 22,712	43.05 18,764	2.20 959
2.4	12.40	2.00	7.00 43,555	52.24 23,372	44.98 20,123	0.14 61
2.5	11.01	2.00	6.50 42,947	52.17 23,014	43.94 19,385	1.24 549
2.6	9.81	3.00	5.61 41,876	52.03 22,383	43.62 18,764	1.70 729
2.7	9.81	5.00	4.66 40,757	51.89 21,723	44.82 18,764	0.64 269
2.8	9.81	10.00	2.21 37,959	51.49 20,076	48.12 18,764	−2.26 −881

(2) 如同前述高世界貿易成長下的情況, 如果民間投資與公共支出增加率低於目標, 則經濟成長將下降, 順差將擴大。如果因此而匯率要升值, 則成長率更進一步下降 (表3第1.1至1.6號)。

(3) 如同前述高貿易成長的情況, 如升值擴大, 民間投資和公共支出必須再提高, 經濟成長才能達到原訂目標, 否則只有接受成長率降低的事實。以1989至1992年3年間新台幣實質有效匯率指數上升10%為例, 在民間投資與公共支出維持9.81%年增率的狀況下, 經濟成長率將降至2.21%, 後果嚴重 (表3第2.1至2.8號)。

三、公共支出的具體努力目標與財源籌措

以前述模擬結果中較低世界貿易成長狀況下的表3第1號為基礎, 今後我國努力的目標在於將民間投資與政府支出的比率提高至1992年的41.94%, 民間消費比率提高至模型所預期的52.24%。這些目標值與「對美計劃」第四之 (一) 節中所揭示的總體經濟目標頗為接近。

民間消費之提高與進口能否進一步開放有關, 是以「對美計劃」中已提示明確的關稅降低時間表。民間投資能否提高, 與經濟能否進一步自由化有關。就此「對美計劃」中亦有專章論及, 毋庸贅述。假定民間消費的確可以提高至上述模擬結果所預計的水準, 民間固定投資佔國民生產毛額的比率能如「對美計劃」中第四之 (一) 節所預計, 提高至1992年的14%, 再配合存貨變動佔國民生產毛額亦如「對美計劃」同節所預計, 至1992年降低到1.5%, 則剩下的問題就是, 如何使公共支出比率由今年經建計畫的24.2%提高至1992年的26.44%。

如果接受「對美計劃」第四之 (一) 節中所預訂的政府消費與公營事業投資比率, 並假設各項公共支出比率均自1989年起以等差方式增加到1992年比率, 則歷年的比率和以1988年幣值表示的絕對值列示於表4。

該表顯示, 政府消費金額應於1992年達到6,800億元, 1989至1992年3年

表4　各項公共支出佔國民生產毛額比率及數額

單位: % 及 1988 年幣值新台幣億元

	政府消費	政府投資	公營事業投資	三項合計
1988	14.77	4.13	4.23	23.13
	5,042	1,409	1,442	7,893
1989	14.77	5.00	4.41	24.18
	5,395	1,826	1,611	8,832
1990	14.91	5.45	4.57	24.93
	5,828	2,129	1,787	9,744
1991	15.06	5.89	4.74	25.69
	6,296	2,464	1,981	10,741
1992	15.20	6.34	4.90	26.44
	6,800	2,837	2,192	11,829

資料來源: 1988年來自行政院主計處《經濟動向季報》, 43, 1989年來自經建會《1989年經建計畫》, 餘來自模型演算。

間平均成長率應為8.02%; 公營事業投資於1992年達2,192億元, 平均每年成長10.81%, 政府部門投資增加最快, 平均每年需成長15.82%, 於1992年達到2,837億元。

「對美計劃」第四之 (一) 節中已就上列各項支出應包含的大致內容提出說明, 今後宜據以訂立細部實施計畫, 並就政府預算、組織和其他法令與行政事項積極改進, 密切配合, 以化解近年來公共投資滯礙難行的困境。

公共支出之財源, 在目前儲蓄過多的情況下, 應無困難。今年經建計畫中政府經常收入佔國民生產毛額之比率為22.91%。假設此比率可以維持, 則表4中公共支出總額超過經常收入的部分, 在1990年為國民生產毛額之2.02%, 1991年為2.78%, 1992年為3.53%, 3年共計約3,530億元。彌補其間差額之可能財源有下列三項:

(1) 公營事業投資儘量以發行公司債方式籌措, 則國庫負擔將大形減輕。事實上, 如果公營事業投資金額藉此種方式支應, 則歷年經常收入扣除政

府消費和政府投資後仍有剩餘。

(2) 公營事業採取股票上市方式，全部或部分移轉民營以吸收民間資金。據
經濟部產諮會公共投資研究報告估計，若出售現有非公用事業之公營企
業，根據1987年6月底淨值計算，可獲得3,907億元，即足敷所需；或者，
所有公營企業仍維持公營型態，但將股權之49%出售，同樣根據淨值計
算，可得5,632億元，超過所需彌補之差額；何況市價通常遠超過淨值，
故實際收入將更多。政府既已將公營事業民營化，作為促進經濟自由化、
提高民間投資意願與擴大資本市場規模的既定政策措施之一，自應儘量
利用此種方式籌款，以收一舉數得之效，並順應公營事業民營化的時代
潮流。

(3) 擴大發行公債。如前述歷年收入不足部分全數以公債支付，公債餘額將
大幅擴張，估計至1992年將達國民生產毛額之10%至15%，雖仍遠低於
美、日，稍低於西德，但已超過法、韓。

以發行或出售公營事業股票方式籌款，將影響日後經常收入中公營事業盈
餘繳庫之數額；以發行公債方式籌款，亦將影響日後經常支出中利息支出，且
公債終究必須償還。故有必要在籌款擴大公共支出之同時，在財政上作一通盤
改革，以確保財政收支之長期穩定與平衡。有關財政改革建議，將另案呈報。

四、建議

建議	說明
1. 動員政府與經濟研究機構之經濟研究人員，推估公共支出與匯率變動對成長與順差的影響，據以制訂「經濟結構調整方案」，並提出具體數據與美方進行溝通。「對美計劃」或「經濟結構調整方案」應以擴大公共支出，增加國內需求為最主要措施，細部計劃之排列順序應做適當調整。	本報告因人力與時間的限制而所使用的模型甚為簡單，但已明白指出計量模擬分析之重要性。有關當局宜儘速動員現有經濟研究人員，著手進行遠比本報告所使用之模型更精緻，且更具說服力之模型演算，而後利用模擬結果，配合其他有助於經濟結構調整之構想，制訂一套包含公

建議	說明
	共支出與匯率政策在內之「經濟結構調整方案」。此方案可將已完成之「對美計劃」視為重要參考資料, 但宜作下列修正與補充: (一) 以我國經濟結構之調整為重心, 非僅以縮減中美順差為目標。(二) 檢討匯率政策之影響。(三)「對美計劃」第5頁2.(2) 項有關農產品進口自由化部分不夠具體, 宜與第4頁附表之關稅降低時間表相對應, 提出具體構想; (四)「對美計劃」第3頁 (一) 1.(1) 附訂定關稅降低時間表外, 仍應訂定取消沖退稅時間表, 以簡化稅務, 並確實降低國內需求部分之實質稅負。(五)「對美計劃」第7與8頁有關金融業自由化部分, 除說明「俟開放國人設立 …… 後, 再予考慮」外, 應具體說明對國人開放之時間表; 而且鑑於金融業具公共性, 開放國人設立金融機構後, 如何加強預防性規定, 促使新成立之金融機構健全經營, 宜訂定一套辦法。(六)「對美計劃」第15至16頁有關提升我國產品形象計劃內容中, 政府將補貼我國產品在海外的宣傳費用, 並協助廠商建立行銷網等措施, 恐將落人口實, 視為外銷補貼之一種, 宜由該計畫中刪除。政府官員往往徘徊於調整貿易失衡與維持國際競爭力兩個相互矛盾的政策目標中無法做適當的選擇, 以致所提出的政策措施不能首尾一致。站在這樣的觀點, 「對美計劃」二之四「協助業者赴加拿大及墨西哥等投資設廠, 以充分利用美加貿易協定及美墨加工出口區之優惠」, 不宜在計劃中過份強調其重要性。(7) 該計畫第17至19頁中四之 (二) 之1項所訂4年內公共投資年平均成長在20%以上, 缺乏具體說明, 與本報告模擬結果比較顯然偏高, 亦無法與 (一) 之1之 (2) 與 (3) 之支出目標前後相對應, 宜加以修正。因為以經濟成長率7%計算, 公共部門投資4年平均成長率為20%, 則政府投資佔國

建議	說明
	民生產毛額的比率不可能自1989年起維持在5%。工作計劃綱領若不建立模型從事模擬分析，則往往會發生前後不一致的問題。「經濟結構調整方案」一旦完成，即應付諸實施，分年追蹤考核執行情形，同時應就方案內容，與美方溝通，試圖在匯率、成長和順差等目標達成共識。
2. 針對「對美計劃」中四之 (一) 節或本報告中所提歷年公共支出目標，制訂重要投資計劃，並在預算、組織及其他相關法令與行政方面作必要的修改，以利推行。依據總體計劃目標，各細部計劃應求一致性與互補性，不宜單純彙總各部門所提計劃項目加以排列。	本報告表4參考「對美計劃」中之四之 (一) 節，訂定歷年公共支出增加目標，其中政府投資應於1992年達到2,837億元，佔國民生產毛額比率6.34%，政府消費應達6,800億元，佔15.2%，公營事業投資應達2,192億元，佔4.9%。政府應儘速根據前述建議擬訂之「調整方案」，將上列數字作必要的修正後，制訂重要投資計畫，包括醫療衛生、遊憩休閒、污染防治、環境保護等項目實施之時間表，並在預算、組織和其他有關法令與行政方面作必要的修改，克服土地取得與環保等問題之困難，積極配合細部計劃之執行。
3. 公共支出之財源宜以公營事業發行公司債、股票上市為主，以公債發行為輔。	為推行公共投資，必須籌措充分的財源。有關財源之籌措，「對美計劃」僅在四、(二)、5. 提及加速辦理國營事業股票上市移轉民營工作，並未提及民營化的範圍與時間表。如公營事業投資均以發行公司債或增資股方式籌措財源，則歷年經常收入即足敷政府消費與投資之所需。如現有非公用事業之公營企業出售民營，或公營事業維持公營型態，將超出51%部分之公股予以出售，亦足敷所需。若以上二種財源有執行上之困難，不足部分可發行公債支應。以目前公債餘額佔國民生產毛額遠低於10%的狀況而言，增加公債發行尚不致危及財政健全。不過，無論以何種方式籌措，為維持我國長期財政收支之穩定與平衡，有必要作全盤的財政改革，此將另案呈報。

建議	說明
4. 匯率宜力求穩定, 但穩定之根源應來自政府認眞執行國內需求擴大方案, 而非由央行干預, 與市場走勢抗衡。	本報告所使用的簡單模型顯示, 如果國內需求的擴張達到預期目標, 則新台幣實質有效匯率不需升值 (較低世界貿易成長的狀況) 或僅需作微量升值 (較高世界貿易成長的狀況), 順差即可在1992年降至國民生產毛額的4%以下。如果政府機構建立較精緻的模型得到類似結果, 且美方認同上述順差改善目標, 則政府應認眞執行公共支出增加方案, 取得民衆信心, 排除新台幣升值的預期心理, 匯率也就因此而毋須大量干預, 亦可保持穩定。今後匯率政策之要點應爲 (1) 認眞執行國內需求擴大方案, 建立民衆信心, 排除新台幣升值的預期心理; (2) 以前述模擬結果與美方溝通, 取得共識; (3) 現行加權平均匯率制度, 已對央行干預政策形成重大限制, 宜依照前呈「匯率制度之改進」中之建議修正, 停止適用加權平均匯率制度。(4) 央行對匯率可作適度干預, 但爲尊重市場機能, 避免匯兌損失, 干預不與市場基本走勢抗衡; (5) 關於美方最近提出新台幣國際化之建議, 有關當局雖一再表示其顧慮與反對, 但新台幣國際化之利弊得失如何, 受到那些限制, 應詳細研究。如能依照日圓國際化的過程中, 美日兩國共同組織日圓美元工作小組 (Yen/Dollar Working Group) 之模式, 向美方建議組織中美新台幣美元工作小組 (NT Dollar/US Dollar Working Group) 共同商討其可行性, 則必能提升談判的層次, 雙方共同研究金融自由化與國際化的具體方案。對於新台幣的國際化, 我國應採取之態度, 將另案呈報。
5. 如果市場供需變化或中美雙方溝通未果, 導致新台幣實質有效匯率升值幅度超過預期水準, 則應進一步提高公共支出, 以爲因應。	如果新台幣實質有效匯率 (並非名目匯率) 升值幅度超過預期水準, 則爲維持原訂的成長目標, 即應增加公共支出的項目, 或縮短完成期限, 以進一步擴張國內

建議	說明
	需求, 彌補國外需求之不足。本報告所使用簡單模型的演算結果顯示, 實質有效匯率指數在 1989 至 1992 年 3 年間總變化的比率每超升一個百分點, 民間投資和公共支出之成長率必須每年提高 1.3%, 才能維持原訂 7% 的經濟成長目標。

附件

1. 模型

$$Y = C(Y) + I + X(E, V) - \frac{1}{E}(E, Y)$$

$$\frac{\Delta Y}{Y} = C_Y \frac{\Delta Y}{Y} + \frac{I}{Y}\frac{\Delta I}{Y} + \frac{X}{Y}\varepsilon_{XE}\frac{\Delta E}{E} + \frac{X}{Y}\varepsilon_{XV}\frac{\Delta V}{V}$$
$$- \frac{M}{Y}\varepsilon_{MY}\frac{\Delta Y}{Y} - \frac{M}{Y}\varepsilon_{ME}\frac{\Delta E}{E}$$

$$\Rightarrow \frac{\Delta Y}{Y} = \left(\frac{1}{1 - C_Y + \frac{M}{Y}\varepsilon_{MY}}\right)$$
$$\left[\frac{I}{Y}\frac{\Delta I}{I} + \frac{X}{Y}\varepsilon_{XE}\frac{\Delta E}{E} + \frac{X}{Y}\varepsilon_{XV}\frac{\Delta V}{V} - \frac{M}{Y}\varepsilon_{ME}\frac{\Delta E}{E}\right]$$

$Y =$ GDP (real 值, 以下同);

$C =$ 民間消費;

$I =$ 政府消費 + 投資 + 存貨變動;

$X =$ 出口;

$E =$ 實質有效匯率指數;

$M =$ 進口;

$V =$ 世界貿易量指數;

$\varepsilon =$ 彈性;

$C_\gamma =$ dC/dY。

2. 估計結果

$$\ln X = 13.77 - \underset{(-2.2383)}{1.9782} \ln E_{-1} + \underset{(5.9879)}{1.8262} \ln V \qquad\qquad (t\ 值) \qquad\qquad (1)$$

$$R^2 = 0.9688 \qquad\qquad\qquad (1981 - 88)$$

$$\text{d.w.} = 2.0529$$

$$\ln M = 10.318 + \underset{(4.2467)}{1.6723} \ln E + \underset{(12.546)}{1.666} \ln Y \qquad\qquad\qquad (2)$$

$$R^2 = 0.9601 \qquad\qquad\qquad (1981 - 88)$$

$$\text{d.w.} = 2.2614$$

上二式之 E 均為以15國貨幣表示, 以雙邊貿易量作幾何加權的新台幣實質有效匯率指數, 指數高 (低) 表示升 (貶) 值, 詳見華而成,〈貿易順差、新台幣升值與經濟調整政策〉(《自由中國工業》, 1988年6月) 中之〈購買力平價匯率指數〉。又: 在此實質有效匯率指數公式中, 美國之權數為39.50%。

$$C = 0 + \underset{(4.2128)}{0.58898} Y \qquad\qquad\qquad (3)$$

$$R^2 = 0.8933 \qquad\qquad\qquad (1986 - 88)$$

$$\text{d.w.} = 2.9595$$

3. 假設

1. 假設1989年經建目標如數達成。

2. 1989–1992三年間之匯率變動在1991年年底以前完成, 故出口函數中 E 落後一期無影響。

4. 迴歸估計所使用之資料

E	V	Y	C	X	M
99.82700	0.5260000	591942.0	365945.0	147568.0	189840.0
98.45500	0.5700000	659251.0	395926.0	189505.0	233779.0
94.74800	0.6070000	744263.0	432200.0	252921.0	284781.0
90.86900	0.6670000	843379.0	479086.0	337661.0	347657.0
99.11800	0.7400000	951606.0	537379.0	420295.0	434361.0
115.2750	0.7780000	962663.0	564609.0	390928.0	492051.0
101.9910	0.7400000	1010108.0	601178.0	395475.0	458119.0
100.1920	0.8290000	1150116.0	650831.0	536096.0	574130.0
94.63300	0.8670000	1267309.0	698887.0	603857.0	608355.0
89.12200	0.9040000	1439584.0	763324.0	733659.0	691913.0
94.42700	0.9710000	1557255.0	844850.0	779667.0	811629.0
100.0000	0.9850000	1670955.0	889387.0	846994.0	870448.0
100.6050	1.000000	1773931.0	922154.0	920920.0	884703.0
97.47900	0.9770000	1824624.0	965214.0	935552.0	851623.0
93.61500	1.016000	1966581.0	1022816.0	1094374.0	940336.0
95.18200	1.128000	2155587.0	1111917.0	1277469.0	1059564.0
93.21900	1.170000	2249563.0	1169048.0	1313004.0	1015867.0
87.56500	1.229000	2488222.0	1243749.0	1678731.0	1241928.0
92.65200	1.292000	2795853.0	1370240.0	2008002.0	1591202.0
94.97600	1.409000	2978219.0	1543806.0	2105531.0	1901707.0

　　說明: E 與 V 為指數, 其餘均為以1981年價格新台幣百萬元表示之絕對數, 又資料期間為1969至1988年, 但 E 之1988年數字僅為前二季之平均數。又: 消費函數所使用之1988年 Y 為其較早之估計數, 2,980,886; 如改用本表1988年 Y 數字, Y 之係數值將微幅提高為0.5913, 但計算結果顯示, 此對文中主要結果無重大影響。

對「新台幣國際化」的基本看法

1989年3月

　　「新台幣國際化」最近在國內引起廣泛的討論。由於事關中美經貿諮商，及我國金融外匯體制的變革，故無論就短期或長期觀點，均有必要做全盤的檢討，澄清問題的關鍵所在。

　　美國國務院在今年2月9日發表「1988年各國經濟政策及貿易做法報告」，檢討美國與主要貿易對方國的經貿關係，與未來美國行政部門擬採取的對策。就中華民國部分，該報告將「新台幣國際化」列爲一個強調重點。報告內容的措辭是：「儘管中華民國現已成爲世界主要貿易國家，而且累積了超過日本外匯存底半數以上的巨額外匯存底，但新台幣迄未能在世界外匯市場上自由兌換」；「七工業國集團的中央銀行雖可進行多邊干預，以支撐某種貨幣或另一貨幣，但新台幣的匯率卻主要是由其國內市場來決定，而且往往受到中央銀行的嚴重干預」。

　　長久以來，美國對中華民國匯率方面的批評有二個重點：其一是中央銀行對外匯市場的干預過度，實質上是「操縱匯率」；其二是我國的外匯制度應該進一步自由化，包括放寬資本移動的限制及改變現行的匯率決定方式。美國國務院要求新台幣國際化，其基本想法是只要外匯制度更進一步自由化，將使市場力量更能發揮，中央銀行干預不易，新台幣就更能達到美方所希望的，由市場供需決定的「合理價位」。

　　所謂新台幣國際化，是使新台幣成爲商品與勞務貿易的交易工具，而且在國際金融市場上公開買賣、自由兌換的通貨，亦即新台幣在國際上成爲公衆所

接受的貨幣。

　　新台幣國際化基本上是一種程度的問題，而且是漸進的過程，主要受供給與需求兩方面因素所左右。供給方面主要視中央銀行的態度與規定，需求方面則視我國在國際經濟舞臺上力量的消長。前者是政府可控制的因素，後者是政府不可控制的因素。但後者通常會對前者造成相當大的壓力。在這方面，香港與日本的經驗，對我國極具參考性。

　　新台幣國際化，表示國際間有一新台幣的兌換市場，由供給與需求二方自由決定其匯率。我國中央銀行在供給方面可發揮相當大的影響力。如果新台幣本身，以及以新台幣表示的各種國內外資產（如存款或債券）與信用工具（如支票、匯票）可以自由出入國境，包括個人攜帶、各種信用機構的轉帳與債券之發行在內，則新台幣在國際間的供給就不成問題。一旦國際間對新台幣（或新台幣資產）有所需求，國際間自然會逐漸產生新台幣的兌換市場，此即新台幣國際化。

　　就目前我國的情況而言，中央銀行有兩道限制，使新台幣匯率在台北決定。其一是目前規定每人出國最多只能攜出8,000元新台幣，因而新台幣現鈔在外國流通量極為有限；其二是央行規定非在台灣居住的外國人，外國銀行與法人公司等，不得在台灣開設新台幣帳戶（或購買以新台幣計價的證券）。在這個限制下，即使有人在國外想到銀行兌換新台幣，但外國銀行因為無法輕易取得新台幣，在台灣也沒有新台幣帳戶，又不能發行以新台幣計價的債券，所以無法取得（或兌換）新台幣，因而也就無法提供新台幣給客戶。因此，只有中央銀行取消新台幣攜出、開戶與發行債券的限制，國際間新台幣的買賣才能進行。

　　由於目前中央銀行允許每人出國可攜出8,000元新台幣，故新台幣在東南亞及大陸有少量的流通，例如香港的銀行與銀樓即接受新台幣的兌換，報章上每日刊載其兌換價格，但由於其成交量非常少，影響力極為有限，故新台幣匯率仍然是在台北決定。唯此點亦印證了新台幣國際化基本上是一種程度問題，也是一種漸進的過程。中央銀行限制減少，使國際間新台幣的供給來源沒有問題，新台幣才能視需要逐漸國際化。

就需要方面來說，主要視我國經貿、投資實力的消長狀況而定。去年我國國民生產毛額為1,100多億美元，整體的購買力增加很快。進、出口貿易總額亦達1,100億美元，對外投資活動日益頻繁。在這種情況下，外國商人或個人對新台幣或新台幣資產的需求，預料將進一步升高，例如，他們可能希望貿易交易的若干部分以新台幣計價，外國投資者也可能希望持有新台幣計價的資產（如存款或證券），以達成資產分散的目的，自然而然會形成新台幣兌換市場的需求。

就經濟制度或金融市場演變的角度來看，新台幣國際化可說是金融自由化的長遠目標。根據許多經濟學者的研究，以及日本的經驗，經濟自由化或金融自由化應該有一個「循序漸進的步驟或時間表」。政府最先應該解除各種進出口貿易的管制及降低關稅，讓貿易上價格機能自由而有效的發揮，減輕進出口貿易的扭曲與失衡，並開放銀行等金融機構的設立，讓儲蓄者與投資者有良好的中介管道，同時推動利率自由化措施，讓利率自由調整，俾資金的供給與需求逐漸平衡，儲蓄與投資的差距不致太大。在這種情況下，依經濟原理，進出口貿易亦自然會接近平衡，外匯市場上供需不平衡的壓力就不致過高，不會產生一面倒的升值或貶值的預期及從而引起的投機客炒作外匯的熱潮，使資本帳亦會穩定下來。接著政府就可以把外匯管制大幅度的取消，並且逐漸讓匯率交由市場決定，而不虞本國及外國資金大量進出國境，造成利率與匯率的不安。達到這個境界以後，新台幣國際化的負面影響就可降到最低。

因此，我們可以說，新台幣國際化是資本開放移動的最後步驟。在前述貿易自由化、金融機構開放設立、外匯管制放寬、匯率由市場決定後，政府就可適度開放新台幣讓外國人持有。這一個漸進的過程，日本花了大約10年的時間才完成它，其做法最值得我國細心研究。反觀我國，最近4、5年來在國內與國外（主要是美國）的壓力下，貿易才開始自由化，接著又在緩慢升值的情況下開放資本流出，結果資本不出反進，步驟前後不一，各種因素互相糾葛，混亂局面乃不可避免。

至於政府宜如何安排新台幣國際化的時程，此必須先檢討新台幣國際化後的有利與不利結果。

在有利因素方面, 可區分為以下幾點:

第一, 新台幣國際化是一國經濟實力的表現, 可提升我國國際地位。例如, 二次大戰結束時, 原來具有國際化地位的貨幣, 如英鎊、法國法郎、馬克、荷盾等, 都因戰爭破壞經濟實力受損, 而成為不可兌換的貨幣, 只有美元獨挑大樑。當時歐洲各國努力重建經濟, 均將使其恢復為可兌換貨幣做為目標。

第二, 對一般國民而言, 如持有新台幣可在國際間暢行無阻, 具有極大的便利。

第三, 新台幣國際化以後, 工商界進行貿易與投資活動, 以新台幣計價的比重可以提高, 而規避若干匯兌風險。

第四, 如果新台幣在國際間成為外人樂於持有的貨幣, 則我國中央銀行將享有若干程度的「鑄幣權」, 整體社會的福利可能因而升高。

新台幣國際化的不利因素, 可區分為以下幾點:

第一, 如果新台幣高度國際化, 產生如同歐洲美元市場與歐洲日圓市場, 則新台幣將在世界各地同步決定, 台北不再具有唯一的主控權。由於資本移動程度加大, 國內外利率與匯率的連鎖作用會明顯增強, 甚至國內貨幣供給的控制能力亦將削弱。不過, 極端失控的情況不太可能發生。因為台灣的狀況與香港、新加坡、瑞士、荷蘭較為接近, 都屬小型開放的經濟, 只是國際貨幣的配角, 而非挑大樑的主角, 不致成為壓力的核心。

第二, 如果在外在條件未成熟前推動新台幣國際化, 可能產生金融市場的不安。例如在貿易失衡仍相當鉅大下, 新台幣國際化極易造成匯率調整「矯枉過正 (overshooting)」。因此, 我們宜將新台幣國際化列為金融自由化的長期目標。

綜上所述, 如果外在條件成熟, 而我國的國際經濟實力又依目前步調快速增長, 貿易與金融自由化快速進行, 則新台幣國際化長遠而言係「利大於弊」, 金融當局宜將此列為長期規劃的目標, 可參考日本的經驗, 逐步推動金融自由化與開放資本移動, 此對長期經濟發展將有明顯益處。

就台灣這種小型開放經濟而言, 新台幣國際化的可能結果, 以香港與新加

坡兩國最具參考性。香港與新加坡的貿易自由化均相當徹底, 金融方面的管制
亦大舉去除, 港幣與新加坡幣都可算是國際化的貨幣, 但由於其基本經濟情勢
(如貿易) 相當接近平衡, 故近年來港幣與新加坡幣的波動幅度並不大 (香港甚
至在1983年以後, 即採取與美元固定聯繫的制度)。因此, 只要金融自由化推
動的次序合理, 法令的規定週詳, 基本的經濟局勢接近穩定、均衡, 長期而言,
新台幣國際化有利我國經濟進一步發展。

　　基於上述討論, 謹提出下列兩項建議:

1. 我國貨幣當局應該「平心靜氣」來面對新台幣國際化的問題。行政當局
   既然已經提出「金融自由化、國際化」的政策目標, 則新台幣國際化最終
   還是不可避免。眞正的金融國際化, 就是本國居民可自由持有外國貨幣
   與資產, 也容許外國居民自由持有本國的貨幣與資產。因此我國貨幣當
   局 (央行及財政部) 應該參照日本、香港與新加坡的經驗, 及早著手研究
   新台幣國際化所需條件與漸進步驟。

2. 政府基於中美兩國政策協調、合作的精神, 新台幣國際化的問題既然由
   美方提出, 則可考慮在此次中美匯率諮商中, 仿照美日兩國共同組成日
   圓美元工作小組 (Yen/Dollar Working Group) 的模式, 向美方建議組
   織中美新台幣美元工作小組 (NT Dollar/US Dollar Working Group),
   以提高談判層次, 共同研擬一套具體可行的新台幣方案, 共同解決兩國
   間的經貿摩擦。

善用外匯準備，加強央行外匯
資金調度內部管理之建議

一、央行外匯操作宜設定明確的目標

央行外匯準備的操作目標雖然是多元的，但其重點主要依存於外匯準備的多寡。假使央行所持有的外匯準備極為有限，則唯一適切的操作目標是保持流動性。如果央行持有足夠的外匯準備，則應求最大的所得。如果央行持有鉅額外匯準備，則保值變成主要操作目標。由於外匯準備的有效運用對國民經濟的健全發展關係重大，為達到最大所得並設法減少兌換損失而保值，央行必須以最適宜的通貨籃保持不同幣別的外匯資產，並加以有效運用。我國既已持有鉅額外匯準備，收益率只要邊際性地略為提高，就會增加相當金額的收益。以750億美元外匯準備來計算，報酬率如能提高1%，則央行將增加7億5,000萬美元之年收入。央行外匯主管應受良好訓練，密切注意國際金融市場情勢，熟習現代投資理論與技巧，並充分了解新的通信與電腦技術的發展。

二、儘速建立美元拆放市場

央行存放國外係按存款利率計息，而外匯銀行向外借款係按放款利率計息，存放款利率差距約0.125%。如果建立美元拆放市場，而且央行將存放國外之外匯準備撥出100億美元在美元拆放市場提供外匯資金，則央行至少1年可增加1,250萬美元的利息收入，而且可減少外匯準備在國外運用之風險。任何世界

主要國際金融中心均兼具外匯市場與外幣資金市場。台北美元拆放市場的規模如能逐漸擴大, 而且拆放利率具競爭性, 則台北甚至能發展爲主要國際籌款中心。

三、出售公營事業股份, 撥充海外經濟合作發展基金

政府宜積極規劃公營事業開放民營, 以出售公營事業股份的全部或部分收入向中央銀行購買外匯, 撥充以美元爲會計計帳單位的海外經濟合作發展基金, 以加強海外經濟合作, 共謀經濟發展, 以經濟力量支援外交。以這樣的方式籌措資金, 不必增加稅收, 而且有助於減少央行外匯準備, 減輕央行兌換損失, 並收縮信用。

四、加強央行外匯資金調度內部管理

1. 建立分層負責外匯資金調度額度:

   目前外匯資金之調度, 不論金額大小均由外匯局自行決定。爲加強內部管理, 應依職位分別訂定調度額度。外匯資金之調撥, 逾一定金額者須經總裁、副總裁核定。

2. 嚴格實施掌理外匯資金調度人員之定期輪調, 並建立外匯局局長任期制度, 定期互調主管外匯業務之副總裁。

   依現行規定, 各金融機構「經營現金出納、及公有財物、採購人員, 任職三年以上者」均予輪調。因此, 掌理外匯資金調度人員 (包括副局長、資金調度科襄理、聯行科襄理及主任等) 均應定期輪調。而且外匯局局長應有任期, 明文規定不得連任。主管外匯業務之副總裁亦應予定期互調。

3. 掌理外匯資金調度人員應嚴格實施休假制度:

不定期強迫長期休假，職務由他人代理，有助於發現經辦人員之缺失。休假期間之指定及代理人之指派，由總裁或副總裁核定。外匯局長休假期間由會計處處長代理職務。

4. 會計人員之任用、調派及考績由會計處掌理：

爲免受制於外匯局主管而維持會計人員超然地位，其任用、調派及考核應歸會計處辦理。

5. 央行會計處應定期向理監事會、行政院、立法院、監察院及總統府具報外匯資金調度及運用績效報告：

會計處除書面稽核外，應定期逡訪往來金融機構實地查核外匯調度及運用情況，並就外匯資金調度及運用績效定期向理監事會、行政院、立法院、監察院及總統府提出檢討報告。

外匯交易新制之檢討與改進建議

1989年5月

一、背景與問題

前呈「匯率制度之改進建議」報告，曾檢討1982年9月以來實施之加權平均匯率制度之缺失，並建議全盤改革匯率制度，中心匯率改為逐日議定，不受變動幅度之限制，允許匯率有自由調整空間，發揮市場功能。

中央銀行於4月3日公布實施的新外匯交易制度，已廢止加權平均法，小額結匯之中心匯率改由9家銀行逐日議定，大額結匯之匯率則可自由議定，與上述報告所主張者大致相符。實行一月以來，已在緩和央行干預市場方面，和擴大匯率自由調整空間方面，獲得若干成效，應予肯定。

惟在實際運作上，新制也在此一月中暴露若干缺失；尤其在市場資訊的流通方面，新制阻斷有效資訊，將原先透明的市場轉變成不透明的市場，影響交易之有效進行，與上述報告強調發揮市場機能之基本精神相違，亦與央行所作促進外匯交易自由化之宣示不符，亟待改進。

新制所產生的問題可歸結如下：

1. 交易資訊不足。在舊制之下，銀行對每次所作之買賣報價均有成交義務，為「有效」報價，且即時在電腦螢幕上顯示，成交後各筆成交價格與數量亦即時出現於螢幕。這樣一個透明的市場，雖使得中央銀行之干預喪失其隱密性，易受「操縱」匯率之指責，但對外匯例行交易之順利進行，有

其重要性。在新制之下，上述資訊均被阻斷，電腦螢幕僅於每半小時顯示前半小時外匯交易的成交總額、最高最低價、最後一筆成交價，與1家不具名銀行之無成交義務之「參考」報價。此種不透明市場對外匯市場價格機能之發揮構成甚大的限制，美國財政部與外商銀行更是懷疑央行想利用新制下的黑盒子市場，隱藏其干預，而非誠心減少干預，尊重市場機能。

　　資訊不足的情況已引發各方的關切。10家以上外商銀行已自4月10日起自行安排螢幕，顯示各自最新的美元報價，但由於外商銀行所佔市場比重甚小，效果有限。

　　此外，美國財政部在4月27日公布的最新「國際經濟及匯率政策」報告中指出，由於無法確定新制之下中央銀行的干預態度，與市場交易訊息的自由流通等問題，該部目前尚不能更改其對我國操縱匯率之基本判斷。

　　針對外匯銀行之不滿，中央銀行與外匯交易中心召集人指出東京市場情況也是如此，亦即螢幕上不連續顯示成交量值。事實上，東京市場之所以如此，係因該市場採取多家外匯經紀商制度，而不集中交易，故雖無集中即時顯示成交量值之管道，但交易資訊可由多家經紀商獲得，且設有直通報價系統，可在螢幕上隨時看到各銀行所報之參考匯率，市場仍然是透明的。可見此種說法不足成為新制阻斷資訊之理由。

2. 內線交易難於防止。新制將原有之交易中心改組為「外匯經紀商籌備小組」，且規定外匯銀行欲透過此小組進行交易時，需先向此小組作有效報價，而後小組始答覆其他銀行之有效報價，並代為撮合。由於報價未隨時顯示於螢幕，僅小組成員知悉，故如有內線交易或其他行為，外界無從得知，亦難於防止。

3. 外匯交易體制不明。外匯交易體制基本上可分為兩種，一種是集中在一交易所進行的集中交易制，另一種是多家經紀商自由競爭的分散交易制。

　　如果採用前者, 宜成立一以會員制組成的交易中心, 屬服務而非營利性質; 若採用後者, 宜開放以營利爲目的之經紀商自由設立。新制允許銀行間直接交易, 並擬於未來成立公司型態之經紀商, 宜建立分散交易體制。不過, 新制卻只成立1家經紀商籌備小組, 且規定銀行間交易事後均需回報該小組, 此小組事實上是舊制外匯交易中心的化身, 仍屬集中交易性質。在此種矛盾的安排下, 外匯交易體制的歸屬不明, 使各外匯銀行未享受到集中交易下之透明資訊之提供, 亦未享受到分散交易下多家經紀商自由競爭之服務。爲了促成外匯市場健全發展, 宜及早將此矛盾現象消除, 確立交易體制。

4. 外匯買超部位限制縮小外匯市場規模。舊制對外匯銀行之買超部位無限制規定, 新制將之限制於5,000萬至2,000萬美元之間, 使得外匯銀行操作能量減少, 市場規模縮減。

二、政策建議

針對以上各項缺失, 改進之建議如下:

建議	說明
1. 以下列方式公開資訊, 恢復市場之透明性:	
(1) 已成交的各筆金額與價格即時顯現。	(1) 透過籌備小組撮合之交易應即時顯現於電腦螢幕, 銀行間私下交易於回報籌備小組後, 亦應將其量與值即時顯現, 以使所有的交易者明瞭市況。
(2) 各銀行所提之有效報價即時顯現。	(2) 銀行向籌備小組之報價應即時顯現, 且報價應限於有效報價, 以免無成交義務之參考報價誤導行情, 並預防銀行向籌備小組報出參考價, 但私下以有效價互報而成交, 而將籌備小組架空。必要時可以考慮完全採行集中交易, 禁止私下成交。上述方法之著眼點

建议	说明
	在于就当前情况言, 分散交易之时机尚未成熟, 宜采集中交易透明市场的方式, 以利外汇交易有效进行。
	在此透明市场中, 央行的举动必较黑盒子市场中易被发现, 但央行本应减少干预, 多尊重市场机能, 市场透明正可以向外界表明央行之心意。而且在透明的市场中, 人人的资讯相等, 央行并不能主导市场行情。至于在不透明的市场中, 央行可从筹备小组获得完全资讯, 其他银行则不能, 而内线交易又无法防止, 违背改制以加强市场机能的原意。
2. 通盘检讨外汇市场现况, 确立未来交易体制:	
(1) 如维持集中交易制, 交易中心宜采会员制而非公司制, 市场资讯应予充分公开。	(1) 如维持集中交易制, 除资讯应透明外, 应将经纪商筹备小组改组为会员制之交易中心或交易所, 会员包括所有主要外汇银行和外商银行, 经营以服务而非营利为目的。
	新制拟以中国商银等7家银行为发起人, 成立经纪商公司。果真如此, 而且经纪商只此1家, 或在一段时间内只此1家, 不外乎央行有意创造或培植一个独占性公司, 对现在未获指定参与之外汇银行、外商银行及未来可能新成立之银行均不公平。尤其考虑省议会之反对而将外汇交易额最大的三商银与台银均予排除, 显然有所偏失。
(2) 如改采分散交易制, 宜订立经纪商管理办法, 而后开放经纪商自由筹设, 自由竞争, 打破目前仅有1家经纪商筹备小组的独占局面。市场资讯由各经纪商自行安排提供。	(2) 如交易改采分散制, 则应订立外汇经纪商管理办法, 依法准许经纪商自由筹设, 并应缩减目前筹备小组之权限, 使其与新成立之其他经纪商所享之权利与所尽之义务相等, 彼此在同一立足点上相互竞争。在此情况下, 资讯之集中提供将不可能亦不必要, 可由各经纪商自行安排。

建議	說明
3. 目前外商銀行被允許以預售外匯方式辦理外銷貸款, 係屬超國民待遇, 加重外匯市場之升值壓力與不穩定性, 宜及早廢止此項業務。	外商銀行辦理預售外匯業務, 在新台幣有升值的預期心理時, 此項業務一方面對廠商提供規避匯率風險之工具, 另一方面卻加重美元賣壓, 加強升值壓力, 增加外匯市場之不穩定性。外商銀行業務範圍以符合國民待遇為原則, 但超過國民待遇之此項業務, 宜儘速加以取消。
4. 新台幣匯率趨於穩定後, 於適當時機取消銀行買超與賣超之限制, 以促進市場交易之活潑, 與遠期外匯市場之正常運作。	將外匯市場之自由化與新台幣國際化做為「金融自由化與國際化」的最終目標, 新台幣匯率趨於穩定後, 於適當時機解除外匯銀行買超與賣超之限制, 使銀行能充分發揮金融中介功能, 並改進其外匯操作技巧, 促使市場活潑, 亦促進遠期外匯市場可以健全運作, 提供廠商規避匯率風險之管道。

匯率制度之改進建議

1989年1月

一、背景

前呈「美國財政部報告與中美貿易摩擦問題」報告, 就我國經濟失衡調整宜遵行之基本觀念與政策措施之搭配提出建議。其中關於匯率制度之改進, 本報告擬進一步提出具體的建議, 謹供參考。

上述美國財政部報告指出, 我國經常帳盈餘甚大, 如果外匯市場自由運作, 新台幣勢將進一步升值。惟我國政府利用資本流入管制, 以及對外匯市場之干預, 阻止新台幣升值, 構成「操縱」匯率之事實。有鑑於此, 美國政府在近期內將與我國展開匯率談判。

除了美國政府對我提出匯率談判的要求以外, 其他工業國家組織如 OECD, 也對我國匯率狀況表示關切, 並提出對話的建議。在這些對話和談判中, 我國現行匯率制度是否健全, 中央銀行的干預是否恰當, 必然被提出來討論。為了使我國在談判時更具說服力, 也為了使我國外匯市場更趨健全, 對現有匯率制度和干預準則有加以檢討之必要。

二、問題

1. 匯率制度

自1979年我國採行機動匯率之後, 匯率制度曾歷經數次變革, 其中實施期間最長者, 即為現行根據前一營業日銀行間美元交易 (包括與中央銀行交易) 之加權平均訂定的中心匯率制。此一制度自1982年9月實行以來, 固然有其歷史背景, 也發揮了穩定匯率的功能, 但是在最近一兩年, 由於資本移動的自由化, 和中美貿易摩擦之增強與日趨複雜, 此一制度對於外匯市場的健全運轉和央行的匯率政策, 已產生以下的限制:

(1) 為了使次日新台幣中心匯率不作大幅度升值, 央行在干預時必須以高於市場的匯率大量買進美元, 予人明顯「拉高」匯率與變相「補貼」美元賣者之印象, 央行則承擔龐大的兌換損失。而且央行也面臨如何選擇賣者, 公平分配「補貼」之困擾。為免「補貼」賣者, 減輕兌換損失, 央行時常指示中國國際商業銀行與台灣銀行等外匯指定銀行對做美元買賣, 製造交易的假象, 結果匯率與市場供需脫節, 外匯有行無市, 而且更授人「操縱」匯率之口實。

(2) 由央行干預外匯市場之主要目的在於減緩新台幣升值幅度, 減輕對國內廠商的衝擊。不過, 其動向往往被市場所洞悉, 在外匯管制已放寬, 又沒有建立完整的申報制度的情形下, 套匯熱錢快速移入移出, 對我國經濟產生重大的衝擊, 增加貨幣管理的困難。

2. 干預準則

過去多年來央行干預外匯市場, 予人有單方向阻止新台幣快速升值之印象。徐緩調整匯率, 降低匯率變動的幅度, 可以說是保持出口競爭能力的政策目標優先於調整貿易收支失衡的政策目標。此種做法容易引起市場對匯率走勢的單向預期, 也容易招致國際間對我國匯率政策之不滿。於是, 外國政府時常放出新台幣幣值低估的風聲, 對於外匯市場的健全運作, 反而形成干擾, 增強外匯市場的投機壓力, 加重央行干預外匯市場之成本。

三、改進建議

內容	說明
匯率制度	
1. 每日中心匯率由中央銀行與主要外匯銀行, 於開盤前, 參考前一日銀行間美元收盤與收盤前大約半小時內之交易價格以及開盤前美元國際行情, 共同會商決定。3萬美元以下之小額交易, 各銀行於中心匯率加減新台幣5分之範圍內訂定賣出及買入牌告匯率與顧客成交。3萬美元及超過3萬美元之大額交易, 各銀行在中心匯率上下差價各新台幣4角之範圍內與顧客議價。	現行加權平均匯率的限制與困擾, 已如前述, 應予停止適用。當日中心匯率之訂定宜恢復機動匯率實施初期之辦法, 由中央銀行與主要外匯銀行共同會商決定。匯率之會商, 除了中央銀行、中國國際商業銀行、台灣銀行與三家商業銀行以外, 似宜增加外商銀行代表一人參加, 以擴大其代表性。由於中心匯率不再根據前一營業日銀行間交易之加權平均訂定, 而係經會商決定, 央行對外匯市場之干預, 僅需按市價買賣即可, 而且在通常情況下, 只需密切注意收盤時之價格, 可免除明顯做價或令銀行對做假行情之困擾。
2. 於營業時間內, 銀行間成交價與中心匯率之差額逾新台幣4角, 則再度會商, 重訂中心匯率。銀行依新訂中心匯率更改其牌告匯率。	中心匯率是銀行與顧客間交易的基準。如果銀行間成交匯率偏離中心匯率過遠, 銀行與顧客間交易將有行無市, 並增加匯率風險。因此, 中央銀行與主要外匯銀行宜重新會商, 重訂中心匯率。日本即採此制, 於成交價偏離中心匯率逾2日圓, 即重訂中心匯率。
3. 現行前後兩營業日中心匯率之變動幅度上下不得超過上下2.25%之規定, 予以取消。	現行依美元交易加權平均訂定匯率之制度如予取消, 又有上項規定, 則漲跌幅限制應一併取消。
4. 央行干預, 得由本身直接進入市場, 或由指定代理銀行進入市場, 尋低價買進, 或高價賣出。	為強化政策宣示效果, 央行有時可自行於市場中尋低買進或尋高賣出, 進行干預。如為顧及隱密性, 亦可藉由代理銀行, 以相同方式進行干預; 但代理銀行不宜僅限於中國國際商業銀行與台灣銀行兩家銀行, 宜改由此二銀行與三商銀五家輪流擔任, 以分散干預活動。
干預準則	
1. 除了為調節外匯供需, 而在必要時每一營業日做適當干預以外, 站在短期的觀點,	央行宜參照 (1) 以一籃貨幣計算的實質有效匯率指數, (2) 經常帳順差之變動

內容	說明
央行宜根據若干指標，內訂目標匯率區間，於市場匯率接近或偏離此區間之上下限時，積極從事干預，以維持外匯市場之秩序與外匯市場的健全發展。	與 (3) 中美貿易順差之變動等指標，內訂未來一定期間內的目標匯率區間 (Target Zone)，然後於市場匯率逐漸接近或偏離此區間之上下限時，酌量進入市場干預。區間的計算方式、寬度與時間長度均可視市場實況，彈性調整。此種方式，即為 J.A. Frenkel 與 M. Goldstein 在其 "A Guide to Target Zone" 一文 (NBER, Working Paper No.2113, Dec. 1986) 中所謂軟性的 (soft version) 目標匯率區間制度。
2. 央行之干預以縮小匯率之上下波動為目標，避免與市場走勢抗衡。	央行之干預旨在縮小匯率之上下波動，而非試圖抵擋市場走勢。故前述目標區間應視市場供需狀況之變化，彈性調整。
	在外匯管制大幅放寬後，央行要抗拒市場走勢，堅守特定匯率「底線」，已日益困難，亦與「尊重市場機能」之宣示相違。今後匯率宜儘量反應市場供需力量，機動調整。在此情況下，要避免新台幣進一步大幅升值，宜儘速依照前呈「美國財政部報告與中美貿易摩擦問題」報告的建議，擬訂經濟結構調整具體方案，付諸實施，以擴大國內需求，並積極推行經濟自由化政策，減少順差，以免調整之負擔完全落於匯率升值之上。
3. 央行宜設置匯率制度諮詢小組，廣泛收集國外制度與外匯干預準則與技巧有關資料，隨時提出政策性建議，以求改進。	匯率制度諮詢小組宜包括專家學者、央行官員與國內外匯指定銀行與外商銀行專業人才，由專家學者擔任召集人，定期開會，就外匯制度與外匯操作技巧之改進，提出政策性建議，並擬訂與國際外匯市場慣例相符合的外匯交易規則。

預期心理對匯率的影響

1990年5月

匯率基本受商品及勞務交易 (即經常帳差額), 國內外利率差距 (影響短期資本移動), 對未來即期匯率的預期心理, 及央行買賣外匯數量的影響。

由於台北外匯市場規模甚小 (每日買賣各約3億美元, 英、美、日及星則分別高達2,410、1,740、1,450及630億美元之多), 中油、台電等國營事業一進場, 買匯金額常達數千萬美元。因此逐日外匯交易額頗不穩定。益以記者專業素養不足, 常杜撰新聞誤導市場, 外匯交易受心理因素的影響遠高於外國。

3月初總統大選之前, 台北政壇不安定, 李院長提出兩組人員競選不違紀之看法時, 央行又讓新台幣匯率大幅波動, 繼而邀宴立委, 立委公開主張新台幣匯率應貶至28元, 遂引發社會大眾搶購美元。3月份銀行賣超高達33億美元之多。後經外匯局致力穩定市場, 至4月底及5月初, 外匯供需始接近平衡。

惟財經會談前及財經會談期間, 央行主管又輕言新台幣可適度貶值, 雖然後來口頭加以否認, 但貶值心理已深植人心, 至本月14日, 銀行賣超又高達297百萬美元之多, 為外匯市場成立以來之次高賣匯紀錄。

由於外匯市場極為敏感, 央行主管又輕率發言, 引起貶值聯想。處此情況下, 只有讓新台幣匯率一次作較大幅度的貶值以袪除社會大眾的預期心理。而且今後央行主管, 除非有意影響匯率, 否則不宜對記者輕率發表有關匯率的言談, 誤導社會大眾的預期心理。

基於上列觀察, 謹陳下列政策性建議供參考。

建議	說明
1. 匯率貶低的預期心理旣已形成, 新台幣匯率宜儘早做較大幅度的貶值, 以免造成投機風潮, 徒然讓購買美金的投機者不勞而獲, 誘發更大量的資金外流。	爲免造成持續的貶值預期, 匯率應該做階梯式之調整。市場預期扭轉過來以後, 再予回升。
2. 央行對其維護物價穩定與金融秩序的基本角色與職責, 應該有清楚的認識。爲維持穩定的外匯市場秩序, 央行主管不宜對記者輕率發表有關匯率之言談, 誤導社會大衆之預期心理。	正如最近報紙所報導之資料所示, 央行主管不可爲討好記者與工商界而發表任何誤導市場預期心理之談話。

參考文獻

參見1990年3月16日與5月13日工商時報、5月10日與5月13、14日經濟日報、5月13日中國時報有關外匯與央行政策之報導, 以及5月14日工商時報社論 (匯率及利率爭議應有明確立場)。

因應外匯市場投機風潮之建議

1990年6月

一、六月份外匯交易分析

1. 每年6月受外人投資利潤匯出及償還國外借款等季節性因素影響 (詳見圖1), 外匯需求大於供給, 致外匯銀行外匯常呈賣超。1989年6月, 賣超即達15億美元之多。

2. 本年6月1日至23日外匯交易

   本年6月1日至23日, 一如往年外匯市場需求大於供給, 致外匯銀行呈現賣超。但賣超自11日起擴大, 至21日增至1,523百萬美元, 經央行致力穩定匯率後, 22日已降至876百萬美元, 23日再降爲74百萬美元。

	外匯銀行賣超 (百萬美元)	央行賣給外匯銀行 (百萬美元)
6月1日–6月9日	322	302
6月11日–6月23日	4,992	5,119
合計	5,314	5,421

3. 6月中旬外匯銀行大量賣超的原因
   - (1) 基本原因
     - (A) 1986及1987兩年央行買進外匯高達46,200百萬美元, 放出新台幣16,500億元之多, 致社會流動性過多。

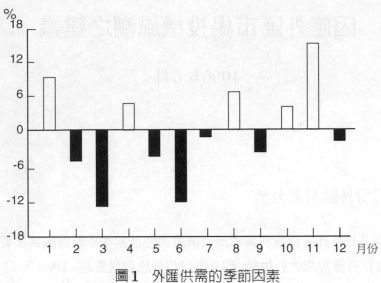

圖1 外匯供需的季節因素
(正數表示供給大於需求, 負數表示供給小於需求)

(B) 國內儲蓄以銀行存款與股票爲主要投資對象。新台幣投資工具不足; 外匯管制自1987年7月15日起大幅放寬後, 社會大眾得將部份儲蓄購買外匯, 以各種幣別的外幣存款方式保有。

(2) 近因

(A) 6月8日部份外商外匯銀行擬向央行業務局拆借新台幣, 業務局以該等外匯銀行持有大量外匯, 應先出售外匯後再向業務局拆借新台幣。

　　外商銀行將此消息轉告記者, 6月9日報載央行擬再貶低新台幣匯率, 因此先要求外商銀行出售其持有的外匯。益以福特六和利潤匯出 (97百萬美元) 及軍款大量匯出 (92百萬美元), 引發市場預期新台幣貶值心理。

(B) 6月21日經濟日報刊載央行一位決策官員言, 可讓新台幣一口

氣貶到32比1的價位 (見經濟日報1984年6月21日)。社會大眾受此影響, 排隊買美元, 致當日銀行賣超高達1,523百萬美元。

(C) 股市不振, 資金擁向外匯市場

　　股市不振, 股友社鼓吹股友投機於外幣, 並不時散播謠言, 謂央行將限制匯出款及舉行記者會宣佈新台幣貶值等不實消息, 以鼓動大眾搶購美元存入外幣存款以等待新台幣貶值而獲取匯率差價。6月9日國內外匯銀行外幣存款餘額為3,217百萬美元。由於社會大眾爭相以新台幣購買美元存入外匯銀行以等待新台幣貶值, 因此至6月22日外匯銀行外幣存款餘額增為5,119百萬美元。

二、政策建議

建議	說明
1. 央行宜致力消弭季節性因素, 以免匯率大幅度波動。	當外匯市場呈現季節性外匯需求時, 央行宜充分供應外匯, 以免匯率呈季節性波動。
2. 央行應該以堅定措施, 強力干預, 消弭投機風潮。	6月中旬外匯需求的大量增加, 純係投機需求, 如任令匯率應投機風潮之壓力而貶值, 則匯率將如股市, 今後不得安寧。新加坡及香港貨幣當局均曾以堅強措施弭平外匯投機風潮。
3. 外幣存款應提存準備金, 以降低轉存外幣存款的誘因。	央行外匯局自6月23日起規定外匯銀行所收存之外幣存款應提準備金。外匯銀行吸收外幣資金成本提高後, 外幣存款利率已因此而下降, 可降低社會大眾將新台幣資金轉存為外幣存款的誘因。
4. 央行無法同時控制匯率與利率。為消弭投機風潮, 央行大力干預外匯市場, 必須付出緊縮信用的代價。央行對其維護金	暫時緊縮新台幣資金, 並允許利率大幅上漲, 以免投機者自銀行取得資金用以搶購美元。事實上, 央行無法同時控制匯率與

建議	說明
融秩序的基本角色與職責應該有清楚的認識。	利率。 新加坡央行 (MAS) 爲抵抗外匯投機, 曾收緊銀根, 致銀行間拆放息短期間大幅提高。近幾年有下述兩次範例: (1) 1985 年 9 月 18 日, 星幣 Overnight 息漲至 125%, 次月仍維持 50%, 然後逐漸下降。 (2) 1986 年 2 月 21 日, 曾漲至 115%。 (正常情況約爲 3%–6%, 最低時爲 1986 年 9 月 10 日曾出現 0%)
5. 股市持續下跌, 勢必影響外匯市場的正常運作, 財金主管宜設法提振投資大衆的信心。	「股市不健全, 救了也沒用」, 係不正確的看法。這種看法正如對患嚴重肺炎的病人不加以急救, 而空談病癒後應如何使身體強壯, 以增加其抗病力。股市之健全發展應採取整套的長期方案。不過, 股市崩盤拖長, 勢必導致金融危機, 儘管股市不健全, 仍需採取短期措施, 提振投資大衆的信心。而且股市若不能趨穩, 則民間資金將繼續外流, 影響外匯市場之正常運作。 1965 年初, 爲避免證券市場危機而穩定股市, 日本甚至曾設立「日本證券保有組合」, 由證券公司共同出資, 並由日本銀行給予特別融資, 大量購買股票並予持有, 以免山一等證券公司倒閉, 穩定股市。有關借款利息與證券買賣損益係由出資公司依出資比率分擔。
6. 央行宜根據若干指標, 內訂匯率目標區間 (target zone), 於市場匯率接近或偏離此區間之上下限時, 積極從事干預, 以維持外匯市場之秩序與外匯市場之健全發展。	區間之計算方式, 寬度與時間長度可視市場實況及基本經濟情勢而彈性調整。
7. 儘速修訂外匯管理條例, 建立外匯誠實申報制度, 並增列在非常時期得恢復局部外匯管制之規定。	爲了掌握外匯資金流向, 應建立外匯誠實申報制度。而且爲避免投機性資金大量進出, 危及國內金融穩定, 宜修訂外匯管理條例, 增列在非常時期授權主管機關對

建議	說明
	資本賬交易恢復管制, 以維持外匯市場的秩序。

參考文獻

參見1990年6月21日經濟日報。

金融國際化之一般條件及具體措施

1991年6月

一、現況說明與問題分析

金融自由化、國際化為我國金融改革的既定方向，行政院並已將「發展台北成為區域金融中心」正式列為國家建設六年計畫項目之一。然而金融國際化之推行必須具備某些基本條件。茲將金融自由化與國際化的一般條件與我國現況分析檢討如后：

一般條件	現況說明與問題分析
1. 國家政治穩定： 金融交易首重風險，國家政治的穩定為國際金融中心的必備條件。	
2. 資金、資訊及人員進出的自由： 國際化的金融市場、其資金進出，資訊傳遞與專業人員進出必須自由。為吸引國外具有專長之金融人才來台，應考慮給予居留之便利。	1. 資金進出： (1) 經常帳交易完全自由、資本帳交易仍有部份限制，匯出入款限額每年300萬元。 (2) 非居住民不得開立新台幣帳戶。 (3) 外人投資與對外投資資金、利得均需先經核准始能匯出入。 2. 資訊進出：路透社及美聯社裝設甚為普遍，路透社直線交易亦已開放，但業者對金融交易資訊傳遞尚不能加密。 3. 人員進出：外籍專業人員來台，如為華僑役男仍有兵役問題。 新加坡對仍在香港工作的金融專業人才，准予申請永久

一般條件	現況說明與問題分析
	居留權。合格的申請者原則上准予5年居留, 而在新加坡已有全時 (full time) 工作者, 即可取得永久居留權。
3. 優良的基本設備: 電信通訊設備必須完善, 品質優良, 費用亦須合理。此外, 交通便捷且租金合理的營業場所亦爲必備條件。	1. 目前電訊通路仍有線路擁擠及斷線情況, 且無法立即接通, 以及故障維修耗時等問題。 2. 各項通訊資費, 及電路出租費用仍較新加坡、香港爲高。 3. 交通部電信總局爲配合國家六年計畫之電訊需要, 預計六年內投資新台幣1,373億元, 並計劃改善興建多項電訊網路系統。
4. 素質優良的金融專業人才: 必須具備專業金融知識及嫻熟外語。	1. 我國目前金融人員培訓體系有待加強。 2. 訓練經費不足 根據金融人員研究訓練中心所作調查顯示, 一般金融機構訓練經費不足者約佔22%, 且公營金融機構預算編列過程繁瑣, 影響培訓計畫頗鉅。 3. 訓練計畫與訓練設施不足 根據金融研訓中心調查, 公民營金融機構70%均有訓練場地不敷使用情形。而訓練課程中, 尤以國際金融新種業務、電腦稽核、風險管理, 涉外金融法務等課程最爲明顯。 4. 缺乏長期系統化金融專業人才培訓計畫。
5. 租稅的寬免: 爲使國際金融機構於台北營業, 從事金融業務之營利事業所得稅、印花稅及外人孳息所得的稅負, 應不高於其他國際金融中心。	1. 香港係採單一稅率, 公司利潤稅爲16.5%, 免徵利息所得稅。新加坡公司利潤稅爲31%, 印花稅則因金融工具而異。我國的營業稅爲5%, 營利事業所得稅爲25%, 利息所得暫繳稅率爲10%, 印花稅爲千分之四。 綜上, 我國之稅負較香港爲重, 且有重覆課稅之情形。 2. 目前的稅務問題 (1) 營業稅 (GBRT) 　A. 換匯 (Swap) 如何計算利得與損失, 如何課營業稅的問題。 　B. 外匯利得能否抵銷外匯損失後課營業稅的問題。 　C. 外匯重估利得 (F/X REVALUATION GAINS) 應否課營業稅的問題。 　D. 貸款移轉 (LOAN TRANSFER) 應否課營業稅的問題。 　　貸款轉讓 (LOAN ASSIGNMENTS) 如何

一般條件	現況說明與問題分析
	課營業稅及會計如何處理的問題。
	(2) 印花稅
	自國外銀行或國際金融業務分行取得之利息收入
	若以轉帳方式支付, 可否免印花稅之問題。
	(3) 所得稅
	A. 支付國外之資訊、電腦軟體使用費或其他勞務
	費, 可否免扣繳所得稅之問題。
	B. 透過國外金融機構對外投資所產生收益, 在國
	外已付稅捐, 可否憑經我國駐外單位簽證之國
	外會計師簽證報告扣抵國內所得稅之問題。
為鼓勵國人及外國人積極參與金融國際化、自由化有關之投資活動, 關於外國證券及其他金融產品之交易相關租稅規定應明確及合理。	1. 外國證券之證券交易所得是否屬所得稅法第4條之一之免稅範圍之問題。 2. 國內上市公司於海外發行之公司債, 發行公司於一定期間以溢價贖回, 該溢價部分係屬利息所得抑或財產交易所得之問題。 3. 個人於國內從事國外期貨或其他金融產品之交易, 其交易之所得應否課徵所得稅之問題。
6. 相關行業的支援 金融服務業有賴會計師、律師及印刷業的支援。而銀行業務電腦化、電腦硬、軟體及電子資料處理的設備亦關係重大。	1. 會計師與律師人數與香港、新加坡相較仍嫌不足。 2. 有關外匯交易及新種金融產品之會計處理程序科目, 尚無一致的規定。 3. 銀行業的電腦硬、軟體仍有待更新及改進。
7. 金融市場 (1) 擴大台北外幣拆款市場規模	為了加速金融自由化與國際化, 並促使台北發展成為區域金融中心, 1989年建立台北外幣拆款市場, 今年初該市場並與新加坡市場連線, 使得台北外幣拆款市場逐步成為全球外匯市場的一環。為繼續擴大市場規模, 應增加市場參與者, 並增多交易幣別。國際貨幣經紀商之引進, 將可加速此項計畫的推動。
(2) 擴大外匯市場規模	外匯市場交易以金融機構間的交易為主。因此, 要擴大市場規模宜擴大國內金融機構之參與, 並歡迎有助於推展我國金融市場潛力的國外金融機構來台營業。同時應加強美元與新台幣以外第三種幣別的交易 (third currency transaction) 及跨國境交易 (cross border

一般條件	現況說明與問題分析
	transaction) 等新種業務之開發。
(3) 擴展台北境外金融中心業務	台北境外金融市場自1984年6月5日成立以來, 市場規模迄未見大幅成長。爲配合外匯管制放寬及客觀金融環境變遷, 台北境外金融業務應設法擴大。
(4) 健全貨幣市場	1. 建立公開競價的新台幣拆款市場。
	2. 放寬拆款期限的限制。
	3. 允許外商銀行與保險公司參與市場拆借。
	4. 宜建立公正的國內信用評等機構, 以利短期票券之發行, 並增加市場交易工具。
	5. 制訂「票券金融事業法」, 確定票券公司經營之法源依據, 並適度開放票券金融公司的設立以提高效率。
	6. 建議財政部免除拆款利息收入營業稅與印花稅之課徵 (紐約、新加坡與東京市場均無此項稅負)。
(5) 健全資本市場	1. 股票市場
	(1) 鼓勵優良公司股票上市, 推動未上市股票店頭交易, 以增加市場籌碼。
	(2) 加速公營事業民營化案件之執行。
	(3) 鼓勵外國績優企業以存託憑證方式在我國證券交易所上市。
	(4) 鼓勵國內企業以存託憑證上市方式或以發行歐洲債券方式在歐美資本市場取得海外業務發展所需之長期資金。
	2. 債券市場
	(1) 修訂現行「中央政府建設公債發行條例」, 積極研討改進有關公債發行方式及期限配置, 使各階段公債得以順利發行。
	(2) 擴大債券發行市場及數量, 鼓勵法人機構以投資長期債券做爲平衡其長期負債及資產之工具。
	(3) 將目前債券之櫃台買賣改爲資訊公開及掛牌買賣方式, 促進債券次級市場之流通。
	(4) 建立信用評等制度。

二、建議與結論

建議事項	說明
1. 由中央銀行、財政部等有關單位及專家學者共同組成台北區域金融中心推動小組，並指定一位財經首長，定期召集會議，積極策劃推動。	由於國內金融制度仍不夠健全，為發展台北成為區域金融中心，有賴政府的積極推動。
2. 加強培訓人才。	短程措施： 1. 由各金融機構視實際需要派員至國外從事為期半年語言及專業訓練，並允許外籍交易員來台工作。 2. 由金融研訓中心加強國際金融新種業務課程及模擬操作。 3. 加強與新加坡 The Institute of Banking & Finance 等金融訓練機構合作，代訓我國金融人員或來台授課。 4. 仿新加坡作法網羅優秀外籍交易員來台工作，並對華僑役男免除兵役。 5. 對公營金融機構所提具體培訓計畫預算應優先准予編列。 長程措施： 擴大「金融人員研究訓練中心」組織，增設訓練場所與設備。
3. 解除殘留的外匯管制。	先解除長期資金管制，然後解除短期資金管制。
4. 改善電訊設備，降低收費標準。	短程措施： 1. 克服標購電訊器材的困難，快速擴充電訊設備，並降低長途電話及電報的收費標準，使台北金融服務業具有價格競爭優勢。 2. 准許業者對金融交易資訊傳遞加密，以符國際金融交易慣例。

建議事項	說明
	長程措施: 預計於6年內投資新台幣1,373億元, 改善興建多項電訊網路系統。
5. 允許卓著國際貨幣經紀商來台營業。	儘早制定「貨幣經紀商管理規則」, 以引進卓著國際貨幣經紀商來台營業, 藉以提高金融市場效率。台北外匯市場發展基金會已於本年2月8日與新加坡 A&P 國際貨幣經紀商連線, 台北外幣拆款市場規模顯著擴大。
6. 鼓勵民間籌建國際金融大樓。	選定適當公有土地, 鼓勵民間興建國際金融大樓, 按合理條件租予國際金融機構及有關金融服務業, 鼓勵其來台從事業務。並於該金融大樓配備優良的電訊及軟、硬體設備。
7. 開放黃金出口, 促進黃金自由交易。	開放黃金出口, 俾國內金價與世界黃金市場齊一。允許殷實金融機構發行黃金存單, 以方便黃金交易, 並收善用儲蓄的效果。同時設立具有公信力之黃金鑑別機構, 俾使窖藏黃金轉成具有流動性之金融資產。
8. 透過國外期貨交易商, 開放國外期貨交易。	配合「國外期貨交易法」之制定, 將「金融期貨」列為國外期貨交易之商品, 並視實際成效, 成立台北國際貨幣交易所, 提供新種金融產品 (如期貨及選擇權), 以利投資者規避利率及匯率風險。
9. 促使我國貨幣市場健全發展, 增加市場廣度與深度, 使貨幣市場利率更具金融指標的功能。	貨幣市場與其他金融市場應交互運作, 以促進金融自由化與國際化。
10. 為有效誘導儲蓄供作投資之用, 並發展台北為區域金融中心, 資本市場的健全發展關係至鉅。	金融自由化與國際化的成功地推行, 需要穩定的金融環境與金融市場的健全發展。如果金融情況不能穩定發展, 則貨幣市場利率將鉅幅波動, 股價將暴漲暴跌。股市若不能持穩, 外匯管理的自由化徒增加不穩定的投機資金的移動, 影響外匯市場的正常運作。

建議事項	說明
11. 有關租稅規定應明確及合理。	1. 外國證券之證券交易所得, 應列入所得稅法, 第4條之一之免稅範圍內。
	2. 國內上市公司所發行之海外公司債應視為國內有價證券之一種, 且溢價贖回時之溢價部分應視為財產交易所得, 而得依法免證券交易所得稅。
	3. 個人於國內從事國外期貨或其他金融產品交易所產生之所得, 應為國外來源所得, 依屬地主義課稅原則, 應不須課徵所得稅。

新台幣國際化之條件

1991年6月

一、現況說明

1. 新台幣國際化之定義

一國貨幣國際化的涵義有三, 即該國貨幣被用作計價單位、交易支付及價值儲藏之工具, 而在國際間普遍使用或持有時稱之。

　　所謂新台幣國際化, 是指新台幣成爲商品與勞務貿易的計價與交易工具, 而且在國際金融市場上公開買賣、自由兌換與持有的通貨, 亦即新台幣在國際上成爲公衆所接受的貨幣。

2. 新台幣國際化供需現況分析

新台幣國際化的程度, 主要是受供給與需求兩方面因素所決定, 茲將其供需現況分析如下:

(1) 需求面: 主要視我國經濟貿易狀況及金融、對外投資實力而定。1990年我國國民生產毛額爲1,600多億美元, 總體購買力顯著地增加; 進出口貿易總額達1,220億美元, 爲世界第15大貿易國, 而且近年我國對外投資快速增加, 外匯存底豐厚。因此, 國際間之新台幣需求, 可能增加, 例如部份出進口貿易, 國外要求以新台幣計價及外國投資者希望持有新台幣資產 (存款或證券) 以達資產分散的目的, 形成兌換新台幣的需求。

目前我國進出口大部份集中在美、歐、日，比重爲63%至70%之間。出口至該地區之產品，我國廠商多爲價格接受者 (即買方市場)，而我國自該地區進口又以國際間慣例用美元計價之初級產品所佔比重甚大。另外，東南亞國家對我國之進出口所佔其進出口總額之比例爲2.8%及6.3%。

(2) 供給面: 主要視貨幣主管當局的態度與規定而定，中央銀行在供給方面可發揮相當大的影響力。如果新台幣本身，以及新台幣表示的各種國內外資產 (如存款或債券) 與信用工具 (如支票、匯票) 可以透過個人攜帶或各種信用機構的轉帳與債券之發行而自由出入國境，則新台幣在國際間的供給將不成問題。

就目前我國的情況而言，有兩個限制。其一是規定每人出國最多只能攜出4萬元新台幣，因而新台幣現鈔在外國流通量極爲有限; 其二是非在台灣居住的外國人，外國銀行與法人公司等，不得在台灣開設新台幣帳戶 (或購買以新台幣計價的證券)。外國銀行因爲無法取得新台幣，又不能發行以新台幣計價的債券，因而也就無法提供新台幣給客戶。

鑒於年來，兩岸交流漸趨頻繁，國內出境亦可攜帶新台幣4萬元鈔券，是以對新台幣鈔券流出、入數量之統計之需要，極爲迫切。如此才能避免金融統計中的通貨發行額與貨幣供給額失眞，導致與國內實際流通中之通貨與貨幣供給額的誤差擴大，影響金融政策的釐訂。

二、問題分析

在新台幣國際化的有利因素方面，可區分爲以下幾點:

(1) 新台幣國際化是一國經濟實力的表現，可提升我國國際地位。

(2) 對一般國民而言，如持有新台幣可在國際間暢行無阻，具有極大的便利。

(3) 新台幣國際化以後，工商界進行貿易與投資活動，以新台幣計價的比重提高，可規避若干匯兌風險。

(4) 如果新台幣在國際間成爲外人樂於持有的貨幣，則我國中央銀行將享有若干程度的「鑄幣權」，整體社會的福利可能因而升高。

新台幣國際化的不利因素，可區分爲以下幾點：

(1) 新台幣國際化，則新台幣匯率將在世界各地同步決定，台北不再具有唯一的主控權，並由於資金移動程度加大，國內外利率與匯率的連鎖作用會明顯增強，甚至國內貨幣供給的控制能力亦將削弱，進而中央銀行貨幣政策的自主性將受到影響。不過，極端失控的情況不太可能發生。因爲台灣的狀況與香港、新加坡、瑞士、荷蘭較爲接近，都屬小型開放的經濟，只是國際貨幣的配角，而非如關鍵貨幣扮演主角，不致成爲壓力的核心。

(2) 如果在外在條件未成熟前推動新台幣國際化，可能產生金融市場的不安。例如在貿易嚴重失衡的情況下，新台幣國際化極易造成匯率調整「矯枉過正 (overshooting)」。

綜上所述可知，一國貨幣的國際化除須於國際市場有相當之供給與需求外，尚須具有其他條件之配合。因此，新台幣國際化基本上是一種程度問題，也是一種漸進的過程。根據許多經濟學者的研究，以及日本的經驗，經濟自由化或金融自由化應該有一個「循序漸進的步驟或時間表」。政府首先應解除各種進出口貿易的管制，讓貿易自由化，減輕進出口貿易的扭曲與失衡。然後推動利率自由化，讓利率自由調整，並促進國內貨幣與資本市場的自由化，促使資金的供給與需求逐漸平衡，儲蓄與投資不致有太大的差額。在這種情況下，進出口貿易亦自然會接近平衡，外匯市場上供需不平衡的壓力就會減輕，不會導致單方向的升值或貶值的預期及由此而引起的投機客炒作外匯的熱潮，使資本帳亦會穩定下來。接著政府就可以把外匯管制大幅度取消，並且讓匯率由市場決

定, 而不虞本國及外國資金大量進出國境, 造成利率與匯率的不安。達到這個境界以後, 新台幣國際化的負面影響就可降到最低。

在具備了前述貿易自由化、金融自由化、外匯管制放寬、匯率自由化的條件後, 就可適度開放新台幣讓外國人持有。這一個漸進的過程, 日本花了大約10年的時間加以完成, 其做法值得我國借鏡。因此, 我們可以說, 新台幣國際化是經濟自由化的最後步驟, 也是金融自由化的長遠目標。如果我國推動金融自由化的次序合理, 法令的規定周詳, 基本的經濟局勢接近穩定、均衡, 則長期而言, 新台幣國際化有利我國經濟的進一步發展。

三、建議與結論

建議事項	說明
1.「金融自由化、國際化」既已成為政策目標, 中央銀行及財政部應該參照日本、香港與新加坡的經驗, 及早著手研究新台幣國際化所需條件與漸進步驟。	真正的金融國際化, 就是本國居民可自由持有外國貨幣與資產, 也容許外國居民自由持有本國的貨幣與資產。
2. 可參照日圓國際化之演變過程, 分段實施新台幣國際化: (1) 實施「非居住者新台幣清算辦法」 　(A) 資金來源限於有形貿易所得。 　(B) 此帳戶與居住者新台幣帳戶分開, 不得相互轉讓。 　(C) 央行於必要時, 得訂定每家外匯指定銀行非居住者新台幣的存款額度、存款準備率或禁止支付利息。	允許非居住者在我國內之外匯指定銀行開設非居住者新台幣帳戶。
(2) 逐步推行新台幣國際化 　(A) 進一步放寬前述非居住者新台幣清算辦法之有關限制。 　(B) 擴大非居住者對新台幣之持有與使用, 以及發行以新台幣計價的證券。	新台幣國際化, 基本上是一種程度問題, 也是一種漸進的過程。央行限制減少, 國際間新台幣的供給來源不致有問題, 新台幣才能視需要逐漸國際化。
3. 為使金融統計之通貨發行額與貨幣供給額與實	避免金融統計中的通貨發行額與

建議事項	說明
際流通數相近，俾利金融政策之釐訂，建議財政部研究增列「旅客出、入我國國境攜帶新台幣現鈔金額」之海關統計。	貨幣供給額，與國內實際流通中之通貨與貨幣供給額的誤差擴大，影響金融政策的釐訂。

重建遠期外匯市場與新種
金融工具的開發

1991年6月

一、現況說明

目前外匯指定銀行得承作遠期外匯交易, 但外匯指定銀行如買入或賣出遠期外匯而無法同時賣出或買入遠期外匯時, 則必須保有其外匯部位, 承擔匯率風險。致外匯指定銀行承做意願不高, 遠期外匯交易不多。

二、問題分析

1. 重建遠期外匯市場之終極目標係建立完全自由, 沒有限制的遠期外匯市場, 對參與者與交易性質完全開放, 不加任何限制。

2. 為提供廠商避免匯率風險工具有必要建立遠期外匯市場, 其先決條件需將外匯部位之計算方式由目前之「即期外匯部位」改為「即期與遠期之綜合淨部位」(亦即由現金制改為權責制), 以提昇銀行之承作意願。

3. 由於遠期外匯簽約時, 除繳納之少數保證金外, 其餘簽約金額未涉及新台幣資金之交割, 故預期心理透過遠期外匯交易會對即期外匯市場產生重大之影響, 故遠期外匯市場重建後, 應准許即期外匯匯率有較大幅度的波動空間。

4. 為避免遠期外匯過度干擾即期外匯市場, 宜比照英、德、日、法、義等先進國家, 在遠期外匯市場自由化的過程中, 初期限由具有實質交易之進

出口始得承作遠期外匯, 繼而逐步推展到沒有限制而完全開放的自由市場。

5. 配合遠期外匯市場之有條件重建, 應依序開放金融期貨、選擇權契約以及金融交換等新種金融工具, 以提供避險工具, 促使我國金融市場具備一定的深度。

三、建議與結論

建議事項	說明
1. 有條件重建遠期外匯市場的構想:	
(1) 暫規定交易以進出口貨款及經政府核准之投資款爲限。	便利進出口貿易及經政府核准之投資款外匯交易避險。
(2) 遠期外匯交易簽約時, 應繳納一定比率之履約保證金, 視市場狀況機動調整該保證金之比率。	收取保證金雖會增加遠期外匯的承做成本, 但保證金比率視市場情況彈性調整。
(3) 對各外匯銀行設定遠期外匯交易之承做額度, 視市場狀況機動調整該額度。	設定額度以免造成即期匯率大幅度波動。
(4) 各銀行承做遠期外匯之額度, 保留某一比率專供中小企業申請。	便利中小企業規避匯率風險, 避免由大企業全部佔用。
(5) 擴大銀行外匯部位。	放寬銀行買賣超部位, 提高外匯銀行承做遠期外匯之意願。
2. 配合遠期外匯市場之有條件重建, 促使我國金融市場具備一定的深度, 建議成立新種金融商品研究小組, 改進電腦軟、硬體設備, 加強專業人員訓練, 培養市場動向判斷能力, 妥善規劃會計處理, 依序開放金融期貨, 選擇權契約, 以及金融交換等新種金融工具。	新種金融工具的操作, 需要具備專業智識與電腦操作技巧, 新台幣國際化又尙需時日, 開放初期宜以外幣承做之各種金融期貨, 選擇權以及金融交換爲限, 並視市場發展情況, 依序採階段式加以發展。

亞銀在台發行美元債券有關問題

1991年7月

一、背景與問題分析

亞銀財務處處長早川智夫率同隨員洪啓川 (華籍) 及閔岦 (韓籍) 於本月15日至18日來華訪問。據其離華前記者會發佈之資料, 亞銀爲輔導亞洲地區金融市場的發展, 擬於本年聖誕節前於台北、香港、新加坡同時發行小龍債券 (Dragon Bond)。發行金額港、星兩地各爲5,000萬元, 台北則爲1億至1億5,000萬美元之譜; 期限爲7年; 利率爲8.5%或採浮動利率, 每3個月或6個月調整乙次。

　　亞銀在台北發行債券, 其對象不限於國人, 外人亦得購買。且自1987年7月大幅放寬外匯管制後, 我國經常帳出超所得外匯已大部份由民間部門持有。如1990年經常帳出超所得外匯爲108億美元, 其中107億美元即爲民間部門持有 (即民間資本外流)。民間資本流出, 固不乏對外直接投資, 但存放國外銀行及購買外國債券爲數可觀。亞銀債券之債信良好, 報酬率與市場利率一致, 亞銀來華發行債券, 可提供國人多一種良好之投資工具。

　　此外, 亞銀來華發行債券, 促使我金融機構學習國際債券之發行技巧。而依亞銀規定, 凡是提供資金的國家可被指定爲亞銀融資對象的「採購國」, 有利我國之輸出。同時, 可提昇台北在國際金融市場之地位, 符合發展台北爲區域金融中心的政策目標。

　　亞銀此次發行小龍債券, 係於台北、香港及新加坡同時發行。因此, 三個市

場的稅負如果不一, 則稅負較重之市場, 其債券勢必難以銷售。目前, 港、星對外人於各該國發行債券之利息所得免稅, 外幣債券於次級市場成交時均免交易稅 (turnover tax)。依我國所得稅法之規定, 國人購買外國債券之利息所得, 自然人部分因係國外所得免課所得稅; 營利事業之總機構, 在中華民國境內者, 應就其國內全部營利事業所得合併課稅。據報載財政部官員認為亞銀債券利息所得係屬境內所得而應課稅 (附件一)。惟事實上根據亞銀協定條款第52條之規定 (附件二), 亞銀會員國對亞銀發行之債券, 其利息或利潤均不得課稅。我國既為會員國自得遵守亞銀協定。

　　至於交易稅, 依證券交易稅條例第二條之規定, 公司債及其他經政府核准之有價證券課徵千分之一。由於此次亞銀發行債券係於台北、香港、及新加坡同時發行, 香港、新加坡對於外幣債券之次級市場交易不課徵交易稅, 而獨我國課徵, 將使亞銀在台北發行之債券處於不利地位。為使亞銀於三地同時發行之債券稅負一致, 並提高亞銀債券於國內次級市場之流動性, 我國不宜對亞銀債券課徵交易稅。

　　查我國證券交易稅條例訂定時, 並未考慮外幣證券, 故其征課標的應為新台幣證券, 惟稅法中無明確之規定。而且千分之一交易稅率, 亦屬過高。社會大眾將儲蓄存放銀行並未課征交易稅, 購買公債以外之債券, 每轉手乙次, 即需支付千分之一交易稅, 如屆期前轉手10次, 等於債券面額之百分之一。偏高之稅率將妨礙債券次級市場之發展。

二、建議

為使亞銀債券在華順利發行並促進債券次級市場之發展, 建議如下:

建議	說明
1. 在國內發行外幣債券有關法令應予儘早規定, 以資配合亞銀小龍債券之國內發行。	證管會應儘早訂定有關法令, 以便依法核定小龍債券在國內發行。
2. 免除亞銀在華發行外幣債券之交易稅。	我國證券交易稅條例之對象應指新台幣債券而非外幣債券。而且根據亞銀協定條款第52條之規定, 亞銀會員國對亞銀發行之債券, 其利息或利潤不得課稅。
3. 修訂證券交易稅條例, 明訂適用對象爲新台幣債券。而且政府公債及股票以外之國內有價證券交易稅應予降低或免除, 以利債券次級市場之建立。	我國稅法應作明確規定, 將外幣債券排除在外, 港、星均如是。若要發展台北爲國際金融中心, 則應建立符合國際慣例的稅制。
4. 小龍債券之利息所得應予免稅, 以提高個人購買意願。	小龍債券利息所得宜視爲境外所得而予以免稅。
5. 金融機構, 尤其人壽保險公司可購買小龍債券做爲外幣投資資產之一部分。	亞銀小龍債券以美元計價, 投資人須自行負擔匯率變動風險。而且從目前國內外利率水準看來, 不管採固定或浮動利率, 小龍債券利率均低於政府公債利率。不過, 小龍債券係在台北、香港與新加坡同時發行, 在次級市場的流動性較佳。如果美國長期利率下跌, 則有取得資本利得之可能。
6. 小龍債券係國際機構首次來台發行債券, 宜允許外國金融機構加入承銷行列。	具有經驗之國際金融機構加入承銷行列, 有助於國內金融機構學習公開承銷之一些技術性細節問題。
7. 依照前呈「發展債券市場之建議」, 活絡的國內債券市場應予儘早建立, 以免亞銀小龍債券滯銷, 而必須由央行承購。	活絡而有效率的債券市場的建立, 有助於導引民間儲蓄來支援國建計劃, 或提高外幣債券之購買意願, 促使我國金融進一步國際化。

附件1

「投資亞銀小龍債券應屬境內所得」 (見1991年7月20日經濟日報)

附件2

亞洲開發銀行憲章

第52條: 免稅

第1項: 本行之資產、財產、所得、營業與交易, 均免徵一切稅捐與關稅, 并免負支付, 扣繳或彙收任何稅捐之責。

第2項: 本行付與董事、副董事、職員或雇員及執行本行任務之專家之薪資, 均應免稅。除非該會員國於提繳與批准或承諾書時宣稱其政府或附屬機構在對本行付與該會員國公民或國民之薪資保留課稅權利。

第3項: 對本行所發行之任何債券或證券, 包括股息利息在內, 不論由何人持有, 不得課以下述任何稅捐:

第1款: 該項債券或證券, 僅係因其為本行發行加以岐視而課稅;

第2款: 倘課稅之法律根據僅由於其發行地點或使用之通貨, 或為本行機構或業務地點之所在地而起者。

第4項: 對本行所保證之任何債券或證券, 包括其股息或利息在內, 不論由何人持有, 不得課以下述任何稅捐:

第1款: 該項債券或證券, 僅係因其為本行所保證加以岐視而課稅;

第2款: 倘課稅之法律根據, 僅由於本行任何機構或業務地點之所在地而起者。

審慎開放國際資本的移動

1994年4月

一、問題分析

金融自由化是1970年代以來的世界潮流。我國在主客觀環境變化的壓力下,自1970年代末期起逐步展開金融自由化的改革。目前,除了公營銀行改制民營成效不彰,以及國際資本的移動並未完全開放之外,其他重大的金融管制多已解除。整體而言,台灣金融自由化的幅度與速度,比其他開發中國家皆有過之而無不及。

經濟學者根據學理的探討,以及拉丁美洲國家在1970年代失敗的經濟自由化之痛苦經驗,多認為金融自由化的推動有必要講求順序與步調。在自由化的順序方面,多數學者主張國內的金融自由化應優先於金融國際化,又國際收支經常帳的開放應優先於資本移動管制之解除。在自由化的步調方面,學者也多傾向於溫和漸進式之改革,以緩和自由化對總體經濟的衝擊。

台灣近十多年來的金融自由化,大體上即是採行逐步漸進的作法,唯在自由化的順序方面,存有一些可議之處。例如未先放寬銀行新設,而在銀行體系競爭程度不足之狀況下推動利率自由化;.在開放民營銀行新設之時,未能同時去除公營銀行在經營上所受到的限制;以及在國內金融體系尚未健全發展之前,而且在貿易呈現鉅額出超而新台幣持續升值的情況下,大幅度放寬對資本帳交易之管制等。結果,步驟前後不一,未能照最理想的順序進行,各種因素的變動互相糾葛,金融混亂局面便不可避免。

經濟學者對開放國際資本移動抱持保留的看法，主要原因在於開放國際資本移動將在以下三方面產生不利的影響：

1. 不利於金融穩定：國際資本之進出，影響外匯之供需。若中央銀行不進行干預性操作，必將導致匯率之升貶變動，進而影響國內產業的對外競爭力；而若央行進行干預性操作，藉買賣外匯以平穩匯率，則將導致國內貨幣供給額的增減，進而衝擊國內的資金市場與股市。尤其是國際職業作手與投機客利用資金自由進出之方便，極可能成為國內股市與外匯炒作的主力，其資金的一進一出，不僅引起股市大漲大落，助長股市投機交易，且增添匯率與國內金融市場的不穩定性。

2. 不利於中小企業：國際資金移動增加匯率變動之風險，中小企業因規避匯率風險的工具較為欠缺而較易受害。又開放國內企業自國外引進資金，其降低利息負擔之利益主要由大企業享用，但此措施所造成新台幣升值壓力，不利於出口導向的中小企業。而且引進國外資金又有擴張國內貨幣供給的作用，中央銀行若是為了穩定貨幣供給而進行沖銷，縮減國內授信，其結果無異於以中小企業國內信用的緊縮為代價，為大企業引進利息較為低廉的外國資金。因此，中小企業不僅難以分享引進外國低廉資金的好處，反而可能蒙受到新台幣升值或國內信用緊縮之損失。韓國在1960年代末期與1970年代容許大企業大舉外債，即曾對其中小企業產生此二項不利之影響。

3. 降低國內儲蓄，不利長期經濟福利：引進外資與開放對外舉債的資本帳自由化雖可降低企業界的利息負擔，但由此所導致的國內利率的下降將降低國內儲蓄的意願，使本國資本之累積趨緩，終將不利於長期經濟福利。

我國在開放國際資本移動方面，自1987年7月起，國民與本國廠商已被准許自由保有並運用外匯，而且每一個國民或廠商每年最高可結匯並匯出500萬

元,每一個國民可匯入5萬美元。此一匯出匯入款上限經過數次調整,目前個人與團體已放寬爲500萬美元,公司行號則放寬爲1,000萬美元。在開放僑外資投資國內證券方面,4家國內證券投資信託公司自1983年開始被容許在國外募集資金匯入,外國專業法人投資機構且自1991年起開始被准許匯入資金直接投資國內證券,唯其投資總額起初被限制在50億美元以下,央行自1994年3月7日起將之提高至75億美元,另容許國內證券投資信託事業在海外募集資金匯回投資之金額由15億美元提高至25億美元。

開放國際資本移動,不容否認地在促進國內投資,引進僑外資金、活潑國內股市,以及助長對外投資等方面有其正面的功能,唯吾人對其前述三項不利的影響也不能不予正視。國內自大幅開放外匯管制之後,近5年來確曾多次嚐到「熱錢」進出,助長國內金融混亂與匯率大幅變動之苦果;中小企業近幾年的經營遭遇困難,多少也與上述引進國外資金的第二項不利影響因素有關。

在引進國外資金投資國內股票對股市的衝擊方面,外資流入當然有助於活絡股市交易,可使股市行情上揚。而且理論上言,國際專業投資機構對股票之投資較爲「理性」,會注重上市公司經營績效與基本經濟情勢,不致如國內小額投資人盲目追漲追跌,故可成爲國內股市的安定力量。不過,國內股市猶未健全,內線交易以及政商聯合營造有利投機炒作機會之事件時有耳聞,以致在放寬外人投資限制後,股價暴起暴落之不穩定現象仍無法加以緩和。國際作手是否會與國內股市大戶聯手,利用炒作空間在國內股市興風作浪,更不免令人憂慮。證管會在推動股市國際化的同時,應有必要徹底整頓股市,消除內線交易以及投機炒作歪風。

以今年3月5日央行宣佈提高外資投入國內股市限額之事件爲例,央行此舉可說是在財政部證管會、部分民意代表與股市投資人集體壓力下,所作的政策調整。證管會若是基於積極推動資本市場國際化與金融自由化的強烈責任感,主張大幅度提高外資投資額度,則其用心無可厚非。惟該會置外資流入不利匯市與國內金融安定之必然結果置之於不顧,且未能對國內股市本益比偏高、週轉率冠於全球的問題提出有效對策,則屬不負責任的作法;而證管會若是只想

藉引進外資，來刺激股市行情，維持股市的榮景，甚而取悅部分民意代表與股市投資大眾，則其心態更是可議。

此外，證管會爲達提高外資投資額度的目的，幾個月來不斷對外公開宣揚此一主張。此一作法間接鼓舞了部分民意代表與股市投資人，對中央銀行施壓、抗議，終導致央行於3月3日邀請股市投資人代表至央行溝通。央行於3月5日宣佈調整外資投入國內股市上限時，再三強調此一腹案早已擬妥，只是一直在等待適當時機對外宣佈，故與3月3日的股市投資人溝通無關。惟據報載，部分股市投資人代表在3月3日會商結束後，即對外表示央行會在一、二日內作出調高額度的決定，故而導致3月4日股市大漲200多點。此一事件暴露了二個問題；一是央行與財政部間的政策溝通有待加強。雙方應本於職掌範圍，各提出適當的政策建議；看法有歧異時，應以理說服對方，最後謀求最有利於整體經濟的共識與決定。此一溝通應以內部協商的方式爲之，而不宜訴諸群眾或利益團體的壓力。二是央行與股市投資人溝通與政策宣佈的時機選擇問題。股市政策關係數百萬投資人的權益，其處理必須相當謹愼，萬不可有消息走露，涉及內線交易的情事。尤其是在國內股市小道消息充斥，「消息面」主宰股價走向的特殊環境下，央行更有必要避免在政策宣佈前夕與利害當事人的會談，以免此會談成爲當事人從事投機炒作的題材。央行應維持其決策的獨立性，並培養其專業性與尊嚴 (professionalism and integrity)。在民主社會裡，爲了取得一般公眾的共識與信賴，並建立其信譽，央行只負事後說明 (accountable) 其決策背景的義務。

二、政策建議

建議	說明
1. 加強政府部門間的溝通，尋求共識，制定最有利於整體經濟穩定發展的資本移動自由化政策與速度。	開放國際資本移動，雖然有促進國內投資、引進僑外資、活潑國內股市，以及助長對外投資等正面的作用，但對國內金

建議	說明
	融、匯率、利率與貨幣供給等的穩定，以及本國資本之累積有不利的影響，而且中小企業也極可能未蒙其利，反受其害。因此，資本移動的自由化，必須審慎規劃，透過相關各政府部門的坦誠溝通，建立共識，妥訂政策，並把握適當時機。此一政策之溝通，應以相關政府部門間內部協商之方式為之，不宜以訴諸群眾甚或尋求利害關係人支持之方式向其他部門施壓。
2. 中央銀行應衡酌國內金融體系發展狀況、資金供需情勢，以及經濟發展之需要，選擇適當時機，逐步開放國際資本的移動。要成功地開放資本賬所必須滿足的先決條件共有下列五項： (1) 政府應推行全面的財政改革，顯著地減少財政赤字； (2) 國內外金融市場條件之差異，例如國內外利率差距，應該減少到最低程度； (3) 健全國內金融市場制度，提高其效率，並對資本賬開放可能導致之極為複雜之風險因素，加強風險管理； (4) 國內金融交易之稅負應符合國際慣例，以避免為獲得稅負之差異所可能導致之大量資本移動； (5) 去除對市場影響與價格調整所加上的任何限制，加強市場調節能力，以便更容易應付實物面與金融面的衝擊。	經濟學者多主張國際資本移動之自由化應以國內的金融自由化與金融體系的健全發展為前題，且在推動時應兼顧國內金融情勢與匯率的穩定。因此，中央銀行在進一步開放國際資本的移動時，除了考慮經濟發展的需要外，亦應衡酌國內金融體系的發展狀況，也就是其肆應資金進出國境之能力，以及國內資金的供需狀況，在適當時機推動適當的開放措施。
3. 加速推動公營銀行之移轉民營，以健全國內金融體系。外人投資國內股市額度之放寬，可考慮與公營事業民營化之步驟相配合，以減輕對股市之衝擊。	國內對國際資本移動之管制已大幅度放寬，預計此一開放趨勢，未來仍將持續。為了強化國內金融體系肆應國際資本移動的能力，有必要儘速健全國內金融體系。經過十多年來金融自由化之改革，公營銀行民營化仍成效不彰。將公營銀行改制民營，不僅有助於提高這些銀行的經營績效與競爭能力，而且可增強國內金融體系適應國際資本大幅進出國境的能力。

建議	說明
4. 健全股市, 消除內線交易與投機炒作。	國內股價暴起暴落之現象極為頻繁, 顯示投機炒作之風氣仍盛。此外, 內線交易也時有耳聞。為了防止國際投機客與國內股市作手聯手, 在不健全的國內股市興風作浪, 同時為減少不穩定的股市成為吸引國際熱錢大幅進出, 危及國內金融與匯率安定的誘因, 證管會應徹底整頓股市, 消除不正常的內線交易與投機炒作歪風, 使國內股市所吸引的, 主要為以賺取長期正常投資利潤為目的的外資, 而非專事投機炒作, 求取短線利益的外資。
5. 健全遠期外匯市場, 提供規避匯率風險之工具。	外資移動直接對匯率的穩定產生衝擊, 進而影響到以出口為導向的中小企業。為了降低引進國外資金對中小企業的不利影響, 須建立健全的遠期外匯市場, 並開放金融期貨、選擇權契約與通貨交換等新種金融工具, 以提供避險工具。
6. 加強匯率與貨幣政策的適當搭配, 緩和國際資本流動對匯率與國內貨幣供給的衝擊。	開放國際資本移動後, 中央銀行若欲兼顧穩定匯率與控制貨幣供給二目標, 即有必要講求買賣外匯與公開市場操作等匯率與貨幣政策工具的適當搭配。
7. 以「原則自由, 例外管制」之精神修改管理外匯條例。	本著經濟自由化之原則, 對國際資本之移動平常雖應減少管制, 但當國內或國外發生重大事件, 導致資本鉅幅流動, 嚴重危及我國經濟與金融之穩定時, 應授權行政部門採取必要的外匯管制措施。目前, 依據此原則所修正的管理外匯條例部分條文已送請立法院審議中, 宜請立法院早日完成修法。
8. 在政策擬訂過程中, 宜審慎進行與利害關係人之溝通。在民主社會裡, 為了取得一般民眾的共識與信賴, 並建立其信譽, 央行只負事後說明其決策背景之義務, 不宜事前與股市投資人代表溝通。	開放國際資本移動問題, 影響層面甚廣, 尤其是放寬外資投入國內股市之決定, 關係數百萬投資人之權益, 故其處理必須審慎。在決策過程當中, 宜多邀集學者、專家、相關政府部門以及利害關係人代表討論, 交換意見與看法。唯與利害關係人之溝通絕不可成為當事人投機炒作的題材, 政策決定應隱密並具獨立性。

凝集生命共同體的共識, 實踐並傳播台灣經濟發展經驗

1. 生命共同體的經濟意義

2. 過去所累積的台灣經濟發展經驗

   (1) 維持經濟部門間的平衡成長 (重視農工互動與關聯效果)。
   (2) 政府所扮演的角色 (塑造有利於長期發展的環境, 視情況適時調整政策)。
   (3) 全民參與經濟發展的推動 (擴大社會的共識與參與, 孕育生命共同體的情操)。

3. 以生命共同體的理念締造台灣經驗的新境界

   (1) 以同舟共濟精神在民主、多元化社會中尋求共識。
   (2) 落實經濟自由化政策, 激發民間活力。
   (3) 推動國家建設計畫, 奠定長期發展基礎。
   (4) 促使全民共享發展的成果。

4. 生命共同體的延伸與傳播

   (1) 推廣台灣經驗, 開創中華民族的新時代。
   (2) 依據國統綱領發展兩岸關係。
   (3) 加強國際經貿活動, 積極參與國際經貿組織、回饋國際社會。

放寬外國專業投資機構投資
發行公司股票比例與
總額度限制之商榷

1994年12月

一、背景說明

財政部證券管理委員會於1994年11月24日召開公聽會, 研商「華僑及外國人投資證券及其結匯辦法」修正草案, 並作成以下結論:

1. 仍維持該辦法第14條第1項之現行規定: 除法律禁止外國人投資之事業, 或其他法令定有僑外人投資比例上限者外, 外國專業投資機構投資發行公司股票得不受行政院核定負面表列禁止及限制僑外人投資業別規定之限制。

2. 個別外國專業投資機構投資任一發行公司股票之比例擬由現行之5%調高為10%; 全體外國專業投資機構投資任一發行公司股票之比例擬由現行之10%調高為25%, 發行公司發行之海外存託憑證及海外可轉換公司債另計比例, 其最高比例為24%, 以上合計不得超過49%。

此外, 證管會本身無政策決定權, 惟對外宣佈於本 (1994) 年底前, 規劃將外國專業投資機構投資國內股市之總額度限制, 由現行之75億美元提高至200億美元, 於1997年提高至上市股票總市值之25%, 並於2000年前完全開放, 無總額度限制。

就證管會所擬上述兩項作法, 本報告擬從政策面及對產業面之影響分別加以檢討分析。

二、放寬外資投資國內股市比例之商榷

依據僑外投資條例規定，不論是政策禁止或法律明文禁止僑外人士投資的業別，僑外人士均不得投資。而證管會對於政策雖禁止僑外人士投資但於法律未明文規定禁止者，擬放寬由外國專業投資機構在股票市場投資，且比例高達25％，甚至49％，顯與政策不符。

依現行「華僑及外國人投資證券及其結匯辦法」第14條第3項規定 (詳附件1)，屬於法令定有僑外投資比例上限之事業者，華僑及外國人依僑外投資條例向經濟部申請對該等公司之產業投資，不得超過各該法令所定上限扣除證券投資比例之餘額。由於證管會擬將外國專業投資機構投資發行公司股票之比例調高為25％甚或49％，華僑及外國人將無法向經濟部申請來華直接投資，對政府鼓勵僑外人士來台從事產業投資之政策將產生重大衝擊。

對於法律未明文禁止或法令未定有外資投資比例限制之事業，證管會擬將外國專業投資機構在股票市場投資之比例調高為25％甚或49％。經查，目前外國專業投資機構在證券市場投資所取得之股份，可享有所有股東權利 (含投票權)；而且目前許多生產事業雖未訂有僑外資的投資比例限制，但該等事業對提昇國內產業或科技技術具有關鍵地位，例如電子事業或需進行長期研發之事業，該等事業有賴長久而永續經營。由於投資證券的短期資金，主要在於追求短期的較高報酬率，如該等事業獲利良好，則外資機構可能經由證券市場而掌控其經營權；如該等事業需從事研發以提昇生產力，則外資機構可能因短期無利可圖而反對，進行撤資，將資金匯出或轉移投資標的，使該等事業之研發計畫無法順利進行。且由於企業主經常更易，將使企業經營策略經常變動，無法穩定地持續發展。外資機構甚至可能經由證券市場而掌控其經營權，要求國內高科技企業在海外設廠，移轉技術，使我國無法保持技術上的領先地位。

依據經濟部投資審議委員會統計，自1952年起截至1994年9月止，40餘年來經政府核准僑外直接投資總額僅達187.90億美元；至於外資以間接投資方式進行證券投資之可投資總額度，自1983年至1994年11月9日止，已達193.13

億美元 (其中約191億美元係於1991年以後核准者) (詳附表1)。於短短3年期間所核准之證券投資 (間接投資) 191億美元, 遠超過於1953年期間所核准之產業投資 (直接投資) 188億美元, 如依證管會所擬放寬外資機構投資發行公司股票比例限制之方式, 對國內產業發展可能產生負面衝擊。

三、放寬外資投資國內股市總額度之商榷

開放大量外資投資國內股市, 短期間固然可以引進國外資金活潑股市, 增加證券業者業務範圍, 但對一國經濟及金融可能產生下列重大負面影響:

1. 匯率矯枉過正 (overshooting), 國內經濟不穩定

由於金融市場的調整速度遠較商品市場與勞動市場快速, 資本的大量移動經常導致匯率矯枉過正, 干擾對外交易, 造成國內經濟的不穩定。

2. 股票市場動盪不安, 股價暴漲暴跌

近年來, 外資投資開發中國家股市, 移動非常快速, 1993年馬來西亞股市曾有三天內流入50餘億美元資金之紀錄; 墨西哥股市則於1993年底 NAFTA 成立前, 4天內流出80餘億美元資金; 1993年12月, 8億美元美國資金驟然流入香港股市, 並於1994年1月悉數逆轉流出。大量且快速的資本進出, 造成該等股市的動盪不安, 股價暴漲暴跌。1993年底至1994年初, 馬來西亞、香港、泰國及印尼股市即受外資之影響而鉅幅波動 (詳附圖1)。

3. 外國股市對本國股市外溢效果 (spillover effects) 擴大

實證研究顯示, 在外資頻繁進出期間, 開發中國家股市常緊隨歐美股市之榮枯而起落, 無法正確反應其國內基本經濟情勢。

4. 實質匯率升值, 出口競爭力降低, 經常帳可能惡化

外資大量流入, 不論央行是否進行干預, 都將導致實質匯率升值, 造成以外幣表示之國內物價相對昂貴及出口競爭力之降低。而實質匯率是企業家所據以分配生產資源於貿易財與非貿易財部門之依據。實證研究顯示, 實質匯率升值通常造成貿易財部門的萎縮與非貿易財部門的擴張, 打擊一國製造業與出口部門, 造成其國際收支經常帳的惡化。

5. 貨幣與信用擴張及通貨膨脹壓力, 造成準財政成本的支出

當一國國際收支經常帳有順差時, 此通貨膨脹壓力尤其顯著。央行若欲維持匯率穩定, 則需吸收匯市剩餘資金, 一方面釋出等值新台幣, 造成貨幣與信用擴張及通貨膨脹壓力, 另一方面所吸收資金之成本可能大於收益, 造成準財政成本 (quasi-fiscal cost) 的支出。香港開放外資自由進出, 且採取港幣釘住美元, 近4年來其物價上漲率平均高達10.3%。今年前10個月227億美元外資的大量流入, 也造成中國大陸通貨膨脹壓力的驟增, 其前9個月貨幣供給額較之去年同期增長37%, 是近10年來增長幅度最高者。

6. 金融市場不穩定

國內資產價格、利率及資金供應將隨外資之大量進出而動盪無常 (volatility), 導致金融風險的提高與金融市場的不穩定。

7. 國家財富可能流失

當外國專業投資機構挾其豐富的操作經驗與靈活的操作技術, 在台灣股市大有斬獲, 並獲利了結時, 即為我國國家財富的流失。

　　前述各項負面影響對於小型而高度開放之經濟如我國尤其深遠。匯率矯枉過正及實質匯率升值等, 將嚴重傷害我國製造業與出口部門, 阻礙我國經濟的

成長。且長期而言，股價終將反應基本經濟情勢，一旦我國經濟成長停滯甚或減退，則各產業及上市公司必然遭受打擊，造成股價的迅速滑落。所以，當我們在放寬外資投資國內股市之總額度時，宜採取審慎、漸進的方式，以免因發展金融服務而傷害產業根本。

四、對開放外資之建議

以下就放寬外資投資國內股市問題，提出數點建議:

建議	說明
1. 計算外資投資國內證券總額度時，應就各種管道流入之外資作全盤考量 (詳附件2)。	就法律觀點，依據財政部「華僑及外國人投資證券及其結匯辦法」及修訂中之「上市發行公司參與發行海外存託憑證審核要點」等法令，外資投資國內證券之管道包含: (1) 國內證券投信公司海外募集資金投資國內股市，(2) 外國專業投資機構投資國內股市，(3) 上市公司赴海外發行存託憑證及可轉換公司債。另外，僑外投資人尚可依僑外投資條例向經濟部申請購買國內上市公司股票。
	就理論觀點，外資經由上述管道流入國內，以及其投資國內證券之已實現及未實現利得，對於國內金融市場、產業及國際收支的影響均相同，故於計算外資投資國內證券總額度時，應就各種管道流入之外資作全盤考量。
	截至1994年11月9日，外資經由上述所有管道投資我國證券之總額，若不包含原幣保留的海外存託憑證及可轉換公司債，金額為169.3億美元，佔1994年6月底上市股票總市值的9.0%，若包含之，則金額為202.8億美元，比例為10.7%。
2. 宜修正「華僑及外國人投資證券及其結匯辦法」，比照外國專業投資機構方式，	國內證券投信公司於海外募集資金投資國內證券，其方式與絕大部分外國專業投

建議	說明
對國內證券投信公司於海外募集資金投資國內證券設定總額度。	資機構以基金管理機構名義募集資金再行進入我國投資證券之方式並無不同，所不同者，僅為前者為本國機構，後者為外國機構。且二者所匯入資金對國內產業、經濟發展、金融市場等影響均相同，因此對於國內證券投信公司於海外募集資金投資國內證券宜設定總額度。
3. 政府宜鼓勵引進外資從事中、長期之直接投資；對於從事間接投資之外資 則宜採行審慎、漸進之放寬措施，不宜驟然大幅放寬其投資比例限制。	外資對高科技產業的間接投資限制之放寬，尤其宜站在產業政策的觀點審慎評估其負面影響。證管會不可一味討好外國機構投資者，而以金融國際化做藉口，忽略國家長期發展的目標。
4. 於修正「華僑及外國人投資證券及其結匯辦法」第14條第2項，放寬有關外國專業投資機構投資發行公司股票比例限制時，宜併同修正同條文第1項，規定外國專業投資機構不得投資負面表列中屬於禁止類之股票。	符合僑外投資條例的規定。
5. 應儘速允許持有海外可轉換公司債之外國投資人行使轉換權。	央行自1992年起多次同意財政部所擬，允許外國人持有上市公司發行之海外可轉換公司債得轉換其普通股及海外存託憑證，惟迄今仍未能付諸實施，證管會宜儘速研修相關辦法。
6. 應雙向推動證券市場國際化。	於推動證券市場國際化之過程中，除經由各種管道引進外資投資國內證券外，並應允許外人來台發行債券、存託憑證，或核准國內證券投信公司在國內募集資金投資國外證券，以促使國際資金雙向移動，穩定國內金融，並提昇我國金融市場之地位。證管會於1986年核准4家證券投信公司在國內募集1.6億美元資金投資國外證券之後，歷時8年後僅再於1994年11月17日同意一家投信公司募集國內資金投資國外證券，金額1.2億美元。
7. 嚴格執行監督法令、檢討交割與監控制度，以整頓股票市場紀律。	國內股市幾乎每兩年即發生一次重大違約交割案，例如，1986年的雷伯龍違約交

建議	說明
	割、1989年的達永股票違約交割、1992年的厚生股票違約交割、以及1994年的洪福證券鉅額退票所造成的多家券商違約交割案，一再暴露我國股票市場問題重重，嚴重打擊投資人的信心，因此有必要改善股市交割與監控制度，嚴格執行監督法令 (請參考「華國股票買方違約交割及洪福證券跳票案之檢討與改進」報告)。
8. 開放外資應循序漸進，把握適當時機以對我國經濟轉型最有利的方式逐步開放。	金融自由化是一個依序推動的過程，並非放任自由或為自由化而自由化，開放外資亦應循序漸進，在不影響國內經濟及金融穩定的前題下，逐步開放。引進外資的目的在於以最低的負面效果，促使外資在國內發揮最大經濟效益，諸如促進產業轉型，提升產業科技水準，降低資金成本。外資集中購買績優股，事實上，對這些公司本身的資金成本的降低不致有顯著的貢獻。況且1987年至1990年初的期間，股票價格飆漲，不少高科技企業，由於現金增資溢價發行股票容易籌措資金，對資金成本不做正確的評估，忽視為提升技術水準所做的努力，從事併購與其他與本業無關的投資，以致一段期間遭遇經營困難的經驗，值得深思，切不可以為外資集中投資績優股就能回歸經濟基本面，帶來穩定股市的作用。如能引進外資投資於中小型企業股票承擔風險，則對這些公司之資金成本的降低與我國產業結構的轉型會有顯著的貢獻。至於目前我國經濟正呈現全面復甦的情況下，外資開放對外匯市場與貨幣管理的負面影響更應審慎評估。

附件1

「華僑及外國人投資證券及其結匯辦法」第14條條文

第14條: 外國專投資機構得投資股票之發行公司, 由證券主管機關定之, 除法律禁止外國人投資之事業, 或其他法令定有僑外人投資比例上限者外, 得不受行政院核定負面表列禁止及限制僑外人投資業別規定之限制。

外國專業投資機構直接投資國內證券, 其對公司股票之投資, 應受下左列投資比例之限制:

1. 每一外國專業投資機構投資任一發行公司股票之股份總額, 不得超過該公司已發行股份總額之5%。
2. 全體外國專業投資機構投資任一發行公司股票之股份總額, 不得超過該公司已發行股份總額之10%。

外國專業投資機構得投資股票之發行公司, 屬於法令定有華僑或外國人投資比例上限之事業者, 華僑及外國人依華僑回國投資條例或外國人投資條例對該等公司股份之購買總額, 不得超過各該法令所定之上限扣除前項第2款比例之餘額; 本辦法發布前, 已核准投資超過該餘額者, 不得再提出上開申請。

外國專業投資機構投資上市受益憑證者, 準用第2項第1款規定。

第2項投資比例, 財政部得視國內經濟、金融情形及證券市場狀況並商得目的事業主管機關同意後予以調整。

附件2

「推動服務業自由化專案小組」金融自由化分組第四次會議紀錄

一、時間: 1994年5月25日 (星期三) 上午9時30分

二、地點: 本會1212會議室

三、主席: 李處長高朝　　　　　　　紀錄: 凌玉眞

四、出席人員: (略)

五、本會列席人員: (略)

六、討論事項:

　　(1) 有關可轉換公司債、直接投資與間接投資問題。(略)

　　(2) 保險業自由化簡報與討論。(略)

七、決議事項:

　　(1) 投資國內證券市場的外資定義採廣義解釋, 包括外國專業投資機構
　　　　直接投資國內證券、投資國內投信公司於海外發行之受益憑證、投
　　　　資國內上市公司於海外發行之存託憑證及投資國內上市公司於海
　　　　外發行之可轉換公司債四部分。

　　(2) 有關海外公司債之投資, 原則同意證券管理委員會所提「華僑及外
　　　　國人投資證券及其結匯辦法」修正草案中新增第四章有關海外公
　　　　司債之投資 (第22條至28條條文) 之基本精神與修正方向, 細節
　　　　則待主管機關進一步研商。

　　(3) 對於全體外國專業投資機構投資任一發行公司股票之股份總額, 不
　　　　得超過該公司已發行總額10%之限制, 未來將視情況逐步研究放
　　　　寬。

(4) 保險業自由化方面, 擬委託學學者專家就「相互保險公司之開放與
　　與管理」進行專案研究。

(5) 本分組第五次會議, 擬邀中央銀行外匯局就外匯自由化問題進行簡
　　報。

附表1　外資投資國內證券概況

單位: 億美元

1. 兌成新台幣部分 (1994/11/09):		
(1) 國內證券投信公司於海外募集資金投資國內證券	25.00	
(2) 外國專業投資機構投資國內證券	75.00	
(3) 上市公司於海外發行之可轉換公司債 　　上市公司於海外發行之存託憑證 債	30.00	
(4) 中鋼公司於1992年6月間發行之海外存託憑證	3.16	133.16
2. 外資投資國內證券已實現及未實現利得約		26.43
3. 原幣保留使用部分 (無額度限制)(1994/11/09):		
(1) 上市公司於海外發行之可轉換公司債	24.65	
(2) 上市公司於海外發行之存託憑證	8.89	33.54
目前外資可投資國內證券總額度		193.13

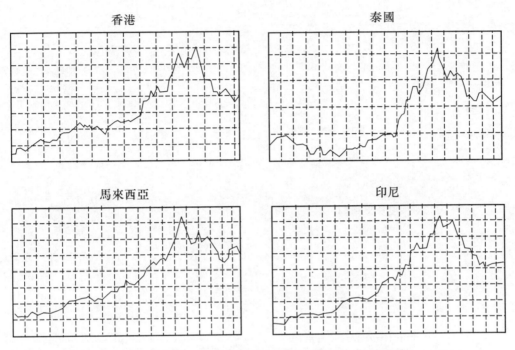

附圖1　香港、泰國、馬來西亞和印尼之股票指數

中央銀行同意取消外資投資國內證券總額度改採單一上市股票不得逾12%之理由

1995年2月

　　鑒於我國係一小型而高度開放的經濟，目前經濟成長率之半數係來自國外淨需求，而投資股票的外資進出快速，其金額如不予規範，必將干擾國內金融市場，進而影響對外交易及國內經濟的穩定。因此央行對投資國內股票的外資設有總額度，本年1月底為130億美元 (詳見表1)。雖然外資進出確使台灣股價的漲跌擴大，對股市具有不穩定的影響 (詳見圖1)，但因我國對投資股票的外資尚設有總額度限度，所以上年12月中旬墨西哥發生金融風暴之後，亞洲金融市場受波及，香港、泰國、馬來西亞及菲律賓股價大跌，而台灣股價之跌幅則相對地較小。有識之士觀乎國際金融風暴，終於體認央行的作法係明智之舉。

　　財政部證管會鑒於外國專業投資機構投資國內股市的有效核准額度已達70億美元，一再洽請央行外匯局設法提高外國專業投資機構的投資額度。央行鑒於單是外國專業投資機構之尚待核准案件的金額即達40億美元之多，縱使將其額度由目前之75億美元提高25億美元至100億美元，亦未能滿足待核准案件之需要，且核准金額每接近總額度，證管會即又會一再要求提高額度，同時外資投資國內證券之方式，並非只限外國專業投資機構，經由表1所列的三種方式所匯入之短期資本，對匯率、貨幣供給額、利率、股價及物價之影響均無差異，因此，央行一直認為外資宜採廣義之定義 (即將前述三種方式合併)，並主動以前瞻性的規劃，建議廢除外資投資國內證券的總額度，而改採單一上市股票不得逾12%之方式予以限制 (財政部證管會於上年11月24日舉辦公聽會，

表1   外資投資國內股票之總額、核准數額及匯入淨額

單位: 億美元

	額度	有效核准數額	匯入淨額
國內證投公司	25	18.33	9.23
外國專業投資機構	75	70.22	42.30
海外可轉換公司債 及海外存託憑證	30	11.13	2.37
合計	130	99.68	53.90

逕行對外宣佈, 將目前外國專業投資機構投資單一上市股票之比例由目前之
10% 提高至 25%, 對發行海外可轉換公司債及存託憑證設定 24% 之上限, 兩
項合計高達 49% 之多。站在經濟長期發展的觀點, 央行外匯局及經濟部工業局
去函證管會, 請其再議)。同時為避免少數外資機構操縱股市, 對於單一外國專
業投資機構直接投資國內證券之最高限額 2 億美元暫不調整; 至於發行公司於
海外發行可轉換公司債及存託憑證, 可兌成新台幣的 30 億美元總額度中, 因尚
有 19 億美元可申請之額度, 故亦暫不調整。

　　根據上年底上市股票總市值計算, 12% 高達 297.46 億美元, 扣除有效核准
金額 88.55 億美元及已匯入淨額 51.53 億美元, 則外資尚可申請金額為 208.91
億美元, 尚可匯入金額高達 245.93 億美元之多。惟外資係擇績優股投資, 外資
持股比例達 1% 以上的總市價為 148.54 億美元, 扣除已投資之 33.74 億美元, 外
資尚可投資之金額為 114.8 億美元。外資持股比例如提高至 2%, 則外資持有股
票之上市股票總市價僅 66 億美元, 扣除已投資之 23.41 億美元, 外資尚可投資
之金額僅為 42.59 億美元 (詳見表 2)。準此觀之, 外資可投資之金額雖然龐大,
但實際會投資國內股票之金額遠小於可投資之餘額。而且改採單一上市股票不
得逾 12% 之方式予以限制, 可以避免外資過份集中投資績優股, 而促使外資投
資於具有發展潛力, 但必須承擔較大風險之股票, 有助於這些公司之資金成本
的降低, 促進我國產業結構的轉型。至於尚待核准之案件 (約 40 億美元) 央行

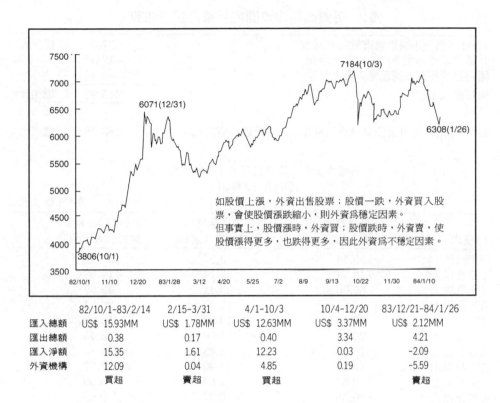

	82/10/1-83/2/14	2/15-3/31	4/1-10/3	10/4-12/20	83/12/21-84/1/26
匯入總額	US$ 15.93MM	US$ 1.78MM	US$ 12.63MM	US$ 3.37MM	US$ 2.12MM
匯出總額	0.38	0.17	0.40	3.34	4.21
匯入淨額	15.35	1.61	12.23	0.03	-2.09
外資機構	12.09	0.04	4.85	0.19	-5.59
	買超	賣超	買超		賣超

圖1　股價指數與外資買賣超 (1993/10/1–1995/1/26)

表2　外資尚可投資國內股票金額之估算

1994年底上市股票總市值之12%為	297.46	億美元
外國專業投資機構已匯入資金淨額	−42.30	
國內證券投信公司已匯入資金淨額	−9.23	
尚可匯入金額	245.93	億美元
1994年底外國專業投資機構已投資上市股票總市值之12%為	283.98	億美元

外國專業投資機構已投資上市股票概況表
1994年12月31日

單位: 億美元

持股比例	該等股票總市值之12%	外國專業投資機構已投資金額	如補滿12%外資尚可投資金額
未達1%	135.44	3.97	131.47
1%及以上	148.54	33.74	114.80
2%及以上	66.00	23.41	42.59
3%及以上	41.51	17.97	23.54
4%及以上	23.93	13.00	10.93
5%及以上	20.01	11.56	8.45
6%及以上	13.33	8.48	4.85
7%及以上	12.27	7.90	4.37
8%及以上	2.33	1.64	0.69
9%及以上	0.39	0.27	0.09

將分4個月核准, 每月約10億美元, 自第5個月起, 每個月核准之金額將不超過3億美元。由於按月核准, 而且每月核准之金額尚有上限, 因此採用新方式不會導致匯入金額過大, 3至4個月後如匯入金額較多, 央行將干預外匯市場, 買入外匯並沖銷銀行的超額準備, 以減輕對金融市場的干擾。而且外資於匯入滿3個月後, 投資於股票未達其匯入資金之75%時, 央行於必要時得要求保管銀行將未達部分的資金無息轉存央行。在這樣的制度架構下, 新的外資限制方式, 一方面可避免財政部證管會一意要將外人持股比例大幅提高至49%對國內產業及金融市場可能產生之不利影響, 另一方面亦可藉以對外宣示我國依序推動金融自由化及國際化之決心。

表2之附件　外國專業投資機構已投資上市股票概況表
1994年12月31日

單位: 億美元

	股票代碼	外資機構持股比率	市值之12%		外資機構已投資		外資尚可投資	
			金額	累計	金額	累計	金額	累計
亞化特	1715A	1.00%	0.02	0.02	0.00	0.00	0.02	0.02
中銀	2806	1.00%	7.60	7.62	0.63	0.63	6.97	6.99
華紙	1905	1.01%	0.95	8.57	0.08	0.71	0.87	7.86
富邦保	2817	1.01%	2.69	11.26	0.23	0.94	2.46	10.32
中華汽車	2204	1.06%	1.18	12.44	0.10	1.04	1.08	11.40
峰安	2018	1.08%	0.22	12.66	0.02	1.06	0.20	11.60
國產	2504	1.11%	0.99	13.65	0.09	1.15	0.90	12.50
達電	2308	1.12%	0.86	14.51	0.08	1.23	0.78	13.28
台聚	1304	1.14%	0.90	15.41	0.09	1.32	0.81	14.09
福懋	1434	1.15%	1.58	16.99	0.15	1.47	1.43	15.52
正新	2105	1.16%	0.82	17.81	0.08	1.55	0.74	16.26
台玻	1802	1.19%	1.84	19.65	0.18	1.73	1.66	17.92
佳錄	2318	1.19%	0.22	19.87	1.02	1.75	0.20	18.12
台化	1433	1.22%	3.90	23.77	0.40	2.15	3.50	21.62
特力	2908	1.22%	0.23	24.00	0.02	2.17	0.21	21.83
宏洲	1413	1.33%	0.37	24.37	0.04	2.21	0.33	22.16
華新	1605	1.34%	2.34	26.71	0.26	2.47	2.08	24.24
楠梓	2316	1.36%	0.27	26.98	0.03	2.50	0.24	24.48
中信銀	2815	1.37%	4.27	31.25	0.49	2.99	3.78	28.26
神達	2315	1.47%	0.36	31.61	0.04	3.03	0.32	28.58
中鼎	9916	1.49%	0.48	32.09	0.06	3.09	0.42	29.00
榮紙	1909	1.51%	0.36	32.45	0.05	3.14	0.31	29.31
中企	2812	1.57%	2.69	35.14	0.35	3.49	2.34	31.65
國壽	2805	1.60%	20.33	55.47	2.71	6.20	17.62	49.27
竹企	2807	1.63%	3.24	58.71	0.44	6.64	2.80	52.07
台塑	1301	1.75%	4.46	63.17	0.65	7.29	3.81	55.88
中鋼	2002	1.83%	10.70	73.87	1.63	8.92	9.07	64.95
精英	2331	1.85%	0.19	74.06	0.03	8.95	0.16	65.11
聲寶	1604	1.87%	1.00	75.06	0.16	9.11	0.84	65.95
統一	1216	1.94%	3.14	78.20	0.51	9.62	2.63	68.58
東雲	2510	1.94%	2.19	80.39	0.35	9.97	1.84	70.42
陽明海運	2609	1.96%	2.11	82.50	0.34	10.31	1.77	72.19
致福特	2322A	2.06%	0.04	82.54	0.01	10.32	0.03	72.22
名佳利	2016	2.08%	0.15	82.69	0.03	10.35	0.12	72.34
友聯	2816	2.11%	0.46	83.15	0.08	10.43	0.38	72.72
台紙	1902	2.17%	0.94	84.09	0.17	10.60	0.77	73.49
華通	2313	2.31%	0.52	84.61	0.10	10.70	0.42	73.91
彥武	2011	2.34%	0.26	84.87	0.05	10.75	0.21	74.12
仁寶	2324	2.38%	0.39	85.26	0.08	10.83	0.31	74.43
新纖	1409	2.39%	1.65	86.91	0.33	11.16	1.32	75.75
遠紡	1402	2.52%	3.06	89.97	0.64	11.80	2.42	78.17
嘉裕	1417	2.60%	0.27	90.24	0.06	11.86	0.21	78.38

表2之附件 (續)

單位: 億美元

	股票代碼	外資機構持股比率	市值之12%		外資機構已投資		外資尚可投資	
			金額	累計	金額	累計	金額	累計
中華開發	2804	2.61%	5.86	96.10	1.27	13.13	4.59	82.97
佳格	1227	2.72%	0.33	96.43	0.07	13.20	0.26	83.23
長榮海運	2603	2.86%	3.33	99.76	0.79	13.99	2.54	88.77
中興保全	9917	2.87%	0.49	100.25	0.12	14.11	0.37	86.14
南亞	1303	2.92%	5.79	106.04	1.41	15.52	4.38	90.52
日月光	2311	2.97%	0.97	107.01	0.24	15.76	0.73	91.25
統一實	9907	3.03%	0.90	107.91	0.23	15.99	0.67	91.92
三芳	1307	3.04%	0.24	108.15	0.06	16.05	0.18	92.10
台積電子	2330	3.06%	5.60	113.75	1.43	17.48	4.17	96.27
台揚	2314	3.19%	0.43	114.18	0.11	17.59	0.32	96.59
東鋼	2006	3.25%	0.85	115.03	0.23	17.82	0.62	97.21
大同	1502	3.47%	4.36	119.39	1.26	19.08	3.10	100.31
金寶	2312	3.58%	0.51	119.90	0.15	19.23	0.36	100.67
聯成	1313	3.62%	1.05	120.95	0.32	19.55	0.73	101.40
遠百	2903	3.75%	0.83	121.78	0.26	19.81	0.57	101.97
台橡	2103	3.79%	0.79	122.57	0.25	20.06	0.54	102.51
致福	2322	3.85%	0.59	123.16	0.19	20.25	0.40	102.91
國喬	1312	3.99%	1.44	124.60	0.48	20.35	0.96	103.87
嘉泥	1103	4.05%	0.72	125.32	0.24	20.97	0.48	104.35
台笨	1310	4.36%	1.23	126.55	0.45	21.42	0.78	105.13
中橡	2104	4.44%	0.43	126.98	0.16	21.58	0.27	105.40
永大	1507	4.65%	1.53	128.51	0.59	22.17	0.94	106.34
永信藥品	1716	5.09%	0.29	128.80	0.12	2.297	0.17	106.51
聯電特	2303A	5.12%	0.10	128.90	0.04	22.33	0.06	106.57
鴻海精密	2317	5.15%	0.68	129.58	0.29	22.62	0.39	106.96
福聚	1311	5.34%	0.69	130.27	0.31	22.93	0.38	107.34
中石化	1314	5.49%	1.96	132.23	0.90	23.83	1.06	108.40
太設	2506	5.67%	1.07	133.30	0.51	24.34	0.56	108.96
東元	1504	5.83%	1.88	135.18	0.91	25.25	0.97	109.93
矽品	2325	6.18%	0.55	136.24	0.28	25.53	0.22	110.20
國巨	2327	6.93%	0.51	140.87	0.29	25.82	1.80	110.42
聯電	2303	7.35%	4.63	140.87	2.83	28.65	1.80	112.22
台中精機	1508	7.53%	0.32	141.19	0.20	28.85	0.12	112.34
和成欣業	9909	7.70%	1.60	142.79	1.03	29.88	0.57	112.91
裕民航運	2606	7.73%	0.99	143.78	0.63	30.51	0.36	113.27
宏	2306	7.74%	2.16	145.94	1.39	31.90	0.77	114.04
東訊	2321	7.94%	0.26	146.20	0.17	32.07	0.09	114.13
光寶	2301	8.04%	0.51	146.71	0.34	32.41	0.17	114.30
正隆	1904	8.40%	1.19	147.90	0.83	33.24	0.36	114.66
南僑化工	1702	8.68%	0.27	148.17	0.19	33.43	0.08	114.74
飛瑞	1511	9.15%	0.36	148.53	0.27	33.70	0.09	114.83

對國家競爭力指標之建議

1995年2月

一、問題背景

瑞士洛桑國際管理學院 (IMD) 及世界經濟論壇編製的1994年世界競爭力報告中，我國的排名下降到馬來西亞之後，引起國內許多人的重視和緊張。IMD 的這份報告雖然值得我們參考，但不必爲這種不是很具科學性的報告而過份緊張乃至喪失信心。

競爭力是一個日常用語而非學術名辭，因此，它在學術上並沒有唯一明確的定義。在一般文獻中，學者有時爲了其討論之方便，會配合其分析而給競爭力不同的定義。例如在分析匯率問題時，學者常用各種不同方法將各國的相對匯率和物價綜合成某種價格競爭力指標，而在分析貿易量的變化時，學者也常以市場占有率的變化來表現產品競爭力的變化。至於類似 IMD 這一類競爭力指標的編製，則通常是在沒有單一理論架構做基礎的情況下，把各種有人認爲和競爭力有關的指標都擺在一起。這種大雜燴式的競爭力指標因爲沒有一貫的理論做基礎，所以其含義也就變得十分模糊。事實上，要把其中衆多的指標綜合成爲一個數值來代表整體的競爭力時，缺乏理論基礎的結果不僅使各細項指標分別該占多大的權數無法客觀決定，加權出來的單一指標到底代表什麼，其含義也相當模糊。若讓代表整體的指標包含不同的細項指標，或者採用不同的指數，最後的結果常會有很大的差異。

例如 IMD 的競爭力指標和瑞士聯合銀行或 BERI 等其他機構的評估結

果就有很大的出入。在 IMD 報告中排名在我國之後且同樣排名下降的南韓,
最近即曾爲了檢討 IMD 之報告, 自行編製了一套競爭力指標, 而在其中我國
和韓國的表現就比在 IMD 報告中的表現好。

　　除了競爭力之定義及各項因素之相對重要性難以確定之外, 這種指標的編
製尙涉及基本資料的來源及準確性。而 IMD 所用的資料有許多是來自問卷調
查結果。但實際上很少人眞正瞭解許多國家的情況, 因此用這種問題的結果或
少數人的印象分數來做國際比較是非常主觀, 往往反映其所代表的利益集團的
看法。由此看來, 這類競爭力分析報告雖然也有些值得我們參考的地方, 但我
們也應對其內容做較深入的瞭解與評估, 不要隨便誤用來打擊自己的信心。

二、建議事項

建議	說明
1. 國際間各項競爭力有關的指標常有很大的差異, 而這些指標的編製都分別有其問題, 我們不必因爲某項指標說我們好而得意, 也不必因爲另一項說我們不好而喪氣。	雖然 IMD 的報告中我國的競爭力排名不高且下降, 但在 BERI 的報告中, 我國的獲利機會評等都僅次於瑞士而和新加坡並列第二。在 IMD 報告中排名跳到我國之前的馬來西亞, 在韓國產業研究院所做的研究中仍排名在我國之後。在台灣經濟研究院編製的投資環境指標中, 馬來西亞在1988年跳到和我國相當之後, 幾年來並未相對再上升。且除菲律賓之外, 馬來西亞的投資環境也不如東南亞的其他國家。各種指標出現如此差異的原因, 其實是因爲各指標編製的重點及內容不同所致。IMD 的指標包括內容甚多, 但卻沒有把這些指標加總在一起的理念及理論基礎, 因此反而因含義不清而較少直接運用之價值。對這麼多含義不同乃至不清之指標, 我們不應輕易地自滿或喪失自信, 而應更深入去瞭解我們眞正的問題所在。

建議	說明
2. 由不同的立場或不同的產業來看，一國的競爭力將會有所不同，而在任何時候一國通常只會在一部份產業具有國際比較利益或競爭力，因此真正競爭力指標的編製應該先決定是以那個層面或那些產業的競爭力為分析對象。我們最該重視的是我國未來該發展之產業的競爭力或投資環境，我們不想重點發展的產業競爭力如何，我們卻不必特別加以關心。	各國有不同之國際比較利益本為國際經濟學之基本原理，這就是「一枝草一點露」先進國家在技術及資本密集產品具有競爭力而開發中國家在勞力密集產品具有比較利益，因此不針對特定產業而只對全國來評估競爭力在理論上就有問題。現在各項競爭力之類的指標除台灣經濟研究院的投資環境指標標明是以台灣1986年的平均產業為基準之外，皆未考慮產業的差異。即使是台經院的指標中也只有一部份資料真正考慮到產業發展程度。而在 IMD 的報告中，有些指標是以國家規模愈大愈好，有些卻是以發展程度低的較好，有些則是以某些變數的成長率的高低判斷好壞，這種做法雖可說面面俱倒，但實際上卻使其綜合指標因受權數及各變數衡量方法之影響，而失去明確之意義。真正要看一國之競爭力，應該檢討未來產業的發展條件，也就是經濟進一步升級和發展的能力，但現有各項指標都未能充分反映這樣的發展能力。
3. IMD 及其他報告所使用的某些指標並不恰當。經建會與學術機構可由研究者提出適當的批評，使人們瞭解真正的競爭力情況。	IMD 報告中有不少變數是和國家大小有關的資料，但除了市場潛力及大規模經濟的若干情況對大國較有利之外，國家規模並非經濟競爭力的主要決定因素。IMD 報告中和國家規模有關的因素似乎太多。報告中另有許多指標是以某些變數的成長率來論定好壞，但成長率將受景氣變動的影響，因此短期成長率的使用會造成各國排名的大幅變化，並不能反映成長潛力或成長趨勢這一類成長率真正該反映的因素。而有些變數在經濟發展階段較高之後成長率必將下降，把先進和落後國家擺在一起比較並不能顯示真正競爭力的差異。用排列順序來代表各項指標的大小有的雖為不得已的做法，但其扭曲卻可能極大，例如每人可耕地面積我國、日

建議	說明
	本、香港、及新加坡分列36至41名, 但若說日本可耕地得到的分數只比香港多2.5%, 則太離譜。此外, 有些變數的衡量也不妥當, 例如以名列前500大之銀行家數來代表銀行規模, 以致香港的排名遠落在我國和韓國之後。至於資料錯誤或落後甚多的情況也不少, 例如中央政府債務規模就因使用舊資料, 而使我國的排名高居第3。事實上由其報告數據的急速變化亦可看出其不可靠性, 例如公共建設並非短期內能大幅改變, 但此項指標我國1995年排名第3, 1994年遽降至第7, 而馬來西亞則由第6猛升至第3, 顯示方法和數據都可能有問題。
4. 有甚多指標是利用意見調查而得, 這些意見其實並不可靠, 但我們若擔心這類調查結果誤導外國人對我形象之瞭解, 則可適度利用宣傳或其他管道來改變人們之印象。	意見調查的部份有許多只是簡單的主觀印象, 因此被說好的國家可能幾個相關指標都被說好, 而反之則大部份被說不好。雖然我們不必為少數被調查者的印象而氣餒, 但為避免這類調查報告影響其他人對我們的信心, 甚至因而產生普遍的偏見, 對我們實際上不差的項目, 我們應可適度地宣傳或提供數據給調查單位乃至國際媒體, 以導正人們對我國之印象。
5. 儘管這類綜合指標並不可靠, 但其中之個別指標仍值得我們做為決定改進方向或重點的參考。	這類指標編製的主要缺點在於綜合指標缺少理念及理論之依據, 至於個別指標除有部份不恰當之外, 應值得我們做為瞭解我國與外國之差異的重要資訊。即使是意見調查結果, 也能顯示人們對我國之印象, 故相關機關仍應就我國指標落後的部份, 再深入瞭解我國不如人之原因和對策。例如國際行銷網路及貿易保護 (自由化) 不如馬來西亞是否屬實? 司法不公正影響競爭力的管道在那裡? 內線交易嚴重性居冠該有什麼對策? 環境品質一向被認為差, 但環保法令卻被認為嚴重妨礙企業競爭力, 到底是因法令不合理, 法令執行有偏差, 或者是因為廠商未瞭解環

建議	說明
	保之責任以致埋怨較多所造成? 國內資本市場開放程度的提高, 是否會提高一國競爭力, 抑或因股市增加不安定的程度, 實質匯率上升, 反而導致出口競爭力降低等等, 各機關皆應深入檢討。

第二部分

國際金融中心

簡介東京美元拆款市場，
建議儘速籌設我國美元拆款市場

1989年2月

　　東京美元拆款市場 (Tokyo Dollar Call Market) 成立於1972年4月，爲日本境內外匯銀行間無擔保短期外幣資金之借貸市場。其成立反映尼克森衝擊 (Nixon shock) 後日圓升值，外匯準備快速增加，外匯交易鉅幅擴張的時代背景，旨在提高外匯銀行外幣資金的運用效率，提升外幣資金交易之技巧。

　　由於外匯市場之快速成長，東京美元拆款市場成交額隨之增長。1972年月平均成交額僅7億美元，年底餘額爲3.5億美元。至1987年月平均成交額增至1,457.4億美元，年底餘額亦增至1,152.6億美元。15年間年平均成長率分別爲43%與47%。

　　東京美元拆款市場成立之時代背景、發展經過與運作方式，頗具參考價值。本報告扼要介紹東京美元拆款市場之運作情形，並就籌設我國美元拆款市場研擬具體建議，謹供參考。

一、東京美元拆款市場之運作情形

1. 幣別：成立初期只限美元，目前已擴及其他外幣。惟仍以美元交易居絕大多數。

2. 參與者：只限日本境內外匯銀行。

3. 交易方式：由 Tokyo Forex Company 等8家經紀商以電話撮合成交。

4. 交易單位: 最低交易額爲10萬美元, 惟實際交易額通常以百萬美元爲單位。隨著市場的成長, 交易單位逐漸增大。

5. 期限:

    (1) 隔夜:

        (A) O/N (overnight): 成交日撥款, 次一營業日還款。

        (B) T/N (tomorrow next): 成交日之下一營業日撥款, 次一營業日還款。

        (C) S/N (spot next): 成交日之下下一營業日撥款, 次一營業日還款。

    (2) 週: 一週, 二週及三週。

    (3) 月: 一個月, 二個月, 三個月 ⋯⋯ 至十二個月。

除了上列交易期限以外, 近年來有較長期之交易。

6. 利率: 利率升降幅度, 原則上以1/16%爲一檔。惟隨著交易金額的增大, 近年多以1/32%爲一檔。利率以年利計算, 年間天數爲360日, 依實際拆款天數計息。其利率水準係參考前日倫敦銀行間美元拆放利率及紐約利率變動情形加以決定。因爲東京美元拆放市場僅由日本境內外匯銀行參與, 所以反映這些銀行之外匯資金部位, 利率水準有時會呈現較大幅度的變動。

7. 經紀商佣金: 借貸雙方各付年率0.02%之佣金, 按月支付, 但交易額大者有折扣。

8. 交易手續:

    (1) 美元拆款市場係無擔保交易, 涉及貸款銀行之授信額度。因此, 在成交前貸款銀行得要求經紀商告知借款銀行之名稱。若借款銀行融資已超過授信額度, 則不必成交。不過, 借款銀行不得要求經紀商在成交前告知貸款銀行名稱。

  (2) 成交後經紀商填製兩聯式 Confirmation Memo, 記載交易之內容，藍色聯送交貸款銀行，白色聯送交借款銀行。

  (3) 借貸雙方銀行填製 Contract Slip, 經授權人員簽章後逕交對方銀行，以證實交易內容。

 9. 稅負：外幣拆款利息收入，無需繳納營業稅及印花稅，僅列入盈餘繳納營利事業所得稅。

二、建立台北美元拆款市場的構想

我國自1976年以來，外匯銀行與顧客之外匯交易即常呈買超。目前50家外匯銀行之中已有16家設立國際金融業務分行 (offshore banking units)。外匯銀行彼此間可借貸外匯資金。惟自1985年10月以來，新台幣持續對美元升值。外匯銀行為避免匯率風險，不願多持有美元部位。因此，外匯銀行間並無外幣資金之供應者，國內美元拆放自無法成交。

  面對新台幣升值壓力，為避免匯率風險，進出口廠商經由外匯銀行借入外幣貸款，或用以融資進口或預售出口外匯，致外匯銀行國外負債大幅增加。1985年底外匯銀行國外負債餘額僅33億5,700萬美元，1986年底增至79億8,000萬美元，1987年底再增至150億2,800萬美元。1988年匯率持穩，至12月底其餘額降為128億8,100萬美元。外匯銀行保持鉅額國外負債餘額，促使央行外匯存底大幅增加，貨幣供給額居高不下。1988年年底與1985年年底比較，央行外匯存底增加511億6,200萬美元。其中95億2,400萬美元係因外匯銀行國外負債增加所致，佔外匯存底增加額之18.6%。

  1988年12月底央行外匯存底達738億9,900萬美元，約等於1年6個月的進口金額，顯屬過多。累積鉅額外匯準備，一方面引起美國與歐洲國家的嚴重關切，貿易摩擦日趨複雜，匯率升值之壓力無法消除，另一方面貨幣供給額增加率多年居高不下，對國內經濟的穩定造成嚴重的潛在威脅。中央銀行所持有

的鉅額外匯準備又招致鉅額兌換損失。

　鉅額外匯準備的累積, 雖然一方面導致種種問題, 但另一方面卻表示一個不可忽視的金融力量。如能有效運用, 可促使我國成為金融強國, 提升我國國際地位。本報告參考上述東京美元拆款市場之運作, 建議儘速籌設台北美元拆款市場之目的, 即在改善部分外匯準備的運用效率, 並降低外匯準備在國外運用的風險。

　關於台北美元拆款市場之運作, 擬提出下列構想, 謹供參考。

1. 美元拆款所需資金需由央行提供: 目前國內同業外匯業務所需資金均需向國外同業借入。在新台幣升值壓力未消除以前, 美元拆款市場所需外幣資金需由中央銀行提供。中央銀行可直接拆放國內外匯銀行或成立外匯拆放基金提供拆放資金。

2. 幣別: 成立初期暫以美元為限。

3. 參與者: 只限我國境內外匯銀行。

4. 交易額: 實際交易額以10萬元為單位。

5. 期限: 依國際慣例, 由借貸雙方議定。

6. 利率: 由借貸雙方議定。央行拆放利率以其存放國外之利率, 即機會成本為底價, 參考前日倫敦或新加坡銀行間美元拆放利率議定。

7. 設定外幣授信額度: 美元拆款係無擔保放款。央行宜就各外匯銀行, 依其業務規模, 設定外幣授信額度。

8. 交易方式:

　(1) 擴大外匯交易中心, 由該中心以電話撮合。鑒於美元拆款市場之初期規模尚小, 設立外幣拆款經紀商不合規模經濟。合理之佣金不足經紀商之正常開銷。偏高之佣金則促使外匯銀行轉向國外拆借。於是, 市場成立初期宜由外匯交易中心中介, 俟規模擴大後再成立經紀商。

(2) 成立後由外匯交易中心填製 Confirmation Memo 送交借貸雙方。

(3) 借貸雙方填製 Contract Slip, 逕交對方以證實交易內容。

9. 修改稅法: 政府應修改營業稅法及印花稅法, 俾外匯銀行於國內貸放外幣之利息收入免繳營業稅及印花稅。此項修定無損政府稅收, 因目前並無該項收入。營業稅法與印花稅法修改前, 央行貸放外幣資金, 以外匯銀行國際金融業務分行為拆款對象。

10. 央行拆借金額視同外匯銀行國外負債之增加: 外匯銀行向央行拆借外幣, 其國外負債限額應扣減所拆借金額。當外匯銀行向央行拆借外幣以償還國外借款時, 為免外匯銀行再度利用其多出之限額向國外借款, 從事對進出口廠商之外幣貸款, 導致信用之擴張與央行外匯準備之增加, 各外匯銀行向央行拆借之外幣金額必須從其國外負債限額扣除。

11. 外匯銀行向央行拆借之外幣資金不得列入即期外匯餘額。為免外匯銀行向央行拆借之外幣資金於外匯市場拋售, 各外匯銀行向央行拆借之外幣資金, 應視同向國外拆借之資金, 不得列入其逐日向央行申報之「外匯餘額日報表」中之「本日外匯餘額」。

三、結語

本報告參考日本東京美元拆款市場之運作情形, 對我國成立台北美元拆款市場後之運作架構, 提出具體可行的建議, 謹供參考。依本報告之構想建立台北美元拆款市場雖無技術上之困難, 但央行設立研究小組, 並派遣外匯專業人員出國考察, 歷時已近一年, 而尚未能提出具體方案。研究小組主持人的極端保守的心態, 以消極的態度尋找各種理由加以拖延, 甚至反對制度改革, 自非積極推行「金融自由化、國際化」的既定政策所應有之作法。

　　對籌設台北美元拆款市場, 央行主管外匯官員難於解開之心結, 似在於外匯銀行一方面為避免外匯兌換損失而將其美元買超部分拋售給央行, 另一方面

為提供進口廠商延後付款或預售出口外匯, 復要求央行提供美元資金, 兩方面的交易均要佔央行的便宜。不過, 依照上述構想運作台北美元拆款市場, 則對央行不但不會有任何損害, 而且有下列明顯的利益。

1. 提高外匯準備的運用效益。央行存放國外係按存款利率計息, 而外匯銀行向外借款係按放款利率計息。存放利率之差距通常介在0.0625 (1/16) 百分點與0.125 (2/16) 百分點之間。如果央行將存放國外之外匯準備撥出100億美元拆借外匯銀行, 則利率差距以0.125百分點計算, 央行一年可增加1,250萬美元之利息收入。

2. 減少外匯準備在國外運用之風險。

3. 避免一方面央行持有鉅額外匯準備, 另一方面外匯銀行累積大額國外負債之矛盾現象。

4. 可訓練外匯操作人員, 提升外幣資金交易之技巧。

　　台北要發展為國際金融中心, 自必需兼具外匯市場與外幣資金市場。美元拆款市場係發展台北為國際金融中心所必須踏出的第一步。不過, 在其成立初期, 為避免營業稅負, 美元拆放雖然經過國際金融業務分行進行交易, 但本質上為國內市場。如果台北美元拆款市場累積運作經驗, 規模也逐漸擴大, 拆放利率具競爭性, 而且資金來源不再限於中央銀行, 則可設立經紀商從事國際性中介業務, 美元拆款市場與境外金融市場可合而為一, 台北將發展為主要國際籌款中心 (international funding center)。

發展台北爲區域金融中心之背景與做法

1991年3月

　　近幾年來, 金融國際化已成爲我國金融改革的既定方向。隨著我國經濟力量的日益壯大, 進出口貿易占世界貿易量的比重逐漸上昇, 外匯存底持續保持大約800億美元的水準, 再加上亞太地區金融市場發展快速, 台北應發展爲亞洲的區域金融中心, 以提高我國國際金融地位。爲了達成此一目標, 中央銀行去年年底擬訂了「發展台北成爲區域金融中心計劃」, 並將之列爲經建會所研擬的國家建設六年計劃之發展重點之一。

　　建立國際金融中心, 必須先具備下列條件: (1) 國家的政治要穩定, 且無外來威脅或侵略; (2) 國內貨幣與資本市場開放, 自由而健全, 並具備一定的深度; (3) 基本設施完善, 電訊與交通設施必須便捷; (4) 累積豐富的金融資源, 經常帳又持續呈現盈餘, 足以在世界金融舞台上扮演重要角色; (5) 資金、資訊與人員能自由進出國境; (6) 法令規章要完備而符合國際慣例, 金融管理與會計制度要健全; (7) 須有優惠的租稅減免措施; (8) 具備足夠的優秀國際金融專業人才; (9) 須有特定的服務地區。

　　以1990年代的國際金融情勢觀之, 儘管沙、科、日、德等國分擔500億美元美軍波斯灣軍費將有助於改善美國對外收支, 美國不但不易擺脫財政與貿易兩項赤字, 而且金融機構遭遇經營危機, 對融資持保守的態度; 東歐各國在經濟變革過程中需要龐大資金支應; 外債負擔沈重的開發中國家仍須舉債支應; 波斯灣戰後重建需要1,000億美元以上的投資。因此, 國際上的資金需求頗爲殷切。而在資金供給方面, 國際上有供應能力的貿易順差國並不多。其中, 西德因

兩德統一後之財政負擔激增，今年所需發行之赤字公債超過1,400億馬克; 而日本銀行則因去年股市不振，房地產價格下跌，以及受到國際清算銀行對自有資本比率之限制，以致融資能力降低。從而國際金融情勢顯然地將呈現資金需求強烈，而資金供給相對短缺的局面。面對資金變成更爲貴重的此一局勢，以我國龐大的外匯存底與每年持續維持貿易順差，若能善加利用，作爲國際資金之供應國，確實處於發展台北爲區域性籌款中心 (regional funding center) 的最佳時機。又我國日趨強盛的經貿力量與對外投資之增加，亦可望形成支撐台北金融中心的基本市場腹地。

在國內金融制度仍不健全，而且匯率常作爲促進經濟發展政策工具運用的當前情況下，新台幣仍未具備國際化之條件，台北只適合發展爲區域性的境外金融中心，交易幣別限於外幣，交易對象則限制爲外匯銀行與非居民，以隔絕國際資金移動對國內金融穩定之衝擊。

即或僅以此爲短期發展目標，衡諸台北目前的主客觀環境，與上述建立國際金融中心的必備條件尙有一段距離，財金主管當局仍有許多亟待推動的工作。除了中央銀行在「發展台北成爲區域金融中心計劃」中所列示的: (1) 由中央銀行、財政部、交通部與專家學者等共同組成推動小組; (2) 與卓著的國際貨幣經紀商連線作業，進而引進其來台營業; (3) 積極培訓金融專業人才; (4) 改善電訊設備，降低收費標準; (5) 籌建國際金融大樓; (6) 允許銀行發行黃金存單及開放黃金出口; 以及 (7) 成立新種金融商品研究小組，儘早推出新種金融商品與避險工具等具體推動措施之外，亟需改革的項目包括積極健全相關法令制度以建立明確而符合國際慣例的金融遊戲規則; 加強金融業務檢查，維護金融紀律; 減少電訊管制; 加速引進外國金融機構，放寬其業務經營限制; 並將現有的台北外幣拆款市場與境外金融中心業務合而爲一體。

至於在資金供給方面，我國目前雖有鉅額外匯存底，但其數額終屬有限。爲了充裕資金供給，並提高外國金融機構對台北金融中心的信心，我國貿易收支宜持續維持適度的盈餘。因此，國家建設六年計劃擴大公共投資與國內需求之措施，宜保持審愼財務管理 (prudent fiscal management) 與最大民間參與

(maximum private participation) 的兩大原則，以免使我國的貿易收支短期間轉爲逆差。

在勉力促成上述諸項改革之後，台北應具有發展成規模初具的區域籌款中心的條件。惟在東京、新加坡與香港的強力競爭下，要更進一步的擴展，長期看來，勢將有賴於國內金融制度的健全化，籌建台北貨幣交易所與台北黃金市場，並放寬目前殘留的外匯管制，以促使新台幣國際化。一旦新台幣眞正國際化，台北金融中心的交易範圍與競爭能力即可大幅提高。而這也就是金融國際化的長期發展目標。而且發展台北金融中心的目的不在取代亞洲地區其他金融中心，而在於謀求分工與相輔相成的發展型態。90年代世界新資金流向可能由亞洲地區金融市場主導。亞洲新興工業化國家對海外投資均採取獎勵措施，金融制度與資本市場的自由化與國際化均積極在推動，投資報酬率也較其他地區高，對國際金融中心提供寬闊的服務地區。

最後，也是最重要的一點：我們旣然認爲「發展台北成爲區域金融中心」，提升我國國際金融地位確有其必要，則應堅定決心，對上述短期與長期的各項改革措施予以大力推動，俾使此一構想早日成眞。以新加坡爲例，新加坡原亦欠缺成爲區域金融中心的條件，但其政府以堅強的意願與決心，由美國銀行協助規劃，創造了適合發展的環境，也成功地使新加坡成爲亞洲金融中心。其政府的決心與作法，頗值得我們學習。我們應該記住：台北區域金融中心並非如同倫敦與香港，屬於自然發展的型態，而是如同新加坡，屬於人爲創設的型態，政府必須加以主導而具有前瞻性的做法。

世界資金短缺與我國因應對策

1991年3月

一、背景分析

除了開發中債務國仍需調整經濟結構以外, 東歐及蘇聯經濟改革, 兩德統一以及中東戰後重建均需龐大資金, 據估計1991年至少需要1,600億美元 (詳見附表1)。

　　1991年德國財政赤字因東德重建而大幅度增加, 預估將達950億美元, 佔國民生產毛額的比率將由1990年的4.1%提高為5.8%。1991年日本財政赤字雖較1990年減少, 但預估仍達382億美元。1991年美國財政赤字將較1990年增加346億而達2,550億美元。就美、日、德三國合計, 1991年財政赤字將達3,882億美元, 較1990年增加617億美元 (詳見附表2)。

　　東歐及蘇聯經濟改革、東德與科威特重建, 以及美、德、日鉅額財政赤字均表示世界資金需求殷切。除了國內儲蓄以外, 這些資金需要之相當部分必須依賴向外借款。

　　就資金供給而言, 日本、德國與我國係近年來國際金融市場的主要資金供給者。不過, 德國因兩德統一, 西德的經常帳順差之一部分將為東德的逆差所抵銷, 1991年經常帳順差將由1990年的454億美元減少為201億美元。日本則因貿易出超的減少與旅行支出的增加, 1991年經常帳順差亦將由1990年的358億美元減少為175億美元。因此, 德、日兩國可提供國外之資金將較1990年減少436億美元 (各國經常帳差額, 詳見附表3)。

再就金融面來看, 日本銀行因去年股市不振, 房地產價格下跌, 以及受到國際清算銀行對自有資本比率之限制, 以致融資能力降低。美國銀行則對發展中國家授信, 併購融資及房地產貸款頻頻發生倒帳, 致使對融資持極為謹慎的態度, 益以同樣受到國際清算銀行規定銀行資本佔其資產加權平均額的比率於1992年底須達到8%, 銀行放款成長率於1990年下半年大幅度下降, 發生銀行放款萎縮 (credit crunch), 流動性不足的現象。

由於資金需求增加, 而資金供給減少, 國際金融資產將由「資金過剩的80年代」轉為「資金不足的90年代」。而我國1991年經常帳順差預計仍達106億美元, 與1990年頗為接近。1990年底我國外匯存底高達724億美元, 外匯存底與黃金併計776億美元, 僅次於美國的1,532億美元, 德國的996億美元與日本的788億美元, 而居世界第4位 (詳見附表4)。面對國際資金短缺的90年代局勢, 以我國龐大的外匯存底與每年持續維持貿易順差, 若能善加利用, 作為國際資金之供應國, 則可提高我國經濟地位, 擺脫外交孤立的陰影。

二、政策建議

在世界資金短缺的局面下, 我國要積極推動六年國建計劃, 自須對未來資金的流向與有效運用做妥善規劃。茲建議下列政策措施, 謹供參考。

建議	說明
1. 國家建設六年計劃擴大公共投資與國內需求的措施, 宜保持審慎財務管理 (prudent fiscal management) 與最大民間參與 (maximum private participation) 的兩大原則, 以免我國貿易收支短期間轉為逆差。	我國目前雖然擁有鉅額外匯存底, 但在世界金融舞台上要扮演重要角色, 貿易收支應致力於持續維持適當順差, 繼續累積豐富的金融資源。
2. 由政府主導而以前瞻性的做法, 儘速發展台北為亞洲的區域金融中心。	面對世界資金短缺的90年代, 以我國龐大的外匯存底與每年持續維持貿易順差, 若能善加利用, 作為國際資金的供應國,

建議	說明
	台北要發展爲區域性籌款中心 (regional funding center),正處於最佳時機。我國日趨強盛的經貿力量與對外投資之增加,亦可望形成支撐台北金融中心的基本市場腹地。
3. 全面修改管理外匯條例,賦與主管機關緊急處分權,並落實外匯申報制,俾掌握資金流向。	外匯管理條例自1987年6月26日起將第6條之1、第7條、第13條及第17條暫停適用後,主管機關即喪失緊急處分權。且第26條之1規定,行政院恢復前述全部或部分條文之適用時,應送請立法院審議。爲免國家發生緊急事件,而主管機關無法採行緊急措施以管理外匯的進出,外匯管理條例宜全面修訂,增列在非常時期得局部外匯管制之規定。
	目前外匯交易固需申報,但對申報不實,並無罰則。爲落實申報制,俾掌握資金正確流向,對申報不實者宜加以處罰。
4. 將每人每年匯出款限額調低爲300萬美元,同時將匯入款限額提高至300萬美元。	1987年7月將每人每年匯出款限額規定爲500萬美元,與平均每人國民所得8,000美元比較,顯屬過高。每人每年匯出款逾300萬美元者爲數有限,且爲使匯出款限額切合實際,宜將限額降低爲300萬美元。同時匯入款限額宜由目前之200萬美元提高爲300萬美元,使匯出入款限額一致,以免美方指責我國藉不同的限額操縱匯率。
5. 成立海外投資握股公司,由社會大眾或公民營企業認股,有計劃地從事海外投資,併購有發展潛力之國外企業與金融事業。	爲有計劃地從事海外投資,並提高外匯資產之運用效益,宜由國人組成海外投資握股公司,聘請國內外專業人才加以經營。
6. 貨幣政策應以穩定經濟爲首要乃至唯一目標,不宜任意權充產業政策或追求其他特定政策目標。	一個國家有多種政策目標時,即需多種政策工具。若要以一種工具同時追求多種目標,則事實上不僅無法達成,而且可能形成事權及責任之紊亂。事實上,物價穩定是經濟持續發展的基礎。要建立國際金融中心亦需要維持穩定的金融環境。

建議	說明
7. 在未來可預見的一段時期, 如果美元趨強, 新台幣匯率相對於其他主要通貨而升值, 則央行宜採取「台幣適度升值, 台幣利率適度調低」的政策搭配。而且國內利率適度調低後, 國內金融情勢不宜過度寬鬆, 銀行融資宜滿足生產性投資與週轉資金需要, 抑制投機性資金需要, 以免金錢遊戲風氣死灰復燃。	目前新台幣 6 個月期名目存款利率為 8.75%, 以 1991 年 1 月消費者物價指數上漲 4.41% 加以平減, 則實質利率為 4.34%。歐洲美元 6 個月期名目存款利率為 6.25%, 實質利率為 0.55% (消費者物價上漲 5.7%); 日本名目利率為 7.35%, 實質利率為 3.05% (消費者物價上漲 4.3%)。而且目前國內銀行新台幣進口融資利率為 9.5%, 美金融資利率為 8.5%; 外商銀行美金進口融資利率則以 7.5% 承辦。台幣名目與實質利率顯然偏高。新台幣匯率趨強的情況下, 國內利率略為調低, 應不致促使資金外流。要把資金留在國內從事生產性投資, 根本的做法是改善國內投資環境, 而且在國內利率適度調低後, 國內資金情況應避免過於寬鬆, 而導致融資競爭。銀行融資應提高其審查能力, 主要用於支持生產性投資資金需要, 避免用於滿足投機性資金需要, 導致金錢遊戲風氣死灰復燃。

附表1　東歐、蘇聯、東德、科威特資金需求

單位: 億美元

	1991	備註
東歐及蘇聯經建	500	
東德重建	909	10年間約需 6,000
科威特重建	200	全部重建資金需 1,000
合計	1,609	

附表2　美、日、德財政赤字之預估

單位: 億美元

	1990	1991
美國	−2,204(4.1%)	−2,550(4.5%)
日本	−441(1.5%)	−382(1.2%)
德國	−620(4.1%)	−950(5.8%)
合計	−3,265	−3,882

*括弧內數字代表財政赤字佔 GNP 的比率。

附表3　主要國家經常帳差額

單位: 億美元

	1988	1989	1990	1991 (預估)
主要 OECD 國家	134	34	−124	−315
美國	−1,289	−1,100	−947	−950
德國	500	550	454	201
日本	796	574	358	175
中華民國	102	114	109	106

附表4　主要國家貨幣當局持有之外匯存底與黃金

	外匯 (1) (佰萬美元)	黃金* (2) (佰萬美元)	(3) = (1) + (2) (佰萬美元)
美國 1990年12月底	52,220.0	100,966.3 (261.91)	153,186.3
德國 1990年12月底	62,976.0	36,691.9 (95.18)	99,667.9
日本 1990年12月底	69,487.0	9,340.7 (24.23)	78,827.7
中華民國 1991年12月底	72,441.0	5,218.5 (13.537)	77,659.5
法國 1990年11月底	33,579.0	31,430.4 (81.85)	65,009.4
英國 1990年12月底	32,930.0	7,309.1 (18.96)	40,239.1
中國大陸 1990年10月底	25,665.0	4,803.8 (12.7)	30,468.8
新加坡 1990年10月底	27,680.0	—	27,680.0
沙烏地阿拉伯 1990年12月底	8,582.0	1,773.3 (4.6)	10,355.3
科威特 1990年6月底	1,818.8	897.9 (2.54)	2,716.7

資料來源: IMF: *International Financial Statistics* (Feb. 1991).

註: * 括弧內爲黃金百萬盎斯。

(1)科威特每年將其售油收入的10%由 KIO (Kuwait Invest-
ment Office) 及 KIA (Kuwait Investment Authority) 投
資於美國、歐洲及亞洲各國的不動產績優股票及政府債券, 目
前爲數約1,000億美元。此項投資因非流動性資產, 故未列入
外匯準備。

(2)沙烏地阿拉伯在國外的投資, 據外電報導爲數超過科威特的
1,000億美元。

發展台北為區域金融中心之建議

1991年1月

一、背景分析

近幾年來, 金融國際化已成為我國金融改革的既定方向。隨著我國經濟力量的日益壯大, 進出口貿易占世界貿易量的比重逐漸上昇, 持續維持鉅額外匯存底, 再加上亞太地區金融市場發展快速, 財金決策當局一再強調我國國際金融地位應予提高, 希望將台北發展為亞洲的區域金融中心。為了達成此一目標, 中央銀行去年年底擬訂了「發展台北成為區域金融中心計劃」, 並將之列為經建會所研擬的國家建設六年計劃之發展重點之一。

1. 台北金融中心之定位

經濟學家與政策改革者近幾年來多同意: 經濟自由化之變革必須講求順序與步調, 俾使自由化能真正提高經濟效率與福利, 且兼顧經濟與社會之穩定。同理, 在發展台北為金融中心的此一構想上, 也有必要區分短程與長程目標, 並講求政策配合的順序。

以東京、紐約與倫敦三個國際金融中心為例, 三者在國際化方面之程度即有顯著的區別。日本為了避免國際資金移動擾亂其國內金融穩定, 不僅抗拒日圓國際化, 在設立東京金融中心時, 也採取境外金融市場之設計, 日本境內外匯銀行負有確認交易對象為非居住者, 融資用於國外的義務, 以隔絕國內外金

融。相形之下, 紐約雖亦採取內外區隔的境外金融中心之設計, 但因美元為國際貨幣, 故其規模與競爭力高於東京。而倫敦則因英鎊為國際貨幣, 而且將國內外金融溶為一體; 因此其國際化之程度最高, 規模也最大。

以日本經濟實力之強, 在日圓國際化以及將國內外金融市場溶為一體兩方面, 皆仍採相當審慎的態度。而我國的金融制度目前尚未健全, 不僅金融機構在市場結構與經營績效等方面有待改進, 貨幣與資本市場之問題更多。此外, 匯率一向被國人與中央銀行視為促進出口與經濟成長的有力政策工具。在此一觀念下, 若貿然將新台幣國際化以及解除全部外匯管制, 勢將導致外匯投機盛行, 嚴重危及國內金融之穩定。因此, 在短期內, 我國尚欠缺發展類似倫敦或紐約金融中心之條件。在新台幣未能也未便國際化之前, 我們充其量只能將台北發展成類似東京將內外區隔的境外金融中心。新加坡亦採取內外隔絕的型態發展其國際金融市場。俟國內金融制度健全發展, 匯率政策觀念改變, 外匯市場深化, 新台幣國際化, 台北才可望逐漸成為類似紐約或倫敦的真正國際金融中心。

2. 主客觀條件評估

欲成為金融中心, 必須先具備下列條件: (1) 國家的政治要穩定, 且無外來威脅或侵略; (2) 國內貨幣與資本市場開放, 自由而健全; (3) 完善的基本設施: 電訊與交通設施必須便捷; (4) 累積豐富的金融資源, 經常賬又持續呈現黑字, 足以在世界金融舞台上扮演重要角色; (5) 資金、資訊與人員能自由進出國境; (6) 法令規章要完備而符合國際慣例, 金融管理與會計制度要健全; (7) 須有優惠的租稅減免措施; (8) 具備足夠的優秀國際金融專業人才; (9) 須有特定的服務地區, 例如倫敦與蘇黎世以歐洲大陸為主要的特定服務地區, 紐約與東京各以服務北美地區及東亞為主, 新加坡與香港則各以東南亞與中國大陸為重心。

衡諸台北目前的主客觀環境, 與上述必備條件尚有一段距離。其中完善的電訊交通設施之建立、金融專業人才之培訓、以及法令制度架構之建立等項, 只要政府確具改革決心, 應可勉力達成。又若中共的侵台威脅降低, 則對資金、

資訊與人員進出之管制可減至最低。唯在「須有特定服務地區」此一條件方面，台北與東京、新加坡及香港等三個金融中心同處東亞，其中除了香港在九七大限之後可能因大環境改變而降低競爭力之外，台北如何在東京與新加坡的強勁競爭夾縫中，建立寬廣的服務地區，以發展成相當規模的金融中心，實值得進一步深入探討。利率條件、租稅優惠、金融自由化的程度、金融基層結構，以及全球資訊通信設施均須加以改進而具競爭力。

以1990年代的國際金融情勢觀之，美國不但難脫財政與貿易兩項赤字之泥沼，而且金融機構遭遇經營危機；東歐各國在經濟變革過程中需要龐大資金支應；外債負擔沈重的開發中國家也仍須舉債支應，故國際上的資金需求頗爲殷切。而在資金供給方面，國際上有供應能力的貿易順差國並不多。其中，西德因兩德統一後之財政負擔，已變成自顧不暇；而日本銀行則因去年股市不振，房地產價格下跌，以及受到國際清算銀行對自有資本比率之限制，以致融資能力降低。從而國際金融情勢顯然地將呈現資金需求強烈，而資金供給相對短缺的局面。面對此一局勢，以我國龐大的外匯存底與每年持續維持貿易順差，若能善加利用，作爲國際資金之供應國，確實處於發展台北爲金融中心的最佳時機。又我國日趨強盛的經貿力量與對外投資之增加，亦可望形成支撐台北金融中心的基本市場腹地。不過，除了靠我國的外匯存底爲資金來源以外，充實上述必備條件，以吸引境外資金，擴大市場參與者與服務區域，仍將是必要的努力方向。

3. 短期與長期政策方向

如前所述，在國內金融制度仍不健全，而且匯率常作爲促進經濟發展政策工具運用的當前情況下，新台幣並未具備國際化之條件。台北充其量只適合發展爲區域性的境外金融中心，交易幣別限於外幣，交易對象則限制爲外匯銀行與非居民，以隔絕國際資金移動對國內金融穩定之衝擊。

即或僅以此爲短期發展目標，財金主管當局仍有許多亟待推動的工作。除

了中央銀行在「發展台北成爲區域金融中心計劃」中所列示的: (1) 由經建會、中央銀行、財政部、交通部與經濟部等共同組成推動小組; (2) 與卓著的國際貨幣經紀商連線作業, 進而引進其來台營業; (3) 積極培訓金融專業人才; (4) 改善電訊設備, 降低收費標準; (5) 籌建國際金融大樓; (6) 成立有組織的黃金交易市場及開放黃金出口; 以及 (7) 成立台北國際貨幣交易所, 提供期貨與選擇權等新種金融產品與避險工具等具體推動措施之外, 亟需改革的項目包括積極健全相關法令制度以符合國際慣例, 減少電訊管制, 加速引進外國金融機構, 以及放寬其業務經營限制等。

此外, 政府自1984年6月起已正式成立境外金融中心。惟多年以來, 其成效不彰; 而1989年8月起又設立外幣拆款市場。因此, 現有的台北外幣拆款市場與境外金融中心業務宜合而爲一體。

至於在資金供給方面, 我國目前雖有鉅額外匯存底, 但其數額終屬有限。爲了充裕資金供給, 並提高外國金融機構對台北金融中心的信心, 我國貿易收支宜持續維持適度的盈餘。準此, 諸如國家建設六年計劃擴大公共投資與國內需求之措施, 在方向上固然完全正確, 但其規模似宜略作節制, 以免使我國的貿易收支短期間轉爲逆差。

在勉力促成上述諸項改革之後, 台北應具有發展成規模粗具的區域金融中心的條件。惟其在東京與新加坡的強力競爭下, 欲有更進一步的擴展, 勢將有賴於國內金融制度的健全化, 以及放棄以干預匯率爲促進經濟成長手段之作法, 以促使新台幣國際化。一旦新台幣能眞正國際化, 台北金融中心的交易範圍與競爭能力即可大幅提高。而這也就是金融國際化的長期發展目標。

最後, 也是最重要的一點: 政府若是認爲「發展台北成爲區域金融中心」, 提升我國國際金融地位, 確有必要, 則應堅定決心, 對上述短期與長期的各項改革措施予以大力支持, 俾使此一構想早日成眞。以新加坡爲例, 新加坡原亦欠缺成爲區域金融中心的條件, 但其政府以堅強的意願與決心, 由美國銀行協助規劃, 創造了適合發展的環境, 也成功地使新加坡成爲亞洲金融中心。其政府的決心與作法, 頗值得吾人師法。

二、政策建議

建議	說明
1. 充實中央銀行與財政部的金融硏究部門之人力, 全面硏擬金融自由化與國際化之順序與步調, 並審愼比較台北與東京、香港及新加坡等金融中心競爭之優劣點。	金融自由化與國際化應講求改革的順序與步調, 中央銀行與財政部宜進行全盤的、具有前瞻性的規劃。目前, 中央銀行與財政部的硏究部門人力不足, 應速予充實。又台北若欲發展爲區域金融中心, 其與東京、香港與新加坡的競爭, 勢不可免, 故應對其間的優劣比較檢討, 利率條件、租稅優惠、金融自由化之程度、金融基層結構、以及全球資訊通信設施均需維持競爭力。
2. 衡酌主客觀條件之限制, 以成立內外隔絕的區域性境外金融中心爲短期發展目標; 俟新台幣國際化之條件成熟後, 再發展台北爲眞正的內外不隔絕的國際金融中心。	金融國際化宜循序漸進。在國內的金融制度尚不健全, 新台幣亦不具國際化之條件以前, 宜將台北金融中心的發展目標定位爲類似東京的區域性境外金融中心; 而將類似倫敦或紐約的國際金融中心作爲長期發展的目標。
3. 除了中央銀行已提出的成立推動小組、引進國際貨幣經紀商、培訓金融專業人才、改善電訊設備、提供期貨與選擇權等避險工具等七項具體推動措施之外, 政府亟需健全法令制度、減少電訊管制、妥訂租稅優惠措施、引進外國金融機構與律師會計師事務所、以及將現存的台北外幣拆款市場與境外金融中心相結合, 並檢討改進現存境外金融中心成效不彰之原因以發展台北爲區域性境外金融中心。	中央銀行在「發展台北成爲區域金融中心計劃」中, 已明列七項具體推動措施。除了這些項目以外, 健全法令制度與金融基層結構、減少電訊管制等措施, 是促成台北成爲國際金融中心的先決條件。外幣拆款市場與境外金融中心亦應結合爲一體。
4. 維持小幅度的貿易收支盈餘。	我國目前雖然擁有鉅額外匯存底, 但僅憑此不足以發展爲有規模的金融中心。故除了設法吸引境外資金之外, 宜維持適度的貿易收支盈餘, 以充裕資金供給, 並提高外國金融機構對台北金融中心的信心。
5. 長期而言, 應朝廢除外匯管制與新台幣國際化之方向進行改革, 俾提升台北爲眞正的內外不分隔的國際金融中心。惟欲達	新台幣國際化對提升台北金融中心的競爭力與規模有莫大的裨益。不過, 新台幣國際化須以廢除外匯管制爲前提; 而國內

建議	說明
此目標, 有必要先進行國內金融制度之革新, 加強市場競爭, 健全債券與證券市場, 並放棄以干預匯率為促進經濟成長手段之作法。	金融制度健全發展, 以及匯率由市場決定, 又是解除外匯管制的必要條件。因此, 有必要進行國內金融制度之革新, 並放棄為了促進經濟成長而干預匯率之作法。
6. 目前是推動台北成為區域性金融中心的恰當時機。政府宜師法新加坡, 堅定決心, 延請外國專家或金融機構協助規劃, 並對短期與長期應採的各項改革方案予以大力支持。	國內目前具備諸如經貿力量日增、外匯存底豐富, 對外貿易持續維持順差等有利因素。在國際資金面臨短缺之情勢下, 若能採取上述短期與長期改革方案, 以提昇競爭力, 台北應可成為相當規模的區域金融中心。惟此一構想之成敗, 與政府之決心密切相關。新加坡原亦不具備成為金融中心的條件, 但在其政府的堅強意願與大力支持下, 延請美國銀行協助規劃, 發展成亞洲的區域金融中心。其政府的決心與作法, 值得我們學習。

結合外匯市場、外幣拆款市場與
台北境外市場, 發展區域
金融中心的做法

1991年6月

一、現況說明

1. 台北境外金融市場 (Offshore Banking Unit 以下簡稱 O.B.U.) 成立於1984年6月5日, 迄本 (1991) 年3月底已開業之國際金融業務分行共計30家, 其中本國銀行14家, 外商銀行16家, 資產總額200億美元。

2. 台北 O.B.U. 資金來源以金融機構存款爲主, 本年3月底境內金融機構存款佔29%, 境外金融機構存款佔59%, 其他 O.B.U. 存款佔5%, 其餘7%來自境外非金融機構客戶存款。資金運用方面, 亦以存放金融機構爲主, 存放境內金融機構佔46%, 存放境外金融機構佔34%, 存放其他 O.B.U. 佔5%, 其餘存放非金融機構客戶佔15%。O.B.U. 資金來源約99%係期限1年以內者, O.B.U. 資金運用方面, 期限1年以內者佔92%, 亦即資產負債均以短期 (1年以內) 爲主。

3. 由 O.B.U. 總資產額比較, 1984年開始設立 O.B.U. 時總資產爲43億美元, 至1987年6月底增爲76億美元; 1987年7月15日外匯管制大幅開放後至該年底 O.B.U. 之資產總額即增爲117億美元; 1989年8月7日台北外幣拆款市場設立後至本 (1991) 年3月底, O.B.U. 總資產額更增至200億美元。

4. 1989年8月7日台北外幣拆款市場成立後, O.B.U. 資金來源中來自境

內金融機構者約佔其總資產之29%, 其中央行拆放之種籽資金約佔14%;
台北外幣拆款市場拆款總額之80%係經由 O.B.U. 拆放。

二、問題分析

現行「國際金融業務條例」給予 O.B.U. 租稅寬免優惠, 其經營業務亦少限制,
但仍無大幅成長, 主要原因爲:

1. O.B.U. 資金來源仍侷限於1年期以內之金融機構存款 (約佔93%–98%),
   對境外個人、法人或政府機關之外匯存款之吸收沒有進展。

2. 目前經中央銀行會同財政部特許設立之 O.B.U. 僅30家, 較美國紐約境
   外金融市場 (International Banking Facility) 543家, 日本境外金融
   市場 (Japan Offshore Market) 301家及新加坡境外金融市場 (Asian
   Currency Unit) 199家, 我國 O.B.U. 市場之參與者過少, 加以缺乏
   O.B.U. 專業金融人才、會計師及律師, 致 O.B.U. 無法有效提供國際
   金融業務服務。

3. O.B.U. 市場侷限於銀行業存放, 較少承做聯貸、可轉讓定期存單 (Ne-
   gotiable Certificate of Deposit)、商業本票 (Commercial Paper) 及
   債券投資等業務。

4. O.B.U. 條例限制較少, 但不夠明確, 如新種金融工具及三角貿易等可否
   承做, 規定不甚明確, 阻礙 O.B.U. 資金作更有效之運用與操作。

三、建議與結論

建議事項	說明
1. 放寬國外金融機構來台營業限制，降低 O.B.U. 年特許費。	鼓勵外國金融機構來華設立分支機構，以增加資金來源管道，擴大 O.B.U. 市場規模。
2. 訂定「貨幣經紀商管理規則」，引進國際貨幣經紀商。	引進國際貨幣經紀商可活絡台北外匯市場交易，提高銀行外匯資金使用效率，增加操作經驗，培養國際金融專業人才。
3. 明確擴充列舉 O.B.U. 之營業項目。	O.B.U. 可經營之項目宜包括三角貿易信用狀之開發、保證、承兌、託收及新種金融商品，如選擇權 (options)，期貨 (futures)，換匯與利率掉換 (currency and interest rate swaps) 等。
4. 在國內金融制度仍不健全，新台幣仍未見國際化條件前，台北境外金融市場仍採內外金融區隔的型態，惟現有的台北外幣拆款市場與境外金融市場業務可合而為一體。	現階段台北境外金融市場，交易幣別仍限於外幣，交易對象則限制為外匯銀行與非居民，以隔絕國際資金移動對國內金融穩定之衝擊。
5. 結合外匯市場，外幣拆款市場之交易，O.B.U. 應利用其租稅優惠，從事外幣拆放、美元與其他外幣之交易及跨國境之交易 (third currency and cross boarder transactions)。	我國企業海外投資及併購所需資金亦應爭取透過 O.B.U. 加以安排。
6. 建議修改 O.B.U. 條例，允許境內居住民在現行外匯管理規定及匯出款範圍內在 O.B.U. 開設外匯存款戶。	如此修改，將可吸收目前存放國外之資金，擴大 O.B.U. 之資金來源。
7. 俟國內金融制度健全發展，外匯市場自由而具備一定的深度，新台幣國際化後，台北才可望逐漸成為內外金融結合為一體的真正國際金融中心。	提升台北為內外金融不分隔的國際金融中心，係金融國際化的長期目標。
8. 台北區域金融中心並非如同倫敦與香港，屬於自然發展的型態，而是如同新加坡，屬於人為創設的型態，政府必須加以主導而具有前瞻性的做法。	發展台北為區域金融中心，以提升我國國際金融地位既已列為國家建設六年計劃之發展重點之一，自應堅定決心，採取各項短期與長期措施予以大力推動，俾使此一構想早日成真。

第三部分

兩岸經貿

對大陸投資的分析與建議

1990年3月

一、前言

中國大陸在1979年改採開放政策後, 兩岸貿易額大幅提升。其間兩岸經貿關係雖受到中共政策變動的影響, 並不穩定, 但我方一直享有鉅額順差, 且普遍預期這情勢會繼續下去。在兩岸商品貿易之外, 近年來由於國內經濟環境變動, 新台幣大幅升值, 導致國內以美元計算的單位勞動成本驟增 (見表1), 對傳統的勞力密集出口產業形成很大的壓力。這類以中小企業為主的產業乃大舉外移, 其對象之一就是大陸投資。最近由於台塑企業的大陸投資計畫, 再度引起國人的關切, 並顯示對大陸投資已進入另一層次。其影響為何? 政府可採行那些因應措施是本報告的分析重點。

二、海峽兩岸的經貿現況

1. 貿易關係

去年 (1989年), 台灣自中國大陸的進口總值為587百萬美元, 占我國總進口的1.12%, 台灣出口到大陸總值為2,896百萬美元, 占總出口的4.37%, 因此就總體數字而言, 國內經濟依靠大陸市場的情形尚不嚴重。然而就個別產業或產品 (以 SITC 兩位數分類為準) 言, 自大陸進口比例超過5%的商品項目有魚類

表1 各國單位勞動成本指數: 1975–1988

單位: %

	中華民國	日本	韓國	美國	英國	法國	西德	荷蘭	加拿大	丹麥	比利時	挪威	瑞典	義大利
1975	56	67	—	70	46	63	60	69	77	69	66	63	66	74
1976	59	72	—	73	42	61	59	66	85	71	65	67	74	64
1977	68	91	—	77	45	64	68	75	82	78	75	78	80	71
1978	69	107		—	—	—	—	—	—	—	—	—	—	—
1979	83	84	123	90	75	86	92	95	87	102	96	88	90	92
1980	100	100	100	100	100	100	100	100	100	100	100	100	100	100
1981	112	95	96	107	95	87	84	81	107	86	82	95	92	87
1982	112	92	95	114	85	80	81	79	120	79	65	92	77	85
1983	105	93	89	111	72	74	76	72	119	74	56	84	64	84
1984	119	82	83	109	65	69	69	61	110	69	52	77	62	76
1985	115	102	80	109	65	71	68	60	106	73	52	78	65	75
1986	125	128	76	110	77	93	97	84	109	103	69	100	84	98
1987	153	159	83	108	86	107	120	103	117	134	82	120	97	116
1988	167	136	101	109	95	111	122	104	130	136	—	—	105	122

資料來源:U.S. Department of Labor, Bureau of Labor Statistics, *Monthly Labor Review*, 1988.
主計處《中華民國臺灣地區薪資與生產力統計月報》。
日本生產性本部《中華民國臺灣地區生產性統計》。
韓國生產性本部《中華民國臺灣地區勞動生產性指數》。

(5.8%), 未列名動植物 (23.6%)、紡紗織物 (11.5%); 而對大陸出口比例超過 5% 的項目有: 人造樹脂塑膠材料 (8.9%)、皮革 (5.2%)、紡紗織物 (33.9%)、特殊工業用機械 (11.2%) 以及未列名電動機械 (9.3%) 等項目。其中紡紗織物 (主要爲人造纖維) 以及機械製品對大陸市場依賴程度較高, 顯然受國內廠商前往大陸設廠並從事加工出口的影響。

2. 投資關係

有關台商在大陸投資的資料極不完整。就地區而言, 有集中在廈門、福建、廣

東、北京等地區; 就形式而言, 有實際收入及協議金額。一般認為台灣在大陸投資從1987年才開始, 當年有80件, 1億美元。前年430件, 合同值6億美元。就1988年底的累計資料, 台資 (合同額) 占大陸外資金額的2.6%, 占總件數的3.2%, 所占比例並不顯著。惟去年在天安門事件後, 外資對大陸普遍採觀望態度, 台資在9月之後卻有回復熱絡現象, 顯得突出。

3. 大陸投資對我國經濟的影響

台灣的對外投資過去一直在進行, 但在解除外匯管制後大幅跳升, 從國際收支平衡表的資料, 1987年, 對外投資總額為7億美元, 88年驟增為41億美元, 去年初估為70億美元。此外, 就投資地政府所發佈的資料顯示, 在87年於泰、馬、菲、印四國政府所核准的台資總額為3億6,000萬美元, 但88年劇增為21億7,000萬美元。這些投資一般而言促使了我國出口商品結構的明 顯改變, 如機械製品出口比例明顯上升 (見表2), 而中間原料屬於立即可供最終消費財或資本財加工者, 其出口比例也明顯上升。由於這些產品多屬資本密集, 技術密集, 或重化工業產品, 因此這些類別產品占1987及88年總出口的比例也都明顯上升 (見表3)。台灣對大陸的投資與台灣前往東南亞的投資在本質上並無不同, 而前者約占後者的五分之一。因此兩者對我經濟的影響也雷同。簡言之, 我國的產業與貿易結構在過去兩三年中有明顯的轉變, 對外投資對我經濟已產生良性的催化作用。

快速的對外投資會產生失業以及所謂的產業空洞化問題, 對於前者, 目前國內的失業率仍低, 去年11月失業率為1.45%, 低於韓國的2.6%, 以及日本的2.1%, 加以目前產業界仍非法雇用大量外籍勞工, 去年勞動參與率雖繼續下降, 但仍維持在60%, 超過1983、1984與1985年的水準。因此一般擔心的失業問題在國內尚未發生。就產業空洞化的現象而言, 過去台灣經濟發展對製造業部門的依賴頗深, 相對而言, 多項服務業部門, 包括政府部門, 則呈現發展不足的情形。目前, 此一經濟結構已在逐步調整中。而且倘若產業空洞化是指衰退

表2　按世界銀行十大產業部門分類之出口貨品結構

單位: %

	農林漁牧狩獵產品	食品加工業產品	飲料及菸草業產品	礦業及能源業產品	建築材料	中間產品*			非耐久消費財	耐久消費財	機械設備	運輸設備
						小計	A 業	B 業				
1981	2.6	5.1	0.1	0.1	0.4	34.9	9.5	25.4	36.8	12.3	5.6	2.1
1982	2.2	5.4	0.1	0.0	0.6	34.2	10.0	24.2	37.1	11.5	5.6	3.3
1983	2.1	4.8	0.1	0.0	0.7	33.9	9.1	24.8	37.7	12.0	6.6	2.1
1984	1.9	4.2	0.0	0.0	0.5	33.2	8.7	24.5	38.4	11.4	8.6	1.8
1985	1.7	4.5	0.0	0.0	0.5	34.2	9.5	24.7	37.4	9.9	9.9	1.9
1986	1.7	4.9	0.0	0.0	0.3	32.2	7.3	24.9	37.1	10.7	10.9	2.0
1987	1.4	4.7	0.0	0.1	0.2	32.4	6.4	26.0	35.2	10.7	13.3	2.0
1988	1.6	3.8	0.0	0.0	0.3	35.8	8.0	27.8	31.4	9.8	15.5	1.7

註: * 1. 中間產品 A 係凡需加工方能直接供消費財或生產財投入用之中間產品均屬之。
　　 * 2. 中間產品 B 係凡不需加工即可供消費財或生產財投入用之中間產品均屬之。
資料來源: 財政部統計處《中華民國臺灣地區進出口貿易統計月報》。

表3　出口貨按生產方式分類

單位: %

	按投入要素密集度分類											按重化工業產品分類	
	勞力密集度			資本密集度			能源密集度			技術密集度		重化工業	非重化工業
	高	中	低	高	中	低	高	中	低	高	低		
1981	44.9	36.9	18.2	20.6	52.7	26.7	28.4	58.9	12.7	25.4	74.6	32.3	67.7
1982	43.4	36.6	20.0	20.8	52.4	26.8	27.7	59.0	13.3	26.7	73.3	33.3	66.7
1983	44.6	37.5	17.9	19.8	51.8	28.4	27.5	58.4	14.1	25.6	74.4	32.9	67.1
1984	45.5	37.9	16.6	20.0	52.6	27.4	27.9	59.2	12.9	27.5	72.5	34.1	65.9
1985	43.4	38.4	18.2	21.7	51.3	26.9	29.7	57.2	12.3	27.0	73.0	34.1	65.9
1986	45.9	38.0	16.2	20.4	51.6	28.0	28.7	58.8	12.4	27.0	73.0	34.2	65.8
1987	47.6	37.0	15.4	20.8	51.9	27.3	27.9	60.3	11.8	29.0	71.0	36.8	63.2
1988	45.8	37.4	16.8	23.9	51.2	24.8	29.0	60.2	10.8	32.4	67.6	41.7	58.3

資料來源: 財政部統計處《中華民國臺灣地區進出口貿易統計月報》。

產業外移的現象, 則並不足慮。不過, 擬設中的台塑大陸投資計劃已轉向重化工業方向發展。這項投資固然也會帶動台灣機械工業的出口, 但必然會取代過去中間原材料的出口, 其影響與過去石化下游加工型態工廠的外移大不相同。

三、大陸的投資環境

從大陸給予台商投資的特殊優惠條件, 如部份產品得內銷, 合資事業台胞可擔任董事長, 核准過程及單位較單純統一等, 可看出大陸推展對台經貿關係, 有其政治統戰目的。然而考量大陸當前的經濟情勢, 吸取台資亦有其必要性, 但對台資也有不利之處, 其利弊分述如下:

1. 大陸外債負擔沈重。自1979至88年間, 中共對外借款高達330億美元, 去年9月底外債餘額爲383億美元, 且將自今年起進入償債高峰, 每年需償還57-77億美元。加上去年中共對外貿易逆差情形並未改善, 而天安門事件後, 觀光外匯收入銳減。這些情勢使得中共在今後必須加緊吸收外資, 對台商給予優惠。

2. 大陸投資環境並不健全。大陸除了工資低廉外, 一般基本設施嚴重不足。目前部份地區每週供電4天, 港口貨櫃設施不足。台灣至廈門運費較台灣至香港高出1倍, 若經由香港轉陸上運輸, 則成本將高出3倍, 而且廣東省當局對這種海上轉陸上運輸並不贊同。

3. 大陸政局及人事變動頻繁, 且制度不健全, 不利台商過去已建立的人事管道。

四、建議

建議	說明
1. 擬訂階段性大陸政策。對現階段兩岸經 貿關係宜提出較明確且具前瞻性的下列	大陸的政經情勢受本身及國際情勢的影 響, 極不穩定。政府過去的大陸經貿政策

建議	說明
做法:	較爲保守、被動, 或曖昧不明, 長期將使政府喪失公權力及公信力, 並造成混亂, 目前已面臨須加更張的時刻。
(1) 透過有組織的民間管道, 建立解決兩岸商務糾紛的方法。	(1) 當前政府擬准許對大陸「間接」投資, 其用意在於迴避因「直接」前往投資所產生的法 律問題。國內司法及稅務部門已開始逐步處理兩 岸人民關係, 因此可先透過民間管道解決兩岸商務糾紛。
(2) 結合國內較大規模投資者的力量, 利用大陸當前極需外匯的時刻, 爭取合理的投資條件。並由政府宣佈在大陸放棄以武力解決台灣, 不反對重返國際組織之後, 主動採積極方法協助大陸經濟發展。	(2) 利用我經濟上的優勢力量, 逐步達成政治上的目標。
(3) 政府應該以負面表列的方式明確列舉不可前往大陸投資之項目。	(3) 政府應明確列舉那些項目基於國家安全、國防 以及國家長期發展之考慮予以限制以外, 其餘項目開放大陸投資。
(4) 建立誠實申報制度, 並在香港建立金融據點, 對誠實申報廠商提供貿易金融及其他方面之協助。	(4) 有關大陸貿易與投資實況, 應建立誠實申報制度, 並給予必要的協助, 以資鼓勵。
2. 有效解決台灣投資環境惡化問題。	
(1) 儘快修改「中央與地方財政收支劃分法」, 促進地方均衡發展。	(1) 當前大型的大陸投資計劃, 並非完全基於經濟誘因, 國內本身投資環境的惡化亦爲主因之一, 宜速謀改善。
(2) 從速建立環保檢測機構的公信力及公權力, 並普遍邀請地方人士參與。	(2) 目前國人前往大陸投資金額約占前往東南亞投資的五分之一, 且多採兩地併行方式, 因此投資風險並不大。惟以後往大陸投資會趨向大型化, 但也需較長的設廠期, 因此宜確實利用這段時間, 改善國內投資環境, 調整產業結構, 發展高附加價值產品。
(3) 鼓勵企業回饋地方, 化解地方之反對力量。	
(4) 有效化解並勸阻民間圍廠事件。	
(5) 加強維護社會治安。	

評石化原料業前往大陸投資的要求

1990年4月

　　台塑集團負責人王永慶近日發表「石化業如何把根留在台灣」一文，認為「台灣石化工業經由逆向發展而來，沒有下游加工業，就沒有台灣的石化產業」。而台灣的石化下游加工業近年來由於經濟環境的丕變，已無法在國內繼續發展下去。當加工廠外移他國生產時，若任令其「四處流散」，則本身長期所累蓄的經驗技術，勢必因之流落到外人手中。長期以往，不如將外移的加工廠集中在大陸所設置的特區之內，同時配合國內石化原料廠的投資，積極推動電腦化管理，最後將盈餘匯回國內，「實際上就等於是把根留在國內」。針對王永慶個人的看法，可能衍生的問題與影響，以及應採行的對策，分析如下。

一、如何才是把根留在台灣

王永慶認為，石化業集體到大陸投資，然後將利潤匯回台灣是把根留在台灣，這是不實在的看法。石化加工業迫於國內比較利益的改變，而移到國外生產的做法無可厚非，短期內更會帶動國內原料，機械產品的出口，有利於產業結構的改變。因此，「如果任由下游業者紛紛外移，不啻等於斬除台灣石化業的根本」的看法，與事實不符。當然加工業大量外移，就如同過去在國內的發展過程，透過向後聯鎖效果，長期將促成上游原料業的外移。不過，石化原料工廠規模龐大，且多為技術及資本密集，這類工廠的外移，必須審慎評估其投資風險，以及對國內經濟可能發生的影響。

　　就目前國內情形而言，民間投資已大幅衰退。若台塑六輕計劃未能有效執行，其衰退幅度將更爲擴大。其次，石化工業的「根」不是指匯回對外投資所賺得的利潤，而是如何把整個石化工業中最重要的部份，亦即石化技術的研究與開發留在國內。如此，則儘管石化工業外移，但石化工業的核心仍留在台灣。台塑及石化下游加工業應有此認識。再者，對一個廠商而言，求生存的基本做法是不斷在產品與技術上力求突破、創新，或適時進入新的產業，開創更多的事業。如果台塑集團對石化技術的研究與開發不做進一步的努力，而要前往大陸投資設廠，則還有什麼「根」能夠留在國內？何況中共目前對我一連串的開放措施仍未有所回應，而兩岸關係法又正在研擬的階段，台塑企業的做法顯然違背國家政策與國家利益。

二、建議

針對以上的問題提出下列建議

建議	說明
1. 五輕、六輕計劃，應訂定時間表，及時興建。	台塑對外投資之轉趨積極，與五輕、六輕建廠之一再延宕有關。必要的石化原料廠應及時興建。
2. 進一步檢討國內產業自由化政策，邀台塑企業參與，或開放其投資重大開發計劃。	
3. 在未開放兩岸「直接投資」之前，政府金融當局應透過國內金融體系對台塑集團之進一步融資加以限制，並拒絕參與海外聯貸。央行甚至對其國外存款銀行，在必要時可施加壓力，勸告不宜辦理台塑對大陸投資之聯合貸款。	爲伸張政府公權力，避免一窩蜂大陸投資熱潮，財政部與中央銀行應即要求國內銀行對台塑企業集團不得增加貸款，並視情況之演變，準備一套因變措施。

從經濟面看國家統一的做法

1990年11月

　　台灣地區在政府遷台後，經過了40多年的建設，在政、經及社會發展上均卓然有成。在經濟層面，台灣於本世紀結束前可能成爲戰後第一個躋身已開發經濟的發展中國家。藉著這股經濟力量，台灣正朝向建立社會安全制度的目標邁進，並從事政治民主化的改革。台灣經濟發展過程所呈現的活力、韌性與適應力，以及順序採行各項變革的做法與成就，不僅是中國人的驕傲，也寫下人類發展史上難能可貴的一頁。

　　回顧大陸的發展情勢，在其改採四個現代化政策後，在經濟發展上雖有若干成就，但並非各地區能平衡發展，加上制度的僵硬，大陸是否能持續過去的發展軌跡，穩定且快速的發展，仍待考驗。至於兩岸關係，近年來也呈現一嶄新的局面。兩岸未來如何發展雖然充滿了許多變數，但有那些可能的發展方向與形式，卻值得思考並預做準備。

　　在確保台灣兩千萬人民的安全與幸福，以和平民主的方式達成國家的統一，而且不預先設定統一的方式及時間表的原則下，在統一的過程中，台灣地區可採行多項積極的作爲。

1. 加速台灣本身的經濟社會建設

　　　　台灣本身的進步與開放是促使大陸改革的最佳原動力。在擬議中的國家建設六年計劃，其最高目標爲「重建經濟社會秩序，謀求全面平衡發展」。惟目前計劃的重點似集中在硬體建設，對文化、制度層面的興革措

施未予列出, 可在計劃中加入軟體建設的具體措施, 並確實加以執行, 以增加對大陸的號召力。惟有強大的經濟力量才能在有利的條件下推動國家統一。

2. 建立兩岸穩定的經貿與文化交流關係

(1) 台灣目前對大陸的投資多屬小規模, 且具高度的不確定性。這些投資對台灣與大陸經濟究竟產生了那些影響? 未來演變的趨勢為何? 又如何加以妥當的管理? 對這些問題目前都缺乏有效的因應對策, 應設法建立制度, 隨時加以評估。

(2) 逐步開放大陸文化及學術人士來台, 進行交流。

3. 在獲得大陸適當回饋, 放棄武力解放台灣, 不反對台灣重返國際組織的條件下, 提高兩岸經濟整合的層次。

(1) 在大陸進一步推動市場經濟, 或擴大經濟特區的條件下, 整合國內的產業技術 (包括農業技術)、資金及行銷管道, 甚至海外華人力量, 有計劃地進行對大陸投資。

(2) 在確定和平而民主化統一的前提下, 可考慮在適當時期與大陸成立自由貿易區, 或關稅聯盟, 然後逐步走向共同市場, 或經濟聯盟, 最後達成某一形式的政治聯盟。

4. 就長期而言, 為達成與大陸的經濟整合, 台灣與亞太地區的經濟整合應同時, 甚至提前達成。

全球各地區發展程度不同的經濟整合是一個明顯的趨勢。台灣若能愈走向自由經濟, 撤除對產業發展的保護及補貼, 積極發展產業內貿易 (intra-industry trade), 並有計劃地從事對外投資, 就愈容易進行地區性的整合, 也有利於兩岸的未來經濟整合。

當前兩岸經貿情勢與因應措施

1991年4月

一、前言

近年來，兩岸的經貿關係延續過去的成長趨勢，快速成長。去年兩岸經香港的轉口貿易成長了16%，占我國對外貿易總額的3.32%。其中出口占總出口的4.88%，接近5%的警戒水準，而這些數字還不包括經由其他地區以及漁船走私的交易金額。在對大陸投資方面，據估計投資項目達2,000項，協議金額爲20億美元。累計最近5年，台商在大陸投資協議金額已超過美金45億元，項目則超過4,000項 (見表1)。這些數字顯示兩岸經貿關係已經發展到一個新的階段，其影響不容忽視，並應針對問題，採行對策。

二、兩岸經貿情勢的研判

台灣的對外投資在60年代後期已經開始。在70年代，則國內各產業的大部分大廠有金額大小與涉入程度不一的對外投資。投資的動機集中在開拓市場，取得技術與資源，以及利用當地的低廉勞工。自從80年代中期以後，隨著國內工資持續的上升，加上新台幣的大幅升值，對傳統勞力密集的出口產業帶來很大的衝擊。這些廠商的因應方法不外乎採自動化生產，改變產品與行銷方式，引進外籍勞工，或對外投資。根據東南亞菲、馬、印、泰四國政府所公佈的台商投資資料，從1986–1990年，投資金額高達95億美元，案件爲2,062件。去年一

表1　台商在大陸投資統計 (1987–1990年)

單位: 個, 億美元

	1987年底止		1988年底止		1989年6月止		1989年底止		1990年9月止	
	項目	協議金額	項目	協議金額	項目	協議金額	項目	協議金額	項目	協議金額
全大陸地區	80	1.00	435	5.2	...	...	982	10.37	1,743[4] 2,000	16.98[4] 15–20 1990年底止
福建省	58	0.39	230	(2.6)*	365[1]	3.4[1]	497	7.5–8.0	900	11.5
其中:廈門	20	0.20	120	1.65 (1.1658)[3] (1.716)*	173	3.1	231 115[2]	6.44 (6.21)[3]	367	9.9 (9.2)[3]
廣東省	...	...	100	...	413 300[2]	8.9 (2.1)[3]	...	...	...	...
其中:深圳市	11	...	38	0.86 (0.84)*	98	1.48				
北京市	...	...	22	0.84 (0.416)*					27[5]	2.42[5]

資料來源:(1) 大陸各報章、雜誌。

　　　　　(2) 聯合報, 1990年2月23日 (10)、5月17日 (10)。

　　　　　(3) 1989年中國經濟年鑑。

　　　　　(4) 中國經歷リポート#37, 1990年10月。

　　　　註:* 按大陸報導台資在各地分布比率推算資料:

　　　　　(1) 1988年按福建省約佔50%, 其中廈門約佔33%; 廣東省深圳約佔16.16%; 北京約佔8%計算。

　　　　　(2) 1990年8月按廈門佔67.8%推估。

　　　　　　1.為1989年5月止資料。

　　　　　　2.表已投產家數。

　　　　　　3.表實際投入資金。

　　　　　　4.為1990年1–9月資料761項, 6.61億美元。

　　　　　　5.為1990年1–9月資料。

年, 台灣在此四國的投資金額為39億美元, 案件為666件, 平均每一投資案約為美金600萬美元 (見表2)。與過去台灣在東南亞的投資型態與動機比較, 新的投資顯然並不以供應當地市場為主, 且多以中小型企業居多。此一新的投資風潮與型態, 顯然與國內近年來經濟環境的丕變有關。

　　台灣對大陸的投資, 基本上與台灣在東南亞國家的投資, 其型態與動機頗為相近。但兩岸人民除了在政治意識型態上仍有差異, 以及相互來往關係上仍有不確定性及風險外, 由於彼此間具有深厚的血緣、地緣和文化的關係, 大幅

表2　我國廠商赴東南亞各國投資

單位: 百萬美元

年別	經地主國核准		經本部投審會核准	
	金額	件數	金額	件數
泰國 1986	70	21	5.81	3
1987	300	102	5.36	5
1988	842	308	11.18	15
1989	871	214	51.60	23
1990	761	144	149.39	39
馬來西亞 1986	4.07	15	0	0
1987	91	37	5.83	5
1988	313	111	2.70	5
1989	815	191	158.64	25
1990	2,383	270	184.88	36
菲律賓 1986	8.35	8	0.07	1
1987	9.04	43	2.64	3
1988	109.87	86	36.20	7
1989	148.69	190	66.31	13
1990	140.65	158	123.60	16
印尼 1986	18	N.A.	0	0
1987	8	3	0	0
1988	913	17	1.92	3
1989	158	50	0.31	1
1990	618	94	61.87	18

資料來源: 經濟部投審會。

註: N.A. 表示資料無法取得。

減低了對外投資的阻礙。在純粹經濟的層面, 如果投資的規模偏小, 使用技術的層次不高, 或使用舊機器充抵股本, 則投資本身的風險不高。近年台商在大陸的投資平均規模不到美金100萬元, 遠低於台商在東南亞的投資, 可資證明。

　　台商在大陸投資的市場導向爲何? 就一份針對在廈門的台商所做調查報告來看, 在182項投資中, 100%外銷者占31%, 外銷比例介於80–99%之間者占28%, 外銷比例低於50%者只有4.4%。因此在大陸的台商絕大部份以外銷爲主。這些投資將取代台灣部份傳統產品的出口。

　　台商在大陸投資的主要目的是利用大陸的勞力, 因此加工所需的原材料、零件極可能仍來自國內。去年台灣出口到大陸的前 20 項產品 (按 SITC 五位數分類), 均爲供進一步加工用的紡織品, 塑膠原材料、皮革材料、機械及電子電器零件。就比例而言, 人造纖維紗、布占出口的 40%; 機械設備 9%; 電機與電子零件 12%; 塑膠原料 10%。四者合計就占出口總額的 70% 以上。反之自大陸進口產品則以農工原料, 電子零組件以及部份消費品, 如合成纖維之針織、鉤針織料、套頭衫、套裝、雨傘及遮陽傘、襯衫以及玩具等爲主。這些產品中可能有部份產品經簡單加工後再出口, 以利用台灣享有的出口配額。

三、台灣對大陸投資的影響

從前面兩岸貿易的型態分析, 其商品結構主要受投資的影響, 而後者又受兩岸經濟發展階段及客觀環境的影響, 並且是我國企業步入國際化, 甚至是加強亞太地區整合的一環。但由於兩岸目前的處境, 尤其在政府通過「國家統一綱領」, 海峽對岸卻仍未做出有利的反應前, 如何妥爲運用兩岸經貿發展的新情勢, 以達成國家目標, 有審慎檢討之必要。

　　此外, 兩岸人民的交往已衍生出新的問題, 如國人在大陸觀光、考察或投資, 難免將一些社會上不健康的現象, 或經濟上的優越感帶入大陸, 因此可能對未來發展產生的負面影響不容忽視。國內部份人士又在兩岸關係發展中謀求個人的聲名。而對大陸投資的廠商也未嘗不會因私利而做出有害國家安全的事。因此, 如何管理前往大陸的投資, 並規範兩岸民間的往來, 有其必要。

建議	說明
1. 兩岸人民往來, 經貿活動有其正面積極的價值, 但因此可能產生的負面影響尤應注意。政府經貿單位目前採行的措施值得肯定。	政府財經單位目前已採行具體賞罰措施要求赴大陸投資廠商報備, 已報備廠商有 2,500 餘家, 金額 6.6 億美元。前者應接近實際狀況, 後者遠低於協議金額, 很可能是實際投資金額。

建議	說明
2. 政府對大陸的經貿活動仍需採行下列措施:	
(1) 在香港設立金融據點及機構, 協助處理前往大陸投資融資及法律事宜, 並收集投資資料, 掌握其動向, 甚至赴大陸設分支機構。	
(2) 加強對大陸進出口貿易監視制度。對貿易集中度高的各別產品, 提供廠商、金融機構、或政府輔導單位資料, 採行對策。	例如以進出口產品占總進口或出口之10%, 或個別廠商產值之30–50%為受監視產品, 政府及金融機構宜採行必要的調整與限制措施。
(3) 針對目前已報備前往大陸投資廠商, 宜加以組織, 收集相關資訊, 並推動睦鄰工作。	目前有關大陸投資資料極不完整, 應加強收集、補正。
(4) 將廠商前往東南亞投資一併予以輔導管理。	對外投資已是必然的趨勢, 應檢討修正有關法規, 使對外投資正常化。
3. 開放兩岸研究機構在對方互設分支機構, 建立雙方長期資訊及意見交換管道。	

對中華港經濟圈構想之看法

1991年12月

一、問題背景

近來不少人士提出了「中華港經濟圈」或者「大中華經濟共同體」這一類的構想。這類想法因爲其在經濟上的理由聽來頗具說服力, 同時在政治上又似乎介乎統獨之間的「中庸之道」, 因此在言論上頗具吸引力。不過若仔細加以分析, 這類構想主要是出於一些觀念上的錯誤, 不只不切實際, 同時也可能對兩岸關係的正常發展產生不必要的困擾, 進而影響台灣安全, 亟須加以澄清。

二、建議事項

建議	說明
1. 目前所提各類經濟圈的構想多未能瞭解世界上各種經濟結合之方式的含意和限制, 而僅憑字面上之意思而提出建議, 並未釐清合作方式、程度, 以及可行性。	國際上經濟結合最簡單的形式是「自由貿易區 (Free Trade Area)」, 區中各國之間的貿易免除關稅, 而各國對外關稅則不必統一, 美加自由貿易區即屬於這種性質。由美加的例子可以看到, 即使是這麼簡單的經濟結合, 美加兩國經濟極進步, 發展程度及政策類似, 且貿易已相當自由, 仍也需經過長期談判及規劃後, 才能逐步走向自由貿易區。因爲自由貿易區中商品自由流通的結果, 兩國國內產業政策、勞工工作環境、乃至環保標準等政策只要稍有不同, 其中一國的廠商即可能因爲他國政策不同而得到有利

建議	說明
	地位之商品之湧入而遭受重大不公平之傷害。以目前乃至可預見的未來, 台灣和大陸經濟發展階段及經濟制度與政策來看, 兩岸不宜成爲自由貿易區。特別是大陸目前所發展的有許多正是台灣競爭力逐漸在減弱的產業。若兩岸成爲自由貿易區, 則大陸生產之此類產品勢將大量進口, 而迫使台灣廠商不得不大量到大陸投資或放棄經營。這種快速的變化亦將使新產業不及建立基礎, 而可能造成台灣非工業化 (deindustrilization) 的現象。
	比自由貿易區再進一步的經濟結合方式是「關稅同盟 (Customs Union)」, 其中除各國間商品自由流通外, 各國對外關稅也須改爲相同。再更進一步的經濟結合是「共同市場 (Common Market」, 其中除具備關稅同盟之要件外, 各國間的生產要素 (包括勞工) 也自由流通。歐洲共同體即接近這種結合方式。目前提到「大中華經濟共同體成立共同市場」這一類建議的人, 恐怕都不瞭解共同市場的含意。實際上兩國生產要素的自由流通通常只有兩國經濟發展程度相近時才不會造成太大的傷害。即使目前墨西哥已有大量非法勞工移入美國, 美國和墨西哥在談判其自由貿易區時, 也仍將勞工之投入排除在外。台灣和大陸在政治經濟方面的差距如此之大, 人種和語言卻又相同, 勞工的自由流通將使台灣淪爲難民營, 根本不可行。至於經濟結合最高層次的「經濟同盟 (Economic Union)」, 或者歐洲目前計畫中的單一市場, 各國大多數規定及政策都須相同, 顯然並非兩岸所適合採行。事實上大陸目前的法規制度甚至不具備加入 GATT 這一種最基本的貿易自由化之組織的資格, 當然更不能和我們組成更進一步的經濟結合。一般提到這類經濟結合的人士, 都不瞭解這類名辭的眞意, 只是當做好聽的口號而已, 不可當眞。
2. 華人間的經濟合作確是台灣經濟可以利用的一種重要資源, 但這種合作透過市場力量及貿易和投資關係即可達成, 並不須要任何進一步的經濟結合。	提出各種經濟結合構想的人都強調華人合作的利益。這種利益確實存在, 同時已常被利用。我們到東南亞的投資常與華僑合作, 我們的高科技工業也常有海外學者及技術人員之參與乃至投資。不過, 這種基於語言和習慣相似而建立的合作關係, 並不需要前述各種經濟結合方式來促進。即使在目前兩岸

建議	說明
	間之投資與貿易尙受較多限制的情況下，共同語言及習慣已使我們的廠商比外國廠商在大陸的發展多了某些優勢，故日後兩岸的經濟往來的限制更接近一般國際經濟往來的限制時，同文同種的利益將更會使兩岸之經濟往來比一般國際間之往來更爲頻繁。簡單地說，兩岸因爲經濟條件差異甚大，因此依國際貿易理論，不同經濟條件所產生的不同國際比較利益將使兩岸有甚多可以相互貿易的產品，也有許多可以透過垂直分工而增加國際比較利益的產品。而且由於語言及習慣之近似，這種貿易及生產之互補關係較其他國家間更易於進行。這種特性雖然使很多人士以爲「兩岸必須加強經濟乃至政治的合作」，但這種特性乃表示：「在正常的貿易及投資往來下，兩岸的經貿關係將比一般國家間的關係更深」。故不能倒果爲因，誤以爲必須用各種經濟結合方式來加強兩岸的經濟關係。從政治面的顧慮來看，即使在通常的貿易投資往來下，兩岸經濟關係的發展已可能因同文同種的關係而進展太快，以致可能造成政治上對台灣不利的局面。因此我們更不需特意去促進兩岸之經濟關係。
3. 華人的合作並不限於兩岸，海外華人亦是我們重要的合作對象。而這類合作都可透過一般的投資關係來達成，過份強調兩岸合作反將引起不必要之困擾。	關於華人的合作，海外華僑扮演重要角色，海外華人高級技術人才之引進或利用更是促進我國經濟發展的主要力量之一。而這些合作也都是市場力量下的自然發展，特意以「大中華共同體」等名稱來鼓吹的結果，反將使海外華人，特別是東南亞地區之華人，處於較不利的種族對立氣氛中，海外華人將擔心投資轉移 (investment diversion) 中國大陸之現象，而妨礙華人間之進一步合作，以及華人在這些地區之發展。
4. 在目前世界走向全球化的產銷策略下，我們應與各主要經濟圈皆保持密切關係，而以環太平洋經濟圈之重要成員，以及東亞和東南亞經濟圈的主要領導者之一的多重身份，扮演各經濟圈之間的中介和樞紐角色，不宜偏重對大陸之關係。	目前全世界雖有各種區域性經濟組織，但這些組織都仍符合 GATT 精神，促使貿易自由化。許多人所擔心的貿易壁壘並未眞正出現，而在這些正式組織之外的各種經濟圈，也都是市場力量透過貿易及投資關係所形成，而儘可能避免具有排他性。在這種情勢下，全球化的產銷策略是極爲重要的國際趨勢，即各產品及各公司的產銷過程都可能在許多國家進行，透過水平和垂直之分工，以充分發揮各國的國際比較利益，而使生產成本降到最低。在這種全球化的

建議	說明
	分工中，大陸只是太平洋經濟圈中的一個地區。各種主張建立中華經濟共同體之類的建議，都誇大了大陸的重要性。其實即使再經過30年順利的經濟成長，大陸的經濟力量仍不及北美、歐洲，以及其他東亞地區。而目前大陸的重要性更無法和其他地區比擬。我們在市場、技術，以及原料等方面和其他地區相輔依存的程度遠高於對大陸之關係。因此即使世界經濟真要走向具有高度貿易保護主義的區域化方式，我們也應該選擇加入實力更強、市場更大，且目前和我們關係密切的其他經濟組織，而不是和敵對且在經濟上落後的大陸結合。而在區域間貿易壁壘並未大幅提高的情況下，台灣的特殊地理位置、文化關係、乃至政治地位恰好處於幾個政治或市場力量形成的重要經濟圈之交集或樞紐地位。因此不僅可以兼收各經濟圈的好處，更可以積極做為各經濟圈間的中介者，而使台灣經濟更快速發展。台灣是東北亞傳統日本經濟勢力的南端，東南亞華人經濟力量的北界。台灣也是環太平洋經濟圈和亞洲大陸交會之處。台灣經濟及文化對美國長期依賴，而台灣與日本也有極深厚的文化及經濟關係，同時台灣和大陸及東南亞華人則有共同的中華文化及華語。而在經濟發展階段上，台灣則居於先進國家和開發中國家之間。因此在各地區的往來和合作中，我們可扮演居間媒介乃至主動撮合的功能，而從中得到最大的利益。如果在這些經濟圈中我們要特別和任何一個加強關係，我們的優先選擇應該是和我們最友好，經濟實力也最強大的北美經濟圈，或者是我們可具有最大影響力量，且能發揮甚多政治外交效益的東南亞經濟圈，而不是大陸。 日本以往成功的例子甚值得我們參考。日本也曾居於東西方文化及先進國家和落後經濟的交界，而由這種地位得到甚多利益。實際上東亞地區目前已某種程度成為日本的經濟圈。但日本戰後一反戰前要推行「大東亞共榮圈」的做法，而純粹是以投資、貿易、以及中介的功能來達成在這個地區的勢力。日本根本不再願意和東亞其他地區做自由貿易區，或允許勞工流通等較進一步的整合。因此，日本不支

建議	說明
	持馬國提議的區域經濟組織。我們若想建立由我們主導的華人經濟圈，我們所需要的正是和日本一樣加強對各地區之投資、貿易、以及中介的功能而已，不是建立所謂「中華經濟共同體」。
5. 目前不宜引進大陸勞工，以免增加兩岸人民衝突的機會，甚至使中共有機會藉滲透及製造暴動而取得進犯台灣之藉口。	目前有不少引進大陸勞工之建議，甚至引進大陸勞工似乎已經成為既定政策。不過引進大陸勞工對台經濟安全有極大威脅，對台灣經濟的利益並不明顯，而對大陸之進步亦有妨礙。 不宜引進大陸勞工的理由可簡述如下： (1) 基於同胞及人道立場，引進之大陸勞工不宜給予和本地勞工不同的待遇。但如此一來對台灣產業的幫助即不大。 (2) 基本上為求經濟之升級，廠商應以自動化及提升產品品質設計以提高售價等方式來因應工資之上漲。引進外來勞工只是延緩經濟進步，且使人口更為密集，公共建設更顯不足而已。因此，除非對國內其他勞工具有強烈互補性，且國內即使提高工資也不能充分供應的勞工類別，否則不宜引進外來勞工。大陸勞工自然亦不例外。 (3) 由於長期教育以及社會政治環境的差異，大陸勞工的引進將引起許多人際衝突而破壞兩岸人民感情。 (4) 大陸勞工來台難免大量產生結婚、懷孕等問題，若不以人道方式處理，將引發更多衝突。 (5) 我們並無能力調查大陸勞工之來歷，中共並不難安排部份人員來台滲透或製造事端。由回大陸探親人士口中可發現，許多族人間已難共處，甚至有相見不如懷念的感覺，因此大陸來台勞工本身即可能對台灣的政治、制度、財富分配，以及他們所得到的待遇多所不滿，致有心人極易從中製造事端或暴動，而使我們甚難防範。這類暴動不僅可以成為中共武力犯台的藉口，而且中共若把這種暴動宣傳為是由政府與民眾對大陸勞工的虐待或強暴行為所造成，則中共的武力犯台甚至可以得到多數大陸同胞的支持，而對台灣的安全構成重大威脅。

建議	說明
	(6) 大陸來台勞工極可能將是大陸較具生產力者。實際上在美國當小工或幫佣之大陸同胞多為大學以上學歷者。因此大量引進大陸勞工將不利大陸之進步。
6. 對大陸之投資、貿易及文化交流才是協助大陸進步最有效的辦法。	貿易、投資，和文化交流可以直接在大陸上讓更多民眾看到經濟自由及進步的利益，可以使技術擴散更快，並直接提高大陸人民的生活水準，有助於大陸進步。由西德扶植東德都極為困難的例子，我們可看到我們不可能以經濟結合的方式而獨力來扶植大陸經濟。我們應該發揮中介及催化的作用，藉著國際間平等互惠的貿易與投資活動把國際影響力引入大陸，且使大陸融入國際市場，才是協助大陸進步的可行辦法。我們也可在這些經貿活動中，由國內外廠商藉其影響力，逐步勸說並施加壓力改變中共的制度。
7. 兩岸政治上成為國協或邦聯等可能性，以及文化上之合作不宜和經濟結合混為一談。	兩岸政治上以成為國協、邦聯或採其他方式來解決爭議的可能固然值得研究，兩岸文化交流固然可以加強，但不宜和經濟結合混為一談。混為一談的結果，很可能有很多政治上不利的做法會隱藏在美麗而不確實的經濟幻想之下而被採行，造成重大的傷害。各種兩岸經濟結合的建議都像這類披了羊皮的狼或糖衣的毒藥。全世界的經濟結合都是政治上極為友好的國家之結合，絕無敵對地區而經濟結合者。因此我們仍宜循國統綱領的步驟來調整兩岸關係。在中共正式宣告放棄敵意及武力進犯之前，國人不宜為錯誤的經濟主張而自亂陣腳。除了更進一步檢討投資及貿易關係外，引進大陸勞工或和大陸成立自由貿易區等等進一步之經濟結合都是不必要且有害的做法。

兩岸經貿關係: 前景及應有的做法

1992年12月

一、前言

在1978年底, 中國大陸改變了經濟發展的方向, 經濟呈快速成長, 從1979到1991年, 平均年成長率達8.6%,[1] 與台灣在1960年代平均年成長11%的表現相類似。以大陸幅員之廣, 人口之多, 能在超過10年的期間維持這樣高的成長率, 頗為不易。惟在同一時期, 台灣的經濟成長開始步入緩和的成長期。尤其在1980年代, 台灣總體經濟所呈現的經濟失衡, 亦即國際貿易上的大幅出超與國內超額儲蓄的幅度之大, 也是開發中國家的特例。更重要的是, 台灣經濟在80年代後期由於受到經濟失衡的衝擊, 在各個層面都出現很大的變化, 並開始與大陸經濟發生連動的關係。今年10月中國大陸在召開十四大人代會之後, 進一步確定了經貿政策開放的方向, 不僅將持續其歡迎外資的政策, 並將開放國內市場, 發展第三級產業。面對這樣一個新的局面, 大陸經濟發展的前景及限制, 以及我們應有的認識與做法, 是本報告探討的問題。

二、大陸經貿發展的特質

大陸經濟近10多年來成功的表現, 仍不脫發展理論中所強調的幾個重點。首

---

[1]取自王東英整理資料, 以1980年固定價格國民生產總值計算。

先, 大陸仍是一個以農業為主的經濟。在1985年大陸農業勞動人口占全部勞動人口的62.5%。在這情況下, 農業部門本身快速的成長, 是左右整個經濟成長的基本力量。從1979到1985年的期間, 大陸農業部門國民所得平均年增率是8.1%,[2] 非常接近同期間國民所得平均年增率8.8的水準。農業部門在該時期對國民所得的貢獻, 據估計大約在60%左右。這說明了大陸農業部門在這段時期扮演了重要角色。

其次, 在非常短的期間內大陸農業結構出現明顯的變化。從1980到86年, 農作物占農業生產的比例從63.7%下降到45.4%, 農村副業則從15.1%上升到35.4%, 增幅達1.3倍, 其中又以村辦工業從11.6%增加到29.8%, 增幅高達1.6倍最為驚人。大陸農業部門能在短短6年的期間內完成如此大幅的結構改變, 或快速地商品化, 不能不說是一項難得的成就。

在80年代大陸經濟發展的另一項特色是工業部門的發展以及進出口貿易的快速成長。從1978到86年, 平均年出口成長率幾近30%, 但因為在期初出口所占比例偏低, 只有6%左右, 所以儘管出口成長率高, 但對整體經濟成長率的貢獻僅占16%左右, 尤其是這些出口中還包括了不少進口原材料, 因此淨出口對經濟成長的貢獻還要低。儘管如此, 同一時期大陸工業年成長率平均為9.1%, 出口對工業部門的成長, 甚至前面所提到的村辦工業的發展, 有密切的關係, 對充裕其外匯存底功不可沒。

台灣在1970年就開始出現貿易順差, 但是兩次的能源危機抵消了所累積的貿易盈餘。不過, 從1981年開始, 台灣貿易順差以及相對占國民生產毛額的比例逐年上升。1986年出超幾乎占了國民生產毛額的20%, 新台幣也從1986年起大幅升值, 在短短4年內新台幣升值了50%, 升幅之大僅次於日本。

在這樣的情勢下, 台灣的產業尤其是出口產業, 必須面對工資上漲以及匯率升值的雙重衝擊而有所調整。在生產面為解決勞動短缺或工資上漲的問題, 必須走向自動化; 在產品結構面, 則必須提高品質、開發新產品、或改變行銷管

---

[2]參見張風波編 (1988)〈中國宏觀經濟結構與政策〉,《中國財經出版社》。

道, 但影響最深遠的卻是對外投資。

　　從1986到88年的期間, 台灣尋求低工資而對外投資的地區多集中在東南亞國家, 88年以後擴大到中國大陸。就地主國所公佈的核準投資金額資料, 前者已超過百億美元, 後者則接近40億美元。另根據央行的國際收支平衡表資料, 台灣從1988年起實際匯出的直接投資金額超過了匯入金額, 變成淨資本輸出國。蓬勃的對外投資對台灣機械設備類產品的外銷創造了出口市場。此外, 台灣在70年代發展的原材料工業, 其產品原先供應國內下游工業加工使用的部份, 現由於下游工業產業外移而改成出口。在出口結構上所反映的改變是機械類及中間原料類出口比例大增。這些產品通常又屬於技術密集、資本密集, 甚至高科技產品。簡言之, 對外投資促使台灣出口以及產業結構明顯的改變。台灣在這段期間所達成的產業升級成果與對外投資有密切的關係。

三、大陸經濟所面臨的問題

首先, 大陸的農業部門是否能維持跟過去一樣的高成長率, 值得懷疑。在出口部門亦復如此。大陸80年代後期出口的成長得力於港、澳、台資的比重不小。在大陸台商的出口中有很大部份是取代過去台灣的出口。大陸對美國貿易出現大幅出超, 台灣對美貿易不平衡的情形卻相對地改善, 是很好的例證。如果大陸出口及農業這兩個部門的成長都會緩慢下來, 則未來勢必無法達成過去百分之八到九的成長率。

　　大陸在中長期的發展軌跡上, 最令人擔憂的是地區性發展不平衡的問題。在1985年的資料顯示, 大陸不同省份農業部門的每人產值高低差距達四倍 (見表1)。這差距又正好與每省份 (地區) 農業人口所占比重成正比。換言之, 農業人口比重越高的省, 每人產值愈低, 這些地區相對就愈不發達, 其未來的發展也就愈困難。這是客觀的事實, 而且目前還看不出來有扭轉的趨勢。這對維持一個統合的經濟體有非常不利的影響。

表1 大陸各地區農業勞動與農業產值 (1985年)

	農業勞動者 A	社會勞動者 B	A/B (%)	農業總產值 C	C/A (%)
上海	128.4	765.1	16.78	22.90	0.178
北京	97.0	574.8	16.88	19.64	0.202
天津	99.1	458.9	21.6	14.04	0.142
遼寧	633.9	1,766.0	35.89	87.48	0.138
黑龍江	533.1	1,258.6	41.47	105.51	0.198
吉林	423.9	920.9	46.03	73.81	0.174
山西	570.8	1,181.8	48.3	55.07	0.096
江蘇	1,744.3	3,393.6	51.40	232.84	0.133
浙江	1,275.9	2,302.5	55.41	130.09	0.102
內蒙古	497.2	841.3	59.10	60.85	0.122
廣東	1,840.0	3,049.3	60.34	174.66	0.095
湖北	1,383.3	2,289.4	60.42	162.41	0.117
青海	112.2	185.1	60.62	10.35	0.092
寧夏	115.8	177.5	61.24	10.08	0.087
福建	709.8	1,152.1	61.61	70.89	0.100
甘肅	582.1	926.4	62.83	42.15	0.072
河北	1,659.6	2,625.5	63.21	149.91	0.090
新疆	355.2	556.9	63.78	49.12	0.138
陝西	893.4	1,392.4	64.16	68.18	0.076
山東	2,382.2	3,639.7	65.45	276.55	0.116
江西	1,033.4	1,564.4	66.06	96.60	0.093
安徽	1,748.1	2,435.0	71.79	151.35	0.087
河南	2,575.6	3,553.1	72.49	200.02	0.078
湖南	2,032.6	2,744.5	74.06	158.22	0.078
四川	3,824.5	5,116.2	74.75	265.92	0.070
雲南	1,319.8	1,694.3	77.90	97.26	0.060
貴州	1,058.3	1,335.1	79.27	54.98	0.052
廣西	1,472.6	1,839.6	80.05	83.11	0.056
西藏	85.5	105.7	80.89	7.17	0.084
全國	31,187.6	49,872.7	62.53	2,912.19	0.093

說明:「農業勞動者」包括農、林、牧、水利農勞動人數。單位為萬人。農產總值按1980年不變價格計算。單位為億元。根據《中國統計年鑑》計算。

資料來源: 張風波,〈中國宏觀經濟分析〉,《人民出版社》, 頁212–213。

在區域的不平衡發展之外, 大陸的所得分配、或職業別所得的差距還在繼續擴大。台灣在60年代當出口導向的經濟開始邁步向前時, 由於勞動密集的出口產品快速擴大其生產, 提供豐富的就業機會, 勞動在不同地區、產業及職業別間的靈活流動, 加上物價穩定, 促使所得分配日趨平均。這情形在大陸並未出現。所得分配是刀的兩片刃, 它的不均一面可以產生誘因, 促成經濟的活絡, 但另一方面也是造成經濟社會不安的主因, 令人擔憂。

大陸目前大企業, 除了外資企業外, 幾乎都是國營企業, 或依附在政府機構的企業。改革國營企業並不容易。台灣到目前為止在推動國營事業民營化的工作進度緩慢, 困難頗多, 是很好的例子。國營企業的改革若未能順利進行, 則必然成為包袱, 但如何改革則仍未見端倪。

經濟學的鼻祖亞當斯密曾說過, 一個經濟所能追求富裕的極致是以其法律和制度所允許的範圍為度。在這層意義上, 大陸市場經濟進一步的發展, 將決定於法律規章的制定、修正與執行。以資本市場為例, 很難想像在法令規章不完整的情況下能順利運作, 並對工商活動有所助益。

此外, 大陸在1988、89年因景氣過熱改採緊縮措施, 經濟成長率大幅下降。目前經濟又因為國外資本的大量流入而呈現高度成長, 導致過剩流動性, 通貨膨脹率升高。國外資本的大陸投資, 1990年為66億美元, 91年為110億美元, 92年上半年即達194億美元, 每年呈雙倍增加的趨勢。在這樣的投資景氣中, 每年經濟成長率高達10%以上, 國內銀行融資快速擴增。據日本通商省的估計, 大陸貨幣總量, 90年與上年比較, 增加20%; 91年增加30%, 這樣的增加趨勢仍在持續。而且在大陸的10萬個國營事業, 從業員工高達1億人, 其工資與生產力的差距擴大, 多在虧損營運的狀態, 構成大陸經濟的瓶頸, 不僅依賴財政資金, 而且需要國營銀行的融資支持, 造成過剩流動性的另一主要原因。至於在深圳經濟特區, 勞動流動率上升, 工資大幅上漲, 低工資的比較利益很快就會消失。如果過剩流動性與成本膨脹導致物價大幅度上漲, 人心動搖, 則可能發展成政治動亂, 重演天安門事件。

四、兩岸經濟發展的契機

展望未來, 大陸經濟隨著十四大的結束, 市場經濟發展的路線更形明確。在具體的做法上是國內市場將大幅開放給外資 (包括台資)。再就是隨著申請加入 GATT 以及來自美國的壓力, 貿易的障礙勢必大幅削減。這些措施對大陸經濟會產生立即影響。大陸的國營事業與內銷事業如何因應此一衝擊, 是個極難處理的問題。大陸在開放國內市場的做法極為正確, 而且幾乎是當前繼續維持成長的唯一方法。不過, 其成功的先決條件是大陸經濟要能承受得起開放競爭的衝擊。而且大陸經濟的過熱, 過剩流動性的問題必須儘早做調整。美國克林頓總統就職後, 美國與大陸經貿關係會出現何種新局面, 也值得特別注意。

對我國而言, 台灣的經濟目前從各種指標上看來, 都已經符合高所得或工業化經濟的標準, 但台灣仍屬剛跨入工業化國家的門檻而已。台灣的資金、技術對大陸經濟已經有極大的影響與貢獻。但是台灣不能以大陸市場為唯一的腹地, 只放眼大陸。台灣過去與西方國家經濟, 尤其是美國, 最近則與歐洲已發展出多層緊密的關係, 應繼續保持, 甚至還要加強。最近美國政府擬與西太平洋5個地區探討簽定自由貿易區協定。這對台灣的長期經濟利益應屬有利。而且正可以發揮台灣在全球及地區經濟發展中傳承的角色。經濟部及國內工商界最近提出的構想, 希望將台灣建設成跨國公司地區性營運中心 (Regional Operation Center), 從事國際投資、運輸、資訊、金融的業務, 有其積極的意義 (見前呈報告)。

五、建議

建議	說明
1. 近兩年來, 大陸經濟高度成長, 但隱藏了下列諸多不安定的因素, 應密切注意, 減緩大陸投資的速度。	大陸政府採取緊縮政策, 調整過剩流動性的期間, 台商應如何因應, 有必要做事先的規劃。對大陸的新投資, 應減緩其速

建議	說明
短期: 　(1) 景氣過熱與過剩流動性的調整。 　(2) 大陸與美國的新的政經關係。 　(3) 開放國內市場的衝擊。 　(4) 低工資比較利益的逐漸消失。 中長期: 　(1) 區域發展及所得分配的不均。 　(2) 現代化法律與制度架構的建立。 　(3) 民主化的衝擊。	度。
2. 在兩岸關係上, 目前香港情勢的發展頗令人警惕, 應予以最大的關切, 並據以研析中共的動向。	中共統治階層反對香港建立民主政治制度的強硬態度, 如無法互讓處理, 對往後兩岸關係的發展有極大的影響。
3. 在財經硬體與軟體建設措施上, 短期應以務實的態度推動六年國建; 在制度的變革上, 則可藉建立台灣成爲「亞太營運中心」的構想, 落實經濟發展自由化、國際化的目標。中長期則推動與美國簽定雙邊經貿協定, 最後加入北美自由貿易區, 最能符合我國長期發展的利益。	我國必須以務實的態度與策略, 立足於國際社會, 從事國家建設。

兩岸經貿關係之研討

1993年5月

一、前言

在1978年召開的十三屆三中全會，中共改變了經濟發展的方向，採取改革、開放的政策。自78至88年的期間，實質平均年經濟成長率達9.6%，實質國民生產總值增加了2.5倍。不過，88年的價格改革卻導致嚴重的通貨膨脹，88年秋被迫採取緊縮政策，以整備、整頓經濟。因此，89、90兩年的經濟成長率下降爲4.4與4.1%。

1991年秋，中共宣告緊縮政策之終結。92年春，鄧小平在其「南巡講話」中，要求提高經濟發展速度，使大陸經濟脫離近三年來緩慢成長的局面。在鄧小平的鼓勵下，大陸各部門各地區紛紛修改發展計劃。92年10月召開的十四大人代會確立「社會主義市場經濟」體制，全面加速經濟的成長。91年的成長率爲7.7%，92年成長率高達12.8%。十四大人代會之後，不僅確定了經貿政策開放的方向，而且繼續採取歡迎外資的政策，並將開放國內市場，發展第三級產業。

關於大陸的制度改革，並非基於綜合性政策規劃，對既存的低效率經濟體制加以全面改革，而是擺脫或放寬低效率的中央集權計劃經濟之限制，以提振長期受約束的農民、企業與地方的活力，相對於國營企業而提高鄉鎮企業、集團企業、私營企業與外資企業的比重。配合非國營企業的地位的提高，政府在事後逐步整備其制度與法律架構。因此，中共制度改革可以說是，一種經濟自由化的過程。

　　79年推動的農業改革提高農民的生產總額。勞動生產力的提高所導致的剩餘勞動力與農村所得水準的提高所造成的農業剩餘 (agricultural surplus) 促使鄉鎮企業蓬勃發展。92年底, 鄉鎮企業產值達人民幣16,500億元, 較91年底增加50%, 職工人數已超過1億人, 吸收大約四分之一的農村勞動力。儘管經過40年的中共集權統治, 大陸農村仍能維持地方主義色彩, 中華民族的務實的重商主義傳統文化仍充份保持其草根性。

　　大陸經濟改革的成功, 得力於港、台人力、物資、資金與技術的比重不小。廣東、福建兩省享有高度的經濟自主權, 經濟特區、開放城市與開放區之建設, 加強香港與兩岸互動關係, 促進廣東、福建兩省的快速經濟成長。如上所述, 91年大陸實質成長率為7.7%, 但廣東、福建兩省之成長率分別高達17.4%與15.4%。台灣、香港、廣東、福建所組成的華南經濟圈已建立有機的連結關係。面對這樣一個新的局面, 大陸經濟發展的前景及限制, 以及我們應有的認識與做法, 本報告擬加扼要的檢討。

二、大陸經濟所面臨的問題與前景

美、日、德三大工業國正力圖走出經濟停滯的陰影, 邁向復甦的情況下, 大陸經濟持續維持快速成長。93年第一季經濟成長率高達14.1%, 輸入增加25.4%, 自89年以來貿易收支首次轉呈逆差。中共開放政策提高大陸經濟的貿易依存程度。92年貿易依存度達28%, 其中輸出佔國民生產毛額的比率為19.5%, 輸入所佔比率為18.5%。大陸經濟顯然屬於國外導向的型態。如果大陸經濟不斷擴大, 輸入依存程度大約維持20%的水準, 則大陸經濟具有很大的需要吸收能力 (absorber capacity)。今年5月17日商業週刊以大陸經濟將扮演21世紀新興經濟動力來源 (the emerging econamic powerhouse of the 21st century) 做為其特別報告的標題。假定未來10年, 大陸經濟維持7%的平均年成長率, 則目前依非官方估計大約1兆2,000億美元的國內生產毛額, 將在21世紀初加倍,

大陸將變成5大經濟強國之一。儘管與亞洲鄰近國家相比較, 個人所得水準仍然偏低, 大陸經濟的規模勢必對世界貿易、投資與原料市場發生不可忽視的影響。大陸經濟可能變成製造業的主要生產基地, 通信與航太等關鍵產業的主要市場。

關於大陸經濟發展之前景, 為了加速經濟改革的步驟而開放重慶、武漢、長春、鄭州、西安、成都、長沙、南昌等內陸都市導致諸侯經濟抬頭, 造成重複投資, 浪費資源, 扭曲資源的分配, 加重通貨膨脹壓力。大陸經濟改革雖然提振了不受中央集權統治的個體經濟單位的活動, 但沒有做到總體經濟的有效管理。

國外資本對大陸的投資, 1990年為66億美元, 91年為110億美元, 92年上半年達194億美元, 近年來呈逐年雙倍增加的趨勢。在這樣的投資景氣中, 銀行融資快速擴增。據日本經濟企劃廳的估計, 90年與89年比較, 貨幣供給額增加20%, 91年增加30%。這樣的增加趨勢仍在持續。而且國營企業的從業員工仍高達1億人, 其工資與生產力的差距擴大, 多在虧損營運的狀態, 構成大陸經濟發展的瓶頸, 不僅依賴財政資金, 而且需要國營銀行的融資支持, 構成過剩流動性的另一主要原因。今年第一季35個大都市的消費者物價上漲率為15.7%, 全國平均上漲率8.6%。貿易收支也轉而呈現逆差。為免經濟過熱, 今年下半年中共政策可能採取緊縮政策, 減緩經濟成長的速度。而且除了通貨膨脹壓力以外, 大陸經濟也面對嚴重的交通運輸瓶頸, 地區別與職業別所得分配差距擴大, 貪污流行, 治安惡化等問題。大陸經濟隱藏了許多不安定的因素。

關於中共經濟持續成長對其政治體制可能產生的影響, 經濟的快速成長雖然會加強政治民主的要求, 但鄧小平的策略顯然要維持經濟的快速成長以維持共產黨的控制力量。只要人民的經濟生活水準不斷改善, 他認為人民將會接受中共的統治。尤其在一般人民不再相信共產主義思想的情況下, 中共領導階層更是需要繼續推動開放路線, 振興經濟活力, 促進經濟的快速成長, 以維護其政權的正當性與既得利益。因此, 如果中共政權對經濟問題處理不當, 則可能造成政治社會混亂的局面。

三、兩岸經濟互動關係

近年來, 台灣的產業, 尤其是出口產業, 面對工資上漲以及匯率升值的雙重衝擊而必須有所調整。在生產面解決勞動短缺與工資上漲的問題, 必須走向生產過程的自動化。在產品結構上, 則必須提高品質、開發高附加價值的新產品, 或改變產銷管道, 從事海外投資。

在1986年至88年的期間, 台灣尋求低工資而對外投資的地區多集中在東南亞國家, 88年以後擴大到中國大陸。蓬勃的對外投資對台灣機械設備類產品的外銷創造了出口市場。在70年代開始發展的原材料工業, 其產品原先供應國內下游工業加工使用, 現由於下游工業外移而部分改成出口。機械類及中間原料通常屬於技術密集, 資本密集, 甚至高科技產品。台灣在最近幾年所達成的產業升級與出口結構轉變的成果與對外投資有密切的關係。不過, 大陸投資熱導致資金大量流往大陸, 可供國內投資的資金便會減少。因此, 大陸投資對國內投資產生資金排擠效果。而且部分流往大陸資金, 係投入房地產與股市, 此類投資風險大, 主要靠外資不斷湧入才有利可圖, 屬於泡沫經濟的型態。如果價格炒得太高, 外資流入趨緩, 則可能造成崩盤套牢的局面, 不但波及從事此種活動的台商與在台灣本地從事大陸房地產或股票轉手生意的投機者, 而且對國內金融秩序的穩定亦有不利影響。

為加強承做生產性投資之放款並有效控制資金用途, 把產業之「根」留在國內, 從事產業升級, 金融主管當局宜訂定金融機構儲蓄存款的一定比率必須承做中長期計劃性融資, 以促使產業升級, 避免產業空洞化。

為了避免對大陸經濟的過度依賴, 外銷市場與投資地區亦有分散的必要。政府相關機關更應從促進人、資本、資訊與技術交流的觀點, 限期修改相關法令以符合國際慣例, 塑造建立亞太區域金融、交通、資訊、科技以及營運中心的環境, 以突破兩岸經貿關係開放後, 對資金與資源所發生的虹吸效果, 以跨國策略聯盟的方式降低經貿往來之風險, 並在北美、日本與東南亞國家之間扮演槓桿傳承之角色。

關於兩岸同時加入關貿總協定的影響，將導致大陸經濟改革與開放更符合國際規範，對兩岸間經貿糾紛開闢另一條解決途徑；大陸經貿資訊將更容易取得；大陸貿易障礙之減少，外匯管制之放寬，內銷市場之開放，以及兩者入關身份不同，大陸可享受發展中國家的特惠，可能導致另一波台商投資熱潮。不過，大陸開放市場也會使台商面臨跨國企業的更劇烈的競爭。至於兩岸同時加入關貿總協定，三通政策將可能受到挑戰。依照國統綱領的進度，目前既非改變三通政策的時機，政府應依據 GATT 第24條之例外規定，提出維護國防安全之保留條款，爭取將我國與中共之貿易暫時排除在關貿總協定之規範之外。

總之，我國政府應該以「安定台灣、胸懷大陸、放眼世界」的觀點，依國統綱領以務實的態度，順序推展兩岸關係，並集思廣益，妥擬各階段具體政策策略，相互交流，相互學習，以培養和平共處的經驗。至於面對中共因其經濟改革而累積外匯資金，從事軍事擴張，美、日與鄰近國家之安全均受到挑戰，亟待建立冷戰後的區域安全體系。

四、建議事項

建議	說明
1. 在國統綱領的架構下，應妥善擬定不同階段之兩岸互動策略，而後因應時勢，以策略領導政策，以政策領導行動，增進兩岸的良性互動。	若無基本策略，交涉底牌又加以公開，則如辜汪會談所顯示，我方在談判上必然處於被動的地位。目前迫切需要的是，基本策略與政策之擬定，而不是陸委會與海基會所強調的談判人才的培訓。
2. 加強不同程度的兩岸交流對我國經濟可能產生的影響之研究，建立資料庫以作為產業界決策之參考。	要國內企業降低大陸投資熱，必須提供充分的資訊，以便對大陸投資的風險做客觀的評估。
3. 與中共之交涉，宜密切注意英國與中共有關香港未來地位之談判進展細節，以做為訂定未來談判策略之參考。	英國與中共有關香港未來地位之談判，在基本認知上有很大的差異。英國的重點在於97後維持一國兩制，建立香港之民主政治制度，以維持香港之繼續發展。中共所關心是，如何在97年順利收回香港，

建議	說明
	97年以後則屬於國內問題，不容許英國干涉。未來與中共之談判，我們會面對同樣認知上的基本差異。中共所關心的是，儘速完成統一，統一後台灣居民的福祉與未來發展則屬於次要的內政問題。未來與中共之交涉，必須充分了解基本認知上的差異而審慎擬定談判策略。
4. 我國應做好各項自由化的準備工作，積極推動加入貿易暨關稅總協定。我國之積極作為必然會促使中共依國際規範，加速開放國內市場的腳步，進一步對地方「放權讓利」，降低中央對地方之控制力量，加強政治民主化的要求。不過，三通政策必然因兩岸同時加入關貿總協定以及香港航權之交涉而受到挑戰。	如何面對三通政策的挑戰與壓力，應妥善擬定對策。
5. 積極推動全球策略聯盟，建立台灣為兩太平洋區域金融及營運中心，在北美、日本與東南亞、中共之間扮演槓桿傳承之角色。	充分發揮台灣在地理上的有利地位，建立台灣為區域金融與營運中心，以跨國策略聯盟的方式推展對大陸經貿關係，不但降低貿易與投資風險，而且可促進外銷市場與投資地區之分散。
6. 配合資金流向的轉變，貨幣供給額須在目標範圍內維持其穩定成長，並應導正資金流向生產性投資用途。為加強承做生產性投資之放款並有效控制資金用途，金融主管當局宜訂定金融機構儲蓄存款的一定比率必須承做中長期計劃性融資，以促使產業升級，避免產業空洞化。	中共採取緊縮政策，為週轉之需要可能導致進一步的資金外流，加重國內銀行之融資風險。國內銀行現已陸續發生因投資大陸資金外流所導致的逾期放款案件。主管當局應注意「大陸全面採取緊縮政策 → 台商在台籌資壓力增加 → 資金加速外流、呆賬增加 → 影響國內金融正常發展」之嚴重後果。
7. 吸收大陸科技人才做新商品研發之努力，必須在台灣辦理，不宜在大陸設立研發中心，以免把產業之「根」無法留在台灣。	在台灣吸收大陸科技人士辦理研發與在大陸就地辦理研發，其成本上之差異，政府主管當局甚至可考慮給予適當的補貼。
8. 為降低大陸投資熱，在現階段黨營事業不宜對大陸投資表示高度的興趣，宜加約束。	一方面要求民間企業降低投資熱，另一方面黨營事業規劃大陸投資是自相矛盾的做法。

因應97後香港情勢轉變之對策

1994年6月

一、香港的經濟背景

1970年代香港經濟因受惠於輕工業的蓬勃活絡而快速成長。1980年代以來香港經濟持續發展,並與我國、韓國及新加坡併稱為亞洲四小龍。

　　香港天然資源極為短缺,幾乎一切所需物資均仰賴進口。與我國、新加坡同屬典型高度依賴貿易成長的經濟體。其商品貿易總值約為國內生產毛額 (GDP) 的2.5倍,對外貿易堪稱香港經濟的命脈。因此,香港經濟深受國際政經環境變化影響,其中尤以中國大陸對其影響與互動最為密切。

二、香港在兩岸經貿往來所扮演的角色

海峽兩岸自1949年分裂以來,歷經軍事衝突、冷戰對峙,直到1987年我國政府開放民眾赴大陸探親,展開民間交流後,兩岸社會、文化與經貿交流日漸頻繁。惟現階段兩岸間各種交流,無論是投資、貿易、金融或旅行等方面,皆不直接往來,而係間接透過第三地區進行。在此情況下,香港遂扮演了極為重要的中介角色,使兩岸三地經貿關係息息相關,密不可分。

　　貿易方面,去 (1993) 年,台灣與香港間雙邊貿易總額為202億美元,香港已是我國第三大貿易夥伴。其中我國對香港出口184億美元,香港躍居我國第二大出口市場;我國自香港進口17億美元,對港出超高達167億美元,為我國對

外貿易出超總額79億美元的2倍。今 (1994) 年1至4月對港出超56億美元, 亦遠超過同期間貿易出超總額6億美元。亦即, 若無對香港 (及大陸) 之出超, 我國對外貿易將呈入超。據國貿局估計, 今年全年對港出超將創下213億美元的高紀錄, 香港將連續第4年成為我國外貿出超的最大來源。此外, 近年來台港貿易佔我國對外貿易總額比重亦逐年提高, 1987年為7.8%, 1993年已達12.5%, 顯見台港貿易關係已日趨重要。

　　香港是兩岸貿易的轉口樞紐。1979年大陸剛開始實施經濟改革時, 我國透過香港對大陸轉出口只佔香港出口的1.9%, 此項比例, 至1981年激增為20%, 1985年又提高為38%, 1988年後則大致維持在40%左右。轉進口方面, 1979年台灣透過香港自大陸進口佔自香港進口總額的27.5%, 其後10年間, 比例約在30%–40%之間, 1991年後激增至近60%。可見, 我國陸續放寬對大陸經貿政策, 不僅使兩岸三邊之貿易額快速成長, 同時也使香港成為台商開拓大陸市場及運用大陸資源的重要媒介 (我對香港貿易及海峽兩岸經香港轉口貿易相關資料見表1–表3)。

　　投資方面, 依據大陸方面之統計, 截至1993年止, 台商赴大陸投資協議金額約190億美元, 投資件數共約18,000餘項。台商對大陸間接投資除金額在1百萬美元以下者無需在第三地設立公司外, 絕大多數是透過在香港設立之公司投資, 估計目前台商在香港設立之此類公司共約3,000餘家 (我國對大陸投資協議金額相關資料見表4、表5)。

　　金融方面, 香港也為兩岸通匯和資金調度提供了服務。雖然我國已於1991年底開放實施「大陸出口、台灣押匯」辦法, 然據調查, 台商基於便利性、時效性、租稅負擔、國內法規限制以及資金靈活運用等因素, 仍多選擇在香港押匯。此外, 大陸金融制度尚未健全, 因此, 赴大陸投資之台商所需當地貨幣及週轉金, 亦有不少係仰賴香港金融機構供給。

　　兩岸三地經貿環境各有不同。大陸地區土地遼闊、資源豐富、勞力充沛、基礎科技建立良好基礎; 台灣資金充裕、貿易經驗豐富、應用科技出色; 而香港則

表1 我國對香港貿易變動趨勢

單位: 百萬美元; %

	總額			出口			進口			出超或
	金額	比重	成長率	金額	比重	成長率	金額	比重	成長率	入超
1979	1,345.8	4.4	33.2	1,140.4	7.1	33.0	205.4	1.4	34.5	935.0
1980	1,800.5	4.6	33.8	1,550.6	7.8	36.0	249.9	1.3	21.7	1,300.0
1981	2,205.9	5.0	22.5	1,897.0	8.4	22.3	308.9	1.5	23.6	1,588.1
1982	1,872.7	4.6	−15.1	1,565.3	7.0	−17.5	307.4	1.6	−0.5	1,257.9
1983	1,942.5	4.3	3.7	1,643.6	6.5	5.0	298.9	1.5	−2.8	1,344.7
1984	2,457.5	4.7	26.5	2,087.1	6.9	27.0	370.4	1.7	23.9	1,716.7
1985	2,858.9	5.5	16.3	2,539.2	8.3	21.7	319.7	1.6	−13.7	2,219.5
1986	3,300.0	5.2	15.4	2,921.3	7.3	15.0	378.7	1.6	18.5	2,542.6
1987	4,877.1	5.5	47.8	4,123.3	7.7	41.1	753.8	2.2	99.0	3,369.5
1988	7,509.2	6.8	54.0	5,587.1	9.2	35.5	1,922.1	3.9	155.0	3,665.0
1989	9,247.5	7.8	23.1	7,042.3	10.6	26.0	2,205.2	4.2	14.7	4,837.1
1990	10,002.1	8.2	8.2	8,556.2	12.7	21.7	1,445.9	2.6	−34.4	7,110.3
1991	14,377.3	10.3	43.7	12,430.5	16.3	45.3	1,946.8	3.1	34.6	10,483.3
1992	17,196.4	11.2	19.6	15,415.0	18.9	24.0	1,781.4	2.5	−8.5	13,633.6
1993	20,173.1	12.5	17.3	18,444.3	21.7	19.7	1,728.8	2.2	−3.0	16,715.5
1994 1–4月	6,590.3	12.1	8.1	6,104.5	22.1	10.8	485.8	1.8	−17.6	5,618.7

註: (1) 佔中華民國對外貿易比重。
資料來源: 財政部統計處、《中華民國、台灣地區進出口貿易統計月報》各期。

具備國際金融中心地位、行銷網路廣闊、港口設備良好, 且經營管理效率高。基於上述各自之優勢, 在生產及貿易方面形成互補互利之性質, 而香港則在其間扮演重要的媒介。兩岸三地之區域內貿易總值佔整個區域對外貿易總額的比重, 由1987年的10%, 已逐年增加爲1991年的30%。

三、97前後香港政經情勢的可能發展

香港是大陸對外貿易與交流的主要橋樑, 大陸解決香港問題的基本態度是維持香港繁榮與穩定以利大陸經濟發展。「香港特別行政區基本法」(簡稱基本法) 賦予香港高度的行政、立法及司法等自治權, 保持原有的資本主義制度50年不

表2　海峽兩岸經香港轉口貿易統計

單位: 百萬美元

| | 貿易總額 | | 經香港轉口 | | | |
| | | | 台灣向大陸出口 | | 台灣從大陸進口 | |
	金額	與上年比較 (%)	金額	與上年比較 (%)	金額	與上年比較 (%)
1979	77.8		21.5		56.3	
1980	311.2	300.2	235.0	994.4	76.2	35.4
1981	459.3	47.6	384.2	63.5	75.2	−1.4
1982	278.5	−39.4	194.5	−49.4	84.0	11.9
1983	247.7	−11.1	157.8	−18.8	89.9	6.9
1984	553.2	123.3	425.5	169.6	127.8	42.2
1985	1,102.7	99.3	986.8	132.0	115.9	−9.3
1986	995.6	−13.4	811.3	−17.8	144.2	24.4
1987	1,515.6	58.6	1,226.5	51.2	288.9	100.4
1988	2,720.9	79.5	2,242.2	82.8	478.7	65.7
1989	3,483.4	28.0	2,896.5	29.2	586.9	22.
1990	4,043.6	16.1	3,278.3	13.2	765.4	30.4
1991	5,793.1	43.3	4,667.1	42.4	1,126.0	47.1
1992	7,406.9	27.9	6,287.9	34.7	1,119.0	−0.6
1993	8,689.0	17.3	7,585.4	20.6	1,103.6	−1.4
1979–1993 之平均成長率	40.0		—	51.9	—	23.7
1988–1993 之平均成長率	26.1		—	27.6	—	18.2
1994 1–2 月	1,217.5	4.4	1,051.5	3.5	166.0	10.1

資料來源: 香港政府海關統計處 (Census and Statistics Department, Hong Kong)。

變, 並且原有的資本自由移動、港幣自由兌換、以及自由港與國際金融中心的地位均維持不變。以下分政治、金融、貿易與投資、以及長期風險綜合評估等方面, 探討香港97年前後政經情勢的可能發展。

1. 政治方面

香港的自治權雖受基本法保障, 但大陸不會允許香港落實政治民主。樂觀者認為香港除有基本法的保障外, 目前英國政府已在香港積極推動政治民主化, 而

表3 海峽兩岸經香港轉口貿易估計

單位: 百萬美元

	台港統計差異 (1)	台灣經香港轉出口至大陸 (2)	台灣對大陸出口 (3)	台灣對大陸轉出口估計 (4)=(1)*80%+(2)+(3)	台灣經香港自大陸轉進口 (5)	台海兩岸貿易估計總額 (6)=(4)+(5)
1981	0.6	384.2	—	384.7	75.2	459.9
1982	−4.8	194.5	—	190.7	84.0	274.7
1983	43.6	157.8	—	192.7	89.9	282.6
1984	−130.4	425.5	—	321.2	127.8	449.0
1985	−142.7	986.8	—	872.6	115.9	988.5
1986	−151.5	811.3	—	690.1	144.2	834.3
1987	−151.8	1,226.5	—	1,105.1	288.9	1,394.0
1988	−95.3	2,242.2	—	2,166.0	478.7	2,644.7
1989	435.4	2,896.5	—	3,244.8	586.9	3,831.7
1990	1,116.3	3,278.3	—	4,171.3	765.4	4,936.7
1991	2,826.3	4,667.2	0.1	6,928.3	1,125.9	8,054.2
1992	4,259.7	6,287.9	1.1	9,696.8	1,119.0	10,815.8
1993	6,407.7	7,585.4	16.2	12,727.8	1,103.6	13,831.4
1994 1-2月	947.3	1,051.5	6.1	1,815.4	166.1	1,981.5

註: 台港統計差異 = 台灣對香港出口 (我國海關統計) − 香港自台灣進口 (香港海關統計)。

資料來源: 1. 經濟部國貿局轉載自香港政府海關統計資料。
2. 財政部統計處編印,《中華民國台灣地區進出口貿易統計月報》, 第238期, 1989年6月; 第292期, 1993年12月。

且爲了使香港成爲解決台灣問題的樣板之原因, 中共將落實一國兩制政策; 然而悲觀者卻認爲, 基本法之解釋權及修改權屬於大陸全國人代會, 中共政策一向善變, 況且97後人民解放軍長駐香港, 對香港政治民主化將造成嚴重威脅;

表4　中共協議利用外商直接投資統計

單位: 百萬美元

	合計	香港	日本	美國	台灣
1987	3,709.0	1,946.6	301.4	342.2	100.0
1988	5,297.0	3,466.6	275.8	370.4	420.0
1989	5,600.0	3,159.7	438.6	640.5	517.0
1990	6,596.0	3,833.3	457.0	357.8	984.0
1991	11,977.0	7,215.1	812.2	548.1	1,392.3
1992	58,124.0	40,043.8	2,172.5	3,121.3	5,543.4
1993					10,000.0
合計	91,303.0	59,665.1	4,457.5	5,380.3	18,956.7

註: 1. 《中國對外經濟貿易年鑑 》(1993/1994)，才開始有
1992年起台灣赴大陸協議投資金額的統計。

2. 《中國統計年鑑》(1992)，才開始有990年起台商赴大
陸實際投資金額統計。

資料來源: 1. 高長、吳世英 (1987–1991) 台灣地區《兩岸經貿對台
灣產業發展之影響》。其他地區《中國對外經濟貿易年
鑑》。

2. (1992)《中國經濟新聞》。

3. 經濟日報, 1993.12, 中共對外經貿部指出, 1993年台
商赴大陸投資項目將超過一萬個, 協議投資金額約100
億美元, 為歷年之冠。

表5　中共實際利用外商直接投資統計

單立: 百萬美元

	總計	香港	日本	美國	台灣
1987	2,313.5	1,587.9	219.7	262.8	
1988	3,193.7	2,067.6	514.5	236.0	
1989	3,392.6	2,036.9	356.3	284.3	
1990	3,487.1	1,880.0	503.4	456.0	222.4
1991	4,366.3	2,405.3	532.5	323.2	466.4
1992	11,007.5	7,507.1	709.8	511.1	1,050.5

資料來源: 1. 台灣地區 (1987–1991)《中國統計年鑑》。其他
地區《中國對外經濟貿易年鑑》。

2. (1992)《中國經濟新聞》。

至於普遍的看法則認爲, 由於大陸堅決反對英國目前在香港所推動的政治民主化, 大陸似乎不會允許香港從一個經濟城市轉變爲一個民主政治的城市, 亦即香港只能維持經濟自由而不能落實政治民主。

2. 金融方面

(1) 貨幣與匯率制度方面, 97前港幣會維持現有的發行辦法及其與美元連結的匯率制度, 但將來有可能改採貨幣籃的匯率制度。香港未設中央銀行, 港幣由授權發鈔銀行以繳交等值美元方式發行, 採行港幣與美元連結的匯率制 (linked exchange rate system), 因而維持匯率的穩定, 並且防止發鈔銀行發行鈔票浮濫。1994年5月2日中共中國銀行首度獲准參與港幣發行, 此舉雖不會影響港幣匯率的穩定性, 但加強中共控制香港金融市場的能力。中共基於穩定金融之觀點, 97前應不致改變港幣及其匯率制度。然而, 在現行匯率制度下, 港幣的發行完全以美元爲準備, 外匯基金之準備額須等於流通在外的港幣數量, 若流動性需求的增加超過貨幣基數 (monetary base) 的增加, 則港幣的發行比率 (coverage ratio) 下跌, 港幣與美元的連結關係將不易維持。而且實施現行匯率制度須放棄貨幣政策自主權, 並喪失控制物價的能力, 而任由美元流入香港的金額來決定貨幣供給額, 結果導致香港經濟成長所需配合增加之貨幣供給, 須完全仰賴國際收支之持續順差來支應。歷年來香港國際收支均維持順差, 港幣應升值, 惟因實施連結匯率制度, 而未升值, 其所產生的實質貶值效果, 已造成嚴重的物價高漲問題, 因此有主張放棄原有匯率制度以控制物價之議。另一方面, 因港幣釘住美元, 而人民幣對美元呈貶值趨勢, 故港幣對大陸人民深具儲藏價值, 據估計港幣發行額的30%流通於大陸。大陸雖於1994年初禁止外幣在大陸境內流通, 但對港幣的禁行效果不彰, 港幣仍是華南地區的強勢貨幣, 造成人民幣貶值壓力。基於上述理由, 將來港幣可能不再釘住美元, 改採以貨幣籃方式決定匯率。由於香

港與大陸之雙邊貿易佔香港對外貿易總額的34.9%，人民幣在港幣匯率之決定勢必增加其重要性。

(2) 銀行體系的變化方面，匯豐銀行之準央行地位逐漸式微，中國銀行的地位日益凸顯，但金融管理局似不致發展成中央銀行。匯豐銀行之準央行地位已逐漸式微，中國銀行在97之後將成為香港銀行界的龍頭。1993年成立的金融管理局，似不致發展成中央銀行。

(3) 香港之國際金融中心地位方面，97之後中共為本身利益而可能設法維持香港的繁榮，但20年後其地位有可能被上海取代。基本法保障香港可繼續保持其國際金融中心之地位。香港是大陸獲取資金的主要管道，而且可替大陸高幹及企業提供各種投資機會，大陸會設法維持香港的國際金融中心地位。目前全球500大銀行中有半數以上的銀行在香港營業，而且國際貨幣基金及世界銀行將於1997年9月在香港舉行年會，可見國際金融界仍看好香港前途，尤其是日本金融機構在香港的據點已急遽增加。不過，金融業對政治環境反應最為敏感，法國東方銀行認為，將來上海可能成為全球最大的股票市場，大陸並不想讓香港成為整個大陸的金融中心，故20年後香港的地位，可能被上海取代。

3. 貿易與投資方面

香港經貿將因大陸及其他國家對港投資增加而日益繁榮，但若低成本優勢消失及大陸熱減退，其經貿地位將受影響。香港是華人國際商業網的重要環節，而且是大陸貨品的轉口港，目前中共已積極介入香港的經濟活動。1993年香港出口成長率達23.3%，居亞洲四小龍之冠；日本對香港之投資亦持續增加，以伺機拓展大陸市場。然而外商大量湧至香港的結果，造成香港工資與租金上漲，大陸物價亦因改革開放而上揚，而且大陸將於1995年開徵資本利得稅，並限制土地開發者之利潤率，致三、五年後香港利用大陸低生產成本之競爭優勢可能降低。此外，美國對亞太地區之投資已趨減少，一旦大陸熱減退，香港經貿地位將

受到影響。

4. 香港的長期綜合風險須視香港對於大陸的利用價值及大陸本身的政經發展而定

在共黨國家, 政治地位永遠超越經濟地位, 97後香港將直接受大陸政治的影響, 亦即香港前景與大陸對香港的態度息息相關。而大陸對香港的態度, 則決定於香港對於大陸的利用價值與大陸本身的政經情勢。就香港的利用價值而言, 大陸須利用香港既有的國際營運及金融中心地位以發展經濟。近年來國際資金自香港流入廣東, 而使香港的資金與廣東的生產整合成大香港 (Greater Hong Kong) 經濟區, 提高了香港的利用價值。就大陸政經發展而言, 若大陸經濟改革成功, 由改革派掌權, 則大陸會設法維持香港的繁榮, 但若日前日益惡化的通貨膨脹無法控制, 則保守派可能藉機加強對香港自由經濟的控制。因此, 若大陸經改失敗, 保守派當權或內部發生動亂, 則可能打壓香港的自由經濟。

根據以上分析, 大陸局勢在97前後可能出現四種情況, 其對香港經濟之影響分述如下:

(1) 維持現況型 (情況一): 中央黨政重要領導人無更大更動, 各項改革方針基本上不變。在此情況下, 香港可望繼續資本主義體制, 經濟亦可望繼續維持中度成長。

(2) 滯緩改革型 (情況二): 中共改革方針雖然不致劇變, 但改革進度將明顯放慢, 且採行較多緊縮與調控措施。在此種情況下, 外來投資觀望, 香港為遠東地區金融及轉運中心之功能亦可能受到負面的影響。

(3) 加速改革型 (情況三): 大陸方面更具改革企圖心的人接掌政權, 以較大步伐與幅度推動改革。在此情況下, 香港除繼續維持資本主義體制, 民主政治亦循序發展。惟大陸本身的開放, 以及兩岸關係的進展, 均可能影響香港維持遠東地區金融與轉運中心的地位。

(4) 傾向保守型 (情況四): 中國大陸由左派分子重新當權, 改革進度放慢,

若干領域之改革措施可能暫停。在此情況下，香港資金與人才將再次嚴重外流，香港在遠東地區的金融與轉運中心功能可能被其他地區所取代，經濟成長亦轉趨停滯。

由此可知，1997年後，大陸與香港間的關係有很大的不確定性，香港在目前兩岸關係間所扮演的中介角色也未必能順利維持下去。我們的政策必須有所因應，甚至必須預做調整以取得主動之先機。

四、97後我國因應對策的政策目標及政策方向

香港有關的政策因應上，有四個目標應受到特別的注意，即保障國家安全、促進經濟利益、照顧香港人民、以及扶植香港地位以影響大陸情勢及兩岸關係。我們在做決策時必須思考這四種目標的相對重要性，以及研究各種不同策略對這四個目標的不同影響。就目前情況來看，國人對這四種目標的相對重要性的看法略有差異，對各類策略對這四種目標的影響力之判斷可能有更大之差距，值得深入討論。

目前政府對香港的主要政策原則已相當清楚，而一般民眾及反對黨也未表示強烈反對，那就是我們對香港的往來原則上維持不變，把香港視為大陸的特區，因而和香港可以三通，並繼續把香港當成兩岸的主要中介站。只要中共不故意政治化，這項政策原則應該可以達成。然而在採行這項政策原則時，我們仍會遭遇幾個問題：

第一、對港澳的三通，不管我們做何解釋，有心人仍可說兩岸實質上已經三通。這在政治外交上可能對我們造成一些傷害，但也使我們再擴大對大陸其他地區三通時之「邊際成本」降低。在政府已決定對港澳維持三通的前提下，我們除了要設法平衡其政治外交成本以外，更要選擇的主要政策方面是在邊際成本降低後，我們面對要不要把三通擴大到大陸其他地區，以及如何擴大的問題。

第二，擴大三通的一個方向是大陸其他地區如果達到近似港澳一樣的自由

化程度時, 我們要不要開放對該地區三通? 要不要讓該地區人民在台灣取得和港澳居民一樣的地位或方便? 舉例來說, 如果中共把港九附近之一部份土地, 甚至把深圳撥入香港特區, 爲免對這些地區的廠商與人民造成不公平, 我們要不要把這個地區及其居民也納入港澳關係條例所規範的範圍? 若不納入, 則實務上又要如何區分? 鑑於中共不太可能讓很多地方眞正自由化, 有許多特區同時比照港澳自由化而造成我們對太多地方三通的可能性不大。至於港澳附近地區若在某種程度上納入港澳特區, 則我們可能有必要把那些地區視同港澳。但如果我們這樣規定, 中共極可能利用這種規定來造成三通愈來愈普遍之印象。

第三, 我們在思考政策方向時不能一廂情願認爲中共會接受我們只對港澳三通乃至維持港澳中介地位的想法。中共不無可能藉妨礙我們對香港之三通或利用香港做中介站的做法, 來逼使我們接受對其他地區之三通。例如中共已表示97之後台灣人民到香港必須持台胞證。中共可能以香港碼頭擁擠等理由逼使原先航行香港之船舶改停附近其他大陸港口, 中共也可能藉限制乃至取消台港航空班次迫使台商和台灣人民更迫切要求三通。若在中共這些壓力之下我們被動和中共談三通的問題, 則我們的籌碼可能大幅減少而人民的壓力卻日益加大, 政治外交上也要喪失很多尊嚴。故在規劃97後的政策時, 應注意中共策略的應用, 不能只做樂觀之估計或被動之因應, 而須有適度之主動規劃。

五、兩岸直航相關問題

1. 兩岸直航的利弊分析

就航空客運業而言, 台北市航空商業同業公會曾於1992年7月底致函交通部, 指出直航可節省的成本大致如下:

(1) 就台灣經香港轉大陸之整個運輸市場計算, 目前業者只占有21%的市場, 如果開放直航, 業者應可佔有五成之市場, 儘管屆時票價可能降低, 但業者大約仍可增加8億元之利潤。

(2) 台灣地區旅客每年可節省機票費用達106億元。

在海運貨運業方面，現行兩岸間接通航的航舶必須彎靠第三港，如香港或日本琉球石桓島，增加船舶之營運時間、費用及轉換提單的手續。不過，直航的成本節約有關資料有待進一步估算。至於廠商因未能直接通航所額外負擔的運輸成本及其占生產成本的比重，因產品性質不同而有極大的差異，仍需進一步研析。而且兩岸直航能否節省成本，還要考慮以下情形：

(1) 根據研究顯示，貨運量低於船舶載運量六成以下時，即缺乏直航價值。

(2) 大陸港埠條件落後，港口船席、駁船及陸上配合裝卸機具尚嫌不足，且大陸之國有定期船可優先靠泊碼頭。我方船舶若要節省時間，須多付快卸費及速移費。

(3) 空櫃回收困難 (約須3至6個月才可望運出)，且回程貨櫃量極少，未必具備在兩岸間經營直航的條件。

在上述情形下，即使兩岸開放通航，業者仍會以轉船或彎靠多港的方式經營兩岸間的航運業務。

2. 兩岸直航所遭遇的問題

(1) 國籍、國旗及證件相互承認問題：航空器、船舶為國家領土的延伸，根據「國際民航公約」或「公海公約」，具有國籍。然而中共並不承認我方航空器、船舶之國籍及國旗，我方核發之國籍證書等各項證件，這是兩岸直航所必須解決的最大問題。

(2) 航管、通訊、營運、檢疫、課稅及糾紛處理等問題必須妥於安排。

3. 兩岸直航對我方經濟層面之可能影響

(1) 我業者在法令的規範下從事商業活動，追求的是利潤；但以計劃經濟為主的大陸業者未必要對營運的盈虧負責，且可能享受中共當局政策性的

補助。此外, 兩岸還將面臨其他形式的不公平競爭, 故直航後我業者仍將面臨競爭壓力。

(2) 兩岸直航之後, 緊接的就是直接通商, 業者赴大陸投資的情形可能更為普遍, 因此必須顧慮資金加速流向大陸對國內投資的影響。此外, 我方在致力於產業升級的過程中, 產品將趨向短小輕薄、值高量少, 故兩岸在進出口貨量將此消彼長, 再加上大陸積極建設港口, 未來大陸挾其貨量充沛、費用低廉的優勢, 恐將威脅我在航運界的地位。

六、三通問題之政策選擇

策略一: 只對港澳三通, 其他地區須待進入國統綱領中程階段才三通。若中共妨礙港澳之中介功能, 則斷絕兩岸往來也在所不惜。

這樣的策略較為僵化, 除非算準中共會妥協, 否則我們會受到經濟損失, 且須面對人民之壓力。另一方面, 這種策略對國家安全的保障雖高, 但和平演變大陸的作用有限。如果中共不妨礙港澳之中介功能, 則對港澳人民利益因維持港澳的特殊地位而有較高之保障。

策略二: 雖然維持對港澳三通, 但主動找尋第三地做為兩岸中介站, 以預防中共妨礙港澳之中介地位。而在中共真正妨礙港澳之中介功能時, 改由第三地來中介。

這種策略雖可以和其他策略同時採用, 但單獨採行的成功機會不大, 因為實際上可以利用的管道目前應該已經有人利用過, 而以港澳做中介的往來居多, 多半是因為港澳較為適當, 因此改由其他管道或中介站必會增加成本。同時就最重要的航空交通而言, 所有航線班次皆須雙方同意, 中共若有意阻礙我們利用港澳, 也有可能阻礙我們利用第三地。只要中共不答應增加蘇比克灣到大陸的班機, 政府單位以蘇比克灣做中介站的構想, 不易達到預期效果。

策略三: 擴大對港澳三通之精神, 而將大陸自由化程度接近港澳的地區納入三
　　　　　通的範圍。

　　這種做法的缺點之一是對我們目前不三通的政策必須做較大的改變, 而且
實質上中共不太可能在短期內讓港澳鄰近地區以外的其他地點, 達到接近港澳
的自由化程度。因此我們可能要承受名目上允許擴大三通所造成之政治外之損
失, 卻未能得到實質上擴大三通的經濟利益。選擇這種策略, 中共仍然可能妨
礙港澳的中介機能而逼我們改變政策。故這種策略主要的好處可能只在於引導
大陸部份地區如上海、廈門等地人民為了三通的利益而更積極爭取自由化。至
於這種效果是否能加速促成大陸之和平演變有待進一步思考。

策略四: 配合區域營運中心政策, 設立區域營運中心特區, 而允許特區對大陸
　　　　　各地三通。換言之, 大陸之港澳特區可對台灣各地三通, 而台灣之區
　　　　　域營運中心特區則可對大陸各地三通, 形成一種對稱的往來。

　　這種策略雖然可以迴避國統綱領, 但無法避免實質上全面三通之印象, 它
和全面三通主要的不同僅在於由地區的限制來減少三通對國防安全可能帶來
的負面作用。不過, 這種做法在經濟上確對區域營運中心及全面經濟的發展有
甚大的助益。當然, 以區域營運中心對大陸三通亦須中共同意。不過, 若藉區域
營運中心政策而在97之前和中共協商特區對大陸之三通, 則中共為取得三通
之利益, 較有答應之可能。若到97附近或其後, 則中共可藉妨礙港澳之功能來
威脅我們, 我們要再和中共交涉特區三通可能居於被動的劣勢, 而較難得到滿
意的結果。

策略五: 綜合區域營運中心對大陸三通以及大陸特區納入三通範圍兩項策略,
　　　　　而以區域營運中心對大陸自由化較高但不一定達到港澳自由化水準
　　　　　之特區三通, 即特區對特區之三通。

　　這種策略看來比前一種策略的三通程度較小, 且可積極促使大陸人民爭取
自由化, 而實質上又幾乎可得到區域營運中心對大陸全面三通的大部份經濟面

利益。惟上兩 項策略之缺點, 在此策略中仍無法避免。

策略六: 待中共妨礙港澳之中介地位, 我們再和中共談判利用港澳或其他地點
三通的問題, 即以靜制動的策略。

這種策略, 以中共一向善於謀略的做法, 我們以靜制動的結果有可能落入
被動, 而最後變成被中共和台商共同脅迫接受三通, 因此這是不宜採行的策略。
除非其他策略在政治外交及國家安全的代價很大, 且在中共妨礙港澳中介功能
時, 我們準備以其他政治外交手段來強力反擊, 否則這種策略不宜採行。

七、結論與建議

香港本身經濟體制自由而開放, 處在兩岸當前尚未能直接往來的情況下, 充分
發揮其中介的功能, 在兩岸經貿發展過程中扮演重要角色。在1997年香港即將
改制之際, 就目前情勢研判, 一方面香港已成為進入大陸商品貿易、資金、資訊
的門戶, 對大陸依賴甚深; 另一方面, 大陸在相當期間內, 由於本身制度的僵硬
及未能取信於民, 無法取代香港提供的避險功能。

事實上, 面對97香港情勢的轉變, 我們的政策選擇的自由度不大。我們最
主要的政策選擇是採取那些方式及那些程度的三通。我們在規劃97後的政策
時, 應注意中共策略的應用, 不能只做樂觀的估計或被動的因應, 而須有適度
的主動規劃。展望未來, 研擬下列建議, 僅供參考。

建議	說明
1. 香港在1997併入中國大陸之後, 雙邊制度對雙方都會產生不確定因素, 應密切注意其發展。	香港本身經濟制度開放, 重法治, 民間渴望民主, 與大陸現制均格格不入。在97之後香港的法治, 自由經濟制度如何受到影響, 人民追求民主的決心在壓抑下會產生那些衝突, 值得注意。而香港的制度對大陸又會產生那些影響, 也宜研擬不同狀況, 加以分析。

建議	說明
2. 面對97, 我們最主要的政策選擇是採取那些方式及那些程度的三通。本報告第六節所列示之各種策略均有利弊, 不易認定那一種策略為最佳, 應責成交通部與經建會對此問題進行週全分析, 檢討其利弊以便做最好的選擇。	兩岸直接通航固然有其經濟利益, 但此一利益有多大, 仍缺乏清楚的數據。
3. 在金融、貿易與投資方面, 宜採取下列對策因應香港的變局:	
(1) 港幣視同外幣, 在台得自由流通兌換; 惟有關法令應明訂, 主管機關於必要時得以行政命令限制或禁止之。	
(2) 積極發展台北為區域性金融中心, 並與其他國際金融中心加強關係, 以因應香港地位可能被上海取代之未來變局。	香港中資金融機構核准來台設立分支機構宜審慎, 以免影響台灣地區金融之穩定。
(3) 如果香港喪失對外貿易自主權, 或喪失「關貿總協」或「世界貿易組織」獨立會員資格, 則在有關法令上應明訂, 主管相關對香港得實施特別管制。	
(4) 港幣匯率制度之變化, 應密切加以注意。	假如港幣改按貨幣籃決定匯率, 而人民幣在貨幣籃所佔比重日益提高, 人民幣又趨貶, 則港幣將隨之貶值, 我國出口競爭力及對港投資意願可能因港幣貶值而降低。
(5) 政府或公營事業在香港之採購, 宜最好到第三國註冊, 以不同民間名義加以維持。	
4. 在現階段, 為因應香港即將面臨之變局, 應加強與港各階層、各種不同立場人士之往來。	

台商大陸投資對兩岸政治經濟
影響之評估

1994年9月

一、背景說明

近年來台商對大陸投資不斷擴增, 台商在大陸投資協議金額到去年底已達美金189億元, 略高於我國在東協四國及越南被核准之投資金額。這種鉅額的投資在經濟面必然對兩岸產生相當大的影響, 而一般人也關心這種鉅額投資及商人往來對兩岸政治所可能造成的影響。在國內, 許多人關心的問題是台商會不會成為幫助中共滲透侵略台灣的幫凶, 而較樂觀的人則希望台商成為和平演變大陸或者維持兩岸和平的力量。從客觀情勢來看, 現階段這兩種力量不可能發生很大的作用, 但我們仍應盡量使台商不利的作用減少而增強其對我們有利的作用。

　　台商投資大陸對我們可能造成的不良影響可以分成下列幾項來分析, 即會不會提高中共侵略台灣的經濟乃至技術能力？會不會被中共當做對我談判的籌碼？會不會增加台灣經濟的不安定性？會不會減少企業家在台灣的努力和發展機會？會不會使台商被中共威脅而採取特定的政治立場？以及會不會使台商心向中共？針對這些可能之不良影響, 我們有研擬對策之必要。

　　台商對大陸投資的有利影響則可能包括和平演變大陸之民心、建立防止中共軍事行動及難民潮之沿海緩衝屏障、建立私人利害關係及感情, 以及利用大陸經濟發展帶動台灣之進步升級等項目。要使這些正面影響增加, 我們有必要採取一些對策。

二、建議事項

建議	說明
1. 台商在經濟及技術能力上增加中共侵略台灣之能力, 程度不高, 僅須對特定高科技事項加以限制即可。我們亦可特意雇用較多大陸高科技人才, 以降低其軍事研究及生產能力。	台商對大陸的出口及經濟發展有相當大的影響。據台灣經濟研究院的估計, 台商在大陸所創造的出口去年可能高達4,000億台幣, 幾達出口值的五分之一。因此, 對大陸經濟確有甚大之影響。這類出口及生產的增加雖然提高大陸整體經濟能力, 但因它們多不屬高科技或重工業之類的國防工業, 因此對中共侵略台灣之能力影響並不大。特別是目前大陸經濟成長的趨勢已經形成, 外商也大量赴大陸投資, 因此台商對大陸軍事乃至經濟實力的影響已相對降低, 我們似不必為此種顧慮而限制對大陸之經貿往來。我們也不宜再以為投資足以做為對大陸談判之籌碼。目前我們頂多只有少數關鍵性之投資或技術移轉仍有必要加以限制。例如國內有人想和大陸合作發展航太工業, 顯然即有幫助中共提高軍事能力之危險, 不宜冒然推動。除了這類消極之限制外, 若我們能引進一些大陸高科技人才, 或者由大陸台商雇用較多高科技人才來從事商業性研發乃至做為一般生產工程師, 則以我們所能支付之薪資, 或許可以對中共的軍事乃至高科技產品之研發及生產能力造成相當程度的縮減作用。
2. 為避免台商在大陸的經濟利益被中共當成威脅我們的籌碼, 並避免大陸的經濟波動及政策變化過度影響台灣之經濟安定, 我們應鼓勵分散投資, 積極加強與先進國家之合作, 提昇本身之技術和實力, 並且不宜特別鼓勵兩岸相關之投資。	從歷史經驗來看, 太高的經濟利益和經濟依賴經常被當成政治威脅的籌碼。在民主國家之間, 除了國際規範或慣例之外, 由於經濟利益多屬於人民, 因此一國要以經濟手段對付另一國時也常會傷害到其國內一些相關廠商的利益而引起它們的反對, 故經濟手段的大幅運用較為少見。然而中共仍是個極權國家, 其以經濟做為政治籌碼的可能性較少受到限制, 中共亦

建議	說明
	明言以經濟壓迫我們的策略,故在政策上我們適當限制對大陸之經貿往來以降低這種外部成本可說是合理的。歷年來大陸的經濟波動及政策變化也比我國其他主要進口市場爲大,故從經濟安定之觀點看來,限制對大陸之往來亦屬合理。不過,在商人以利益爲先及某些人士的鼓吹下,對大陸經貿往來卻不得不逐步放寬限制,因此我們宜更積極地採取鼓勵分散市場和投資地點的策略,以便分散在大陸有重大變化時,減少大陸經濟波動及經濟政策對我們之影響。與先進國家之合作及台灣本身技術和經濟實力的增強是我們原本就該努力的方向,而且由此才能增加我們對抗大陸各種威脅之能力。至於廠商基於國際比較利益而須和大陸往來時,我們基於避免被威脅及減輕波動的風險,仍然有必要略加限制。如果做不到這種限制,我們至少應避免鼓勵或變相獎勵會增加兩岸經濟相互依賴的經貿往來。某些人士及官員常有兩岸分工或對等投資之類的主張,將可能造成一些本來依市場力量不會發生之相互依賴,不宜再推銷兩岸分工和對等政策構想。
3. 爲避免廠商減少在台做產業升級的努力,除改善國內投資環境之外,我們在資金上應優先支持各項國內投資,而在資訊上則應避免誇大台灣經濟的困難及大陸經濟對台灣的重要性。	台商大陸投資對台灣最大的威脅是,減少國人在台灣做產業升級的努力。大陸各項條件和以往的台灣較爲近似,因此台灣的傳統企業家或資本家常會發現在大陸比在目前的台灣更適合他們發展。我們的對策一方面當然是改善國內的投資環境,但這方面的努力並不是很快能見效。我們更重要的對策是要把資金交給那些有技術能力且願意在台灣投資以發展現在及未來能在台灣有競爭力之產業的企業家。若把資金交給傳統企業或資本家,則他們中有不少會把資金投資大陸。除了投資環境之問題以外,最近有不少人對台灣經濟發展持過度悲觀的看法,例如罔

建議	說明
	顧出口結構大幅改善的事實而說我國產業升級的努力未能在國際市場上獲得顯著的效果等。另外更有不少媒體及人士在言論中美化大陸, 或主張大陸是我國發展的唯一機會。這些錯誤的資訊會產生台商加速離開台灣而走向大陸的作用, 應加以駁斥。
4. 爲避免中共威脅利誘台商採取特定政治立場來影響台灣之政治與民心, 我們應繼續鼓勵廠商採取間接投資, 並透過適當的台商組織及其他服務機構來對付大陸台商對中共之無理要求或威脅。同時國內大廠商或政治人物對大陸投資之資訊應該公開, 以使人民知道提防這些人被中共威脅而採有利中共之政治立場。	間接投資因有外國介入, 中共過份的威脅可藉外國和它們交涉。我們若要建立完整的台商組織恐不容易, 且中共亦會滲透, 但只要台商有更暢通的連絡管道, 或者有一些機構可以提供台商各種服務及資訊, 則在台商受威脅時即能透過這些管道來瞭解其威脅在大陸的合法性及逃避的可能性。在許多台商同時受到威脅時亦可形成集體的對抗力量而避免被各個擊破。大廠商及政治人物大陸投資資訊之公開, 則是爲避免人民被這些人欺騙而未能查覺, 唯這些資料之公開應先有適當法源依據。至於把大部份事業移到大陸的人雖然原則上在大陸的利益較大, 但在台灣的影響力則已下降乃至消失, 因此也不致構成大傷害。因此, 我們除了間接投資之原則外, 似不必對廠商對大陸投資之方式及相對金額加以過度的規範。
5. 爲避免投資大陸之廠商久而久之心向大陸, 我們除改善國內投資及生活環境, 加強民主化及本土文化感情之外, 也要避免對大陸經貿往來做不必要之限制而招致台商之反感。	做爲一個民主國家, 若眞有台商要心向大陸我們亦無可奈何, 但至少我們仍應盡力吸引民心。我們應改善投資環境使人們在台灣有更多努力發揮之空間; 我們要改善生活環境及培養本土文化的感情, 使人們在感情上不背棄本土; 我們也要繼續民主化而使人民有身爲國家主人之歸屬感。惟對於商人能看到的經濟利益我們若未能提出有說服力的理由即加以限制, 可能引起不必要之反感。故各項限制性之大陸經貿政策皆應定期檢討, 或者加以自由化, 或者提出其必須持續限制的理由。

建議	說明
6. 為發揮台商和平演變大陸的作用, 赴大陸人員應給予適當的資訊, 使他們能有較和平演變作用之言行, 我們也可研究規劃較具和平演變作用之產業及投資地點, 而暗中鼓勵廠商以此為重點。	很多國人到了大陸就自動限制言論尺度以免招禍, 故我們應給赴大陸人民一些安全而又具和平演變作用之說法或作法, 讓他們伺機運用。有些人士一直鼓吹政府和中共談判, 但這些人見到中共官員時卻常不敢有任何辯駁。我們應鼓勵台商或學者見到中共人員乃至大陸人民時, 皆適度地表明我們的立場和想法, 以便逐漸發揮和平演變之作用。投資之產業除中共不可能允許之新聞出版業之外, 也許較接近人民的內銷消費品業的影響力較大, 投資地點則應以政治中心的影響較大, 這類投資重點及做法都宜進一步研究。
7. 為了建立安全屏障, 大陸東南沿海的投資宜較其他地區優先。	中共若要以傳統軍事方法對付我們, 則須先增加其東南沿海的軍備。若我們在該地區有較多之台商及人事關係, 情報上應可較早獲知中共之意圖而有所準備。在中共發生動亂, 或者中共策略運用時, 由大陸逃出之難民可能成為我們乃至其他國家最難應付的問題, 如最近美國就很難應付古巴之難民, 更何況大陸有那麼多人。大陸東南沿海地區若能更為繁榮, 則當地人成為難民之意願降低, 外地人到當地後也較會停下來不再跑到國外, 因而可以減輕難民的壓力。
8. 為改善大陸人民對我們之感情, 台商的某些不當行為應該節制, 而台商與大陸有影響人士之私人利害關係也可多加利用。	雖然大陸並非民主國家, 但有更多大陸人民對台灣保持較好之感情, 仍可降低中共軍事威脅台灣之可能性。對大陸有影響力人士私人交情及利害關係之增廣, 更可以改變中共的一些想法或做法, 故我們可暗中鼓勵一些立場可靠之台商加強其對大陸人士的交情及利害關係。我們亦可招待一些大陸能影響政策及言論的人士來台參觀及開會, 從私人交情上逐漸改變大陸的想法。
9. 利用大陸帶動台灣經濟升級的可能性, 在做法上宜謹慎檢討。	大陸的快速發展當然給我們不少投資及拓展市場的機會, 但若我們自己不先有升

建議	說明
	級的努力及升級的產品可供銷售, 則大陸的機會只是造成我們的資金及資源流向大陸而已。即便大陸帶動了一部份台灣產業, 它也可能造成對大陸依賴的增加。我們正研擬另提一份報告檢討, 大陸目前的經濟發展將提供給世界各國什麼樣的機會? 我們是否比其他國家少利用這些機會, 以致使我們的發展機會不如別人? 以我們的地緣及文化關係, 我們是否應比其他國家更充分利用大陸的發展機會? 以及我們目前利用大陸機會的程度是否應提高及降低等問題。

成立「金融業務推動小組」，
以加速發展台北爲區域
金融中心之必要性

1994年12月

一、背景說明

目前世界上的金融中心，有者因具備強大經貿實力、自由而健全的金融市場、適切地理位置或特殊政治環境等主客觀條件，而逐漸成長自然形成，如倫敦與紐約；有者因政府主導，大力推動而形成，如星加坡。我國目前之主客觀條件尚不足以自然形成金融中心，要促使台北成爲區域金融中心，與星加坡一樣，有賴政府的積極規劃與推動。而要有效規劃與執行推動台北成爲區域金融中心，政府主管當局事權之集中誠屬必要。

星加坡之所以能成功推動其金融服務業，並快速發展成爲亞太地區金融中心，除具備優良的基本設施與完備的法令規章外，事權集中的中央銀行 (Monetary Authority of Singapore, MAS) 扮演重要的催化角色。除貨幣發行業務外，舉凡商業銀行、商人銀行、亞洲貨幣單位 (Asian Currency Unit, ACU)、保險公司、證券經紀商、投資顧問公司、國際貨幣經紀商、星加坡貨幣交易所 (Singapore International Monetary Exchange, SIMEX) 會員、金融公司 (郵政儲蓄銀行除外) 及相關行業之發照與管理，皆由星加坡中央銀行主司其職，故能嚴格監督金融行政與業務及督導金融服務業之穩健發展。

我國在現行法律規定下，金融業務與金融行政事權分屬中央銀行及財政部，另有經建會負責有關經濟發展之規劃，爲推動台北成爲區域金融中心，因事權

不一而進展較緩。中央銀行原建議會同有關單位以臨時任務編組方式，組成「金融業務推動小組」，並報請行政院指派小組召集人，先彙總整理各單位提出之發展方案，取得共識，釐出可行途徑，再定期邀集有關單位集會，就相關問題進行研究討論，決議事項交由各相關單位分別執行，並就執行成果追蹤檢討。唯有關單位覆以宜共同會商取得共識後再行報院。當前難題在於若無推動小組將難以會商取得共識，擔負積極推動之責任，發展台北為區域金融中心之政策目標將無法達成。

二、建議

建議	說明
相關單位應拋棄本位主義，儘早組成「金融業務推動小組」，報請行政院指派小組召集人，以擔負積極發展台北為區域金融中心之責任。	如不成立「金融業務推動小組」，不易彙總各單位提出之發展方案，取得共識，發展台北為區域金融中心將永遠停留在規劃之階段。

對利用或依存大陸經濟程度之建議

1995年2月

一、問題背景

大陸從1979年採取改革開放政策以來經濟快速成長, 15年間平均經濟成長率高達9.3%。這種快速的經濟成長及大陸眾多的人口, 使很多人對大陸市場機會有極大的興趣, 並因而產生大陸熱。這種對大陸市場潛力的樂觀心理並非毫無道理。因為儘管大陸的經濟規模或整體之購買力仍然和美國、日本相差甚多, 但成熟經濟的市場大部份已經被占有, 且需求產品的種類極多, 於是各項產品短期內所能爭取到的市場不一定很大。大陸或其他開發中國家的市場雖然總量不大, 但每年成長或需求新增加的部份占較大的比例, 且常集中在較少數之產品, 因此對許多想找新市場的廠商而言, 大陸這種快速成長的市場確實提供了很大的機會。由於台灣和大陸地理文化的相近, 大陸的市場機會當然更會被國人所重視。大陸市場的重要性在國內更被一些具有特定政治目的媒體及人士所誇大, 若干政客甚至說台灣人民的前途都在大陸。最近由於政府亞太營運中心政策之推展, 很多人更以其心理之偏好或未加仔細檢討而認為亞太營運中心是我國經濟唯一的出路而和大陸三通或至少直航是亞太營運中心政策成功的必要條件。如果這樣的主張正確, 則不僅過去幾年的大陸熱是理所當然, 未來我們也可能更須依賴大陸市場。然而依客觀的資料來判斷, 大陸經濟發展雖然提供我們一個可以利用而促進經濟發展與升級的機會, 但它不是唯一的機會, 同時我們對大陸機會的利用實際已遠超過其他國家, 因此即使對大陸的經濟往來

不再進一步加深, 我們也一樣可以有效規劃未來的經濟發展, 絕非像一些人士所說的非進一步發展對大陸之關係不可。對於進一步加強對大陸經貿往來或依賴的政策, 都應該由政治經濟層面詳加評估, 不可用浪漫的樂觀或無知的悲觀而盲目地加深對大陸經濟之依賴。

二、建議事項

建議	說明
1. 我們在經濟決策上不宜高估大陸之成長潛力及可供我們利用之機會。在可預見的將來, 大陸之經濟成長率可能呈現下降之趨勢, 大陸所得分配及治安的問題將繼續惡化, 而台商在大陸的相對優勢則將逐漸減少。因此, 我們不宜高估台商在大陸之機會。	(1) 一國在經濟發展早期通常有較高之成長率, 而發展到一個階段之後成長率自然會下降, 台灣、日本、西德這些經濟奇蹟也都有同樣的經驗。實際上1960年代我們的所得、工業, 以及出口的成長率也不比目前的大陸及其他開發中國家低, 因此有些人拿大陸目前的成長和我們的相比, 實在是誇大對手的成長潛力, 打擊自己信心的做法; 以大陸目前之成長率去推幾十年後大陸會變得多大, 更是無知的做法。而除了各國共同的歷史經驗之外, 大陸尚有兩個使其未來成長率趨於下降的因素, 一是大陸及東南亞目前之快速經濟發展有很大部份是得利於取代日本及四小龍產品國際市場的出口擴張發展方式。然而近幾年日本及四小龍已有大量產品被取代, 而目前加入國際競爭的開發中國家之人口又遠超過日本和四小龍, 因此未來可以讓大陸等國取代產品空間及取代速度極可能會下降。這些開發中國家若不能順利發展其國內市場, 則維持快速經濟成長的時間將很難像四小龍那麼久。大陸成長率趨降的第二個原因, 是目前的高成長率有一部份是來自共產制度轉向市場經濟造成之生產意願及生

建議	說明
	產效率的提高。這基本上是一次性的效果 (once for all)。雖然大陸有許多國有事業尚待民營化，但受到就業問題之限制而不可能迅速進行，經營效率不易提高，以致其影響將不如以往私有及鄉鎮企業化並大幅廢除價格管制之效果，故大陸未來的經濟成長率極可能會下降。此外，資源的限制也可能使大陸的經濟成長潛力不像一般人所想像那麼樂觀。內陸地區的工業化可能造成極難解決的環境污染問題，而有人估計大陸即使每滴雨水都加以利用，也只夠7億人口現代化之生活。人口的眾多使大陸用每人平均的觀點來看並非地大物博。
	(2) 由於世界市場有限而目前想參加國際競爭的國家卻有眾多人口，因此目前的開發中國家已無法像四小龍那樣以出口擴張為帶動經濟成長的主要力量。當然各國參與國際經濟活動的部門之所得較容易趨近先進國家之所得水準，於是，開發中國家遠比以前更容易出現雙元經濟及所得分配不均的情況。而在目前電視等資訊快速傳播的時代，所得分配的惡化也更容易造成社會治安的惡化。大陸民眾多年習慣於鬥爭，因此治安惡化的情況可能會超過一般開發中國家，而使其投資環境惡化。
	(3) 大陸為了加入關稅貿易總協定及世界貿易組織，近來已逐漸加強自由化與法制化之工作，這種變化將使相對較有辦法或依靠關係應付大陸人治社會的台商相對減少其競爭力。
2. 雖然兩岸經貿往來仍有一些限制，但除香港之外，我們依賴或利用大陸經濟的程度已遠高於其他國家，因此沒有理由說非進	大陸確實是一個可以利用的機會，我們不能不加利用，但必須承擔風險。不過我們目前利用的程度已遠高於其他國家，故再

建議	說明
一步利用大陸機會不可。	進一步的加強宜審慎評估其利弊。從貿易面來看，1993年對香港之出口占我國總出口的21.7%，因此即使不加計透過其他國家輸出大陸之產品，我國對大陸、香港市場的出口依存度已高達21.7%。然而在同一年其他國家對香港及大陸之出口依存度卻遠低於我國 (表1)。在各國中比重最高的南韓僅14.1%，新加坡11.3%，日本11.1%，其他主要國家則皆低於10%。可見我們利用大陸出口市場的程度已高於其他國家甚多。
	在進口方面我們因管制而無精確的數字。而在主要國家進口中，大陸產品占日本1993年進口的8.6%最高，其次是占美國進口的5.4%，這應是大陸發展階段和先進國家相差甚多，而使其勞力密集產品在美國等先進國家甚具比較利益所造成，若看與我國發展階段較近似的南韓及新加坡，其進口中大陸產品分別只占3.7%及2.8% (表2)。即使只用香港轉口到台灣的貨物，大陸產品也占我國總進口之1.4%。我們利用大陸產品的程度也只稍低於其他條件類似之國家，但相差程度並不大，不致於真正傷害到我們的經濟發展。若考慮有不少以其他國家產品名義進口之大陸產品，則我們的進口來自大陸的比例更不會偏低太多，以致傷害整體的經濟發展。至於投資機會的利用方面，我們在大陸的投資金額僅次於港澳而高於其他國家甚多。若1993年對大陸投資協議金額占各國 GDP 的比例來看，我國的比例高達4.7%，高於香港之外的所有其他國家 (表3)。這項比例在日本僅0.07%，在美國僅0.10%，在總所得較低之加拿大亦僅0.2%。新加坡的比例 (1992) 雖達2.2%，而香港 (1992) 雖高達41.6%，但它們一方面有不少對大陸

建議	說明
	之投資實際上是來自其他國家, 另一方面也和大陸有密不可分的關係, 香港甚至已把鄰近的大陸地區當成其工業區。故我們對大陸之投資可說已比一般國家利用更多大陸經濟的機會。總而言之, 大陸雖然有一些可以利用的機會, 經濟上我們也值得考慮要不要有更高的依賴, 但即使維持現在的依賴水準, 我們已比其他國家利用更多大陸經濟發展的機會。如果說我們不更加利用就沒有經濟發展的前途, 則其他利用更少機會的國家豈不遭遇更多問題。
3. 雖然我們不提高依賴大陸的程度也能有效規劃未來的經濟成長, 但除非有明顯的國家安全或其他顧慮, 否則也不必特別限制民間對大陸之投資。對大陸投資之限制可用資金來源做主要手段, 即自用資金可自由去投資, 透過股票市場取得直接資金應受一定之限制, 而金融機構原則上不可對大陸之投資融資, 對在大陸有投資之事業的放款並應注意其風險。大型企業的投資可能影響國人信心者應以道義勸說來阻止。	(1) 若是用自有資金去從事對外投資, 在目前外匯交易甚為自由的情況下, 政府實在管不著, 不如不管以減少不必要之批評和民怨。政府實際上也沒本事正確判斷對外投資對整體經濟的利弊程度。然而大陸畢竟是高風險且是我們較難掌握產權及債權的地方, 故透過股票市場對大眾吸收資金的企業對大陸的投資應受較大之限制且應充分公開, 以防投資大眾被騙。而金融機構收到之儲蓄資金必須儘量用於國內。金融機構的資金不宜用來從事大陸投資。這也就是我們一再主張金融機構放款最少須有一定比例從事製造業的中長期計劃型融資的主要原因。若能做好這項政策, 民間對大陸的投資應不會偏高太多, 而投資者對自己的錢也會較注意其投資風險。
	(2) 太多大型企業到大陸做大型投資確實對國人心理產生不良的影響, 但因大型企業須依賴政府及國內資源的地方較多, 似可用道義勸服來避免它們對大陸投資太多。
4. 能在大陸發展行銷管道, 建立商譽, 以開拓大陸市場之投資雖有潛在利益, 但風險	(1) 原則上內銷市場之發展對台商及大陸民眾皆有利, 但實際上台商在大陸已

建議	說明
仍大，故政府可樂觀成其，但卻不必鼓勵，廠商應自行評估其風險。	有的行銷管道並不一定特別照顧其他台商。 (2) 大陸運輸及金融的落後，使行銷管理及內銷市場的掌握增加困難。 (3) 台商在這方面不一定有夠強之競爭力，國內行銷管理有不少已落入外商手中。目前大陸制度的落後雖使台商有些相對方便的地方，但在大陸逐漸法制化之後，外商競爭帶來的風險仍值得注意。
5. 我國已在國際上取得領先地位之廠商和產業，若其技術並非領先大陸或其他國家甚多，應從寬允許其赴大陸投資，以確保領先全球的地位。	這類事業若不去投資，則大陸挾其廣大之市場，將可能藉貿易或產業政策而自行或和外商合作在大陸投資，以排除對我們之進口依賴。久而久之邊做邊學的結果其技術甚至可在國際間和我們競爭。如果我們去投資而維持世界第一的地位，則一方面我們邊做邊學的效果比別人大，另一方面做為世界最大的生產者，我們也較能買到其他人發展的新技術，而繼續維持我們的領先地位。
6. 兩岸分工及對等投資的想法極可能會加深對大陸經濟之依賴，因此不宜鼓吹，更不宜做為政府政策。	(1) 兩岸或國際分工本是市場機能下自然的結果，如果當成一個目標或政策，則必然會促成一些在市場機能下不會出現的分工，因此也就增加了一些在市場機能下不會存在的相互依賴。鼓吹這種分工的人把大陸當成傻瓜，而主張我們留住可以控制對方的產品，而把不能控制我們的產品給對方。一些相關的研究都充滿這種一廂情願或毫無根據的主張。實際上若真有這麼好的分工機會，廠商和市場力量自然就會加以掌握，不待政府要求。政府及研究機構自以為是提出的分工方法，極可能使我們選擇一些競爭力不高的產品來和大陸合作，而這一來恰好使我們更因無法自立而受制於大陸。

建議	說明
	(2) 盲目地要求到大陸投資的廠商也要在台灣做對等的投資乃至和大陸投資相關的對等投資, 也有類似上述促進兩岸分工反而造成對大陸之依賴的不良效果。同時有些廠商如小廠商或傳統產業的廠商也可能並無在國內投資之適當機會與能力, 勉強要它們在國內做對等投資, 而浪費資源。事實上我們只要有良好之促進國內投資的環境與金融政策, 把國內資金導向國內投資, 即不須再強迫個別廠商在國內投資。國內能有競爭力的產品, 市場力量自然會讓它們在國內投資。
7. 對大陸的出口依賴度雖然已經很高, 但在市場利益的誘導下, 政府不易加以抑低。進口的依賴度雖然不算高, 但廠商要求輸入之壓力亦有利害衝突之國內廠商來制衡, 因此可採漸進放寬的方式以避免造成太大之衝擊。尚不能直航的政策必要時也可當成是避免進口快速增加的策略。	目前出口依賴度已甚高, 若台灣經濟無法快速升級, 則再提高的程度可能不大, 而若能再快速升級, 出口的依賴造成的風險並不大, 因為他們也依賴我們。故在實際上不易管制的情況下, 我們只須管制與少數國防和高科技有關的產品即可。至於進口若不放寬, 長期而言將成為兩岸或國際間之爭議, 國內廠商也會不滿, 故宜逐步依各產品在下游產業成本上之重要性而開放進口, 以免將來若須快速開放反而讓國內廠商措手不及。不能直航雖只增加廠商一點成本, 但在大陸抗議或國際協定壓力而不得不更快速放寬大陸產品進口時, 由於不能直航而增加的運費仍可成為一種貿易障礙, 以減少我們對大陸進口的依賴。
8. 在無法直接積極減輕對大陸之依賴的情況下, 我們應發展對其他地區的關係來平衡, 南向政策及亞太營運中心政策都有這種作用。惟目前亞太營運中心政策卻被某些人士誤解或扭曲成以加強對大陸關係或依賴為主的政策, 必須提醒主管機關掌握正確方向。	(1) 我們促進對其他開發中國家之往來, 一方面因替代作用而減少對大陸的依賴, 另一方面亦可在大陸發生變故時將一部分市場或生產移到開發中國家, 而減輕依賴大陸之可能風險。增加對先進國家的關係則可以透過合作、學習, 以及要素價格均等化等作用, 而促進國內之產業升級。增加各國與我國

建議	說明
	經濟關係及利益的結果，也可以提高我國在國際上所受到的支持。
	(2) 亞太營運中心政策確實可以利用大陸經濟做為助力。若放寬對大陸往來限制能增強我們的經濟實力，並能增加我國與其他國家之關係，而在兩者合計之後我們對大陸之依賴反而減少，或者至少是僅有微小的增加，這種亞太營運中心政策才不須太考慮政治層面的代價。然而目前有很多人士甚至包括一些官員卻以亞太營運中心做為突破國統綱領的手段，只求增加對大陸之關係及因而帶來之私人利益，根本不考慮其代價及規劃加強對其他國家關係之其他政策。
9. 我們應建立世界台商產銷能力資料庫，以增進台商彼此的往來，並增加台商與外國企業合作之機會。	(1) 基於交易習慣及互信的因素，很多大陸台商想多和台商往來，而這種做法間接也可以減少我們對大陸之依賴或個別廠商及整體經濟被大陸要脅的機會。
	(2) 我們推動亞太營運中心的兩大利基是我們的生產能力及台商在世界上形成之網路，但這些生產能力及銷售網路到那裡找，外商並不一定清楚。故我們可建立全世界台商產銷能力及相關資訊的資料庫，使外商更容易與我們合作。
10. 台灣與大陸地理文化上的近似表示在自然市場力量下，兩岸的經濟關係會比其他國家間之關係密切，並不須政府特別去鼓勵，但國內有很多人士總以為因為兩岸地理文化的接近，我們應該促進經濟的往來。政府應該破除上述錯誤的認識，同時也應該指出地理上和我們接近的不只是大陸，而大陸文化其實和我們差別不少。	(1) 地理文化相近是「因」，經濟往來機會多是「果」。若在自然情況下，「果」不出現即是「因」可能並不存在，主觀上肯定「因」之存在而又要用其他力量來促使「果」實現乃是錯誤的想法。在對大陸依賴有政治及經濟風險顧慮的情況下，當然不能去特意加強依賴。
	(2) 地理上日本、韓國、東南亞都和我們很接近。除了東南沿海之外，大陸其他地區並不比上述國家更接近我們。至

建議	說明
	於大陸內陸, 則更遙遠。
	(3) 兩岸在風俗、語文、藝術等外顯的文化上確和台灣近似, 但在內心思考及行為方式上的文化卻因長期的共產教育及鬥爭而和我們有很大的差異。這也是千島湖事件兩岸看法會有很大差異的原因之一。我們把大陸當成文化近似而交往, 就像和披著羊皮的狼交往一樣, 表面上的近似使我們容易忽略實質的差異, 而落入陷阱。這種文化差異也會表現成政策及政策施行及調整方式上的差異。故台商表面上看大陸常是充滿機會, 而實際去投資時卻又常發覺處處陷阱, 要千辛萬苦才能成功。故政府應以適當而有說服力之方式讓民眾瞭解這些文化及制度政策等之差異。不要盲目推銷表面上看起來近似的文化。

表1　各國對香港及大陸出口依存度

單位: %

	韓國	新加坡	菲律賓	印尼	馬來西亞	泰國	日本	美國	加拿大	法國	德國	荷蘭	丹麥
1970	3.29	5.54	1.28	0.95	2.54	7.53	6.70	0.94	0.93	0.63	0.80	0.48	0.43
1971	3.86	6.26	1.34	0.90	2.70	6.69	5.79	0.96	1.21	0.76	0.65	0.49	0.54
1972	4.46	7.01	1.53	0.75	3.37	7.45	5.34	1.11	1.34	0.44	0.68	0.31	0.60
1973	3.65	6.91	2.35	0.45	4.10	7.33	5.84	2.00	1.20	0.51	0.80	0.34	0.41
1974	3.39	7.38	1.68	0.33	3.27	6.38	6.02	1.71	1.42	0.52	0.72	0.35	0.48
1975	3.58	8.11	2.22	0.37	2.53	6.91	6.52	1.03	1.21	0.87	0.81	0.52	0.49
1976	4.21	8.37	3.05	0.28	2.09	7.07	5.21	1.09	0.65	0.84	0.86	0.27	0.37
1977	3.40	8.05	4.56	0.25	3.28	7.62	5.30	1.21	0.94	0.38	0.67	0.29	0.41
1978	3.05	7.66	4.03	0.37	3.04	7.22	6.29	1.70	1.10	0.53	1.04	0.53	0.40
1979	3.53	7.94	4.55	0.64	3.34	6.33	7.16	2.09	1.08	0.61	1.19	0.47	0.44
1980	4.72	9.31	4.10	0.69	3.55	6.97	7.58	2.92	1.35	0.50	0.90	0.38	0.55
1981	5.43	9.61	5.24	0.65	2.77	7.45	6.84	2.67	1.27	0.55	0.91	0.34	0.53
1982	4.14	9.58	6.04	0.71	2.83	9.35	5.93	2.53	1.71	0.65	0.81	0.27	1.20
1983	3.34	7.76	3.67	0.99	2.84	6.66	6.95	2.36	1.92	0.79	0.96	0.41	1.10
1984	4.38	7.19	5.51	1.23	2.41	6.26	8.10	2.78	1.26	0.71	0.96	0.49	1.11
1985	5.17	7.83	5.80	2.33	2.39	7.84	10.81	3.12	1.29	1.18	1.61	0.60	1.05
1986	4.86	9.03	6.68	3.27	3.39	7.10	8.14	2.82	1.11	0.95	1.56	0.51	1.13
1987	4.66	8.89	6.41	4.44	4.38	7.57	7.47	2.96	1.48	1.11	1.37	0.44	1.36
1988	5.87	9.28	5.84	5.40	5.36	7.45	8.00	3.34	2.52	1.16	1.36	0.58	1.00
1989	5.54	8.98	4.54	4.85	4.99	6.99	7.26	3.33	1.55	1.47	1.25	0.50	0.94
1990	5.81	8.02	4.80	5.66	5.28	5.66	6.69	2.96	1.52	1.19	1.09	0.46	0.75
1991	8.10	8.64	5.88	6.49	5.20	5.84	7.92	3.42	1.82	1.20	1.13	0.58	0.88
1992	11.45	9.57	5.87	6.70	5.70	5.83	9.63	3.70	1.87	1.26	1.35	0.74	0.88
1993	14.08	11.25	—	5.84	6.68	6.44	11.08	4.01	1.32	1.73	2.41	1.56	1.35

表1　各國對香港及大陸出口依存度 (續)

單位: %

	愛爾蘭	義大利	葡萄牙	西班牙	英國	希臘	比—盧	冰島	挪威	瑞典	瑞士	澳洲	紐西蘭
1970	0.10	0.77	0.11	0.15	1.79	0.02	0.69	0.00	0.12	0.47	2.17	4.63	0.86
1971	0.19	0.65	0.19	0.14	1.43	0.01	0.47	0.00	0.49	0.57	1.92	2.58	0.66
1972	0.08	0.66	0.19	0.13	1.33	0.10	0.43	0.58	0.74	0.78	1.92	2.46	0.99
1973	0.09	0.61	0.14	0.24	1.67	0.20	0.52	0.47	0.69	0.59	2.25	3.18	1.38
1974	0.12	0.56	0.17	0.27	1.36	0.10	0.42	0.05	1.43	0.50	2.24	4.26	2.07
1975	0.11	0.60	0.09	0.38	1.18	0.11	0.55	3.65	1.79	0.34	1.86	4.11	1.68
1976	0.11	0.58	0.16	0.30	1.09	0.11	0.51	0.00	0.31	0.31	1.88	3.62	2.01
1977	0.11	0.48	0.15	0.33	1.04	0.24	0.59	2.05	1.16	0.43	1.87	5.14	2.60
1978	0.10	0.68	0.35	0.78	1.29	0.13	1.20	1.72	0.74	0.63	2.24	5.41	2.93
1979	0.16	0.74	0.19	0.87	1.61	0.12	0.88	0.00	0.38	0.66	2.35	6.06	3.37
1980	0.11	0.67	0.22	0.49	1.54	0.26	0.76	0.00	0.54	0.48	2.35	5.11	4.44
1981	0.17	0.83	0.39	0.54	1.46	0.27	0.78	0.00	0.33	0.48	2.35	4.91	3.53
1982	0.20	0.72	0.33	0.75	1.51	0.10	1.06	0.11	0.46	0.49	2.14	5.72	3.22
1983	0.21	0.80	0.46	0.76	1.47	0.16	0.92	0.05	0.41	0.64	2.11	3.74	3.22
1984	0.32	1.09	0.39	1.11	1.72	0.58	0.94	0.00	0.85	0.67	2.01	6.01	3.66
1985	0.38	1.60	0.31	2.31	1.71	1.20	0.99	0.01	0.83	1.08	2.52	6.35	3.89
1986	0.25	1.63	0.41	1.49	2.05	0.58	0.97	0.01	0.71	1.07	3.07	6.99	5.05
1987	0.40	1.62	0.46	1.25	1.78	0.44	0.88	0.03	0.58	0.94	3.02	7.71	4.09
1988	0.37	1.85	0.49	1.00	1.76	0.54	0.97	0.34	0.59	0.88	3.14	7.68	6.05
1989	0.32	1.79	0.30	0.86	1.62	0.44	1.00	0.09	0.62	0.80	3.32	6.15	3.62
1990	0.35	1.44	0.34	0.89	1.64	0.38	—	0.06	0.49	0.85	3.05	5.02	2.44
1991	0.37	1.66	0.36	0.95	1.63	0.41	—	0.02	0.55	0.88	3.13	6.35	3.29
1992	0.42	2.00	0.22	0.89	1.88	0.34	—	0.02	0.66	1.24	3.49	7.23	4.38
1993	0.29	3.08	0.37	1.61	2.39	0.99	1.95	0.06	0.88	1.77	4.17	7.93	—

表2 各國對大陸進口依存度

單位: %

	韓國	新加坡	香港	菲律賓	印尼	馬來西亞	泰國	日本	美國	加拿大	法國	德國	荷蘭	丹麥
1970	—	5.12	16.13	0.00	3.28	5.34	0.00	1.35	0.00	0.13	0.36	0.28	0.20	0.24
1971	—	4.71	16.48	0.00	2.50	4.58	0.00	1.64	0.01	0.14	0.33	0.28	0.23	0.25
1972	—	4.18	17.71	0.12	2.50	4.31	0.00	2.10	0.06	0.25	0.39	0.26	0.26	0.22
1973	—	4.59	19.45	1.36	1.79	5.90	0.00	2.53	0.09	0.22	0.39	0.27	0.27	0.26
1974	—	3.16	17.60	0.78	2.96	4.70	0.14	2.10	0.11	0.19	0.35	0.28	0.29	0.30
1975	—	3.52	20.32	1.37	4.27	4.22	0.53	2.64	0.16	0.16	0.32	0.30	0.23	0.21
1976	—	2.94	17.95	1.43	2.32	3.51	2.01	2.12	0.17	0.23	0.30	0.31	0.22	0.21
1977	—	2.62	16.60	1.95	2.46	3.09	1.46	2.19	0.14	0.19	0.28	0.28	0.20	0.21
1978	—	2.62	16.73	2.29	1.82	3.73	1.57	2.56	0.19	0.18	0.28	0.30	0.23	0.22
1979	—	2.33	17.63	1.92	1.82	2.84	3.38	2.67	0.30	0.26	0.31	0.33	0.23	0.24
1980	—	2.62	19.65	2.67	1.82	2.34	4.52	3.08	0.45	0.22	0.35	0.43	0.35	0.35
1981	—	2.80	21.28	2.48	1.91	2.37	3.22	3.70	0.75	0.27	0.42	0.47	0.37	0.36
1982	—	3.12	23.02	2.70	1.37	2.23	2.74	4.06	0.98	0.29	0.38	0.45	0.30	0.35
1983	—	2.94	24.36	1.01	1.25	2.04	2.58	4.02	0.92	0.32	0.41	0.50	0.29	0.59
1984	0.00	4.70	24.97	3.64	1.62	2.03	3.05	4.37	0.99	0.34	0.42	0.56	0.27	0.62
1985	0.00	8.65	25.48	5.43	2.42	2.04	2.41	5.01	1.17	0.38	0.46	0.55	0.29	0.60
1986	0.00	5.61	29.59	2.31	3.14	2.60	2.87	4.49	1.35	0.49	0.55	0.65	0.36	0.85
1987	0.00	4.33	31.05	3.12	3.18	2.95	3.88	4.96	1.63	0.64	0.69	0.84	0.38	0.96
1988	0.00	3.86	31.20	3.08	3.04	2.91	3.35	5.26	2.01	0.71	0.80	0.98	0.47	1.21
1989	0.00	3.42	34.95	—	3.26	2.70	2.93	5.29	2.62	0.85	0.89	1.15	0.48	1.20
1990	0.00	3.44	36.75	—	2.97	1.92	3.31	5.12	3.15	1.00	0.94	1.41	0.59	1.03
1991	4.22	3.36	—	—	3.22	2.18	3.03	6.02	3.99	1.34	1.29	1.79	0.82	1.53
1992	4.58	3.12	—	—	2.75	2.44	3.00	7.29	4.96	1.64	1.45	1.86	—	1.65
1993	3.71	2.82	—	—	3.30	2.41	1.96	8.58	5.38	1.77	1.83	2.53	—	0.70

表2　各國對大陸進口依存度 (續)

單位: %

	愛爾蘭	義大利	葡萄牙	西班牙	英國	希臘	比—盧	冰島	挪威	瑞典	瑞士	澳洲	紐西蘭
1970	0.13	0.42	0.02	0.02	0.37	0.01	0.09	0.09	0.17	0.27	0.28	0.78	0.44
1971	0.15	0.40	0.01	0.04	0.32	0.05	0.13	0.11	0.12	0.24	0.23	0.87	0.46
1972	0.16	0.44	0.02	0.22	0.32	0.01	0.15	0.10	0.12	0.26	0.23	1.16	0.48
1973	0.12	0.46	0.02	0.21	0.30	0.02	0.18	0.07	0.11	0.27	0.25	0.25	0.68
1974	0.15	0.29	0.02	0.14	0.28	0.05	0.15	0.09	0.11	0.24	0.25	1.09	0.74
1975	0.07	0.34	0.03	0.21	0.24	0.03	0.15	0.10	0.08	0.26	0.23	0.86	0.43
1976	0.11	0.36	0.03	0.27	0.27	0.07	0.15	0.12	0.07	0.26	0.25	0.90	0.48
1977	0.11	0.34	0.03	0.23	0.29	0.03	0.10	0.14	0.09	0.29	0.22	1.01	0.69
1978	0.08	0.35	0.05	0.36	0.28	0.03	0.09	0.14	0.11	0.27	0.21	0.99	0.63
1979	0.11	0.51	0.06	0.52	0.29	0.10	0.13	0.15	0.12	0.27	0.45	1.00	0.81
1980	0.12	0.44	0.08	0.35	0.31	0.24	0.26	0.16	0.15	0.32	0.21	1.20	0.80
1981	0.13	0.44	0.11	0.34	0.36	0.23	0.28	0.18	0.18	0.34	0.26	1.43	0.66
1982	0.12	0.50	0.10	0.32	0.34	0.21	0.24	0.17	0.20	0.32	0.25	1.33	0.76
1983	0.15	0.51	0.09	0.29	0.35	0.28	0.21	0.22	0.21	0.30	0.26	1.18	0.66
1984	0.18	0.51	0.11	0.40	0.36	0.24	0.20	0.19	0.22	0.33	0.28	0.34	0.69
1985	0.18	0.65	0.12	0.45	0.36	0.22	0.23	0.18	0.22	0.32	0.29	1.24	0.90
1986	0.22	0.68	0.16	0.69	0.38	0.24	0.31	0.19	0.28	0.40	0.26	1.40	0.64
1987	0.28	0.82	0.30	0.67	0.42	0.29	0.25	0.17	0.75	0.53	0.32	1.78	0.98
1988	0.37	1.03	0.38	0.63	0.42	0.57	0.26	0.24	0.47	0.60	0.36	2.08	1.20
1989	0.37	1.10	0.26	0.74	0.44	0.54	0.26	0.32	0.71	0.71	0.40	2.37	1.08
1990	0.40	1.01	0.28	0.85	0.47	0.60	—	0.45	0.62	0.79	0.43	2.66	1.20
1991	0.58	1.25	0.29	1.19	0.59	0.89	—	0.54	1.06	1.13	0.75	3.48	1.90
1992	0.66	1.49	0.36	1.62	0.76	1.04	—	0.70	1.39	1.48	0.95	4.16	2.64
1993	0.29	1.82	0.29	1.63	0.97	0.92	—	1.02	1.89	1.80	1.21	4.67	3.03

表3　各國對大陸投資協議金額佔 GDP 比例

單位: %

	香港	台灣	日本	菲律賓	泰國	馬來西亞	新加坡	印尼
1985	13.2869	0.0000	0.0350	0.1320	0.0390	0.0008	0.4268	0.0020
1986	4.0172	0.0000	0.0106	0.0127	0.0317	0.0009	0.7738	0.0000
1987	4.3580	0.0985	0.0125	0.0911	0.0093	0.0303	0.3447	0.0016
1988	6.5464	0.3434	0.0095	0.0192	0.0632	0.0150	0.5499	0.0024
1989	5.1942	0.3540	0.0153	0.0111	0.0822	0.0070	0.3813	0.0010
1990	5.6239	0.6306	0.0156	0.0245	0.0521	0.0075	0.2957	0.0003
1991	8.7208	0.7980	0.0242	0.0386	—	0.0854	0.3861	0.0094
1992	41.5830	2.6833	0.0593	0.5207	—	0.3629	2.1652	0.0961
1993	—	4.6453	0.0693	1.1733	—	—	—	—
	德國	法國	義大利	英國	瑞士	美國	加拿大	澳洲
1985	0.0033	0.0095	0.0058	0.0161	0.0008	0.0285	0.0025	0.0043
1986	0.0048	0.0007	0.0092	0.0163	0.0185	0.0124	0.0242	0.0085
1987	0.0120	0.0072	0.0008	0.0096	0.0202	0.0075	0.0061	0.0112
1988	0.0039	0.0024	0.0013	0.0157	0.0147	0.0076	0.0080	0.0043
1989	0.0126	0.0010	0.0070	0.0101	0.0027	0.0122	0.0077	0.0185
1990	0.0030	0.0010	0.0005	0.0386	0.0082	0.0065	0.0026	0.0036
1991	0.0354	0.0009	0.0015	0.0407	0.0086	0.0096	0.0052	0.0090
1992	0.0073	0.0218	0.0085	0.0850	0.0174	0.0517	0.0554	0.0511
1993	0.0146	0.0189	—	0.4755	0.0130	0.1031	0.2149	0.1037

表4 台灣對大陸、香港貿易依存度統計

單位: %

	台灣對大陸			台灣對香港		
	出口 依存度	進口 依存度	貿易 依存度	出口 依存度	進口 依存度	貿易 依存度
1979	0.13	0.38	0.25	7.13	1.4	4.4
1980	1.19	0.39	0.79	7.8	1.3	4.6
1981	1.70	0.35	1.05	8.4	1.5	5
1982	0.88	0.44	0.68	7.1	1.6	4.6
1983	0.63	0.44	0.55	6.5	1.5	4.3
1984	1.4	0.58	1.06	6.9	1.7	4.7
1985	3.21	0.58	2.17	8.3	1.6	5.6
1986	2.04	0.6	1.49	7.4	1.6	5.2
1987	2.29	0.83	1.38	7.7	2	5.5
1988	3.70	0.96	2.47	9.2	3.9	6.8
1989	4.38	1.22	2.94	10.6	4.2	7.8
1990	4.88	1.4	3.32	12.7	2.7	8.2
1991	6.1	1.8	4.16	16.3	3.0	10.3
1992	7.72	1.55	4.83	18.9	2.5	11.2
1993	8.93	1.43	5.36	21.7	2.2	12.5

註: 依據經港轉口貿易數字計算。

資料來源: 香港政府統計處、財政部進出口貿易統計。

第四部分

美國

美國財政部報告與中美
貿易摩擦問題

1988年11月

一、背景

美國財政部在10月24日對國會提出一份「國際經濟與匯率政策」報告，其中對我國的情況指陳如下：

1. 我國外部失衡的嚴重性居亞洲四新興工業經濟 (中韓港星) 之冠，去年我國經常帳順差佔 GNP 的比率高達18.5%，遠超過日本和西德的3.6%和4%，外匯存底則在年底達到767億美元，比年初增加66%。

2. 雖然新台幣在去年作相當幅度的升值，但今年以來台灣對美順差改善幅度過小。(美方資料顯示，今年1至9月對美順差，比去年同期下降31.5%，扣除黃金進口後，比去年下降11.4%)。

3. 台灣景氣持續活絡，去年 GNP 實質成長率高達11%，今年可望達到8.5%，通貨膨脹輕微。

4. 台灣曾在貿易自由化方面作過相當的努力，但仍不足以大幅降低對美順差，而且許多產品 (尤其是農產品) 的關稅仍然太高。

5. 基於上述四種情況，如果匯率可在市場中自由調整，新台幣將會進一步升值，但是我國政府當局利用資本流入管制和對外匯市場的干預，緩和新台幣升值，顯然有綜合貿易法案3004款所載，「操縱匯率，以阻止國際收支有效調整或取得不當貿易優勢」之情事。本於此，美國財政部將在

近期內就此事與我國當局進行談判。

上述報告一出, 對我國外匯市場立即產生影響。雖然中央銀行大力干預, 新台幣仍升值2%, 中心匯率從10月26日的28.75升至11月5日的28.09。此外, 將要展開的匯率談判, 和可能隨之而來的進一步升值或貿易報復措施, 引起出口廠商的不安。

二、問題與基本因應策略

此報告對我國所作的指責, 反映了下列問題:

1. 報告顯示, 美方對我國已從事的努力和旣有的做法有認知上的差距。其中較嚴重者有:

   (1) 美方指責我國中央銀行在干預時所參考的一籃貨幣實質有效匯率指數, 是一低估新台幣價值的指數; 事實上, 新台幣匯率並未依一籃貨幣實質有效匯率指數調整。因此沒有基期選擇不當而匯率指數偏高的問題。中央銀行依美方學者巴拉塞與威林遜 (Balassa and Williamson) 的計算公式估計, 今年9月新台幣實質有效匯率指數已達100.9, 美國摩根信託公司的指數亦達99.7%, 可見若以匯率指數為準, 新台幣並無低估之嫌。

   (2) 報告認爲在目前的經濟情況下, 如果我國當局聽任外匯市場決定匯率, 新台幣勢將升值。事實上, 外匯管制放寬後, 資本進出相當自由, 過去數月以來, 由於資本顯著地外流, 市場力量使新台幣有貶值傾向。因此我國央行干預的基本方向是賣出美元, 防止新台幣貶值, 而非買進美元, 阻止新台幣升值。今年1至9月, 央行爲免美元對新台幣升值, 出售美元高達66億美元之多。所謂央行操縱匯率, 謀取不當競爭優勢之指責, 與事實不符。

(3) 報告對我國關稅降低的幅度仍然不滿; 事實上, 附表1明顯表示, 從1982年到今年年初, 我國平均名目關稅 (第二欄) 已由31.04% 降至10.67%, 實質關稅稅負由1982年的7.2%降至今年上半年的 5.54%左右, 已逐漸接近工業國家的水準。

(4) 報告指出今年我國實質 GNP 預計成長8.5%, 但實事上只能達到 7%左右。

以上各項事實反應了中美雙方有認知上之差距, 以致美方對於匯率調整, 採取強硬的立場, 增加了今後雙方達成協議的困難。

2. 最近兩年以來, 中美經貿互動關係呈現「美方施壓, 我方抗拒」的對立模式, 此報告使得對立的情勢升高, 雙方經貿關係呈現高度緊張的情況。

同在美國財政部報告中, 美國財政部曾仔細描述該國和其他工業國家間的合作關係。報告指出, 自1985年五國紐約協定和86年七國東京高峰會議以來, 主要工業國同意以下列方式從事政策協調: (1) 訂出各國中期經濟目標, (2) 制訂並執行一套相互一致而不抵觸的政策, (3) 利用短期可觀察到的經濟變數, 定期檢討政策並改進之。實行以來, 該報告認為各國 (主要是美國、日本和西德) 大致均能依照協議的精神, 分別制訂其財政、貨幣和匯率政策, 使匯率在市場中作有秩序的調整, 外部失衡逐漸縮減, 同時維持經濟的持續成長和物價的安定。

以中美雙邊經濟關係之密切, 雙方理應仿照上述方式相互協調, 但是目前的情況與此理想相距甚遠: (1) 雙方並未就未來中美順差的中期目標進行正式協商, 相反地, 美方指責我國貿易與匯率政策不公正, 我國則認為美國本身所做改善貿易失衡之努力不足, 形成對峙。而且我方並未正式提出具體的改善期限和目標, 只一再強調需要時間, 美方亦不充分了解我國對調整中美貿易失衡所做努力, 只一味地要求在極短期內消除貿易失衡。(2) 雙方並未對短期的匯率調整幅度達成共識。我方認為目前的匯率水準已屬合理, 如果新台幣繼續升值, 出口廠商將遭受致命打

擊，經濟將呈現衰退，所以不應再大幅度升值。美方則認為以台灣外部失衡之嚴重，和經濟景氣之活絡，1985年9月20日以來新台幣對美元升值40%仍嫌不夠，應朝同期日圓升值92%和馬克升值60%的方向調整。

在雙方立場如此對峙的情況下，美方時而表現其對匯率的意見，時而提出引用301條款的可能性，造成我國外匯市場的動盪，也造成出口廠商的不安，使得我方穩定外匯市場，和給予出口廠商充分調整時間的原意難於達成。

3. 雖然此篇報告對我方做法存有若干誤解，但其指出我國外部失衡嚴重，確屬事實。

貿易順差去年佔我國 GNP 約18%，如此龐大的比率，表示一大筆資源，未用於國內建設，而透過出超的方式投資國外，供外國人使用，這對人民生活水準仍與工業國家差距甚大的我國而言，顯屬不智。因此無論為了維護我國本身利益，或為了緩和國際壓力，我國均應極力縮減貿易順差。

基本上，貿易順差的消除宜由擴大內需、貿易自由化和匯率調整等相關政策，多管齊下，才能有效改善，同時兼顧經濟成長。過去兩年新台幣匯率已大幅調整，但公共支出的幅度仍然不足。附表2顯示，我國的政府消費、政府投資與公營事業投資佔 GNP 之比率，由1980年開始節節下降，此期間與順差逐年上升期間一致。今年雖預估略有改善，仍嫌不足，離1980年以前的平均水準尚遠。而且依據經建會統計，公共投資進度嚴重落後，支出實績未達預定目標之金額，1981至1987年累計高達1,753億元，約佔總目標的10%。此種公共支出擴張不足與進度落後的現象如果持續，將使國內需求擴張不足，順差難以大幅改善，調整的重擔勢必要再落在匯率升值之上，對經濟成長有不利的影響。

針對以上問題，我國應採取的基本策略為：

1. 先求諸己。針對目前外部失衡現況, 徹底檢討公共支出、貿易自由化、匯率等有關政策之實施成效, 並據以制訂經濟結構調整之整體構想, 明訂中期貿易順差改善目標, 及各種政策行動方案, 然後切實付諸實行。

2. 以此整體行動方案爲背景資料, 將未來與美匯率談判之層次, 提升至政策協調 (policy coordination) 會談。我方應在談判中表明本身對改善貿易順差的強烈意願, 我國已從事而未獲美財政部報告肯定的努力, 以及我方要求貿易順差與匯率調整逐步進行, 而非立即完成的原因。如中美能對貿易順差改善目標與配合政策達成共識, 兩國關係可由目前不友好的摩擦與對立, 轉變爲協調合作, 共存共榮。

三、政策建議

內容	說明
1. 就下列各項措施, 徹底檢討目前外部失衡的現況, 和過去政策執行成效, 並擬定未來經濟結構調整方案, 切實付諸實行: (1) 擴大公共支出。 (2) 促進民間消費及投資支出之增加。 (3) 促進貿易進一步自由化。 (4) 加速金融服務業自由化。 (5) 適度調整匯率。 (6) 其他有助於經濟結構調整之措施。	日本政府鑑於外部失衡嚴重, 曾委託專家學者進行研究, 分別於1986年與87年完成「經濟結構調整研究會報告書」(前川報告) 與「經濟結構調整特別部會報告」(新前川報告), 1988年5月經濟審議會又完成新經濟五年計劃, 尋找日本如何與世界共存共榮的途徑。我國目前亟需類似的報告, 檢討現況和過去政策執行成效, 明訂中期貿易順差改善目標, 並提出具體可行的建議。此報告宜包含下列各重點: (1) 目前公共支出預算增加的幅度仍然不足, 而且進度落後情況嚴重, 宜徹底檢討原因, 通盤改善, 然後訂立未來數年公共支出擴大的明確目標, 設法將政府消費及公共 (政府與公營事業) 投資佔 GNP 的比率提高6%, 恢復1980年以前的水準。 (2) 民間消費及投資過小, 也是國內需求不足的原因, 宜找出問題癥結, 擬定具

內容	說明
	體方案, 促使民間消費和投資佔 GNP 比率, 提高到1980年以前的水準。
	(3) 目前部分工業消費品的關稅仍然偏高, 應訂立時間表, 逐年降低。農產品方面, 應通盤考慮未來農業發展方向, 制訂一套包含關稅調整在內的方案。
	(4) 改善貿易順差的要點之一是將資源由貿易財部門移轉至非貿易財部門, 因此服務業的健全發展是當務之急。政府應訂立時間表, 對國人與外國人開放各種金融服務業之新設立, 逐步完成公營銀行民營化、並擴大金融機構業務範圍, 以增強金融服務業之體質; 其他各類服務業之發展, 亦應積極鼓勵。
	(5) 央行對匯率的干預, 往往成爲國際間指責我國匯率政策的口實。不過, 巴拉塞與威林遜亦認爲央行宜徐緩調升匯率, 只是調升幅度宜予擴大。他們又認爲在目前情況下, 並沒有理由放寬資本流入之管制而導致熱錢大量流入, 危害經濟之穩定 (Balassa B. and J. Williamson (1987) *Adjusting to Success: Balance of Payments Policy in the East Asian NICS*, Washington D.C.: Institute for International Economics, pp.65–66)。 政府與民間應確認匯率調整在整體策略中扮演的角色, 然後密切注意中美雙方所能共同接受的經濟指標的變動, 由央行做適度干預, 促使匯率作有秩序的調整。
	(6) 其他有助於經濟結構調整之措施, 例如加強執行污染防治、提高科技研究水準、鼓勵國人對外投資等, 亦應作全盤考慮。

內容	說明
	目前擬議中的「加強對美經貿關係行動綱領」，層次仍低，範圍仍窄，宜另邀請專家學者組成小組，參考該行動綱領，研擬一份具體可行的「經濟結構調整報告書」。
2. 未來美國要求匯率談判時，以上述我方經濟結構調整方案爲背景資料，將談判層次提高到政策協調會談，以期雙方合作解決問題。	雙方應仿照美國與其他工業國家的合作模式，以我方經濟結構調整方案爲背景資料，試圖就中期貿易失衡改善目標，以及中短期政策搭配方案，形成共識。我方並可建議定期集會，檢討政策執行成效，逐步改進。如此中美關係將能從目前不友好的對峙，轉變爲積極合作，共同解決雙方關心的問題。
3. 在談判的過程中，我方詳細說明美國財政部報告中對我誤解之處，並以理性態度陳述我國立場，爭取較小的匯率調整幅度。	我方除將前述報告中對我誤解之處，一一舉證說明以外，並應從以下各方面，說明我國不希望匯率調整過大的原因: (1) 我方已有擴大國內需求的結構調整方案，縮減順差不必全靠匯率調整。(2) 以現有的順差佔 GNP 比率之大，我國必需歷經資源重新配置的結構性調整，始能臻功，而此種結構性的轉變需要足夠時間，否則經濟將無法承受。(3) 我國對外依存度高，經濟發展階段遠落後於日、德，故若新台幣升值幅度與日圓、馬克看齊，將導致經濟嚴重萎縮。(4) 依據我方資料，今年 1 至 10 月我國自美進口比去年同期增加 90%，扣除黃金，仍增加 39%，出口則減少 0.2%，此種幅度美方或許仍不滿意，但與世界其他順差國家比較，已屬卓著。(5) 就今年實質 GNP 成長率預估達到 7.2% 的貢獻因素而言，其中 12.6% 係因國內需要的擴張所促成，國外因素對 GNP 成長率的貢獻率卻變成 −5.4%。我國經濟結構已朝正確方向在調整。(6) 在過去新台幣走勢平穩的數月，我國有明顯的資本流出現象。(7) 據國貿局統計，1982 至 1986 年間，美資廠商約將 51 億美元的產品回銷美國，佔同期間我國對美

內容	說明
	出超的11%, 新台幣如果繼續升值, 這些廠商亦將受到波及。(8) 我國已籌設「海外經濟合作發展基金」, 推動國際經濟合作, 協助開發中國家經濟發展。
4. 積極推動已擬定的分散市場方案, 並認眞評估與美國簽訂自由貿易區的可能性。	政府有關當局已擬定分散市場方案, 應當切實執行。此外, 中美如簽訂自由貿易區協定, 經濟關係將進一步加強, 匯率及貿易問題可作通盤解決, 故應認眞評估與美國簽訂此種協定對我國的利弊得失, 而後考慮其可行性。(此項評估已在進行中, 將另案呈報。)
5. 鼓勵對外投資, 將勞動密集產業移往國外。	隨著新台幣的升值和工資水準的上升, 我國勞動密集產業已日益喪失競爭力, 宜逐漸移往其他勞動力充沛的開發中國家發展, 如此我國產業可以順利升級, 增加對開發中國家的中間原料與機械出口, 對美順差亦可因而改善。
6. 積極培育國際經濟人才, 以充分掌握國際經濟資訊, 提供政策制訂之參考, 並提高對外談判能力。	近年來我國貿易順差的問題, 不但引起美國的關切, 也引起其他工業國家集團, 如國際經濟合作發展組織 (OECD) 和歐洲共同體 (EC) 之關切。爲了充份掌握國際經濟資訊, 提高對外談判能力, 宜自學界和政界中, 遴選人才, 派駐美、日、歐洲之國際經濟組織, 實地進行學習研究, 寫成報告, 提供施政和對外談判之參考, 費用可由國科會, 或外交部國際事務活動經費項下支助。

附表1　我國關稅降低情況

	平均名目關稅稅率 (%)		實質關稅率 (%)
	第一欄	第二欄	
1982年	35.95	31.04	7.27
1983年	35.95	31.04	7.72
1984年	35.95	30.81	7.97
1985年	32.79	26.46	7.74
1986年	31.77	22.83	7.80
1987年	25.76	20.56	7.10
1988年2月	14.59	10.67	5.54*

* 為1至6月預估數。

資料來源: 1988年1至6月實質稅率預估數由主計處 (1988)《國民經濟動向統計季報》(8月), 中之關稅收入除以進口金額而得, 餘來自經建會,《中華民國76年經濟年報》。

附表2　我國公共支出佔 GNP 比率

單位: %

	政府消費	政府投資	公營事業投資	合 計
1973	15.0	2.4	7.1	24.5
1974	14.0	3.4	9.0	26.4
1975	15.6	4.4	12.6	32.6
1976	15.2	4.7	10.6	30.5
1977	15.5	5.3	7.7	28.5
1978	15.0	4.2	8.1	27.3
1979	15.3	4.0	8.9	28.2
1980	15.8	4.6	10.6	31.0
1981	16.2	4.3	9.3	29.8
1982	17.0	4.5	8.9	30.4
1983	16.4	3.8	7.3	27.5
1984	16.0	3.6	5.5	25.3
1985	16.2	3.6	4.7	24.5
1986	14.9	3.6	4.3	22.8
1987	14.2	3.6	4.3	22.1
1988	14.5	4.1	4.4	23.0

資料來源: 1988年為預估數, 來自主計處 (1988)《國民經濟動向統計季報》(8月), 餘來自經建會 (1988) *Taiwan Statistical Data Book*。

中美匯率談判策略之建議

1989年3月

一、背景

美國財政部於去 (1988) 年10月對國會提出報告, 明白表示與我國進行匯率談判之意圖, 而此項談判即將舉行。

前呈「美國財政部報告與中美貿易摩擦問題」報告中已經提出, 過去兩年以來, 雙方在匯率問題上一直呈現「美方施壓, 我方抗拒」的對立模式, 使得美方對我方的誠意日表懷疑, 也使得美方不斷要求新台幣匯率進一步向上調整, 對外幣市場形成重大干擾。

據報載, 蕭、江兩位官員赴美就「加強對美經貿工作綱領細部計劃」與美方溝通意見, 正如前呈報告所預料, 因未提出對匯率調整與外匯自由化的具體構想而受到美方批評, 對我方說明表示不認同。如果此次匯率談判, 我方的態度一如過去, 一方面否認在外匯市場操縱匯率, 另一方面存著和美方討價還價的心理, 試圖探測美方所要求的升值「底線」, 並極力追求最小的升值幅度, 恐將使美方對我國改善順差的決心表示懷疑, 甚至導致談判破裂, 而引發美方不惜動用301報復條款, 要求新台幣再做大幅度升值。

因此, 本次談判應一改過去模式, 而以新的策略試圖將談判內涵提高到前呈報告中所建議的「政策協調」層次, 以化解緊張對立氣氛, 建立共識, 使得雙方能合作解決問題。

二、談判策略之建議

新談判策略的基本架構試圖與美方就我國改善貿易順差的中期目標, 和應採取的中期與短期政策, 達成共識。此策略宜包含下列四個重點:

1. 我方應解釋如前呈「公共支出與匯率政策對成長與出超的影響」報告中所描述的我國中期總體經濟結構調整的整套構想。此構想應以經濟模型爲基礎, 刻劃出未來四年貿易順差降低的目標, 經濟成長目標, 明確的公共支出擴張方案, 和所需配合的具體匯率調整幅度。美方對於此構想的任何疑點, 如果屬於誤解, 應清楚說明, 充分溝通, 以取得共識。

   前呈報告所使用簡單模型的結果顯示, 如果我國未來四年公共支出 (包含政府消費、政府投資和公營事業投資) 確能達到預計目標, 則在較低世界貿易成長的假定下, 實質有效匯率在1990至1993年間毋須調整, 或在較高世界貿易成長的假定下, 僅須作微幅調整, 即可達到1993年順差佔國民生產毛額比率低於4%的目標。如果美方對方此種結果能予接受, 則其今後注意的重點將不再是匯率, 而是我國國內需求擴張的速度是否達到預期的水準。

2. 縱使雙方能對上述總體經濟調整構想達成共識, 美方勢必提出我國中央銀行操縱匯率的指控, 並要求我國政府應以上述經濟調整計畫說服外匯市場的買賣者, 而非美國政府, 然後聽任匯率在市場中由供需決定。

   前呈「匯率制度之改進建議」報告中已經指出, 在目前實施的加權平均制度下, 中央銀行時而令中國國際商業銀行與台灣銀行對作, 時而以明顯偏離市價的價格進行干預, 無法避免予人「操縱匯率」之口實; 故我方勢必儘速改變現行匯率制度, 改而每日根據前一營業日銀行間美元收盤價格與開盤前美元國際行情, 由主要外匯銀行以共同商定方式決定當日匯率。至於中央銀行則在內訂目標匯率區間, 僅於市場匯率逐漸接近或偏離此區間之上下限時, 酌量干預, 且視市場供需狀況適時調整目標

區間, 使得干預的作用在於縮小匯率之波動, 而非抗拒或扭轉市場走勢, 使市場機能更有效地發揮。

3. 美國國務院在本 (1989) 年2月發表的報告中, 建議新台幣應予國際化。美方可能在本次匯率談判中, 重申此建議。

　　對此建議, 如果我國一昧抗拒, 或甚而以「影響我國產品對外競爭力, 尤其嚴重打擊勞動密集產業」作抗拒理由, 將導致美方反感。故宜依照前呈「對新台幣國際化的基本看法」報告中所建議, 我方應認真考慮此項建議的可行性, 並提出下列具體建議:

(1) 現行匯入款每人每年5萬美元的限制可逐步放寬, 但在我國逐步放寬資本流入的過程, 美方應承諾不再叫陣對新台幣匯率施壓力, 擾亂外匯市場之正常運作。

(2) 如放寬資本流入而引發熱錢流入, 可規定匯入款必須存入銀行帳戶一段期間後始得提領。

(3) 建議與美方熟悉貨幣國際化事務之官員與專家, 組成中美聯合工作小組, 參照日本模式與經驗, 共同研擬新台幣國際化的具體步驟。

4. 爲了表現我方促進資本外流與消化巨額外匯存底的積極作法, 政府宜參照前呈「評邢慕寰趁早拋棄重商主義的包袱」報告中所提議, 以出售公營事業股份或其他方式, 設立「中央發展外匯基金」, 在外匯市場結購美元, 消化外匯存底, 並投資海外。海外投資將在投資國創造就業機會, 而且可以善用投資在當地社會建立友好關係, 進一步化解部分國會議員對我國的不友善態度。而且在逐步推行新台幣國際化的過程, 政府尙可主動掌握此基金在外匯市場結購美元之時機, 藉以穩定匯率, 取代部分中央銀行干預之功能。此舉正與前述外匯市場改進建議中, 今後央行減少干預, 尊重市場機能之做法相互呼應, 可避免美方對我國外匯市場受到中央銀行嚴重干預的指責, 而達到必要時強力干預外匯市場的實效。

簽訂中美自由貿易區協定之評估

1989年9月

一、前言

中美兩國經貿關係一向極爲密切。去年我國已成爲美國第四大進口國,與第六大出口國。就直接投資言,美國一直是我國最大的資金提供者,我國的對外投資也以美國爲主。不過,近年來中美貿易失衡的現象日趨嚴重,並成爲雙方政府所關心而亟待解決的問題。究其原因與我國過去一直強調出口,對進口卻爲了保護國內產業而有諸多限制有關。於是,美方一再要求我國取消保護,允許外人投資於服務業。開放國內市場成爲歷次中美貿易諮商談判的重點,對政府與業者都帶來很大的壓力。爲求一勞永逸,並建立雙方更長期穩定的經貿關係,我方倡議商討簽訂自由貿易區協定 (Free Trade Area Agreement),美國國會也進行相關研究。不過,簽訂自由貿易區協定對我國經濟會產生那些影響?我國簽訂此協定的條件爲何,應採取那些因應措施? 這些問題是本報告要探討的主要內容。

二、問題分析

1. 自由貿易區的性質

自由貿易區是指締約國之間彼此去除關稅,但對區外仍維持獨立自主的關稅

權。與關稅同盟 (Customs Union) 比較, 後者除了去除締約國之間的關稅障礙外, 還必須有共同一致的對外關稅政策。前者的實例除了最近成立的美以、美加及澳紐自由貿易區協定[1]外, 較早期的例子有歐洲自由貿易協會 (European Free Trade Association)。後者以歐洲共同市場爲代表。事實上, 歐市進一步做到了區內資源的自由移動, 而即將在三年後成立的歐洲單一市場, 尋求區內各國經濟政策及制度的一致性, 即形成經濟同盟 (Economic Union), 最後達成政治同盟。因此, 自由貿易區是區域性經濟整合的一種最簡單的型態。

　　在學理上, 雖然自由貿易區旨在去除關稅, 但在實際運作上並不易做截然無異的區分。以上述三個自由貿易區爲例, 其協定具有以下特色: (1) 關稅減讓採分批逐期方式處理; (2) 協議內容除關稅減讓外, 還涉及投資、政府採購、工業政策、智慧財產權保障等政策之協調; (3) 農產品可不包括在協定內容之內, 對特別問題允許專案處理。由此可知, 達成自由貿易區協定有各種不同的做法, 頗具彈性。

2. 簽訂中美自由貿易區協定的影響

從保護政策的觀點而言, 自由貿易區是一種對內取消保護, 對外卻採歧視政策的做法。因此, 在形成自由貿易區後, 區內由於人爲貿易阻礙減少或取消, 市場擴大, 廠商之間的競爭加強, 效率提高, 區內貿易增加, 即產生貿易創造效果 (trade creation effect)。不過, 由於對區外進口仍維持關稅, 因此有可能以區內效率較低的貿易取代了原先效率較高的區外貿易, 這就是貿易轉向效果 (trade diversion effect)。目前有關美加、美以自由貿易區的評估, 大都顯示形成自由貿易區有利雙方福利的提升。根據國外的經驗, 參酌國內已有的研究, 簽訂中美自由貿易區協定對我國農、工及服務業的可能影響如下:

　　[1]澳紐自由貿易區協定名稱爲澳紐緊密經濟關係協定 (Australia-New Zealand Closer Economic Relation Agreement), 預定於1990年7月以前撤除彼此間所有關稅與非關稅障礙。

(1) 對農業的影響

台灣每戶農業平均耕地狹小, 僅及美國農戶的0.66%, 生產成本高出美國的水準甚多。對各主要農畜產品都有程度不一的保護及補貼。就生產者補貼等值而言, 以雜糧類最高, 約介於產值的60%至70%之間; 砂糖、牛乳、稻米居中, 介於40%至50%之間; 肉類最低。由保護效果所產生的消費者課稅部份, 以砂糖最高, 豬肉為零, 其餘在15%至27%之間 (見表1)。美國政府對農業補貼, 其生產者補貼等值甚至高於我國。[2] 惟我國農產品平均名目關稅及實質稅負偏高是事實, 而且部份產品進口還有檢驗標準及其他限制。目前美國對我農產品出口占其對我總出口之10%。因此, 美國非常在意我國的農產品保護政策, 一旦中美自由貿易區成立後, 農業問題勢必成為雙方關切的問題。我國在撤除農業保護政策後, 對當前農業的生產結構、土地利用、所得重分配等必然發生很大的衝擊。現行土地及農業補貼政策確有改弦更張之必要, 但這些影響及因應措施目前還缺乏完整的研究與評估。

(2) 對工業的影響

中美商品貿易以工業產品為主。一旦取消商品關稅後, 對製造業應有較大的衝擊。但我國近年來致力於推動自由化貿易政策的結果, 平均名目關稅率及實質關稅率大幅下降, 預計在1992年達到目前歐市的水準。取消關稅對中美貿易的影響主要決定於雙方的出口價格彈性。據估計我國出口價格彈性短期為 -0.410, 長期為 -1.145。進口關稅彈性短期為 -0.336, 長期為 -0.637, 就測定價格彈性的期間言, 我國對美出口仍有多項產品享有 GSP 免稅優惠, 美國進口實質稅負在3.3%左右, 而我國自美進口實質稅負在5.7%。[3] 因此在取消雙方關稅後, 對雙方製造業商品貿易的影響不大, 尤其短期效果更是如此。

---

[2] 見陳香吟 (1989)〈台灣主要農產品政府保護程度之研究〉,《台銀季刊》, 40:1 (3月), 表50。

[3] 我國進出口價格彈性之推估, 見黃智輝 (1981)〈台灣對外貿易商品型態之研究〉,《台灣經濟金融月刊》, 27卷 (12月)。

表1 我國1981–1986年平均對農業生產者的補貼

單位: %

	生產者補貼等值	消費者課稅等值	支持成本中消費者之負擔比例
稻米	42.5	23.8	34.5
玉米	67.7	18.0	14.2
大豆	56.4	19.9	25.5
高粱	70.0	14.4	8.4
砂糖	51.5	58.7	80.3
牛乳	53.2	26.7	95.6
豬肉	2.1	0	0
牛肉	21.0	17.4	82.8
加權平均	25.4	15.0	24.1

資料來源: 陳香吟 (1989)〈台灣主要農產品政府保護程度之研究〉,
《台灣銀行季刊》, 40:1 (3月)。

以上是就總體貿易資料分析的結果。若觀察個別產業資料, 則不難發現我國部份產業, 如運輸工具及食品、飲料菸酒類等, 平均進口稅率偏高, 而美國對我輸往之紡織品、成衣類關稅也高達26.38%。[4] 因此這類高關稅商品一旦撤除關稅保護後, 其影響必然很大。此外, 基本金屬、機械、電器製品、車輛及儀器等商品, 日貨在台市場占有率都在50%左右, 且平均關稅率除儀器外, 都超過10%。因此, 取消中美關稅對我國而言會有較明顯的貿易轉向效果。[5]

(3) 對服務業的影響

美國雖然在經常帳有大幅赤字, 但在服務業貿易方面卻享有相當的盈餘。1986年美國民間勞務方面有近30億美元之盈餘, 投資所得盈餘為391億美元, 服務

---

[4]參見 Cooper, William H. (1989) *Taiwan - U.S. Free Trade Area: Economic Effects and Related Issues* (Congressional Research Service Report for Congress, February 9).

[5]參見蔣碩傑 (1989)〈中美自由貿易協定的可行性與可取處〉,《經濟前瞻》, 15 (7月)。

業貿易總盈餘則爲217億美元。[6] 由於美國在服務業貿易上的優勢, 期望藉服務業貿易的自由化以改善貿易赤字。我國若干服務業 (如銀行、保險) 在長期保護及公營限制下, 缺乏效率與市場競爭, 在兩次中美談判或未來之自由貿易區協定壓力之下, 勢必加速開放的步調。

　　服務業自由化有另一層意義。就生產性服務業而言, 其提供之輔助性服務, 如會計、廣告、經銷、交通等, 屬中間投入。我國目前正處於經濟轉型期, 凡屬工商業的資訊、商品的配銷、資金的融通管道、政府部門的服務等, 和先進國家的水準比較, 有相當距離。這些部門改進效率, 將有助於普遍降低生產成本, 並紓緩因勞工與環保成本不斷提高所產生的經營壓力。

　　就銀行業言, 至1987年底, 台灣地區有本國銀行16家, 分支機構648家, 外銀共計33家, 其中美銀14家。就外銀家數而言, 香港有150家, 新加坡有120家, 台北要建立爲亞洲金融中心的目標恐怕還有相當差距。另就銀行經營業務而言, 目前外銀仍不得辦理信託、證券投資, 長期放款及儲蓄存款等業務, 新設分行也有嚴格限制。在新銀行法中, 對上述規定雖已部分放寬, 但仍未付諸實施。在我國銀行走向民營化與國際化之時, 進一步放寬對外銀的限制將無法抗拒。

　　國內保險業自1963年限制新保險公司成立以來, 即長期處於寡占市場, 有保險費率訂定不合理、業務種類不足以及保險資金運用不當等問題。目前雖已允許每年開放兩家美國產險, 兩家壽險公司來台, 但在設立標準以及保費調整上之限制有進一步放寬之必要。

---

[6] 見蔡攀龍 (1988)〈如何削減中美貿易差額有效因應美國貿易保護主義〉, (中華經濟研究院)。

三、建議

建議	說明
1. 基於我國長期推動自由化經貿政策, 顯示我國推動經貿易自由化的決心與努力, 緩和中美間經貿摩擦, 建立中美之間更穩定而廣泛的關係, 政府宜設立工作小組詳細分析對各經濟部門的正反兩面效果, 積極推動中美自由貿易區計劃。在方式上可考慮採下列原則:	根據現有文獻的評估, 成立自由貿易區有助於提升雙方福利, 緩和經貿摩擦, 且符合我國長期經濟發展方向。而且不管美方同意簽訂協定與否, 貿易自由化須依預定計劃逐步推動。
(1) 商品貿易自由化採分批分期在十年內達成。	仿美加、美以自由貿易區協定方式辦理。
(2) 農產品貿易可採專案處理方式。	仿美加自由貿易區成例。
(3) 製造業除汽車等少數產品外可先列入自由貿易範圍。	我國製造業除少數產品外頗具競爭力, 實施自由貿易利多於弊, 可優先實施。
2. 農業在成立自由貿易區後會受到劇烈的衝擊。當前的農地使用與農業補貼政策應如何修正以為因應亟待妥為研究。為明確表示我國對貿易自由化的承諾與決心, 政府宜公告農產品貿易自由化的時間表。	農業問題一直是各國成立自由貿易區最感棘手的問題。我國農業生產效率普遍不高, 但大多農畜產品享受高保護及補貼。一旦撤消農業保護, 對農業生產, 土地使用, 以及補貼政策勢必產生根本的改變。如何因應宜妥為研究。
3. 我國服務業自由化步伐宜加快, 以做為實施自由貿易的準備。如果貿易乃至經濟自由化的各項工作未能儘速全面落實, 現行法令規章自行限制國內服務業的活動, 則勢必削弱國內服務業, 發生「對外開放, 對內限制」以及經濟活動地下化的不正常現象, 違背現行貿易乃至經濟自由化與國際化的原意。	我國當前在銀行及保險業等自由化步伐上做得太慢。若未能迅速做改變, 將無法配合經濟的整體發展。

美國經濟的回顧與展望

1992年2月

一、美國經濟的回顧

美國在1980年代初期, 由於受到石油危機的衝擊, 經濟成長衰退, 國民生產毛額在1981–1982年減少了2.3%, 失業率在1982年高達10.8%。雷根總統上台後採供給面經濟學說, 採行減稅, 大形擴大預算赤字。美國經濟自1983年初開始復甦, 這一擴張一直維持到1990年初, 共達7年之久。在1987–1989年的期間實質 GNP 成長率維持在3–4%之間, 失業率在5–6%之間, 物價上漲率則介在3.7%–4.8%; 而聯邦預算赤字分別高達約1,497億美元、1,552億美元及1,480億美元; 進出口貿易逆差也分別高達約1,520億美元、1,185億美元及1,094億美元。

近兩年來 (1990–1991年) 美國經濟的發展概況如下:

1. 經濟成長

美國經濟自1990年初起面臨成長遲緩局面, 經濟成長率由1989年的2.5%下降爲1990年的1.0%, 主要係受汽車生產銳減影響。而該年8月的波斯灣戰火雖一度使房屋及汽車銷售量增加, 但後來由於石油價格的上漲及消費者信心的滑落, 導致個人消費支出減少, 更加重其經濟的衰退。雖然1991年3月波斯灣戰爭結束後, 油價回跌, 通貨膨脹壓力減輕, 且聯邦準備銀行也相繼以寬鬆的

貨幣政策配合以期能刺激經濟, 但效果十分有限, 國內需求仍不振, 失業居高不下, 工業生產增加緩慢。美國經濟經第2、3季微幅成長後, 於第4季再轉疲弱。全年經濟成長率預估由1990年的1.0%轉爲負0.7%, 爲1982年來首次出現的負成長。

2. 生產、物價及就業

美國的工業生產, 1989年起即呈下滑。1990年僅成長0.9%, 1991年全年預估將出現負成長2.2%。物價方面, 消費者物價指數在1990年略受波斯灣戰爭油價上漲影響, 上漲達5.4%; 1991年波斯灣戰爭結束油價回跌, 通膨壓力減輕, 致1991年全年初估略降爲4.2%, 在數度調降利率的情況下物價尙稱平穩。而就業市場方面, 由於經濟的衰退, 失業率居高不下, 1990年爲5.5%, 1991年因工業生產下滑及企業投資及房屋開工率下降的情況下, 失業率初估再攀升達6.7%。

3. 對外貿易及經常帳

美國自1988年起外貿赤字大幅縮減, 1990年的外貿赤字減爲1,017億美元, 已較1987年的1,520億美元赤字減少約33%。1991年1至10月美國的外貿赤字再縮減爲510億美元, 全年初估爲赤字689億美元, 這主要歸因於出口的成長與國內需求之低迷。1990年及1991年出口成長均維持在8-10%。至於國際收支方面, 1991年經常帳餘額由往年近1,000億美元的赤字大幅度縮減。1至9月經常帳盈餘95億美元, 主要係去年初美國接受波斯灣戰爭盟國分攤軍費所致。不過, 因其外貿的赤字仍持續, 一般估計1991年全年經常帳仍呈赤字約達140億美元。

二、1992年美國經濟的展望

1. 財政政策與貨幣政策方面

由於美國消費者對美國經濟前景缺乏信心, 製造業, 尤其是零售業, 普遍面臨庫存增加的問題, 加上1980年代所累積的龐大債務負擔, 美國經濟景氣仍然疲弱。展望1992年, 美國之財政政策由1月28日布希的國情諮文中可看出其重點, 並無大幅度的改變。1992年會計年度的聯邦預算赤字會因下列原因而更形惡化: 1. 金融機構賠償支付增加, 2. 盟國對於波斯灣戰爭軍費分攤可能不會完全實現承諾, 3. 經濟情況預期不樂觀, 稅收不可能鉅額增加。1992年度的預算赤字預估將達3,994億美元。由於目前美國物價尚稱穩定, 布希的年度預算書中特別強調聯邦準備銀行仍有再度降低利率的空間, 顯示布希政府在積極推動財政振興措施之餘, 還希望聯邦準備銀行能採行寬鬆貨幣政策配合, 以求經濟及早復甦。

2. 經濟成長率

在無任何誘因激勵下, 今年美國的實質國內生產毛額成長率可望回揚至1.6%, 但若得到白宮振興方案的鼓舞, 則可望成長至2.2%。布希因此呼籲聯邦準備銀行應配合調降利率以協助經濟及早復甦。

3. 生產、就業及物價方面

工業生產仍將以汽車、商用飛機及設備等為主, 預估成長2.4%。勞動市場仍不理想, 企業界限制顧用的措施將持續下去, 失業率預估為6.8%; 在物價方面, 由於預期國際能源、商品及原料供應充裕, 消費穩定等因素, 消費物價上漲率將較1991年為低, 預估為3.1%。

4. 貿易及經常帳方面

隨著經濟復甦, 貿易逆差可能擴大, 預估將呈逆差765億美元; 而波斯灣戰爭盟
國分攤軍費的大幅移轉不再出現, 經常帳逆差預期增爲725億美元 (主要經濟
指標如附表)。

三、美國經濟所面對的結構性問題

事實上此次美國景氣衰退較以往緩和。在1973–75年, 從景氣的頂點到谷底,
生產量降低4.1%, 失業率達到9%。1981–82年生產量下降2.8%, 失業率高達
11%。至於1990–91年生產量下降幅度爲1.6%, 失業率爲7%。儘管如此, 此次
美國景氣之衰退所以受到特別的注意, 一方面今年是美國總統選舉年, 另一方
面美國景氣自1990年7月轉趨衰退以來, 迄今已20個月, 其期間之長爲1929–
33年經濟大恐慌以來所僅見。而且失業者不僅限於製造業藍領工人, 更擴及於
白領階級, 主要集中於零售業及金融業。零售業已裁減525,000人, 如 Sears,
Roebuck 已裁員33,000人 (10%), 金融業亦精簡從業人員115,000人, 花旗
銀行即裁減12,000人。藍領階級方面工作機會亦十分暗淡。通用汽車公司裁
員74,000人 (19%), 大約相當於克萊斯勒的全體工人, 其中20,000人爲管理
階層, 54,000人爲工人。資訊業在1991年前3季已裁減48,000人, IBM 打算
在兩年內精簡20,000人, AT & T 亦準備再裁減14,000人。隨著冷戰的結束,
國防工業勢將造成大批失業, 如麥道公司即準備裁減7,000名員工。而且各地
政府因稅收不足也大量裁員。目前美國50州當中46州財政呈現赤字。因此, 由
於景氣衰退期間太長, 失業者不僅限於製造業藍領工人, 更擴及於白領階級, 何
時復甦又不十分確定, 所以對未來景氣動向及復甦之強度充滿悲觀的論調。

    1991年第2、第3季美國景氣雖漸呈復甦, 但步調緩慢, 到了第4季再轉呈
疲弱。面對結構性困難, 美國經濟已經到了非償付80年代過度消費的賬單不可
的時期。

目前美國經濟所面對的主要不安與顧慮有下列幾點:

(1) 消費者信用餘額佔個人可用所得的比例, 在80年代從75%劇升至100%。沈重的債務負擔, 致使消費者反映通貨膨脹率與利率的降低而恢復信心、增加消費支出所需時間較以往延長。

(2) 專任勞工的實質收入在80年代呈遞減的趨勢。

(3) 80年代創造了1,600萬新就業人口。不過, 製造業部門就業卻減少了200萬人, 減少比率為10%。工廠移到海外低成本區域將減少製造業就業人口。技術的進步也會節約勞動。雖然有一段期間金融與不動產部門蓬勃發展, 但受到問題放款激增與股價暴跌的打擊後, 這些部門也遭遇困難, 大幅度裁員。

(4) 美國主要銀行在80年代先後擴大對第三世界、企業購併及商業性不動產等高風險融資, 以致經營體質嚴重惡化。1991年花旗銀行虧損4.35億美元, 倒閉的銀行達127家, 且為顧及國際清算銀行8%的自有負債比率, 1991年年底美國銀行商業放款呈負成長6.6%。儘管聯邦準備銀行在1991年5度調低重貼現率, 從年初之6.5%調降為年底的3.5%, 脆弱的金融體系與融資的緊縮 (credit crunch) 限制了景氣的復甦。

(5) 一般認為財政赤字是美國最主要經濟問題之一。公債與對外負債之增加變成沈重的負擔。根據國情諮文, 儘管削減國防支出, 92年度 (91年10月–92年9月) 之財政赤字為3,994億美元, 創最高的歷史紀錄。93年度財政赤字亦預估達3,519億美元。

(6) 美國國際競爭力相對於日本而低落。學校教育品質與製造業生產力均有待提升。1980年美國企業的負債為1.4兆元, 1991年負債高達3.5兆元。而且負債之增加並非主要用於生產設備的投資, 而用於購併及不動產投資。

這些結構性的問題對於今年美國總統選舉投下不確定因素。如果美國景氣不好轉, 每月經濟資料不趨於改善, 則布希總統未必能連任。 選舉結果視景氣

情況而定。

當然對美國景氣復甦也有一些有利的因素:

(1) 美國實質利率已經調降到很低的水準。因為實質利率接近零, 資產市場
    與投資者必定會有所反應, 以帶動今年下半年的景氣復甦。事實上, 最
    近低價住宅之需求已轉強。投資人也紛紛將定期存單與政府債券轉換為
    股票投資, 人氣匯集, 股價漲幅逾20%。在財政政策方面, 正如布希總統
    國情諮文所建議, 只能採取對中所得階層減稅、投資扣減、或對資本利
    得減稅。減稅不能單純為支出的增加, 而應該有助於就業與財富的創造。
    因此, 減稅措施應審慎規劃, 以免財政赤字更大形擴大, 以致長期利率居
    高不下, 金融政策刺激景氣復甦的效果受到限制。

(2) 美元貶值有助於加強國際競爭力。在當前環境下, 美國政府不可為支持
    美元匯價而干預外匯市場, 採取緊縮性金融政策。美國利率相對於德國
    與日本維持較低水準, 有助於美元維持在較低的匯價。

(3) 目前尚無通貨膨脹的顧慮。勞動供需極為鬆弛, 商品價格低落, 原油價格
    亦無上漲的跡象。

關於90年代美國經濟的重建, Rudiger Dornbusch 等經濟學者建議採取
下列政策措施:

(1) 下任美國總統宜導入加值稅與能源稅, 以達到財政收支的均衡。財政收
    支趨於均衡, 長期利率始能大幅度下降, 以促進投資與經濟成長。

(2) 為了緩和增稅的影響, 金融政策應維持寬鬆, 以刺激不動產市場與投資。

(3) 美國政府應著重促進經濟成長的長期政策, 避免採取草率的短期應急措
    施, 導致以後更大的傷害。美國初等與職業教育應予改善; 聯邦政府應協
    助產業界設定長期計劃, 加強研究開發的努力, 以提升國際競爭力。

(4) 美元匯率應維持在低的水準, 以加強國際競爭力。

(5) 在貿易政策方面要求貿易對方國開放國內市場, 並促使貿易關稅總協定烏拉奎回合的談判成功, 避免採取貿易保護主義政策, 加強信心, 促進投資。

四、建議事項

建議	說明
1. 美國總統選舉結果視景氣情況而定。布希政府改善了我國與美國的實質關係。不過, 此次總統選舉面對許多不確定因素, 我國政府應採取冷靜的態度, 避免過度明顯地支持布希, 導致民主黨的反感。	美國經濟所面對的結構性問題, 對美國總統選舉投下不確定因素。如果美國景氣不好轉, 每月經濟統計資料不改善, 則布希未必能連任。
2. 美國經濟之低迷與復甦力道不夠強勁, 對我國經濟必定有不良的影響。我國所應採取的政策是, 一方面積極推動公共建設投資以帶動經濟的持續成長, 另一方面貨幣政策應採取緊縮措施, 維持貨幣供給額成長率於合理的範圍, 避免造成通貨膨脹, 與金錢遊戲復燃。	財政與金融係調節景氣之汽車之雙輪。不過, 由於美國鉅額財政赤字, 汽車之一輪已無法轉動。財政赤字不但限制美國為重建經濟所能採取的政策措施, 而且過度依賴金融政策可能增加金融、外匯市場的不穩定性。至於依賴出口貿易之拓展以帶動景氣復甦, 可能導致更多的貿易摩擦。冷戰結束後, 新世界秩序之建立, 正是需要美國治好所謂「美國病」, 縮小其財政與貿易赤字。 美國一向為我國主要外銷市場。美國景氣動向對我國經濟必定有重大的影響。儘管我國對美國市場的直接依存程度, 近年來呈現明顯的遞減趨勢, 我國投資海外之廠商還是以美國為主要出口市場。對美國市場的直接與間接的依存程度, 仍然維持在很高的水準。國家建設之積極推動, 正可以降低出口拓展對經濟成長的貢獻。不過, 從所謂「美國病」的嚴重性可知, 我國國家建設之推動必須在審慎的財政管理與民間最大參與的兩個條件下加以推動。

建議	說明
3. 在美國大選期間, 我國經濟可能遭遇下列兩個主要問題: (1) 貿易摩擦與開放國內市場之壓力可能加強; (2) 美國利率動向可能影響新台幣匯率與貨幣管理。 國內市場開放之腳步應該加快。對新台幣升值有強烈預期心理的情況下, 今後貨幣政策之運用應該多注意資本移動的影響。爲免國外短期資本大量流入, 新台幣升值過度, 並更有效地控制貨幣供給額, 國內外利率差距應設法加以縮小。	如果美國利率再度調低, 則美元與台幣利率差距將擴大, 而對台幣升值有強烈預期心理的情況下, 短期資本將大量流入, 台幣升值壓力加重, 影響我國出口競爭能力。如果央行強力干預匯市, 阻止台幣升值, 則外匯準備將快速累積, 增加貨幣管理的困難。今後貨幣政策之運用, 應該多注意資本移動的影響。

附表　美國主要經濟指標 (1987–1992)

	1987	1988	1989	1990	1991 (e)	1992 (f)
實質 GDP 成長 (%)	—	—	2.5	1.0	−0.7	1.6
工業生產指數之變動 (%)	5.0	5.5	2.5	0.9	−2.2	2.4
失業率 (%)	6.2	5.5	5.3	5.5	6.7	6.8
消費者物價上漲率 (%)	3.7	4.1	4.8	5.4	4.2	3.1
聯邦預算 ($bn)	−149.7	−155.2	−148.0	−220.3	−275.0	−399.4
通關貿易 ($bn)	−152.0	−118.5	−109.4	−101.7	−68.9	−76.5
經常帳 ($bn)	−162.2	−126.4	−106.4	−92.2	−14.4	−72.5

e: estimate, f: forecast.

Source: Goldman Sachs, 'The International Economics Analyst', Jan. 1992; The Economist Intelligence Unit, 'The Country Profile USA' 1990–91.

柯林頓綜合經濟計畫的評估

1993年3月

　　近年來國內外政經情勢一直在相互激盪而快速改變。美國柯林頓政府的綜合經濟政策，意圖藉此扭轉其經濟體制中長期衍生的一些不利的結構因素。本報告簡要地檢討其主要內容，並建議對我國行政院剛完成改組之際，對我國政策之形成值得參考與應加注意的問題。

一、柯林頓綜合經濟計畫的內容

柯林頓綜合經濟計畫 (1994–1997年度) 的主要內容及預期效果如表1與圖1所示。柯林頓擬增加稅收，刪減支出，將97年度財政赤字與94年度相比較削減3/2。同時為重建美國經濟，明示中長期獎勵投資措施。儘管與競選期間所做承諾有所違背，企業與銀行界高層人士對綜合計劃尚持懷疑態度，但一般人民基本上接受增稅計劃，殷切盼望美國經濟之重建。而且柯林頓巧妙地運用其標語，在競選期間強調「變化」，就任總統後強調「犧牲」，最近為推動經濟重建的艱難的任務強調「團結」的必要性。柯林頓指派第一夫人希拉蕊負責主持醫療制度的改革，亦可看出柯林頓對削減財政赤字的決心。

　　最近美國經濟趨於復甦，對柯林頓是很大的助力。92年第三季以來，美國經濟景氣呈復甦的局面。第三季國內生產毛額的成長率為3.4%，第四季達4.8%，達到五年來的高水準。當然第二、第四季的復甦並不表示美國經濟已進入穩定的景氣復甦過程。航太、汽車、電腦與百貨業仍在裁員。而且國民真正感覺到增稅的負擔後，是否會繼續

表1 柯林頓綜合計劃 (94–97年度) 的主要內容

增加稅收 2,443億元	除了低所得階層以外, 增加所得稅, 特別增加富裕階層的稅負 富裕階層支付健康保險稅 提高比較富裕階層的社會保險稅率 課徵能源稅 提高大型企業的營利事業所得稅 企業遊說活動之支出不得從營利事業所得扣除 加強對外國企業的課稅
減少財政支出 2,480億元	凍結聯邦政府職員薪資並執行裁員 白宮員工裁員25% 削減國防支出 縮減大型科技計劃 限制醫療保險, 醫藥治療對醫院與醫生之支付
經濟重建支出 1,596億元	企業投資抵減 企業研發費之租稅抵減 補助企業員工之在職訓練
短期景氣對策 (93年度300億元)	廢水處理、暑假期間青少年就業、職業訓練與 高速公路建設投資

加以支持; 醫療制度的改革能否順利推行; 削減財政赤字的計劃如無法順利執行, 長期利率是否回升; 投資抵減與其他獎勵投資措施是否會發生預期效果, 柯林頓綜合計劃之執行無法擺脫一些無法確定的難題。

　柯林頓就任後, 把注意力集中在國內問題。其對外政策仍在形成的過程。柯林頓的基本態度是, 美國經濟不加以重建, 則無法保持其世界領導能力。因此, 美國國內問題與貿易、外交問題必然地會更密切地結合在一起, 本國勞工之就業機會與策略性工業的發展將會受到更大的注意。而且美國既然對多年受到指責的財政重建開始做必要的努力, 必然會以更堅定的態度要求貿易對手國開放市場, 並保護智慧財產權。

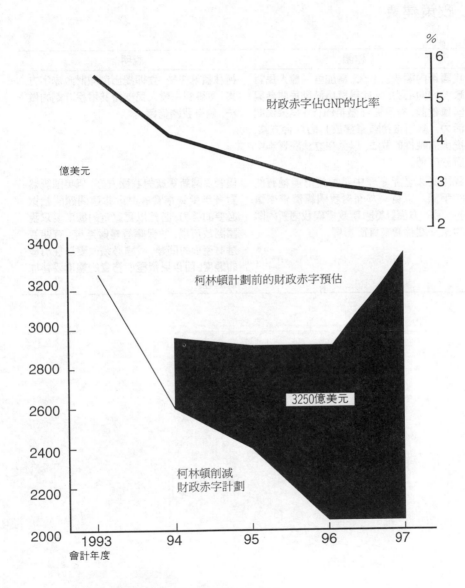

圖1　柯林頓的削減財政赤字計劃

註：93年度係預估數。會計年度為10–9月。
　　94年度指93年10月至94年9月。

二、政策建議

建議	說明
1. 我國新內閣成立不久, 為加強一般人民對政府的向心力, 並且為積極鼓勵民間參與國家建設, 行政院宜儘早頒佈「提振民間活力, 繼續推動國家建設」的綜合方案, 提出前瞻性的做法, 以免在立法院質詢中處於守勢。	柯林頓就任後, 立即提出削減財政赤字方案, 並得到一般人民支持其增稅計劃的做法, 值得我國借鏡。
2. 我國必須儘早處理中美智慧財產權有關的爭議, 以免一方面對我國經濟帶來傷害, 另一方面對美國新政權與我國新內閣的未來關係帶來負面影響。	儘管美國新總統對我國友好, 但美國既然對多年受到指責的財政重建問題開始做必要的努力, 必然以更堅定的態度要求我國開放市場, 並保護智慧財產權。有關智慧財產權的問題, 我國必須改變以往消極的態度, 而以更積極而務實的態度妥善加以處理。

保護智慧財產權、合理解決
中美貿易問題的建議

1993年3月

一、背景說明

此次中美智慧財產權諮商, 傷害我國政府的信譽。美國貿易代表署認為, 我國未能嚴懲非法侵權者, 嚴重損害美國業者權益。僅依賴行動綱領或政府的聲明已無法滿足美國貿易代表署。美國貿易代表署甚至認為, 實施貿易制裁有助於我國採取更積極的行動保護智財權。

　　如果我國未能於4月15日前採取積極的行動而有具體的成效, 則我國將會被列入本年度優先報復的名單, 對國家形象與國家經濟可能帶來很大損害。為免美國採取貿易報復行動, 本報告建議立法與行政兩方面儘早同時採取因應措施。

二、建議事項

建議	說明
行政方面的措施	
(1) 此次中美智財權諮商我方同意對醫藥品回溯保護, 加強執行電腦軟體出口檢驗制度, 嚴禁仿冒商標之使用。政府有關部門應採取積極的行動, 以示我方的誠意。	美方了解具體成效須經過一段期間始能顯現。只要政府加強出國檢驗與查禁仿冒品, 則美方應不致基於美國海關繼續查扣我國仿冒品為理由, 採取貿易報復措施。

建議	說明
(2) 對第四台的取締成效, 美方表示強烈的不滿。政府必須採取嚴格的措施取締第四台。有關措施應包括: 沒收盜版影帶; 非法業者不僅加以罰款, 更應以刑事罪犯起訴, 依法從重量刑。	非法經營之 MTV 與第四台同樣使用盜版雷射唱片與影帶而侵害著作權。不過, MTV 與第四台不同, 前者的大部分經新聞局許可而合法經營, 後者則完全非法。而且第四台數目與其用戶快速擴增, 僅剪斷其線路無法表示政府保護美國版權的誠意。
	雖然在諮商會議上, 我方建議有線電視法經立法院通過前, 美國影片業者與第四台商談授權問題, 但因其非法經營, 美方不同意此項建議。

立法方面的配合

(1) 有線電視法宜由立法院儘早審議通過。	在諮商會議中, 我方代表僅承諾盡一切努力促使立法院通過有關法案。未能及時通過有關法案本身, 應不致於構成美方採取貿易報復的理由。如果基於這個理由採取貿易報復行動, 則濫用 (abuse) 美國綜合貿易競爭法。只要我國對第四台的取締具有具體成效, 美國應不致於冒干涉我國立法程序的批評而採取報復措施。
(2) 立法院對雙邊著作權協定做八項保留條款如附件所示, 以期與美方重開談判而未能信守雙邊協議, 技術上可能構成美方採取貿易報復的理由。我方對 8 項保留條款應採取彈性的態度, 儘早透過適當溝通管道, 以尋求美方的若干讓步。平行輸入 (保留條款第 7 項) 的問題, 可依據美國著作權法之規定, 依國民待遇, 要求美方妥協。不過, 第 1 與第 2 兩項保留條款, 美方認為涉及實質問題不致讓步。我方若不反對其餘 6 項保留條款納入雙邊著作權協定, 應該仍有協商之餘地。	雖然美方堅拒雙邊著作權協定對 8 項保留條款重開談判, 而認為實施貿易報復有助於解決爭議, 迫使我國早日簽署雙邊著作權協定, 但只要我國對保留條款採取彈性的態度, 透過適當管道與美方繼續諮商, 而且對非法經營之第四台與 MTV 採取具體有效的嚴格取締行動, 則在 4 月 15 日前未能簽署雙邊著作權協定, 似不致遭受美方之貿易報復。不過, 立法院應避免由代表第四台利益集團的周荃與林壽山兩位委員及林委員之翁姓助理主導, 而失去彈性的態度, 最後遭致美方的貿易報復。
(3) 政府與民間企業應充分了解, 美國貿易代表署建議對我國採取貿易保護措施的嚴重後果。一旦美方建議貿易報復, 美國業者將以此為藉口做其他無	我國應擺脫以往「報復威脅 — 妥協」的消極因應方式, 以更主動的態度保護智財權, 以利我國加速技術移轉, 促進產業升級。

建議	說明
理的要求，加重雙方協商的困難。最後，我方為達成協議，可能被迫接受若干無理的要求。尤其我國正申請加入關稅暨貿易總協定而需要美方的強力支持，更需要及早解決保護智慧財產權的爭議。只要儘早與美方溝通，不堅持反對保留條款之頭二項納入中美著作權協定之中，其他6項保留條款持彈性態度，並嚴格取締非法經營之第四台與 MTV 有具體成效，則4月15日前未能簽署中美著作權協定，仍可預期美國貿易代表署不致建議對我國採取貿易報復。	

立法院於本年元月18日通過中美著作權保護協定，唯對部分條款予以保留，包括：

1. 本協定第1條第1項與第6項約定之「著作權人」一詞，不包括自第3國受讓之著作權。

2. 本協定第1條第4項約定雙方在第3國「控股公司」之著作權，不適用於我國。

3. 本協定第2條第1項約定之「錄音著作」，依中華民國著作權法之規定，該法修正時亦同。

4. 本協定第8條規定，享有「公開上映權」或「公開演出權」之著作，依中華民國著作權法之規定，該法修正時亦同。

5. 本協定第9條第1項所定「公開播送權」之權利範圍，依中華民國著作權法之規定，該法修正時亦同。

6. 本協定第10條規定，享有「公開口述權」之著作，依中華民國著作權法之規定，該法修正時亦同。

7. 本協定第14條第1項之約定, 不禁止合法著作物之輸入。

8. 本協定第16條第2項約定之「溯及既往」條款, 依中華民國著作權法之規定, 該法修正時亦同。

柯林頓經濟改革方案的研析與建議

1993年4月

一、背景說明

去年美國經濟直到總統大選前並無明顯好轉趨向, 以致布希總統雖挾波灣戰爭大勝的餘威, 仍不免落敗。新任柯林頓總統為美國歷史上最年輕的總統之一。其當選顯示了兩個意義: (1) 美國經濟已非單純的短期景氣的衰退, 而必須面對其根本結構上的問題; (2) 美國民眾人心思變。因此, 柯林頓就職後, 也以振興美國經濟為首要之務。在2月27日向國會的演說中, 即首次說明其整套經濟改革的構想, 涵蓋面廣, 且不迴避問題, 具說服力。根據事後的民意調查顯示, 美國一般民眾頗能認同其構想。更重要的是, 其經濟改革方案中有多項重點對我當前推動的政策, 頗具警惕與啓示, 值得重視。以下分別就柯林頓總統的經濟改革方案大要, 提出研析報告, 以補充前呈「柯林頓綜合經濟計劃的評估」報告。

二、經濟改革方案

柯林頓總統的經濟改革分成三大部份: (1) 短期激勵措施; (2) 促進長期經濟成長與就業的公共投資; (3) 長期政府赤字縮減計劃。

1. 短期激勵措施

美國行政部將提出300億元的支出計劃, 以增強並延長美國目前的經濟復甦。
該計劃的重點是在此一會計年度內, 針對有利長期經濟成長的投資, 提供前期
款, 以創造50萬個全給及半給職的工作機會。主要項目包括:

(1) 30億美元公路投資,

(2) 25億美元社區發展補助,

(3) 8億4,500萬美元污水處理前期款,

(4) 10億美元暑期青年就業與訓練,

(5) 非長期性新增投資租稅抵減。

2. 長期投資方案

(1) 重建美國計劃, 在4年期間內支出480億美元 (97會計年度支出186億美
元), 用以改善美國的基本建設, 環境、住宅及技術能力。

(2) 終身學習計劃, 在四年內支出378億美元 (97會計年度支出157億美元),
用在兒童及成年人的教育及訓練。

(3) 工作報償計劃 (Rewarding Work), 用於擴增工作所得抵減, 失業補償,
以及犯罪防治。

(4) 醫療保健, 四年內共支出256億美元, 用來改進公共保健計劃, 提昇家庭
及個人的生產力。

(5) 提供民間部門投資誘因, 四年內總額約241億美元, 以提振民間活力, 提
升技術水準, 改進勞動及設備生產力的投資。

3. 削減財政赤字方案

此一方案的規模為美國歷史上所僅見, 四年內削減預算總額達4,630億美元。
項目包括: (1) 國防預算減少760億美元, (2) 非國防預算削減1,450億美元,

(3) 增稅2,420億美元。整個計劃包括撤銷未能發揮功能或不再需要的組織, 減少補貼及浪費性的計劃, 對政府提供的勞務收取費用等; 精簡政府組織, 提昇效能; 控制醫療成本, 具體的做法包括: 規定實驗室及醫療設備的合理使用率, 防止醫院及醫師超額收費。在增稅方面將增加高所得者的所得稅稅率 (從31%提高到36%, 年所得在25萬美元以上者, 另10%附加稅)。公司所得稅率也提高到36%。

三、改革方案的評估

10年前雷根總統的經濟改革方案雖稱基於供給經濟學的考慮, 從減稅著手, 但實則政府支出不但未減, 反而大幅增加。其效應類似凱恩斯擴大有效需求的做法。美國經濟固然因此復甦, 卻因此種下財政與貿易雙重赤字危機的遠因。柯林頓方案一方面直接指出美國當前財政赤字問題的嚴重性, 另一方面則擬從加稅以及削減政府支出著手, 以求根本解決政府赤字。這兩項政策一般而言都不討好, 但柯林頓總統此種不逃避問題的做法, 並未引起人民的反感; 而且新增稅負對高所得者影響較大, 有助於所得分配的公平。美國龐大的貿易赤字傷害到美國的工業。這背後又與美國長期以來國內投資不足, 教育制度未能提供一般人工作所需有關。因此在方案中有多項措施的目的在振興美國的工業投資, 強調終身學習與教育, 以及改進社會基本建設。這些做法短期未必能見效, 但卻是早做比晚做好, 多做比少做好, 少做比不做好。

　　美國龐大的行政體系以及在醫療制度的浪費已到非改革不可的地步。圖1係根據布希93年度預算報告加以整理, 並不包括柯林頓經濟改革方案擬削減之支出。根據布希的原先方案, 91年度醫療有關支出為1,545億美元, 社會保險支出為2,668億美元。97年度則分別增加為3,484億美元與3,648億美元。兩者合計共增加約70%, 尤其醫療有關支出之增加極為顯著, 遠超過國防支出。而且對這些支出政府並無自由裁量權, 是一種義務性質的支出, 與國防支出不

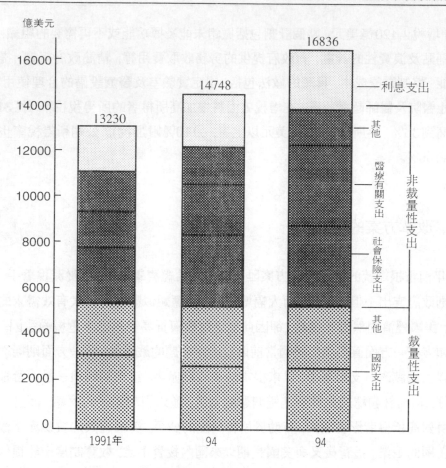

億美元

圖1　美國歲出的變動

相同。根據美國國會預算局的估計, 若不削減支出, 也不增稅, 則2003年的財政赤字將達到6,500億美元。而造成財政赤字擴大的最主要原因是醫療支出的增加。柯林頓的演說中提到, 美國目前將14％的所得用於醫療支出, 到了2000年, 若不改變醫療制度, 該比例會上升至20％。在福利政策上, 擬對高所得的退休人員提高稅負。這幾個層面的問題事實上在我國現行體制也都存在。柯林頓總統不避諱地指出這些問題, 並力圖改正, 甚至指派其夫人希拉蕊女士直接主

其事, 以示愼重並負責。美國行政部門勇於任事, 認眞的態度頗能代表當前主
要工業國求改革的潮流與趨勢, 值得借鏡。柯林頓求「變化」, 提出其經濟改革
方案, 而該方案能否成功的關鍵甚至可說在於美國醫療制度的改革能否順利推
行。

　　柯林頓總統在2月17日發表其經濟改革計劃演說之後, 接在2月26日於
「美國大學」(American University) 發表另一篇「國際經濟計劃」演說。他強
調美國政府採行的五個步驟爲: (1) 先整頓美國內部的經濟問題; (2) 重申貿易
是確保美國安全的重要因素, 美國歡迎貿易與投資, 但也期許對等待遇; (3) 美
國應妥爲運用其領導者地位, 協調主要工業國, 爲尋求全球經濟成長努力; (4)
促進開發中國家穩定成長; (5) 支持俄羅斯及其國協的民主化。在這篇演說中,
有兩處提到台灣。一處指出在今天的國際分工趨勢下, 美國人所買的美國汽車
中可能有台灣製造的零件。另一處則是在談到美國透過國際組織推動貿易自由
化時, 美國樂於看到對亞洲的繁榮與民主有所貢獻, 首先是日本, 然後是台灣。
這篇演講與前一講辭相關之處是第一及第二點, 即美國現已正在解決長久以來
爲人垢病之處。旣然美國本身已經盡了本份, 其對外談判的態度自然會趨強硬,
這是應注意之處。

四、結論與建議

柯林頓總統的當選代表美國今日求新、求變的大環境。其新經濟政策是對此一
趨勢的積極回應。該項政策最後必然在程度上會有所修正, 但大方向應不會改
變。美國經濟已在復甦, 去年最後一季非農部門生產力上升4.8%, 客觀環境也
對推動改革有利。

　　綜觀其整個改革方案, 有下列啓示與建議。

建議	說明
穩健的財政與金融政策是確保市場經濟順暢運作的必要條件。在此前提下，政府必須檢討當前的財政問題以及六年國建的內容、時程與做法，並做必要的修正，特別是下列項目：	
1. 審慎規劃全民健保。	實施全民健保有關支出屬於義務性質的非裁量性支出，事前必須審慎規劃。詳細分析建議將另提報告。
2. 以自付儲蓄原則改進退休制度	
3. 儘速修改相關法令，落實民間參與公共建設。	目前迄未有任一重要公共建設由民間直接投資。政府部門傾向於先由政府興建，後移轉民間經營的做法並不恰當。直接由民間投資興建，將可節省公帑，減輕財政負擔。
4. 以土地證券化，或擴大區段徵收面積，創造更多的開發利益支持重大建設計劃。	請參考「提高國家建設自償性的可行方法」報告。

美國調升利率之背景暨其對
全球金融市場之影響

1994年7月

一、背景說明

1. 美國聯邦準備銀行, 自1989年起連續4年調降24次利率, 實質利率逼近零。

    美國聯邦準備銀行自1989年下半年起, 爲挽救經濟免於衰退, 連續4年調降利率, 美元3個月定期存款利率在1992年9月以後達到20餘年以來之最低水準3.1% (見圖1)。

2. 美國經濟在1993年加速成長, 聯邦準備銀行於1994年初首度調升利率。

    1992年下半年起, 美國景氣已明顯脫離衰退步入成長, 但是就業市場仍然低迷, 聯邦準備銀行於同年9月再調降聯邦資金利率 (Federal Funds rate, 即銀行隔夜拆款利率) (見圖2)。次年第三季經濟成長加速, 已超出聯邦準備銀行的經濟展望報告中的經濟成長目標。爲免景氣過熱, 通貨膨脹壓力加重, 公開市場操作委員會 (Federal Open Market Committee) 於1994年2月4日宣佈調升聯邦資金利率0.25%爲3.25%, 此爲聯邦準備銀行五年來首度調高利率。此後, 該行再連續調升三次利率, 聯邦資金利率之操作目標已升至4.25%, 重貼現率亦提高0.53%爲3.5%, 以利率緩升方式令原本寬鬆之貨幣政策改而保持中立性, 亦即避免貨幣政策對經濟成長有正面之提升作用 (見圖4美元短期利率趨勢圖)。

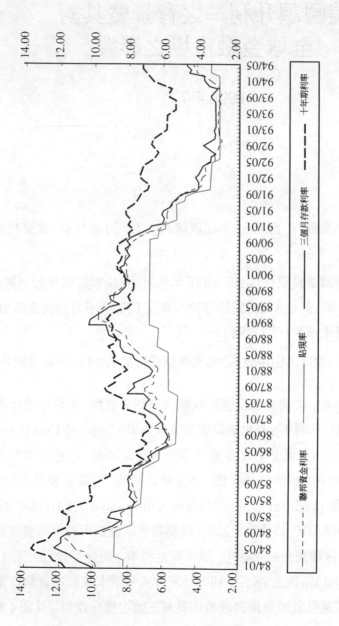

圖 1 美國主要利率走勢圖

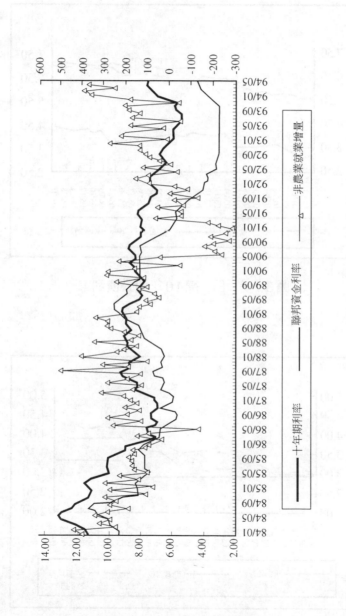

圖 2　美國非農業就業增量與美元長短期利率

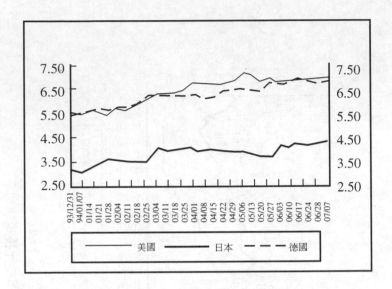

圖3　美、日、德10年期公債利率

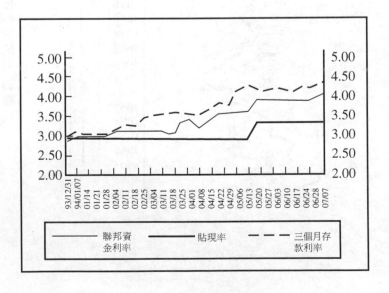

圖4　美國短期利率

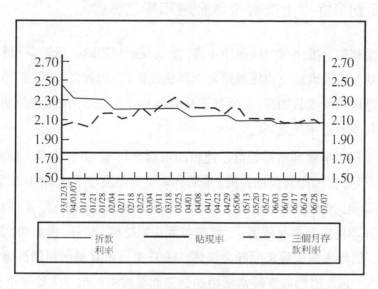

圖5　日本短期利率

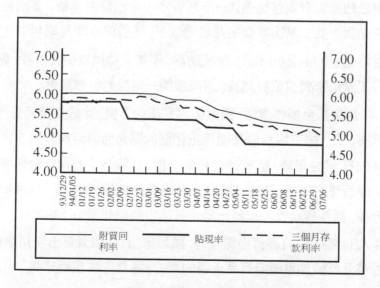

圖6　德國短期利率

二、美元利率逐步上提對全球金融市場之影響

1. 短期利率大抵由貨幣政策所主導, 然而長期利率除了受短期利率左右外, 還受預期因素以及市場風險貼水高低的影響。因此當1993年10月, 投資人預期經濟成長加速, 通貨膨脹威脅可能升高之際, 便拋售長期債券, 長期利率於是率先走高。

2. 本年初以來聯邦準備銀行已連續四度調升利率, 由於投資人認為利率調幅不足, 更加拋售長期公債, 長期利率走高而股市下挫, 全球投資人不願持有美元資產, 美國投資人也偏好短期投資及國外投資, 不僅使美元長期利率持續上揚無法遏止, 更使美元鉅幅貶值。此外, 由於美、日貿易摩擦, 仍無法達成解決問題之決議, 1993年日本貿易出超仍高達1,300億美元, 以及國際收支經常帳鉅額逆差而導致美元超額供給等不利因素影響, 對美國經濟之信心動搖, 美元匯率自今年初以來巨幅貶值, 再加重美元公債之賣壓, 美國長期利率更趨上揚。

3. 由於國際間資本移動迅速, 全球資本市場已緊密連結, 美國長期利率的變動對主要工業國家產生互動的效果, 遂造成全球長期利率之上揚。

4. 避險基金 (hedge fund) 推波助瀾, 不僅大肆拋空美元債券, 更在德、日等工業國家賣空債券期貨, 造成國際一窩蜂的債券賣壓。

　　避險基金操作靈活, 面對美元利率的上揚, 除放空美元公債外, 更認為美、日、德三國利率長期具正相關的關係而同時採取拋空德日公債期貨的投 機性策略, 造成德日利率上揚。避險基金的拋空動作無形中引起一呼百應的效果, 造成國際間窩蜂的債券賣壓, 使馬克、日圓對美元大幅升值, 國外資金流入也無法遏止其國內長期利率的上揚。

5. 年初以來, 德、日經濟指標改善, 顯示德、日兩國景氣出現初期復甦徵兆。惟美元貶值加重國際商品上揚的壓力, 通貨膨脹預期升高。

德、日原本衰退的經濟在年初即出現復甦徵兆。一般而言, 利率與景氣循環

密切相關, 長期利率尤其敏感, 所以在經濟復甦之際, 長期利率自然走高。德國第一季工業生產年增率一反過去衰退的走勢, 連續數月呈現正成長, 日本的消費支出與房屋建築亦告增加, 兩國第一季經濟成長率分別爲2.1%與3.9%。此次美元之全面貶值, 係反映德國經濟之復甦, 最初以德國馬克的升值加以帶動。

在此國際景氣開始復甦階段, 對工業原料需求又特別殷切, 而石油、黃金、基礎原料均以美元計價, 美元貶值促使商品價格上揚, 全球物價上揚的隱憂浮現, 自然不利各國的債券市場。

綜合而言, 美元利率的上揚對全球產生極爲廣泛的影響。如表1所示美國30年期公債利率由1993年底之6.34%上揚至7.61%、日本10年期公債利率由3.10%上揚至4.36%、德國10年期公債利率由5.90%上揚至7.06%, 石油價格亦反應景氣強勁復甦情況, 由1993年底之14.20美元上場至18.91美元。國際商品研究所 (CRB) 商品期貨指數由226.31上揚至232.65。美元利率上升已不再是單獨的事件, 而攸關全球金融的穩定。

三、美國貨幣政策轉趨緊縮, 各國貨幣政策受國內經濟情勢之限制而不能彼此協調

一般而言, 各國中央銀行釐訂之貨幣政策, 主要依其國內經濟情勢而作自主性調整, 避免受國際因素所左右。如最近自6月中旬以來, 美元大幅下挫, 但美國在7月5日及6日舉行之公開市場操作委員會會議並未單純地爲支持美元之考量而調高利率。

如前所述, 美國貨幣政策在歷經多年寬鬆之後, 於今年2月初首次扭轉政策方向, 趨向緊縮, 截至目前, 聯邦資金利率調高四次, 調幅達1.25%, 另重貼現率調高一次, 調幅爲0.5%。然而在德國方面, 由於去年德國景氣衰退跌至谷底, 全年實質 GDP 爲 −1.9%, 而第四季 GDP 年增率甚至降至 −2.8%; 加以失業率於1993年底達到8.8%的歷史高點; 同時, 生活成本指數年增率卻由

表1 主要國家利率、股價指數及國際商品價格

	1992.12 (1)	1993.12 (2)	1994.6 (3)	變動 (3)–(2)
美國				
Discount Rate	3.00	3.00	3.50	0.50
3M Euro	3.00	3.10	4.68	1.58
10 Yr Bond Yield	6.70	5.87	7.32	1.45
30 Yr Bond Yield	7.40	6.34	7.61	1.27
Dow Jones Industrial Index	3,301	3,754	3,625	−3.44*
日本				
Discount Rate	3.25	1.75	1.75	0.00
3M Euro	3.80	2.00	2.06	0.06
10 Yr Bond Yield	4.50	3.10	4.36	1.26
Nikkei Stock Index	16,924	17,417	20,643	18.52*
德國				
Discount Rate	8.25	5.75	4.50	−1.25
3M Euro	9.00	6.10	4.93	−1.17
10 Yr Bond Yield	7.40	5.90	7.06	1.16
DAX Stock Index	1,545	2,267	2,025	−10.65*
英國				
Base Rate	7.00	5.50	5.25	−0.25
3M Euro	7.00	5.40	4.93	−0.47
10 Yr Bond Yield	8.40	6.20	8.81	2.61
FTSE 100 Index	2,847	3,418	2,919	−14.60*
法國				
Intervetion Rate	9.10	6.20	5.20	−1.00
3M Euro	10.20	8.40	5.63	−2.77
10 Yr Bond Yield	8.60	6.80	7.51	0.71
CAC-40 Index	1,856	2,268	2,155	−4.97*
商品價格**				% Change
Oil	19.50	14.20	18.91	33.17
Gold	335.36	385.77	387.77	0.52
CRB	202.76	226.31	232.65	2.80
JOC	97.80	94.40	102.20	8.26

*: 與前期比較之變動率。**: Oil 西德州原油。CRB 國際商品研究所期貨指數。JOC 商業價格日報指數。

1993年1月之4.4%高點逐步下滑，到年底時降至3.0%。於是，德國聯邦銀行在無通貨膨脹壓力下，為了刺激景氣復甦並提升國內就業人數，雖然貨幣供給額 M_3 年增率仍在高檔，但官方利率仍予大幅調降，其重貼現率由1992年底之8.25%調低至1993年底之5.75%，調幅達2.5%。同期間之附買回協定利率則下跌2.75%，成為6%。

今年初以來，德國經濟景氣在出口訂單強勁成長帶動下，第一季實質 GDP成長率反轉上揚，為2.1%，經濟景氣初露曙光，但沒有通貨膨脹壓力的情況下，德國貨幣當局為促進就業，依然繼續執行審慎的寬鬆性貨幣政策，逐步調降其官方利率，重貼現率由去年底之5.75%調降至目前之4.5%；附買回利率則由去年底的6%降至目前之4.93%，平均每週以五個基點的速度調降。展望未來，除非景氣已經有明顯的復甦跡象，德國仍將繼續和緩調降附買回利率，並不因美國利率上揚走向，而改變其寬鬆性貨幣政策。

至於在日本方面，日本銀行為挽救低迷的經濟並提昇企業信心，以及抵銷日圓鉅幅升值對企業經營的不利影響，於1993年9月21日大幅調降重貼現率0.75%，由原來2.5%降至1.75%的歷史低點。此後，日本銀行為緩和日圓升值的情勢，採行逐步放鬆銀根引導短期利率緩慢下跌之操作，致3個月期存款利率自去年9月底之2.5%逐步下滑至今年7月的2.03%，創下二次大戰以來歷史新低點。由於目前日本利率甚低，故未來下降幅度有限。而且日本銀行在整體經濟景氣未復甦前，亦不致提高利率。最近美國財政部長班森關切美元鉅幅貶值，企圖協調日本降低利率，但為日本銀行總裁所婉拒，因為日本銀行認為須再觀察一段時日低利率政策的效果後，才可以進一步定奪未來貨幣政策方向。再就美國與德國之立場而言，美國為避免再度提升利率以穩定美元，希望德國調降利率。不過，德國聯邦準備銀行對國內通貨膨脹壓力有所顧慮，抗拒調降利率，容忍馬克升值。由此可見，7國高峰會議雖然一再強調各國總體經濟應相互協調，但各國中央銀行卻主張貨幣政策是解決國內經濟問題之工具，不願由國外因素所左右。

四、結論與建議

由上述分析可知, 美國利率走高係因應經濟強勁復甦, 為免景氣過熱, 導致通
貨膨脹而採取的政策。不過, 投資者過度反應, 抛空長期債券而導致長期債券
利率大幅走高。由於資本市場已形成一緊密結合的全球市場, 美國利率上升導
致全球利率上升壓力加大, 已形成廣泛的影響。

長期利率走高, 股市下挫, 美元投資工具風險加大, 美國投資人也偏好短期
投資及國外投資。再加上日本政局不穩, 大藏省官僚堅持財政健全的理念, 美
日貿易摩擦無法達成解決問題之協議; 德國聯邦準備銀行又對國內通貨膨脹壓
力有所顧慮, 抗拒調降利率, 容忍馬克升值。於是, 一般投資者對美國經濟的信
心動搖, 美元匯率自今年初以來巨幅貶值, 進一步加重美元公債之賣壓, 美國
長期利率更趨上揚。

此次美元加速貶值的另一原因, 係期貨、選擇權等金融衍生商品 (financial
derivatives) 交易大幅度擴增所造成。美國避險基金或投資信託基金利用金融
衍生商品的新投資方法, 加強證券市場與外匯市場的連動性。聯邦準備銀行調
高短期利率, 美國長期利率趨升, 導致抛售美元資產的風潮, 美元加速貶值。
而且根據國際清算銀行92年4月的資料, 整個世界之外匯交易日平均金額達
8,800億美元, 較89年增加42%, 外匯干預的政策受到限制。除非美國政府對
財政重建採取較堅定的政策立場, 外匯干預無法促使美元匯價趨穩。

而對動盪不安的國際金融環境, 我國貨幣政策的運作應妥善因應下列四項
問題:

建議	說明
1. 在金融自由化、國際化的過程中, 金融衍生商品的引進, 雖然對未來政策效果的波及過程提供重要的訊息, 但風險在各經濟主體間的分配會發生很大變動而變成更為複雜, 自應建立市場監視制度, 及風險管理體系。	金融自由化與國際化應依序推動。新金融商品的引進應建立市場監視制度與風險管理的體系, 以免導致金融的不穩定。

建議	說明
2. 開放外資投入國內證券市場, 必須審慎檢討市場吸收外資的能力, 逐步放寬。	外資投入國內證券市場之進一步開放, 必須考量 M_2 年增率的變動, 以及公營事業民營化的進展情形等因素。
3. 美國調升利率後, 國內外利率差距已縮小, 國內資金需要可能趨增, 利率調降之空間有限。	當前貨幣政策之運作, 應該把重點放在資金流向的導正, 特別對國內企業提供中長期計劃型融資, 以協助產業的升級。
4. 在世界金融市場動盪不安的環境下, 國內市場參與者的行動, 難免做過度的反應。不過, 對於市場的過度反應, 與其加以批評或強化防弊性的規範, 不如對市場制度本身加以檢討, 並做必要的改進。	稅制, 會計制度, 支付系統等市場的基本架構應予全盤檢討, 爲建立透明而有效的市場做最大的努力。

第五部分

其他國家

加強對印尼經貿關係之建議

1990年3月

一、問題背景

1. 印尼是世界最大的群島國家, 共有13,667個大小島嶼; 面積192萬平方公里, 居世界第14位; 1988年人口約175百萬人, 是世界第5位; 印尼天然資源豐富, 石油蘊藏500億桶, 天然氣蘊藏量220億桶, 礦產蘊藏量約200億噸, 只有10%被開採; 印尼全國約60%的土地 (約113百萬公頃) 是熱帶林, 海域790萬平方公里, 有80%未開發利用; 橡膠年產100萬噸, 僅次於馬來西亞, 居世界第二。以上資料顯示印尼幅員廣闊, 人口眾多, 資源豐富, 是一個具有發展潛力的開發中國家。

   但是印尼去年平均每人所得估計只有500美元, 雖然過去4年之經濟成長分別達5%以上, 但所得分配不平均, 失業問題嚴重。因此, 印尼之經濟社會問題仍多, 有待政府積極努力加以解決。

2. 在國際外交方面, 印尼在亞太地區之重要性日趨重要。由於亞太地區各國在經濟貿易方面的快速發展, 世界經貿重心逐漸從西歐轉向太平洋已經成為共識, 因此, 一般認為21世紀將是太平洋的世紀。而在亞洲太平洋各國之中, 東南亞國家協會 (ASEAN 簡稱東協) 的重要性愈來愈明顯。由於東協會員國最近幾年經濟的快速成長及貿易的急速擴張, 其在亞太地區經濟及外交的發言權逐漸提高。去年11月在澳洲坎培拉召開之亞洲太平洋經濟合作 (APEC) 部長級會議中東協地位即受到特別重視,

在其聯合宣言中明白承認東協對亞太經濟合作之重要貢獻, 同時指出東
協之支持是未來擴大及加強亞太地區經濟合作之重要基礎。另外, 從我
國參加太平洋經濟合作會議 (PECC) 的經驗也可以發現, 東協會員國
之立場是一致的; 在東協六國之中, 印尼無論在幅員、人口、經濟及天然
資源都居首位, 在外交上也採較獨立的政策。因此, 印尼在東協6國之中,
以老大自居, 其作法足以影響其他會員國。實際上, 東協各國之作法也是
以印尼為馬首是瞻, 足見印尼在亞太地區國際外交的重要性。

3. 我國近年來經濟情勢, 由於新台幣大幅升值, 工資持續上漲, 以及勞工與
   環保意識抬頭, 使過去具有比較利益的勞力密集傳統產業, 逐漸失去競
   爭能力; 加以近幾年來貿易之鉅額出超, 外匯存底大量累積, 政府放寬外
   匯管制, 使國人赴外國投資金額鉅幅增加。就以政府正式核准對外投資
   金額來看, 1986年只有57百萬美元, 1987年倍增為103百萬美元, 1988
   年又倍增為219百萬美元, 去年已達931百萬美元。其中對東協會員國投
   資之增加最快, 1987年對東協投資只有16百萬美元, 到1988年急增為
   59百萬美元, 去年更增為282百萬美元, 其中, 對印尼的投資金額最少,
   1987年只有100萬美元, 1989年增為200萬美元, 1990只有30萬美元
   (惟實際投資比政府正式核准者多)。可是最近2年以來, 印尼政府積極採
   取種種措施, 鼓勵外國人到印尼投資, 特別是1987年起逐年採取放寬管
   制, 准許新銀行設立, 對投資採「負面表列」以簡化投資申請規定, 對公
   共建設之投資大量增加, 因而投資機會大為增加。與東協其他國家比較
   起來, 泰國之工資較印尼高很多, 馬來西亞之人口只有1,600萬人, 勞力
   供應已漸感不足, 而且工資較貴, 菲律賓之政治情勢不穩定, 因而未來幾
   年國內業者對東南亞之投資將會轉向印尼, 而形成一股對印尼投資的熱
   潮。政府應把握這一良好機會, 利用我國對印尼投資的熱潮, 加強對印尼
   之實質關係。最近設立的海外經濟合作發展基金, 如有適當計劃, 宜優先
   加以協助, 以便提高我國與印尼的實質關係。

4. 印尼在外交上係採一個中國政策，在未來1年之內可能與中共恢復外交關係。在印尼與中共恢復外交關係之前，我國與印尼之間應建立一個較目前關係爲高層次的法律架構，最好能夠依照美國的台灣關係法，至少也要有如同我國與日本之間的關係。我國與印尼如能建立這種架構，一方面可以保障民間在印尼投資的利益，另一方面政府及公營事業在印尼的投資及權益才能獲得保障。

5. 印尼目前所得分配不平均，貧富之間差距很大，失業問題十分嚴重，而且每年人口增加率仍達2%以上，勞動人口的50%以上仍從事農業。據估計，每年需創造240萬工作機會，投資260億美元以上才能吸收新增加的勞工人口。僅依賴印尼本國儲蓄無法滿足國內投資的需要，而需要大量外國投資及技術的引進，才能解決就業機會的不足，以避免發生嚴重的失業問題，造成社會不安，供共產黨可乘的機會，而威脅到東南亞地區的穩定。

　　我國如能加強對印尼合作，特別是我國對於中小企業發展經驗豐富，如果能協助印尼發展中小企業，不但能促使印尼加速工業發展，又能創造大量工作機會，協助其解決經濟及社會問題，對兩國都有好處，因而也能乘勢改善兩國之間的實質關係。

　　此外，我國天然資源缺乏，每年需大量進口天然資源及原料，才能維持工業的穩定成長。因此，如何確保我國所需天然原料之穩定供應，不僅是經濟發展，而且也是國家安全所必需。印尼之天然資源豐富，如何加強我國與印尼之實質關係，特別是透過經濟合作及投資關係使雙方獲利，以確保印尼之天然資源對我國的供應是十分重要的。

6. 我國對印尼的貿易關係，最近3年來成長快速。去年，我國對印尼出口933百萬美元，佔我國出口總額的1.4%，從印尼進口706百萬美元，佔我進口總額的1.4%，出超227百萬美元。我國對印尼投資，經政府核准金額，1983–1990年約爲1,000萬美元，金額不大。惟根據印尼投資協調委

員會公佈之資料, 我國在1967–88年止印尼投資金額爲10億8,000萬美元, 佔外人在印尼投資的第6位 (次於日本、香港、美國、西德、荷蘭)。上述金額雖包括印尼當地合資之金額, 但我國對印尼的投資已顯著地增加。

二、建議

建議	說明
1. 透過政府與民間的充分合作, 全面加強對印尼的經貿關係, 其內容如下:	
(1) 協助印尼從事公共建設, 包括開發電力, 建設機場、港口及公路。	(1) 進行方法宜透過民間力量, 政府協助方式; 包括利用海外經濟合作發展基金的貸款及公營事業的投資。
(2) 在印尼尋覓一適當地點, 開發5至6,000公頃之工業區, 從事大型投資如石化業上、中、下游及其相關企業之工廠, 大型紙漿、煉鋁等。	
(3) 能源開發宜將現有每年從印尼進口150萬噸 LNG, 擴大到300萬噸, 以提高我國利用 LNG 發電之比例。	
(4) 我國中小企業與印尼中小企業建立合作關係, 提供印尼中小企業技術協助及人員訓練。	(4) 每年協助訓練印尼各行各業之技術工人1萬人, 這些工人送到我國受訓1年, 回去印尼之後可以一方面工作, 另一方面再訓練其他工人。漁業及農業方面亦可協同辦理。這個訓練計劃如能與我國計畫赴印尼投資廠商合作, 在國內加以訓練, 將會有助於這些廠商解決技術工人缺乏的問題。
2. 在我國對印尼進行大規模投資及貸款之前, 我國與印尼之間的關係宜建立法律架構。	上策: 依照美國通過台灣關係法模式, 在二國各設立一個高層次溝通管道並對我國民間及政府在印尼的投資及權益加以充分的保障。

建議	說明
	中策: 依照我國與日本關係的模式, 雖然沒有基於日本法律基礎, 但二國都成立一個高層次溝通管道, 做為二國之間協調及溝通的基礎。

兩德貨幣及經濟統一的初貌

1990年7月

今年7月1日, 東西德貨幣、經濟與社會同盟生效, 西德馬克變成東德的法定通貨, 西德聯邦銀行變成東西德的中央銀行, 西德政府對東德的命運要負起完全的責任。本報告試圖從經濟整合的觀點, 就目前兩德已達成協議的貨幣統一, 到其後的經濟統一, 分析其做法以及可能產生的一些問題。

一、貨幣統一的概況

當初根據西德聯邦銀行的構想, 兩德貨幣統一是以一塊錢西德馬克換二塊錢東德馬克, 然後在東德全面通行西德馬克。這個匯率與原先1比4的官價, 或東德政府1比3的官價比較, 政治上已經做了大幅度的讓步, 更何況黑市匯率曾高達1比6或7。

這種東德貨幣大幅升值的幣制改革, 對東德人民的貨幣財產有直接的助益。對西德政府而言, 兌換匯率的高低以及是否設定兌換金額上限, 涉及貨幣發行額以及可能因此產生物價上漲壓力等因素的考慮。但西德總理柯爾基於政治理由, 提出匯率為1比1的主張, 頓時大受東德人民歡迎, 並使得東德的基督民主黨 (西德執政基民黨的東德「代理」政黨) 獲得今年3月選舉的勝利。至此, 1比1變成匯率的底線。

事實上, 兩德的貨幣統一是建立在複式匯率上。當初聯邦銀行提出2比1的構想時, 就允許每人在2,000馬克的額度內適用1比1的匯率。至於聯邦政府開

始跟東德政府談判時, 1比1匯率的適用範圍提高到每人4,000馬克, 超過此一範圍, 則仍適用2比1。此外, 待遇及養老金部份則按1比1計算, 並於今年7月2日生效。這個提案在後來的協議中修改為, 1比1兌換上限部份按年齡分成三層: 15歲以下為2,000馬克, 15至59歲為4,000馬克, 60歲以上為6,000馬克。東德的民間儲蓄存款與現金總額大約為1,800億東德馬克, 平均每人存款1萬餘東德馬克。因此, 以1比1兌換的部份不及儲蓄存款的半數。據估計, 適用此一兌換比率者, 大約為640億馬克, 仍是一筆很大的貨幣發行額。民間儲蓄存款與現金的平均兌換比率為1.5比1。

依協議, 從今年7月2日起, 西德馬克將完全取代東德馬克, 且所有員工待遇均同額改西德馬克計算。這對東德而言, 是一項徹底的貨幣與經濟改革。合理的兌換比率有助於減輕東德轉換為市場經濟所需付出的代價, 並緩和政治上的阻力。

二、經濟統一後的混亂期

貨幣對於一個經濟的運作, 就像血液之於人體一樣, 它提供了交易的媒介, 計價的單位以及價值的儲存工具。在今年7月2日之後, 東德人民貨幣資產 (財富) 增值, 由於財富效果會增加消費, 他們手邊的西德馬克代表著實質的購買力。假定東德人民支用按1比1的兌換比率取 得的640億馬克的一半以購買德國貨品, 則西德國民生產毛額將增加1.5%。不過, 更重要的是, 東德馬上面臨一個市場商品的價格結構會大幅改變的局面。凡是在過去受政府大量補貼而價格偏低的商品, 如農產品、房租、交通費用等, 如果不再管制價格, 則其價格會大幅上揚; 而過去受保護, 或生產效率偏低, 而價格極高的工業產品, 其價格會大幅滑落。這表示東德的廠商必須勇敢地面對新的經濟體制。

如果屆時所有的東德商品及勞務價格悉按西德現制, 則在新的價格制度下, 如何能確保按1比1支付員工待遇的合理性? 此外, 東德產品品質與西德產品

有差距, 因此必須針對市場反映有所調整。據估計至少20％的東德工廠因設老舊, 技術水準落伍, 不具競爭力而會停工。用經濟學的術語說, 這表示東德整個經濟的資源必須做一次全面徹底的重分配。西德經濟爲因應東德的變局, 勞力的移動與新增的市場, 也會有所調整。調整的時間要多長? 調整的成本多大? 據估計, 東德經濟要提升到西德經濟的水準, 至少需要支用1兆馬克。因爲東德經濟體制完全不同, 產業的基層建設遠落後於西德, 國民習慣於統制而效率低落, 所以兩德合併東德的成本可能比一般所想像的高。

在這重整的過程, 還有一個辣手而且必須加以處理的問題是土地的所有權。東德政府宣稱, 在10年內不打算實施土地私有權制, 但可以有使用權。這已成爲兩德政府目前協商爭議的重點。若土地資產或其使用承租未能確定, 勢必影響銀行授信, 然後影響廠商的生產活動。

目前在西德方面討論較多的是統一對政府財政的影響。據估計, 西德政府在統一後每年須多支應4百億馬克, 擬透過縮減國防預算, 移挪公路建設支出, 以及透過在東德境內新增稅收以維持平衡。因此, 西德政府頗爲樂觀地宣佈, 可以在不增稅的情況下達成經濟統一。事實上, 前兩項措施仍會對西德經濟造成程度不一的影響。而東德在一夕之間, 以較低的所得水準, 實施西德的稅制, 人民能否全然接受, 又是一個問題。

另一個會讓人關心的問題是, 兩德統一後東德人民是否會大量移入西德。目前有一個有趣的資料是從1988年到現 在, 從東歐移入西德的人口是130萬人, 但在圍牆拆除後, 在今年四個月移民人數降到只有53,000人。因此, 拆除圍牆反而解決了此一短期辣手的問題。站在長期的觀點, 東德勞力逐步融入西德的勞力市場, 對西德經濟可能是一項助力。

三、長期的演變

兩德經濟的統一可以看成是一個所得與生產效率較低, 且制度僵硬的經濟, 併

入一個富裕, 經濟活力強的經濟。有人認為東德經濟可以在5年, 或10年內達到西德的水準。若以較寬裕的10年為目標, 東德以目前從寬估計9,000美元左右的所得水準想提升到西德18,000美元的目標, 平均年經濟成長率須維持7%。以東德現階段的經濟狀況, 這需要大量的資金, 很高儲蓄率, 或外來資金的注挹。西德的人口為東德的3.7倍, 國內生產毛額為東德的7.7倍。因此, 合併的代價固然很高, 但西德應具備力量來協助東德達成此一目標。另一種樂觀的看法認為只要東德經濟能明顯持續的改進, 東德人民將會滿足。但這些樂觀的遠景並未掩蓋許多上述當前必須解決的問題。除此而外, 還可能面對極可能發生的物價上漲、利率上揚, 進而影響投資及歐洲幣制的穩定等問題。東德經濟又面對嚴重的環保問題, 其初級能源的70%以上依賴褐煤。對外則有東德的外債問題。東德與東歐國家, 尤其是與蘇聯之間錯綜複雜的不對等經貿關係也有待解決。

四、結語

從東西德經濟統一的經驗, 應加注意問題至少有下列五項。

1. 共產制度完全無法處理工業化經濟問題, 甚至以德國人的智慧與勤奮也無法推行共產制度。

2. 德國提供一個寶貴的經驗, 全然不同的意識型態如何能相處在一起, 達成經濟統一。這是二次大戰後, 分裂國家首次統一的經驗。

3. 東德經濟的演變將會影響東歐經濟如何走向市場經濟。

4. 德國的統一對歐市統一的影響應加以密切的注意。西德國民生產毛額佔歐市經濟的25%。加上東德經濟, 則所佔比率將提升為30%, 遠高於法國的20%。德國經濟的擴大與東德經濟的重建可能增加西歐各國的輸出機會, 縮小德國與其他西歐國家的利率與物價上漲率的差距, 提升經濟成長率, 促使歐市加速通貨與經濟統一, 但若干會員國也可能以東德經

濟之毀損 (derogation) 做爲藉口, 延緩歐市經濟之統一。

5. 德國的統一正在考驗德國人的智慧, 努力與前瞻性。一般來講, 政治統一先於貨幣統一。東西德貨幣統一順利加以推行, 主要依賴於政治家的領導力以及外匯、金融市場的正面反應。而且西德合併東德經濟之過程, 儘管要付出相當大的代價, 短期間發生通貨膨脹的顧慮不像一般所想像那麼大。其理由有下列幾項: (1) 貨幣統一後, 租金、電費、瓦斯費以及蔬菜等糧食價格會上漲, 壓制東德人民的消費。(2) 東德企業爲求生存, 可能裁減效率低的勞動人口。東德人面對失業的危險, 也會抑制消費。(3) 西德具有充分供應消費財的能力, 不需搶購物品, 而將儲蓄做有效運用以生息。(4) 東德政府減少對糧食等津貼支出, 可減少財政赤字。(5) 西德聯邦銀行一再強調, 爲免通貨膨脹, 必要時將緊縮信用, 並獲得公衆的支持與信賴。

中日貿易問題之研討

1990年8月

一、現況

我國與日本的經貿關係向來極爲密切, 如何解決對日貿易長期逆差也是政府努力的重點, 惟對日貿易逆差近年來卻呈現遞增的傾向。因而引起有關當局的重視, 亟思解決對策。

70年代上半期, 我國出口至日本之金額約維持在每年2、30億美元之間; 自日本進口之金額則約維持在每年5、60億美元, 因此, 每年對日貿易收支逆差約在30億美元上下。然而, 自1986年起, 對日本出口雖快速增加, 但自日本進口成長更快, 以致於我國對日貿易逆差有增無減。從1986年的37億美元快速增至1989年的70億美元。今年估計對日貿易逆差可能高達80億美元以上。

我國對日本出口之主要產品, 魚貝類、紡織品、肉類、精密機械、鋼鐵、事務機器、非鐵金屬、木材等項即占對日出口總金額之40%以上。自日本進口之主要產品, 鋼鐵、電子管、事務機器、人造塑膠、非鐵金屬、科學光學儀器、紡織機械、汽車、重電機器、金屬加工機械等項即達自日本進口總額之40%以上。上述我國對日本出口之主要產品中食品及紡織品二項占75%以上, 然而我國自日本進口之主要產品絕大多數爲原料、零件及機械設備。

從貿易地區結構來看, 以1989年爲例, 我國對日本出口占總出口之13.7%, 自日本進口占我國總進口之30.7%。相對的日本對我國出口僅占其總出口之5.6%, 日本自我國進口僅占其總進口之4.3%。可見我國在商品貿易上依存日

本之程度遠超過日本依存我國之程度。

　　我國對日貿易依存度甚大的原因中，除了地理因素之外，日人來華投資與中日技術合作是最主要的因素。1952年至1989年，我國與外國技術合作總件數中，日本即高占70%。近年來，歐美國家所占比例雖逐年增高，但日本仍占最高比率，1989年高達49%。在核准外人投資方面，向來美國為最大投資國，但自1988年起，日人來華投資金額已超越美國，而居我國外人投資之冠。特別是日圓對美元匯率自1985年開始大幅升值以後，日本廠商為維持其產品之競爭能力，遂加速對海外投資，其中對台投資金額從1985年的142百萬美元快速提到1987年的4億美元，到1989年進一步增加到6億4,000萬美元。1988年，日資占外人投資之比率曾高達41%。1989年，歐美國家來華投資成長較快，以致於日資所占比率降至29%，但仍遠高於其他各國。透過外人投資和技術合作管道，我國廠商增加向日本採購原料、零件及機械設備。而且我國產業結構轉型，高科技企業向日本輸入的主要零組件單價也跟著而提高，導致我國自日本進口值快速增加。我國自日本進口值自1985年的55億美元，快速增加到1987年的118億美元，1989年又進一步提高為160億美元。但是利用日本原料、零組件生產的商品主要並不是回銷日本而是銷往美國，因而日本原料、零組件進口的增加，雖然對於我國產品出口美國有所幫助，但是對於中日貿易逆差卻有不利影響。而且日商對百貨業與超級市場連鎖店的投資之增加，導致日本消費品進口的增加。

二、問題分析

導致當前我國對日貿易持續巨額逆差的因素甚多，最基本的原因是兩國經濟發展程度與產業結構的差異造成的。從前節的分析，可了解過去我國的經濟發展，不但生產技術大多仰賴日本，而且原料、零件與機械設備亦大部份需自日本進口。近年來，我國對日貿易持續巨額逆差的現象，正反映我國要求日本技術移

轉，產業升級的成效有限，且我國研究發展與技術開發能力嚴重不足。除了技術及投入品依賴日本，而必須增加對日本的進口之外，加工出口品的產銷往往受日本廠商控制。因此我國產品要銷售日本便有相當大的困難，而進一步加大了對日貿易逆差的傾向。

此外，對日本生產技術過度依賴的結果，一方面將使個人降低對自製研究開發之意願，另一方面他們往往已發展更進步的替代產品或生產方法，因此我國廠商即使有心要從事研究發展，也很難超越日本，而取得在日本及在國際市場競爭優勢。換句話說，依賴日本的發展方式將使我們很難促進自己的的研究發展，很難走出自己的路，因此對我們未來的經濟發展恐有不良的影響。

導致我國對日貿易持續巨額逆差的因素，除了產業結構問題之外，我國企業一向重視我國最大市場的美國而拓展日本市場的努力尚待加強。自1985年以來，日圓大幅升值的結果，促使日本政府採行擴大進口政策。數年來我國對出口雖年有成長，近兩年來，我國出口在日本進口市場之占有率反而降低，這正是我國拓銷日本市場亟待改善的最佳寫照。

事實上，我國企業甚少派員在日本從事行銷推廣，對於日本消費者特殊習性、貿易障礙、非貿易障礙等有關商情之蒐集及分析實嫌不足。反觀日本人的做法，日本大商社無一不在我國設立分公司，並大量派員到我國從事市場調查工作，積極的拓展行銷，更加強售後服務，維護產品品質及形象，適時採取因應市場變化的策略等，都是值得我國業者借鏡之處。

當然，匯率等影響整體競爭力的因素對於對日逆差也可能有相當多的影響。利用固定市場占有率分析法，我國產品在日本的競爭力在過去一年多大致呈現下降的趨勢。對日本出口值雖成長達9.8%，日本進口卻成長達20.7%，其間的差距約負10.9%，即為競爭力下降的效果。這種競爭力下降的情況至今年4月仍未改善。唯若由我國整體出口競爭力指數來觀察，今年4月新台幣貶值之後，我國競爭力已回升到前年之水準，5月外銷訂單也已恢復成長，對日本出口應該也可恢復較正常的成長。

三、建議

綜合上述中日貿易現況及問題分析, 為了有效解決中日貿易持續巨額逆差問題, 建議如下:

建議	說明
1. 改善產業結構	
(1) 調查自日本進口之原料、零件及機械設備產品, 如有類似規格者, 研究進口替代之可行性。	至今我國的經濟發展, 仍過於依賴日本的生產技術。自日圓對美元大幅升值後, 很多日商來華投資目的係利用我國廉價勞力, 從日本進口原料、零件及機器, 經過加工再銷售到國外, 特別是美國, 以致於我國對日貿易產生巨額逆差。
(2) 加強引進歐美技術, 擺脫對日本生產技術之依賴。	
(3) 加強我國本身研究發展和技術開發能力。	
(4) 與其採取行政指導以縮減對日貿易逆差, 不如採取行政指導落實日本技術移轉, 建立關鍵零組件產業, 縮小技術差距。	我國生產技術過度依賴日本的結果, 降低國人自製研究開發之意願, 對中日貿易逆差的改善非但無幫助, 而且對我國產品之國際競爭能力造成不利影響。
(5) 加強引進日本技術人員。國貿局邀集相關單位, 研商對在華日商聘僱日籍人員之資格與審核標準從嚴處理, 不但效果有限, 而且可能發生與原先預期相反的不利效果。	長期擺脫對日本生產技術之依賴, 以改善中日貿易巨額逆差的根本之道, 在於提昇我國技術開發能力, 從落實技術移轉做起, 同時又能降低向日本進口之需求。
	高級技術人員的引進可以快速縮小技術差距, 並可使產品更適合外國之需要, 故宜積極引進。政府可先調查國內各產業所需之技術, 再透過適當的日本機構, 徵求日本技術人員來台服務。
2. 加強拓展日本市場	
(1) 由政府輔導在日本東京及其他重要城市設立行銷據點及貿易推廣中心。	由於我國在生產技術、原料、零件及機器長期依賴自日本輸入的結果, 日商一再的防杜我國產品回銷日本, 我國廠商又忽視日本市場, 疏於日本商情的蒐集和市場調查, 亦甚少派員赴日本從事行銷推廣, 設立據點大力拓展市場及行銷管道。
(2) 大量派員至日本加強蒐集商情及進行市場調查。	

建議	說明
(3) 結合產、官、學界共同努力從事市場研究調查，研判未來日本市場發展方向。並找尋在技術差距上或行銷通路上，我國較可能打入日本市場之產品，以及較可能獨立於日本而發展的產品方向。	反觀日本拓展我國貿易之做法，不論廣設據點，或是大量派員到我國進行商情蒐集及市場調查，成效堪稱良好，值得國人借鏡。
(4) 研究在華投資日商如何增加其產品回銷日本，並邀請對我友好之日本企業家直接投資在台企業。為達此目的，我們應該建設可與日本環境競爭之工業區。	日商回銷日本可以避免日本行銷通路及消費習慣所造成的障礙，值得推動。而我國若能提供工業區及改善外來技術人員之居住環境，則部分日本新產品或新生產方法將直接投資台灣，一面促使產業升級，另一方面加強拓銷日本市場之能力。
(5) 在一定期間內要維持對日輸出額與輸入額於一定比率的範圍以內，主管機關宜研究採行「輸出入連鎖制度(Export-Import Link System)」的可行性。	為縮減對日貿易逆差，經貿單位擬採行公營事業限開歐美標與嚴格執行日貨通關查驗手續等措施。與其採行這些措施做行政上的干預或導入非關稅障礙，實不如採行「輸出入連鎖制度」，藉價格機能避免對日貿易逆差繼續擴大。「輸出入連鎖制度」的主要內容如下： (1) 當對日輸出貨品通關時，海關交付輸出業者「對日輸出金額證明書」。其有效期間可訂為6個月。 (2) 從日本輸入貨品之業者必須向海關交付相當於輸入金額一定比率，例如六成之「對日輸出金額證明書」始得辦理通關。 (3) 「對日輸出金額證明書」得在外匯市場買賣，對日貿易導入雙重匯率制度，以鼓勵對日輸出，限制日貨進口。
(6) 成立對日經濟貿易小組，統籌規劃對日經貿政策。	目前各單位缺少統籌規劃。宜成立一個小組負其總責，使各單位的政策能相互配合，並與廠商和學術界合作研擬長期發展策略。
(7) 應有高級經濟主管（至少是副代表）常駐日本，提昇與日本之經濟關係，並統籌各單位駐日人員經濟事務之分工合作。	駐日高級經濟主管需精通經濟與日文，並能和日本企業界建立良好關係，如此不僅可促進更多之之投資和技術交流，透過日本之政經關係，定可促進對日政治關係。

(8) 民間應加強努力發展對日經濟關係及 對日競爭力。

除政府機構之努力外, 民間金融業及其他 服務業應加強協助其他產業對日業務之 拓展及對日本技術之吸收。生產事業本 身也應努力研究發展, 增加其產品的特色 及競爭力, 以擺脫對日本的依賴。

對中東戰後經貿關係之建議

1991年3月

一、問題背景

波斯灣戰爭已經結束，但經過這場戰爭，中東的政治及經濟秩序已有改變，如何協助業者掌握中東重建的商機，並進而促進我國與中東各國之友好關係，無疑是主管機關的重要課題。不過，我國的工商界一向極富彈性，且多能積極掌握各項機會，故政府協助的主要方向應該在於友好關係的加強以及各類基本資訊和服務的提供。

二、政策建議

建議事項	說明
1. 對中東友好國家提供貸款或預付油款。沙國對我國之貸款亦可考慮提前償還。各公民營金融機構宜積極參與國際金融機構對中東各國之聯合貸款。	目前世界資金不足，中東產油國家若不變賣國外資產，難支付龐大的重建經費。而我國為世界主要貿易出超國之一，累積鉅額外匯準備，故可透過海外發展基金以及國際聯貸等途徑，貸款給中東各國，或由石油公司簽約預付油款，以支持其重建，並藉以加強友好關係。而在沙國極需資金時，以往沙國對我國的貸款，亦可提前償還，以利其資金之籌措。
2. 在中東重建期間，承包工程以及投資活	參與中東重建的程度會影響對各國之長

建議	說明
動, 宜由中國輸出入銀行提供長期融資及保證, 並辦理政策性的投資保險業務。	期經濟關係。故中國輸出入銀行應提供融資、保證與保險業務上的協助, 以減輕承包工程與從事投資的風險。
3. 外貿協會等經貿單位應增派富工作熱誠, 年輕健康的商情人員前往中東地區蒐集資訊, 以供廠商參考。外貿協會亦可在國內成立短期性之中東商情中心, 對廠商提供蒐集之資訊。此外, 宜選擇適當之學術研究機構設立中東研究小組, 從事長期性之研究。	我國對中東之瞭解有待加強。但廠商自行蒐集商情資訊的成本偏高, 故有關機構宜主動增加派駐中東人力, 以加強國內有關中東地區之資訊。主管機構亦可輔導民間多組團前往中東考察, 以發掘參與重建之機會。
4. 派遣農業、醫療及其他技術服務團, 主動協助中東之重建。	徵集我國人力較充裕之技術項目, 或者我國產品可藉以推廣之技術項目的技術人員, 組成各類技術服務團前往中東友好國家, 協助其官方與民間之重建。對於目前不友好之國家, 亦可鼓勵民間企業籌辦這類服務團。
5. 中油公司和其他民間企業可研究自行或與美、日等國公司合作, 在中東投資開採原油及天然氣之可行性。	海外合作探勘原油及天然氣是保障我國能源供給的重要策略之一, 而中東戰後百廢待舉, 可能會有較好的投資機會值得掌握。
6. 在約旦或其他適當地點設立發貨庫, 以協助對中東貿易之推展。	對中東之投資與貿易宜由民間來主動發展, 但發貨庫這一類服務多數廠商的投資, 則宜由政府主導或輔助。
7. 有關機構宜研究購買戰爭剩餘物資及武器設備殘骸的可行性。	戰爭剩餘物資及武器設備等殘骸之處理, 宜鼓勵廠商參與標購, 或參與其清理工程。
8. 華航評估中東航線時, 應將整體經濟利益納入考慮。	華航目前計劃中歐航線不再降落沙國, 但基於中東重建之商務需要, 華航宜重新恢復中東航線。
9. 爭取加入籌畫中之中東開發銀行。	美國擬在世界銀行之外籌設中東開發銀行。因其在世界銀行之外, 而我國資力又甚受注意, 因此可透過中東友好國家或美國等適當管道, 嘗試正式加入中東開發銀行, 以協助中東之長期發展, 並藉以加強友好關係。
10. 以部份庫存稻米援助中東各國。	中東各國亦食用稻米, 而目前有缺糧之跡象, 故宜以庫存稻米援助中東各國。

對日貿易逆差的剖析及建議

1991年11月

一、前言

近年來, 中日商品貿易的差額不斷擴大。去年對日商品貿易逆差為76.6億美元, 占全年商品貿易順差的61%, 或占我國對美貿易順差的84%。換言之, 我國對美貿易所創造的順差幾乎被對日貿易逆差所抵消。在我國對美貿易順差逐年下降的情形下, 對日貿易逆差卻居高不下的情勢值得注意其發展。本研究將分析形成中日貿易失衡的因素, 並研判其未來發展的趨勢。最後將針對現行政策提出建議。

二、對日貿易逆差的分析

1. 中、日商品貿易的整體分析

首先, 在過去10年 (1980年至1990年) 我國對日商品貿易出口平均每年成長15.4%, 進口成長13.6%; 若直接比較1990年與1980年的數值, 則出口增加了2.8%倍, 進口增加了二倍。因此, 在過去10年我國對日出口貿易成長高於進口成長。其次, 就對日出口占總出口的比例而言, 從1980年至1986年, 此一比率大致維持在11%左右, 但在過去五年的平均比例為13%; 在進口方面, 對日進口占總進口的比例以1982年的25.3%為最低, 1986年的34.1%為最高, 過去

5年的平均是31.5%, 略高於前一段時期 (1980年至1985年) 的27.8%。就對日出口及進口占總出口、進口比例加以比較, 兩者在近5年的平均水準都比過去高, 但卻有緩慢下降的趨勢。

就雙邊貿易差額而言, 1980年至1986年間, 呈上下波動, 並無明顯趨勢, 但在1986年之後則顯著上升。若再觀察雙邊貿易差額占雙邊貿易總額比例, 則該比例從1980年的42.1%, 降到1985年的22.2%, 然後再緩慢上升到去年的31.7%, 接近1984年的水準。綜合這些整體貿易的數值, 近年來中日雙邊貿易的發展尚屬正常。雖然雙邊貿易差額近年來大幅度增加, 但是就各項比例資料而言, 我國對日貿易逆差的變化並不特別突出, 甚至比1980年代早期還有明顯的改善。

從表1以及前段的分析中可看出, 我國對日貿易在出口方面的表現較為正常, 全期呈上升趨勢。但在進口方面, 則前半期並無成長, 而後半期則巨幅跳升。若只觀察進口成長率 (見圖1), 則不難發現我國對日進口明顯受到國內經濟景氣變動的影響。圖1繪出對日進口成長率與經濟成長率的趨勢線, 兩者的變化型態除1984年外, 幾乎完全一致。換言之, 在1986年及1987年對日進口大幅成長, 也正是國內經濟成長的高峰。在此之後, 當國內經濟景氣日趨緩和時, 對日進口成長率也大幅下降, 去年已呈負成長。今年1至10月, 我國經濟成長率預估可達7%, 高於去年5.3%的成長率, 對日進口成長率再躍升為18.5%。若以去年經濟成長5.3%為基礎, 而當年進口為零成長, 利用最近6年的資料, 初步推估我經濟成長率超過5.3%以上時, 每增加1個百分點, 對日進口會成長6至7個百分點。這樣高的進口彈性充份說明中日之間密切的經濟關係。

2. 中日商品貿易結構的變動

我國近4年來在新台幣匯率大幅升值的情況下, 出口商品結構發生很大的變化。就商品別而言, 傳統出口商品 (非耐久消費財) 明顯下降 (見表2), 從1986年占總出口的比例35.6%降到去年的23.7%。取而代之的是機械類製品, 在同一

表1 對日貿易差額 (1980年至1990年)

單位: 億美元

	出口		進口			
	出口 金額	占總出口 百分比	進口 金額	占總出口 百分比	逆差	占雙邊貿易 額百分比
1980	21.7	11.0	53.5	27.1	−31.8	42.1
1981	24.8	11.0	59.3	30.1	−34.5	40.5
1982	23.8	10.7	47.8	25.3	−24.0	33.3
1983	24.8	10.0	55.9	27.5	−31.1	38.3
1984	31.9	10.5	64.4	29.3	−32.6	33.3
1985	34.6	11.3	55.5	27.6	−20.9	22.2
1986	45.6	11.4	82.5	34.1	−36.9	28.7
1987	69.9	13.0	118.4	33.8	−48.5	25.5
1988	87.7	14.5	148.3	29.8	−60.5	25.4
1989	90.6	13.7	160.3	30.7	−69.7	27.4
1990	83.7	12.4	160.0	29.2	−76.6	31.7

Source: *Taiwan Statistical Data Book*, 1991。

期間從10.9%上升到16.3%, 而且中間原料 (指不需再加工而可直接提供最終商品之加工原料) 亦從26.2%上升到34.0%。這兩大類產品是典型的第二階段進口代替產品, 多屬資本密集、技術密集, 或高科技產品。表3的資料提供了直接的佐證。技術密集產品比例在1986年爲25.6%, 去年提升爲33.8%; 重化工業產品在同一時期從35.2%提高到46.6%; 高科技產品出口比例則從27.0%提高到35.8%。

我國出口產品的結構在近4年來明顯朝資本與技術密集的方向改變。由於國內相關產業不能立即配合, 必然會引起進口產品結構的改變, 尤其是來自日本的進口。而且這些產品集中在技術密集, 或重工化業製品。根據表4的資料, 去年我國從日本進口的前10大類產品, 除排名第7的塑膠及其製品外, 其餘均爲機械、電機及化學產品。尤其是電機及機械兩大類產品進口就占到對日總進

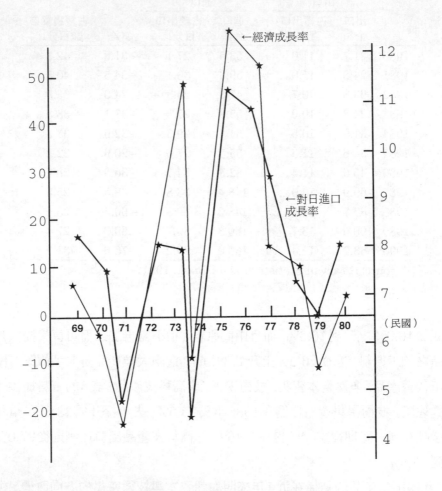

圖1　對日貿易進口成長率及經濟成長率

口的一半 (估計為48%)。詳細項目見表4附表, 其中不乏因國內消費水準提高
而增加進口的高級家電製品。

表 2　出口分類 — 以世界銀行分類標準 (1981–1990)

單位: %

	農林漁牧狩獵	食品加工業	飲料及菸草業	礦業及能源	建築材料	中間產品			非耐久消費財	耐久消費財	機械設備	運輸設備
						小計	A 類 A	B 類 B				
1981	2.69	4.90	0.1	0.1	0.44	36.45	9.92	26.53	35.27	11.90	6.16	1.90
1982	2.28	5.18	0.1	0.0	0.66	35.72	10.44	25.28	35.56	11.13	6.16	2.99
1983	2.17	4.61	0.1	0.0	0.77	35.41	9.51	25.90	36.14	11.61	6.93	1.90
1984	1.97	4.03	0.0	0.0	0.55	34.68	9.09	25.59	36.81	11.03	9.03	1.63
1985	1.76	4.32	0.04	0.08	0.50	35.72	8.73	26.99	35.85	9.58	10.39	1.72
1986	1.68	4.72	0.03	0.06	0.40	33.64	7.45	26.19	35.61	11.01	10.93	1.87
1987	1.40	4.54	0.03	0.11	0.32	33.56	6.90	26.66	33.48	11.42	13.21	1.87
1988	1.61	3.75	0.04	0.07	0.32	36.56	8.77	27.79	29.77	10.88	15.42	1.54
1989	0.96	3.58	0.03	0.06	0.27	40.06	8.99	31.07	27.46	10.16	15.49	1.89
1990	0.84	3.52	0.03	0.05	0.20	44.48	9.49	34.99	23.72	8.70	16.34	2.11

資料來源: 財政部統計處,《進出口新計月報》。

說明: 1. 中間產品 A 係凡需加工方能供消費財或生產財投入用之中間產品均屬之。
　　　2. 中間產品 B 係凡不需加工即可供消費財或生產財投入用之中間產品均屬之。

表3 出口分類 — 要素密度別與產業別

單位: %

要素密集度分類

	勞力密集度			資本密集度			能源密集度			技術密集度		重化 工業	非重化 工業
	高	中	低	高	中	低	高	中	低	是	否		
1981	46.34	36.23	17.43	22.56	50.82	26.62	13.64	46.24	40.12	25.4	74.6	34.05	25.38
1982	44.87	35.92	19.21	22.78	50.51	26.71	13.30	46.55	40.15	26.7	73.3	35.11	26.74
1983	46.13	26.72	17.15	21.92	50.17	27.91	13.20	45.85	40.95	25.6	74.4	34.68	25.63
1984	46.96	37.17	15.87	22.15	50.90	26.95	13.40	46.47	40.13	27.5	72.5	35.95	27.50
1985	46.30	35.91	17.79	23.85	49.11	27.04	14.26	46.46	39.28	25.1	74.9	35.95	26.43
1986	47.37	37.21	15.43	22.34	49.74	27.92	11.90	46.16	41.92	25.6	74.4	35.16	27.03
1987	48.20	37.40	14.41	21.91	50.81	27.28	10.91	45.08	44.01	28.2	71.8	37.55	29.63
1988	46.42	36.92	16.66	23.24	51.68	25.08	12.41	42.86	44.73	31.7	68.3	42.65	33.47
1989	43.50	37.81	18.69	26.49	50.81	22.70	13.09	45.22	41.69	32.1	67.9	44.46	33.83
1990	41.04	38.37	20.59	28.87	50.63	20.50	13.81	45.32	40.87	33.8	66.2	46.63	35.81

資料來源: 同表2。

表4　台灣對日本的20大輸入商品
1990年

單位: 新台幣百萬元

商品分類章別	輸入商品名稱	輸入金額	90對89年成長率%	產業內貿易指數的變動%	對日輸入額佔該商品輸入總額的百分比
85	電腦與設備及其零件; 錄音機及聲音重放機; 電視影像、聲音記錄機及重放機; 以及上述各物之零件及機械用具; 及其零件	115,255	1.43	57.92	47.48
84	核子反應器、鍋爐、機器及機械用具; 及其零件	90,647	4.13	72.76	45.
87	鐵路及電車道車輛以外之車輛及其零件與附件	30,738	20.56	74.76	40.23
72	鋼鐵	29,102	−24.41	55.22	37.51
29	有機化學產品	18,998	2.27	85.72	23.49
90	光學、照相、電影、計量、檢查、精密、內科或外科儀器; 零件及附件	15,413	2.13	65.74	43.37
39	塑膠及其製品	15,349	14.90	22.13	32.06
89	船舶及浮動構造體	7,162	−37.09	52.05	69.67
73	鋼鐵製品	6,980	−10.08	30.47	54.05
74	銅及其製品	6,451	−8.81	39.76	24.13
28	無機化學品; 貴金屬; 稀土金屬, 放射性元素及其同位素之有機及無機化合物	5,378	21.25	68.74	33.39
38	雜項化學產品	5,349	−0.90	72.92	23.72
48	紙及紙板; 紙漿、紙或紙板之製品	5,334	31.82	40.83	33.36
32	鞣革或染色用萃取物; 鞣酸及其衍生物; 染料、顏料及其他著色料; 漆類及凡立水; 油灰及其他灰泥; 墨類	5,181	−0.12	66.45	36.
54	人造纖維絲	4,701	13.98	18.51	58.28
70	玻璃及玻璃器	4,430	−4.57	42.95	52.47
40	橡膠及其製品	3,576	17.85	55.82	33.71
76	鋁及其製品	3,534	1.16	3.62	16.18
27	礦物燃料、礦油及其蒸餾產品; 含瀝青物質; 礦蠟	3,113	74.59	39.24	1.94
55	人造纖維棉	2,975	−9.73	(2.32)	47.94

資料來源: 海關總稅務司署統計處編印,《中國進出口貿易統計年刊》。

說明: ( ) 表當期之出口值大於進口值。

表4 附表1

72	鋼鐵	29,102,000
7210	經護面、鍍面或塗面之鐵或非合金鋼扁軋製品, 寬度600公釐及以上者	7,163,491
7219	不鏽鋼扁軋製品, 寬度600公釐及以上者	3,358,441
7209	冷軋 (冷延) 之鐵或非合金鋼扁軋製品, 寬度600公釐及其以上, 未經披覆、鍍面、塗面者	2,894,999
7208	熱軋之鐵或非合金鋼扁軋製品, 寬度600公釐及其以上, 未經披覆、鍍面、塗面者	2,721,477
7221	熱軋之不鏽鋼條及桿, 燒成不規則捲盤狀者	2,202,244
7216	鐵或非合金鋼製角、形及型	102,457
7228	其他合金鋼製之其他條及桿; 其他合金鋼製之角、形、型; 合金鋼或非合金鋼製之空心鑽條及桿	1,430,413
7225	其他合金鋼之扁軋製品, 寬度600公釐及以上者	1,267,862
7204	鐵屬廢料及碎屑; 重熔用廢鋼鐵鑄錠	845,651
7213	熱軋之鐵或非合金鋼條及桿, 燒成不規則捲盤狀者	788,141
84	核子反應器、鍋爐、機器及機械用具; 及其零件	90,647,000
8471	自動資料處理機及其附屬單元; 磁性或光學閱讀機, 以符號方式將資料轉錄於資料媒體之機	11,181,699
8479	本章未列名而具有特殊功能之機器及機械用具	9,562,508
8473	專用或主要用於第8469*至8472*節機器之零件及附件 (蓋套、提箱及類似品除外)	4,919,045
8429	自力推動推土機、斜剷推土機、平土機、整平機、刮土機、鏟土機、挖掘機、鏟斗機、砸道機和壓路機	4,273,812
8414	空氣泵或真空泵, 空氣壓縮機或其他氣體壓縮機及風扇; 含有風扇之通風罩或再循環罩, 不論是否具有過濾器均在內	3,689,204
8409	專用或主要用於第8407*或8408*節引擎用零件	2,933,685
8445	紡織纖維處理機; 精紡機, 併紗機, 撚紗機及其他紡紗機; 搖紗機或繞紗機 (包括繞緯機) 及其他適用於8446*或8447*節機器之紡紗處理機	2,933,685
8415	空氣調節器, 具有電動風扇及變換溫度及濕度元件, 其不能單獨調節濕度者亦在內	2,560,431
8481	管子、鍋爐外殼、槽、桶或其類似物品用栓塞、旋塞、閥及類似用具, 包括減壓閥及恆溫控制閥	2,302,217
8483	傳動軸 (包括凸輪軸及曲柄軸) 及曲柄; 軸承殼及平軸承; 齒輪及齒輪裝置; 滾珠螺桿; 齒輪箱及其他變速器, 包括扭矩轉換器; 飛輪及滑輪, 包括滑輪組; 離合器及聯軸器 (包括萬向接頭)	2,088,515

表4　附表2

85	電機與設備及其零件; 錄音機及聲音重放機; 電視影像、聲音記錄機及重放機; 以及上述各物之零件及附件	115,255,000
8542	機體電路及微組件	21,955,737
8540	熱離子管、冷陰極管及光陰極管 (如眞空、蒸氣或充氣管、汞弧整流管、陰極射線管、電視攝影管)	17,940,698
8541	二極體, 電晶體及類似半導體裝置; 光敏半導體裝置, 包括是否爲之集合或製造成組件之光伏打電池; 發光電極體; 已裝安之壓電晶體	8,341,633
8536	電路開關, 保護電路或聯接電路用之電器用具 (如開關、繼電器、熔絲、突破遏止器、插頭、插座、燈頭、接線盒), 其電壓未超過1000伏特者	7,306,322
8517	有線電話或電報器具, 包括載波電流系統用器具	5,085,033
8529	專用或主要用於第8525*至8528*節所屬器具之零件	4,307,320
8532	固定、可變或可預先調整之電容器	4,232,169
8522	第8519*至8521*節所列機具之零件及其附件	4,214,660
8528	電視接收機 (包括影像監視器及影像投射機), 不論是否拼裝有無線電廣播接收機或音影錄放器具者均在內	3,686,895
8537	控電或配電用板、面板 (包括數值控制面板)、機櫃、檯、箱及其他基板, 裝配有第8535*或8536*節所列二種或以上之器具, 包括裝有第90章所列之儀器或器具者, 第8517*節所列之電訊交換器具除外	2,525,038

中日商品貿易相互依存的關係, 還可以從表5的資料得到進一步的證實。日本在近5年中間產品出口一直占總出口的40%左右, 但是日本出口到我國的該類產品卻占到對我總出口的60%, 遠高出對其他國家的平均水準。至於機械設備類產品所占的比例, 則日本對我輸出與對其他國家輸出的型態相同, 都占到25%左右。因此, 我國的產業以及出口產業的發展高度依賴日本供應的加工原料與零件。於是, 當國內產業以及出口產品結構快速改變的期間, 對日本進口零組件的依賴度會增加。這是無法避免的現象。

表5　日本出口商品結構, 按世界銀行10大產業分類, 1988–1991

日本商品分類出口比率

單位: %

	農林漁牧狩獵產品	食品加工業產品	飲料及菸草業產品	礦業及能源產品	建築材料	中間產品 A類A	中間產品 B類B	非耐久消費財	耐久消費財	機械設備	運輸設備
1988	0.10	0.60	0.05	0.15	0.16	10.82	28.33	3.74	8.04	25.18	22.83
1989	0.10	0.55	0.05	0.16	0.17	10.81	29.44	3.59	7.47	25.58	22.09
1990	0.10	0.51	0.06	0.12	0.16	10.10	29.52	3.91	7.53	25.55	22.45
1991	0.09	0.47	0.06	0.13	0.16	10.08	29.60	3.84	6.90	26.39	22.27

日本出口至台灣商品分類出口金額

按世界銀行10大產業部門分類

單位: 日幣百萬元

	農林漁牧狩獵產品	食品加工業產品	飲料及菸草業產品	礦業及能源產品	建築材料	中間產品 A類A	中間產品 B類B	非耐久消費財	耐久消費財	機械設備	運輸設備
1988	2,325.1	40,360.5	1,530.4	6,370.9	3,112.3	774,198.4	666,841.4	62,886.0	57,356.4	468,314.5	60,639.2
1989	3,540.1	43,809.1	1,397.6	6,207.2	4,268.0	502,802.0	767,342.6	75,471.8	84,748.5	534,742.8	68,177.0
1990	2,502.8	39,555.8	1,341.7	6,210.2	5,638.9	486,978.8	834,920.1	93,814.1	94,001.6	549,796.7	86,033.8
1991	1,928.7	14,477.2	605.8	2,824.8	2,958.5	260,994.9	448,872.7	50,306.4	40,724.0	291,214.8	36,240.4

3. 中日產業內貿易發展的情形

傳統的貿易型態由於同一產業產品的種類少, 生產的方法也相當固定, 因此不容易出現產業內的貿易 (intra-industry trade)。但是近代的產業發展型態不但類似, 產品的種類繁多, 而且生產方法也各異。因此同一產業的產品可以有不同的比較利益, 進而出現產業內貿易。這種貿易發展的型態對拓展貿易的多角化, 或平衡雙邊貿易, 可以發揮很大的功能。

檢視中日間產業內貿易的發展情形, 在一些傳統非耐久消費財的項目, 我國對日貿易專業化的程度很高。不過, 在一些原材料產品, 如紗、布、紡織製品 (不包括成衣、鞋類), 未列名金屬製品, 以及機電產品 (見表6) 項目上, 中日產業內貿易指數高於非耐久消費財的指數。這表示許多我國來自日本的機電產品, 同時也是我國主要的出口產品。這也表示我國藉產品多角化以拓展對日出口方面有很大的潛力, 而且符合提升我國產業結構的目的。

三、我國對日經貿政策的檢討

中日經貿關係有其歷史的淵源, 而且促使我國經濟快速成長。不過, 近年來由於雙邊貿易差額不斷擴大, 經濟部提出多項推動產業科技發展方案, 除了謀求建立國內產業科技發展環境外, 也希望能改善對日貿易逆差。這些方案舉其要者包括了「特殊具時效性工業技術發計畫」、「推動產業研究發展綜合執行計畫」、「科技計畫推動與發展」、「科技專案成果管理計畫」, 以及「產業關鍵零組件及資訊技術引進計畫」。前四項82會計年度預算初估為13.5億元, 而最後一項81年度預算為7.3億元。

初步檢視這些計畫內容, 有下列值得討論之處。

1. 許多計畫均以改善對日貿易逆差為目的, 但缺乏具體詳細之目標, 因此不易進行事後的評估與考核。

表6　主要產業別中日產業內貿易指數的變動: 1985, 1988

國際貿易標準 分類 SITC	產業	1985	1988
84	成衣及服飾品	3.8	8.6
85	鞋類	2.4	4.2
83	旅行用品、手提袋及類似盛器	16.8	8.6
89	未列名雜項製品	63.1	57.3
65	紗、布、紡織製成品及未列名紡織有關產品	78.7	90.5
69	未列名金屬製品	52.4	89.1
75,76,77	辦公室用機械及自動處理資料設備, 電訊、錄音、及複製之器具及其零件 (包括與非用電者相對之未列名家用電器設備)	37.8	41.1
71,72,73,74	動力機械及設備、特殊工業之專用機械、金工工具機, 未列名一般工業用機械與設備及未列名零件	22.1	22.6
78,79	道路機動車輛 (包括氣墊車輛)、其他運輸設備	20.0	24.5

資料來源: 海關總稅務司署統計處編印 (1991)《中國進出口貿易統計年刊》。梁國樹〈台灣經濟自由化的未來推動方向〉。

說明: 產業內貿易指數定義為 $1 - \frac{|X_i - M_i|}{X_i + M_i}$, X_i: 出口, M_i: 進口。

2. 產業科技首重落實到產業界, 但計畫性質與內容仍主要集中在支援財團法人的研究活動。對於如何直接誘發民間產業的研發及投資活動仍無明確的做法。如「具時效性工業技術發展作業計畫」, 以及「產業關鍵零組件及資訊技術引進計畫」, 應以產業界有投資需求為必要條件, 然後擬訂計畫, 加以必要的協助。

3. 國內各大型產業科技研究機構, 其規模已達相當水準, 且編列龐大經費, 應適時進行績效評估。若政府研發機構膨脹太快, 由於國內研發資源仍然有限, 將對民間研發投資產生排擠效果。

四、結論與建議

近年來中日貿易逆差雖然大幅增加, 但主要係受景氣變動, 產業及出口商品結構快速改變, 甚至國內消費者購買力提高的影響, 基本上仍屬合理的現象。在國內投資環境進一步改善後, 配合法令規章之修定, 民間企業應會調整其投資步伐及型態, 而有助於平衡對日貿易。政府有關部門為改善中日貿易逆差, 曾提出專案, 惟其成效仍不顯著。基於這些認識, 提出以下建議:

建議	說明
1. 我國對日進口在經濟成長維持7%的成長率, 且國內積極推動六年國建的情形下, 將不易減緩, 每年仍可能維持10%的成長率。因此改進中日貿易失衡的重點應該在於擴大對日出口。	假設經濟成長率超過5.3%時, 其進口彈性為6%。中日貿易失衡之調整, 不宜消極地抑制對日進口, 而應積極地擴展對日輸出。根據日本通商白書的資料, 我國對日輸出的表現遠遜於中共。1990年中共對日輸出較1989年成長8.1%, 其中加工製品輸出成長7%。至於1990年我國對日輸出則較1989年衰退5.4%, 其中加工製品輸出減少8.7%。值得注意的是, 中共機械類製品對日輸出, 在同期間成長51.1%。
2. 短期內利用中日間深厚的各種關係, 促成關鍵技術的移轉, 以期有效平衡雙邊貿易。	技術移轉應提振民間活力, 由民間企業主導。政府應儘可能避免直接干預, 而由技術引進者與技術提供者自由交涉。如果政府過度干預, 主要依據紙上作業訂定方案或政策, 則反而無法落實而延誤技術移轉。
3. 政府為平衡中日貿易所提科技發展方案, 不夠具體而務實, 因此短期不易產生效果。為促其發生作用, 應加強事前評估及事後檢討作業。	科技發展應務實, 重視成本效益與時效。目前做法諸多浪費之處, 應全面檢討並予改進。
4. 經濟部宜針對國內企業做一調查, 全面尋求改進雙邊貿易的方法, 然後擬訂有效政策, 據以執行。	經濟部官員應充分了解中日貿易失衡之改進, 係結構性問題。在經濟成長緩慢的期間所呈現的對日入超的縮小係短期現象, 無法持續。改進雙邊貿易宜集思廣益, 多收集國內外成功打進日本市場之實例, 並予推廣, 提振企業家的信心。

日本經濟之回顧與展望

1992年5月

一、日本經濟陷入衰退之背景因素

自1986至1990年的5年期間, 日本是世界工業化國家中間最健康的經濟。企業投資與民間消費的增加, 維持經濟的穩定成長, 經濟幾乎在充分就業的狀態。持續的經常賬剩餘, 使日本變成世界最大的債權國家。

　　過去一段期間, 日本的銀行與股票市場充分提供經濟持續成長與擴張海外投資所需要的低廉的資金。目前世界十大銀行中七個是日本的銀行。不過, 便宜的資金卻使日本人喪失資金成本的觀念。以土地做擔保向銀行貸款, 購買持續上漲的股票, 使個人致富。企業不在意地高價購置海外資產。在流動性過剩的情況下, 忽視健全經營原則的銀行及其子公司對聲譽不佳的投機者, 甚至黑社會人士提供鉅額融資。

　　在這樣的環境, 三重野康於1989年11月就任日本銀行總裁, 對資產膨脹 (asset inflation) 宣戰, 提高利率、降低貨幣供給額成長率, 嚴格限制銀行的不動產融資。重貼現率在9個月中間, 由3.75%向上調整為6%; 貨幣供給額成長率由15%降低到2%以下; 經濟成長率由五%的水準大幅度下降, 1991年第四季為負0.2%, 1992年第一季可能依然呈現負成長。儘管政府預測1992會計年度的經濟成長率將達到3.5%, 大多數民間經濟學者預測經濟成長率介於1至2%之間, 是1975年能源危機以來的最低水準。

二、日本政府採行的紓困措施及可能成效

日經股價數從1989年12月的最高點38,915下降到最近之18,500左右, 跌幅高達50%。日本企業利潤率大幅度下降, 正積極推動經營之合理化與工作時間的縮短, 企業家也正在反省為擴大市場占據率, 不計成本地彼此展開過度競爭的過去做法。在1980年代後半, 日本企業花費高達3兆美元的新廠與設備投資, 5,000億美元的研究開發支出。不過, 大多數企業正在削減設備投資與研究開發支出。緊俏的資金情況也開始限制日本企業的海外投資活動。對名牌進口商品的消費支出也有所節制。由於房地產價格之下跌, 目前日本銀行問題放款餘額高達2,150億美元。

　　儘管日本工、礦業生產呈現停滯狀態, 存貨調整正在進行, 勞動力卻維持短缺的狀態。於是, 日本政府於3月31日公佈緊急經濟對策, 所採取的刺激景氣之措施, 儘可能避免勞動力供需失衡的情況進一步惡化。緊急對策的主要目的在於避免悲觀心理進一步加強, 對經濟之復甦發生不良影響。緊急對策的重點包括下列七個項目:

1. 1992年上半年度公共建設訂約發包比率提高到全年度執行目標之75%以上。

2. 增加及加速電力、瓦斯及電信事業的資本設備投資。

3. 鼓勵自動化設備投資, 克服當前人力短缺問題。

4. 縮短勞動時間, 降低電話費、促進住宅與停車場投資。

5. 對中小企業自動化投資提供信用保證及低利優惠貸款; 防止中心工廠對衛星工廠延遲貸款之支付; 公共事業對中小企業擴大發包機會。

6. 為改善資金籌措環境, 促進證券交易制度的改革, 進一步推動債券與股票市場之自由化, 檢討放寬企業持有自己公司股票之限制, 促使企業提高股利, 以提高投資股票之興趣。

7. 密切注意國內外經濟動向與國際通貨情勢, 把握時機, 機動調整金融政策。

　關於緊急對策的效果, 不少民間經濟研究機構認為, 利率向下調整的時機太遲, 政策發生效果需要經過一段期間, 民間投資依然低迷不振。而且受到資產內容惡化, 股價下跌, 資本適足性規定等影響, 銀行授信可能無法配合景氣復甦的需要。因此, 不少人主張政府仍需追加預算, 擴大公共投資, 並對投資給予減稅優惠。不過, 日本經濟雖然衰退, 其基本經濟條件仍然健全。日本勞動力勤勉而技術水準高, 而且在充分就業的狀態。日本的工廠擁有最新的設備。3月份出超高達110億美元。1992年全年出超可能達到1,200億美元。政府預算有剩餘。外國人對日本股票之投資顯著地增加。因此, 存貨調整進行一段期間, 公共投資的增加逐漸發生刺激景氣的效果以後, 日本經濟在今年下半年可能趨於復甦。就日本經濟的中期展望而言, 工作時間之縮短, 勞動力之短缺, 環境之改善, 均會促進民間投資。企業研究開發投資也不可能受到收益動向的影響而完全停頓下來。經過一段調整期間以後, 日本經濟仍然有維持四％經濟成長率的能力。

三、日本經濟衰退對全球及我國經濟之影響

日本經濟衰退對全球經濟的主要影響, 在有利方面包括:

1. 日本企業可能更重視獲利能力, 不再像以往那麼重視不計成本的市場占據率競爭。如果日本企業家的經營態度有這樣的轉變, 則其他國家企業所受競爭壓力將會減輕。
2. 經過這一次資產膨脹的痛苦經驗, 日本金融改革的腳步可能加快, 日本金融市場將更為開放, 日本證券交易制度將變成更符合國際慣例。

　至於不利的影響包括:

1. 日本的銀行將收縮海外貸款，日本企業則減少海外投資，可能減緩世界
   經濟復甦的腳步。日本銀行所持有的資產中，海外資產佔40％。在美國
   工商業融資總額中，日本的銀行融資佔16％。在加州其比率更高達35％。

2. 日本經濟達到3兆美元的規模。最近出口之增加雖然不足以帶動經濟之
   復甦，但出超持續增加，勢必加強貿易摩擦。

最後，我國從日本經濟蕭條的經驗可學習的敎訓以及我國應採行的政策，共
有下列三項：

1. 金融政策應把握時機，因應經濟金融動向而彈性調整。三重野日銀總裁
   對消除資產膨脹與維持物價穩定的堅決態度，得到國際間很高的評價。
   不過，日銀調低利率，緩和金融之時機太遲，而且過份單純地認為泡沫經
   濟與實體經濟能加以隔開，為消除泡沫經濟所採取的政策不致影響實體
   經濟。事實上，近年大量產業資金從事金錢遊戲，泡沫經濟與實體經濟有
   相當密切的關連。為消除泡沫經濟，政府仍需採行適當的土地政策。而且
   值得一提的是，我國銀行對從事金錢遊戲的廠商與個人儘可能不給予融
   資，銀行持股的金額有限，使我國面對股市崩盤所付出的代價遠低於日
   本。

2. 日本經濟之衰退可能促使日本廠商加強輸出的拓展，日本的進口卻可能
   低迷不振。再加上結構性的問題，對日貿易逆差將繼續擴大。中日貿易
   失衡如何加以縮小，關鍵零組件如何加速技術移轉，政府宜提出具體可
   行的綜合政策。

3. 日本的銀行授信能力受到限制，而面對國際資金需要殷切的1990年代，
   以我國所累積的外匯存底並每年維持適當的貿易順差，確實處於發展台
   北為區域性籌款中心的最佳時機。我國日趨強盛的經貿力量與對外投資
   的增加，亦可形成支撐台北金融中心的基本市場腹地。主管當局應與東
   京、香港與新加坡等國際金融中心所具備的條件詳細比較，儘速採取行

動, 以期實現國際金融中心所應具備的各種先決條件, 達成多年期盼的
建立一個成功的國際金融中心的政策目標。

四、政策建議

建議	說明
1. 金融政策應把握時機, 因應經濟金融動向而機動調整。	爲因應景氣之低迷, 日本銀行調低利率, 緩和金融之時機太遲。而我國在美國公布匯率報告前, 中央銀行於 5 月 9 日調高重貼現率及擔保放款融通利率各 0.25%, 顯然沒有把握時機, 加重升值壓力。從國際間對三重野日銀總裁的評價可歸納, 央行總裁應具備下列條件: (1) 熟習業務; (2) 把握時機; (3) 對經濟金融動向之本質具有洞察力; (4) 具有面對批評之勇氣; (5) 具有執行政策之膽量; (6) 對金融政策的角色應有明確的中、長期展望; (7) 行動應具一致性; (8) 取得經濟、金融界之信賴。
2. 主管當局應儘速採取行動, 實現國際金融中心所應具備的各種先決條件, 以達成多年期盼的建立一個成功的國際金融中心的政策目標。	日本的銀行授信能力受到限制, 而面對國際資金需要殷切的 1990 年代, 台北發展爲區域性籌款中心, 確實處於最佳時機。建立國際金融中心不可僅變成政策口號, 而應訂定時間表, 採取具體行動。
3. 日本經濟之衰退, 再加上結構性問題, 對日貿易逆差可能繼續擴大。政府應儘早提出緩和對日貿易失衡的綜合性對策。	政府宜依照日本做法, 設立對日貿易結構調整審議會, 評估過去所提或正在執行的各種措施的成效, 從短程、中程與長程的觀點, 研擬具體可行的緩和對日貿易失衡的綜合對策, 加速調整我國產業與貿易結構。

歐洲金融危機與世界經濟情勢

1992年10月

一、歐洲金融危機與歐洲貨幣統合

今年9月間發生的歐洲金融危機的起端在於, 同時發生德國短期利率調升與美國短期利率調降的預期。因此, 7、8月間德國馬克對美元匯率維持強勢, 尤其8月底以後加速升值的幅度。而且受美元貶值的影響, 其他歐洲貨幣也相對於馬克貶值。在馬克升值的過程, 更進一步導致市場動搖的原因是, 法國正值舉行馬斯垂克條約 (The Maastricht treaty)[1] 公民投票, 對投票結果無法做明確的預測, 以致市場對歐洲貨幣統一的信心發生動搖, 資金集中購買馬克, 而拋售在歐洲匯率機能 (Exchange Rate Mechanism)[2] 中的其他弱勢貨幣, 因為

---

[1] 歐體會員國於創設歐洲貨幣制度 (European Monetary System), 創造歐洲通貨單位 (European Currency Unit) 做為各會員國中央銀行間的清算工具與記賬單位, 並建立匯率機能 (Exchange Rate Mechanism) 後, 於1988年6月由歐體執行委員會, 積極研擬建立歐洲貨幣同盟 (European Monetary Union) 之具體方案, 提出狄羅報告 (Delors Report) 分三階段完成目標, (1) 促成歐體會員國之貨幣加入匯率機能, (2) 成立「歐洲中央銀行」, (3) 固定匯率機能內各國貨幣間的匯率, 為單一貨幣鋪路。惟少數國家對第二與第三階段的具體內容仍有爭議, 歷經3年協商, 歐體各會員國領袖終於1991年12月11日於荷蘭馬斯垂克 (Maastricht) 簽署「歐洲經濟暨貨幣同盟」協議, 該協議書中不僅列示三階段完成匯率機能的詳細步驟, 並且確定至遲在1998年年底完成歐洲貨幣統合的最終目標, 並由已達成物價穩定, 健全財政以及低水準而穩定利率的嚴格標準且具備實施單一貨幣的國家, 於1999年1月先行成立貨幣同盟, 其他國家則達到標準後再行加入。

[2] 匯率機能 (Exchange Rate Mechanism) 是歐體各會員國穩定各國間匯率的一種貨幣運作體系, 每一參與國的貨幣均有以歐洲通貨單位表示的中心匯率, 根據該中心匯率可計算出各參與國貨幣間的雙邊中心匯率; 截至今年8月中心匯率已調整過12次, 而歐洲貨幣制度的

德國採行高利率政策以控制通貨膨脹，馬克的幣值爲最穩定。

　　面對這樣的市場變動，歐洲各國中央銀行採取利率調升或匯市干預等措施加以對應。直至9月12日的一星期，德國中央銀行干預外匯市場購入義大利里拉的金額，據估計高達240億馬克。就短期集中干預的規模而言，可以說是20年來的最大干預。在過去1個月的歐洲金融危機期間干預的總金額可能達到1,500億馬克。如果不加以沖銷，則與德國中央銀行不顧外國的批評而堅持的高利率政策所追求的政策目標自相矛盾，貨幣供給額將快速增加。如果加以沖銷，則德國市場利率將居高不下，國內外利率差距將無法縮小。爲維持歐洲匯率機能，自必須繼續做代價很高的干預。不過，外匯市場的干預只是一種短期應急措施。而且如果要依賴外匯市場的干預以維持協定匯率，則必須犧牲國內金融的穩定。於是，在9月13日召開的歐洲貨幣委員會係以德國調降利率與義大利里拉貶值7%的方式做了中心匯率的再調整。惟經過這樣的調整仍無法恢復市場的信心，英鎊於9月16日，里拉於17日暫時退出歐洲匯率機能。由此可知，此次歐洲通貨危機的直接的契機在於德國與美國利率差距的擴大，以及對法國公民投票結果的心理上的不安。不過，在其背後應注意歐洲各國經濟結構上的矛盾加深的事實。第一個矛盾是，德國高利率與景氣衰退重疊，歐洲各國無法忍受高利率所帶來的傷害。另一個矛盾是，歐洲各國的經濟基本條件的差距仍然很大。

　　德國統一導致對舊東德區域必須供應大量資金，貨幣供給額維持高水準的成長; M_3 的成長率大約在8-9%之間，遠超過3.5-5.5%的成長目標。對舊東德區域的投資，政府不但給予投資補貼與特別折舊的獎勵，而且透過復興金融金庫與歐洲合作與開發組織 (馬歇爾基金) 提供低利資金。根據德國中央銀行的估計，1991年銀行對民間非金融部門融資的四分之一是，直接或間接地與舊

會員國中僅希臘未加入匯率機能，各國間貨幣對歐洲通貨單位匯率波動範圍在中心匯率上下各2.25%，但英鎊、葡幣及西幣則爲上下各6%。此外，根據1978年10月歐體決議，一旦某會員國的貨幣超強或超弱，對歐洲通貨單位匯率波動超過上下限而直接影響到整個匯率機能的穩定運作時，該國中央銀行必須採取適當措施，包括: (1) 進場干預, (2) 修正本國的貨幣政策, (3) 檢討國內的經濟政策及 (4) 調整中心匯率。

東德區域的復興有關。同時德國採取緊縮性高利率政策，對於籌措德國統一所需資金扮演重要的角色。短期利率的提高透過穩定的通貨價值而導致資金的流入，抑制長期利率的上升。因此，對舊東德區域的龐大的資金移轉所導致的財政亦字，有相當部分係以外國資金流入的方式加以彌補。

由此可知，對於必須籌措鉅額資金以促進舊東德區域復興的德國而言，採行貨幣緊縮政策是適切的。不過，德國的緊縮性貨幣政策卻使參加歐洲匯率機能的國家被迫維持高利率水準，延緩景氣的復甦。這樣的矛盾提高市場對若干弱勢貨幣貶值的預期，導致匯率的再調整。

此次歐洲金融危機，弱勢貨幣依序受到衝擊。發生這樣現象的另一個主要原因在於對採行單一貨幣的固定匯率制度的信心的動搖，加重了對歐洲各國經濟基本條件差距的憂慮。如附表所示，就勞動生產力言，德國、法國與義大利等高生產力國家與希臘，葡萄牙等低生產力國家之間，差距高達三至四倍。再就輸出競爭力的一個重要指標，單位勞動成本言，甚至在高生產力國家，德國與英國、義大利之間亦有相當大的差距，因為英國與義大利的工資水準遠超過其勞動生產力所容許的水準。

經濟基本條件有顯著差異的國家要做貨幣統合，必然會遭遇種種困難。而且通貨膨脹壓力或在其背後的財政赤字，如不加以有效的控制，則貨幣也無法加以統合。未來歐洲貨幣統合的比較可行的途徑是，先把歐洲匯率機能視為協定匯率同盟，適度發揮匯率調整機能，促使各國經濟基本條件的差距縮小，而且等到德國統一等特殊因素的影響減弱以後，再進一步規劃成立單一貨幣的固定匯率制度。

從 Bretton Woods 體制的崩潰即可了解，如無一個國家有特別強大的經濟力量，而且以這個國家為樞紐，則固定匯率制度將無法發揮功能。以這個國家的經濟成就做為其他國家所追求的目標，協定匯率才具有保證穩定的向心力。美國經濟的壓倒性的優勢動搖，導致 Bretton Woods 體制的崩潰。同理，因統一而總體經濟失衡的德國經濟喪失以往的經濟優勢。除非德國調整其總體經

濟失衡, 改善其經濟成效, 事實上以馬克爲關鍵貨幣的歐洲貨幣制度將動盪不安。經濟與貨幣統合是一件艱難的工作, 應該充分檢討可行的途徑逐步加以推動。

二、當前世界經濟情勢

歐洲金融危機加深世界經濟展望的不確定性。美國、西歐與日本經濟佔世界生產的四分之三, 而這些經濟目前均處於景氣低迷的狀態, 景氣由其谷底轉而復甦的展望不容樂觀。美國總統經濟顧問委員會主席 Michael Boskin 認爲, 世界經濟面對嚴重的成長問題 (a serious world-wide growth problem)。加拿大與英國比美國經歷更長期而且規模更大的景氣蕭條。歐洲失業率維持在略低於10%的水準。德國與日本生產呈現負成長。美國經濟成長率亦維持低水準。在世界經濟中, 只有除了日本以外的亞洲國家與若干拉丁美洲國家呈現穩定的成長。

過去部分國家的經濟成長有助於其他國家脫離景氣蕭條。不過, 目前主要工業化國家均同時陷入景氣蕭條; 一方面這些國家的相互依存程度又較以往密切, 另一方面這些國家卻沒有做好政策協調。每一國家甚至加深個別的政策錯誤, 忽視其他國家的集體勸告。多年來多數國家一再警告美國, 在景氣情況良好的時期, 如不設法減少其財政赤字, 則無法避免經濟遭遇更大的困難。多年來美國也警告世界經濟會減速, 而要求其他主要工業化國家調降利率以避免景氣蕭條。不過, 近年來美國財政赤字更爲擴大。歐洲利率居高不下。對政策協調的最大的打擊是, 今年7月慕尼黑高峰會議宣告成長爲第一優先後不久, 德國中央銀行再度調升利率。

在過去18個月, 國際金融與經濟政策協調, 可以說是處於最低的水準。高峰會議不但無法促使世界主要工業化國家調整其國內經濟政策, 甚至無法達成降低世界貿易障礙的協議。

對世界經濟展望的疑慮，便反映在最近的歐洲金融危機，而且歐洲金融危機對世界經濟可能導致種種負面衝擊。如果歐洲經濟停滯不前，日本經濟復甦因日圓升值而延緩，則美國輸出將無法成長。自從1986年，出口的成長對美國經濟成長的貢獻高達30%。在1990至91年不景氣期間，如無出口的成長，則美國不景氣的程度將加倍。

就美國經濟而言，財政政策已麻痺而無效，貨幣政策所能做的空間已不大。未來美國經濟之成長必須依賴出口的拓展。大約三分之二的美國出口係以加拿大、西歐與日本為對象。不過，這些國家經濟景氣均低迷不振。歐洲金融危機以及對歐洲經濟暨貨幣同盟信心的動搖，對歐洲經濟成長的展望帶來新的疑惑。

促進歐洲經濟與貨幣同盟的熱潮，柏林圍牆的拆除，以及東歐國家經濟的開放所帶來的狂熱，目前卻被歐洲悲觀論 (Euro-pessimism) 加以冷卻。今年第二季美國對工業化國家的出口雖然僅增加1.4%，但對發展中國家 (特別是墨西哥) 的出口卻增加了15.8%，部分抵銷了對工業化國家出口的低迷不振。不過，除非工業化國家的景氣趨於復甦，這樣的趨勢無法持續。

根據美國國際經濟研究所所長 Fred Bergsten 的看法，目前世界經濟停滯的基本原因在於，1980年代後期所發生的無法支撐的日本不動產與股票價格的高漲，美國政府與民間普遍高築債務，以及依賴赤字財政而付出很大代價的德國統一所導致的經濟的過度擴張。而且主要工業化國家政府均犯了很大的政策錯誤。

第一、西德對合併東德的代價做了錯誤的判斷。對合併的代價有所了解以後，政府仍然以擴張性的財政政策籌措舊東德區域復興所需資金，導致通貨膨脹壓力加強，利率上漲。

第二、其他歐洲國家貨幣，透過歐洲匯率機能與德國馬克相連結，維持穩定的匯率關係。因此，儘管國內經濟不景氣，利率水準卻無法加以調降。事實上，德國以高利率的方式對其他參與歐洲匯率機能的會員國輸出其緊縮性政策，並要求其他國家分擔德國統一所需資金。

第三、在景氣情況良好的期間, 美國沒有設法降低預算赤字, 以致在景氣情況不好時, 政府無法採取增加財政赤字或減稅等措施加以因應。

第四、日本不動產與股市的投機泡沫膨脹太大, 而且泡沫破裂得太遲。等到泡沫破裂, 經濟衰退後, 政府所採取的綜合性刺激景氣對策又拖延太久。

這些政策上的錯誤動搖了對主要工業化國家政府領導力的信心。每一國家儘管期待其他國家的景氣復甦會緩衝景氣衰退的衝擊, 但這些預期卻落空。國際貨幣基金預測, 今年 (1992年) 世界經濟成長率為1.2%, 雖然比1991年幾乎沒有成長略為改善, 但這個成長率僅達戰後景氣復甦期間所達到的成長率的一半。

三、結論與建議

美、日與歐洲經濟停滯不前, 最近歐洲金融危機更加深對歐洲經濟與貨幣統合, 乃至世界經濟情勢的疑慮。雖然歐洲金融危機所造成的國際匯率的混亂, 對我國的短期直接影響仍屬有限, 但如果歐洲弱勢貨幣繼續貶值, 則會影響我國出口產品的價格競爭力。假使歐洲經濟與貨幣統合不僅其進度受到影響, 甚至導致歐市國家的分裂, 則對未來歐洲貿易的拓展更有不利影響。至於從歐洲金融危機與當前世界經濟情勢可引申的政策性建議共有下列四點:

建議	說明
1. 為勉強維持匯率水準, 大力干預外匯市場, 不但會導致貨幣供給額失控, 而且要付出沈重的干預代價。	據估計歐洲主要中央銀 行在9月間為支持弱勢貨幣所做徒勞無功的干預, 大約損失40至60億美元。而且德國中央銀行又面對如何沖銷為干預所拋售的鉅額馬克的問題。我國過去也有類似的經驗。
2. 配合市場調整政策 (adjust policies to the market) 較配合政策調整市場 (adjust the markets to the policies) 更容易收效。	只要德國中央銀行維持高利率政策, 市場預測美國聯邦準備銀行可能再度調降利率, 則國際匯市將動盪不安。此次歐洲金融危機明白地告訴我們, 配合政策調整市

建議	說明
我國中央銀行於10月5日起將重貼現率及對銀行的各項融通利率調降0.5%，而且還要透過公開市場操作將金融同業拆款利率調降至6.5%左右，顯然犯了要配合政策調整市場的錯誤。此一政策措施不但違背以物價穩定為首要目標的央行政策宣示，而且為壓低利率，發動公開市場操作，甚至考慮釋出新增郵匯儲金，縱容貨幣供給額增加，將導致嚴重的後果。	場，不但徒勞無功，而且要付出很大的代價。 9月間呈報之「銀行放款流向與應有的導正措施」強調，央行對於整體信用之膨脹已欠缺控制，生產性投資之增加與放款之增加不成比例，資金大量外流，或流向房地產市場。今年1至6月全體貨幣機構對民營事業和個人之放款總額比去年底增加約8,670億元，但是今年前二季，我國民間固定資本形成的名目金額僅約1,740億元，二者不成比例。據估計，對大陸及香港的匯出匯款，自1990年10月至今年6月間合計達116億美元。本年7月底全體本國一般銀行放款餘額約4兆6,600億元中，有37.3%，即1兆7,000億元與營造業及不動產融資有關。今年7月，購屋住宅貸款的年增率為28.7%，房屋修繕貸款的年增率為26.1%，營建業(含土木工程業與建築業) 貸款增加率高達96%。與之相對照，製造業貸款年增率僅達14.7%。 尤其部分銀行的存款出現歷年來少見的負成長，相繼調升存款利率之際，央行調降重貼現率，顯然是違背市場情勢的逆向政策措施，不但時機不當，而且對央行的信譽 (credibility) 有不良的影響。當前貨幣政策的重點應該在於有效控制信用擴張的總量，加強承做生產性投資放款，提高中長期計劃性融資比率，有效控制資金用途。
3. 美、日與歐洲經濟停滯不前，大陸市場的吸引力增加，促使對大陸投資熱絡。為免資金大量外流，央行更是不宜為降低利率而刻意採行信用寬鬆政策。	政府一方面應致力於改善國內投資環境，另一方面，應設法讓赴大陸投資者充分了解其投資風險。大陸經濟已經有過熱的現象，勢必採取緊縮性政策加以調整。而且過度依賴大陸市場，將會鬆弛產業升級的努力。

建議	說明
4. 面對國際資金需要殷切的1990年代, 應該珍惜所累積的外匯準備, 加以最有效的運用。台北發展成爲區域性籌款中心, 確實處於最佳時機。主管當局應儘速實現國際金融中心所應具備的先決條件, 以達成多年期盼的建立一個成功的國際金融中心的政策目標。不過, 舉例來講, 在彰化銀行已經由日本大藏省核准成立東京分行的情況下, 我國主管當局對日本東京銀行代表處升格爲分行之申請, 在各項形式條件均具備的情況下, 卻加以拖延不予核准。以這樣的作風推動金融國際化, 要建立一個成功的國際金融中心將遙遠無期。	建立國際金融中心不可僅變成政策口號, 而應訂定時間表, 採取具體行動。

附表　EC 各國工資、勞動生產力與單位勞動成本

(1991年, EC 平均=100)

	工資	勞動生產力	單位勞動成本
德國	108	116	93
法國	114	115	99
義大利	117	112	105
荷蘭	88	97	91
比利時	112	112	100
英國	91	84	107
丹麥	103	106	98
西班牙	82	88	94
愛爾蘭	90	82	110
希臘	48	40	121
葡萄牙	32	32	100

資料來源: European Economy; 日本經濟新聞1992年9月29日。

中央貿易開發公司投資越南的
初步評估報告

1993年12月 (交通銀行)

一、中央貿易開發公司越南投資計劃組織結構
　　(見下頁附圖)

二、依據中央貿易開發公司 (以下簡稱中央貿開) 提供之資料,
　　經初步評估各項投資計劃之結論如下:

1. 堅江省造林

甲、計劃概要

1. 成立聯營公司於6萬公頃土地上進行紙漿原料之造林。

2. 總投資金額美金2,700萬元, 資本額美金1,365萬元, 越方以6萬公頃土地30年使用權作價, 佔26.74%, 中央貿開公司出資美金576萬9,000元, 佔42.26%, Astro Enterprise Incorp. (中央貿開公司百分之百轉投資) 出資美金423萬2,000元, 佔31%。

3. 1992年完成116公頃林木種植, 1993年以機械築壋完成360公頃植林, 預計1994年再完成6,000公頃植林作業。

乙、收益預估

1. 預計每公頃產出125公噸木材, 每公噸售價美金30元, 桉樹種植成林經

壹·中央貿易開發公司越南投資計劃組織結構

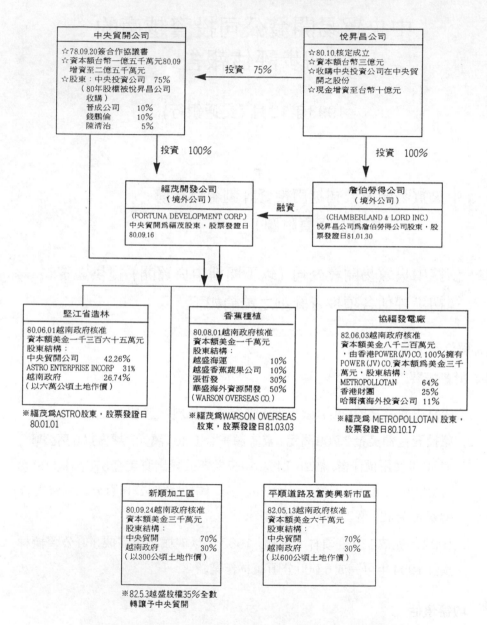

中央貿開公司
☆78.09.20簽合作協議書
☆資本額台幣一億五千萬元80.09
  增資至二億五千萬元
☆股東：中央投資公司 75%
  （80年股權被悅昇昌公司
  收購）
  晉成公司   10%
  錢鵬倫   10%
  陳清治   5%

悅昇昌公司
☆80.10.核定成立
☆資本額台幣三億元
☆收購中央投資公司在中央貿
  開之股份
☆現金增資至台幣十億元

投資 75%

投資 100%   投資 100%

福茂開發公司
（境外公司）
（FORTUNA DEVELOPMENT CORP.）
中央貿開為福茂股東，股票發證日
80.09.16

融資

詹伯勞得公司
（境外公司）
（CHAMBERLAND & LORD INC.）
悅昇昌公司為詹伯勞得公司股東，股
票發證日81.01.30

堅江省造林
80.06.01越南政府核准
資本額美金一千三百六十五萬元
股東結構：
中央貿開公司   42.26%
ASTRO ENTERPRISE INCORP   31%
越南政府   26.74%
（以六萬公頃土地作價）

※福茂為ASTRO股東，股票發證日
  80.01.01

香蕉種植
80.08.01越南政府核准
資本額美金一千萬元
股東結構：
越盛海運   10%
越盛香蕉蔬果公司   10%
張哲發   30%
華盛海外資源開發   50%
（WARSON OVERSEAS CO.）

※福茂為WARSON OVERSEAS
  股東，股票發證日81.03.03

協福發電廠
82.06.03越南政府核准
資本額美金八千二百萬元
，由香港POWER（JV）CO. 100%擁有
POWER（JV）CO.資本額為美金三千
萬元，股東結構：
METROPOLLOTAN   64%
香港財團   25%
哈爾濱海外投資公司   11%

※福茂為 METROPOLLOTAN 股東，
  股票發證日80.10.17

新順加工區
80.09.24越南政府核准
資本額美金三千萬元
股東結構：
中央貿開   70%
越南政府   30%
（以300公頃土地作價）

※82.5.3越盛股權35%全數
  轉讓予中央貿開

平順道路及富美興新市區
82.05.13越南政府核准
資本額美金六千萬元
股東結構：
中央貿開   70%
越南政府   30%
（以600公頃土地作價）

*資料來源: 依據中央貿易開發公司提供之股票影本及增資計劃書編製。

砍伐後, 可再萌芽生長2次, 共可收成3次 (該公司表示, 林木自栽植至收成約需時5年)。

2. 1993年至2003年累積盈利約美金2億4,021萬3,000元, 淨現值爲美金5,366萬元, 內部投資報酬率爲28.15%。

丙、問題

1. 栽植之幼樹曾經經歷越南30年來最大水患而浸泡於水中達3個月之久, 由於該樹種係我國林業試驗所協助選擇之優良桉木品種, 故仍能存活, 惟栽植進度已嚴重落後。

2. 對投資計劃仍未作整體評估, 有待重新評估預期收益率。

2. 新順加工出口區開發經營

甲、計劃概要

1. 建設及經營新順加工出口區。

2. 總投資金額美金8,891萬6,000元, 資本額美金3,000萬元。越方以300公頃土地50年使用權作價, 佔30%; 中央貿開公司出資美金2,100萬元, 佔70%。出口區分甲、乙、丙三區, 可容納約250家工廠, 10萬名員工。

3. 甲、乙二區已完成整地90公頃, 至年底預計可完成165公頃。至9月底止, 表示投資意願者有40餘家, 完成契約手續者有聯明紡織等19家; 聯明紡織已完成建廠, 1993年12月即可開始出貨。

乙、收益預估

1. 土地出售收入美金100元/平方公尺, 合計美金2億5,000萬元。

2. 管理維護費收入按出口金額千分之3計收, 預估每年約美金750萬元。

3. 倉儲運輸服務費收入每年約美金1,000萬元。

4. 公共建設開發服務費收入, 以美金2.64元/平方公尺計算, 每年收入約美金660萬元。

5. 1993年至2002年年累積盈利約美金2億4,894萬2,000元, 淨現值爲美金1億209萬2,000元, 內部投資報酬率爲55.26%。

丙、問題

1. 土地售價1993年爲美金60元/平方公尺, 1994年爲美金100元/平方公尺, 1995及1996年爲美金120元/平方公尺, 每年調幅分別爲66%及20%, 似嫌過高; 河內加工區目前售價僅約美金6元/平方公尺, 而國內楠梓加工出口區年租金亦僅約台幣132元/平方公尺 (約合美金4.89元), 以新順加工區每平方公尺售價之利息即可支付楠梓加工區之租金而有餘。

2. 預估土地開發完成之當年度即可全部售出, 過於樂觀。

3. 對外聯絡道路在平順道路未完成前 (約需3年半), 尚需透過胡志明市區現有道路連繫, 顯見事前未做整體規劃 (水電工程亦有相同情形)。

4. 該公司表示事前未作完整之可行性評估報告, 預期收益率與資金規劃有待重新評估。

3. 香蕉種植

甲、計劃概要

1. 在胡志明市取得2,500公頃土地種植香蕉供出口。

2. 資本額美金1,000萬元, 越盛海運公司及越盛香蕉蔬果公司各出資美金100萬元, 分別佔10%; 張哲發出資美金300萬元, 佔30%; 華盛海外資源開發公司 (中央貿開公司百分之百轉投資) 出資美金500萬元, 佔50%。

乙、問題

未提供相關之公司基本資料及投資可行性分析報告。

4. 平順道路及兩側地區闢建副都中心 (富美興新市區)

甲、計劃概要

1. 經營17.8公里平順道路及開發兩側地區總面積600公頃闢建副都市中心之基礎建設。

2. 總投資金額美金2億4,200萬元, 資本額美金6,000萬元, 越南政府以600公頃使用權50年之土地作價, 佔30%, 中央貿開公司出資美金4,200萬元, 佔70%。

3. 1993年7月9日平順道路舉行破土典禮, 選定美國 SOM 公司負責總體規劃設計, 預計於1994年1月提出總體規劃報告。

4. 道路收費站之收費年限30年。

5. 開發後副都市中心土地淨所得315公頃, 每公頃售價美金250萬元, 共計約有美金8億元之收益。

乙、收益預估

1. 預估土地售價1994年為美金250元/平方公尺 (折合台幣約22,314元/坪); 1995及1996年為美金312.5元/平方公尺 (折合台幣約27,892元/坪), 1998至2000年為美金375元/平方公尺 (折合台幣約33,470元/坪)。

2. 預估1993至2010年累積盈利美金14億2,498萬3,000元, 淨現值為美金3億4,274萬3,000元, 內部投資報酬率為64.3%。

丙、問題

1. 土地僅有使用權50年 (不含開發道路及各項公共建設之7年時間), 而開

發之社區型態爲面積達600公頃之副都市中心。倘無越南政府機構遷移
與本計劃相配合, 僅能成爲一住、商社區而已。

2. 每坪土地售價約新台幣25,000元, 如不以外國人爲銷售對象, 以越南國
民所得僅約美金270元之水準, 勢難以完成此項計劃。

3. 土地開發期限7年, 開發期間每年成本均按美金70.67元/平方公尺計算,
預估收益過份樂觀。

4. 預估整地完成後, 土地於當年度即全部售完, 過於樂觀。

5. 整地完成後, 係自行開發成社區抑或交予其他地產開發公司繼續開發,
目前方由美國 SOM 公司進行規劃, 顯示簽約前未作投資可行性分析。

6. 承辦新市區規劃之美國 SOM 公司應進行市場調查、購買力分析、開發
策略及財務規劃等詳實評估報告。

5. 籌建協福發電廠

甲、計劃概要

1. 建設一座火力發電廠供新順加工出口區和沿17.8公里道路所發展形成
之富美興新市區之需。

2. 總投資金額美金2億零500萬元, 資本額美金8,200萬元, 股權由香港
POWER (JV) CO. 百分之百擁有, POWER (JV) CO. 資本額美金
3,000萬元, 股東爲 Metropolitan Development CORP. 64% (中央貿
開公司百分之百轉投資), 香港財團25%, 哈爾濱海外投資公司 (HOIC,
Harbin Overseas Investmentcorp. 由大陸哈爾濱電廠百分之百轉投
資) 11% (股權係向中央貿開公司購得)。

3. 已向越政府租得土地20公頃以供建廠之用, 土地租金每年美金500元/公
頃, 期限50年。

4. 供電分三階段: 第一階段1993年8月發電1,070千瓦 (柴油發電機三組)。第二階段1994年增加50,000千瓦 (複循環發電機2組)。第三階段建立協福發電廠, 於1996年開始供電, 至1997年電廠發電量為375百萬千瓦 (汽渦輪發電機3組), 往後則視整體發展狀況增加250百萬千瓦。

5. 目前柴油機發電部份已完成安裝, 1993年8月正式運轉供電; 複循環發電機部份, 預定1993年10月選定設備及供應商; 汽渦輪發電機部份 (協福電廠所用機組) 已與哈爾濱電廠簽署委託設備安裝配套合約, 工程款美金8,700萬元, 現已支付20% DOWN PAYMENT, 餘80%向哈爾濱電廠融資; 貸款條件為年利率7.75%, 寬限期3年, 第4年至第10年分14期每半年償付一次 (含利息合計總金額約美金9,700萬元, 由中央貿開公司出具保證函及新順公司35%股權質押予哈爾濱電廠)。

6. HOIC 於1993年9月底以美金870萬元 (約面值之2.9倍, 資金來源為哈爾濱電廠所收20% DOWN PAYMENT 之一部份) 購買中央貿開公司所持 POWER (JV) CO. 11%股權。

乙、收益預估

1. 預計協福電廠於1996年開始售電, 每度電價美金7分, 每年調高11%。

2. 1996年至2010年累積盈利約美金7億335萬8,000元, 淨現值為美金2億1,000萬元, 內部投資報酬率為30.42%。

丙、問題

1. 第三階段之協福電廠於1997年完成後, 總供電量將達426百萬千瓦。而預估新順加工區於1996年之電力需求量約為50百萬千瓦, 富美興新市區於7年後電力需求量約230百萬千瓦, 用電負載約65.7%, 似乎偏低。

2. 向香港某發電廠購置六部舊發電設備後, 委由哈爾濱電廠整修; 據該公司表示, 可達七成五新之發電能量, 惟事前均未經詳細評估。

3. 本投資計劃對財務安排未詳細規劃,其交易過程亦有交待清楚之必要。

三、結論與建議

1. 中央貿開公司現與越南政府簽約進行之各項計劃與該公司以協助國內中小企業建立海外行銷據點為目的之設立宗旨不相符合。

2. 各項計劃在簽約前均未作成投資可行性分析,粗略預估之收益率過於樂觀。在越南政府欠缺各項完整規劃及明確之外人投資政策情形下,是否能達成預期目標,有加以審慎檢討之必要。

3. 部份投資計劃回收時間較長,且所需資金龐大 (累計達5億美元以上),中央貿開公司無法獨立自行在資金市場籌募所需之大筆長期資金,顯示該公司事前沒有做好財務規劃。另對越南之各項投資計劃中,部份投資計劃係以中央貿開公司名義直接投資,部份投資計劃則以中央貿開公司百分之百控股之各境外公司名義進行投資,其資金來源係由成立資本額遠大於中央貿開公司之悅昇昌公司百分之百控股之境外公司融資支應。何以作如此複雜之組織架構之安排,其理由有加以澄清之必要。

4. 投資獲利能否自由匯出,還本付息所需外匯應先取得越南政府核准。

5. 發電廠採用部份逾齡發電設備,目前正由哈爾濱電廠重新配套組合,據中央貿開公司表示,完成後可達七成五新之效能,似顯過份樂觀,其交易過程亦有清楚交待之必要。

6. 綜觀該公司提供之資料,顯現該公司對投資業務欠缺專業知識,且無整體規劃。建議中央投資公司應儘速成立投資評估小組,就已簽約及正洽談之投資計劃重新評估,以判斷其可行性,並就各項計劃將做如何安排,宜及早做最有利或損失最小之選擇。

7. 中央貿開公司及悅昇昌公司之轉投資金額已超越該二家公司實收資本額,顯已違反財務穩健之原則。

8. 中央投資公司對其子公司之控管應予制度化, 授權之範圍應予明確規範。

9. 據中央貿開公司巴大文小姐稱, 倘中央貿開公司違反前簽各項合約, 無需擔負財務賠償責任, 惟對該公司及本黨形象有所損害。

我國與東南亞各國之經濟合作

1994年1月

一、問題背景

區域經濟合作及塊狀經濟的發展是近年來國際經濟的重要發展趨勢。歐洲單一市場、北美自由貿易區, 以及歐洲經濟區域的成立, 使歐洲及美洲形成兩大經濟區域。東亞各國雖然是經濟成長最為快速的一個區域, 但尚未成為一個正式之區域經濟組織。因此, 東亞各國或亞太地區是否也應該成立一個比目前更緊密之區域經濟組織, 以及我國做為亞太地區的一份子應該採取怎樣的策略, 便成為值得深入探討的問題。

　　區域經濟合作的利弊可分別從貿易、投資、以及國際關係三方面來分析。區域合作對貿易的影響最常被提到的是貿易創造效果 (trade creating effect) 和貿易移轉效果 (trade diverting effect)。貿易創造效果是指同區之國家間相互降低貿易障礙的結果, 使某些原先各國自行生產的商品可以透過相互貿易來提供。這種貿易創造效果增加各國分工合作之機會, 提高區域整體之生產效率, 並降低產品價格, 提高消費者福利。

　　貿易移轉效果是指原先由區外進口之產品改由區內進口。原先無法和區外產品競爭的區內產品, 因區域合作而改用區內產品表示, 以較高成本或較低品質的區內產品來取代區外產品, 故由靜態的觀點而言, 貿易移轉將降低整個世界經濟的資源使用效率。

　　如果不完全站在靜態觀點加以分析, 則不管是由於貿易創造或貿易移轉效

果, 區內產量增加的結果, 有許多產品可能因此而能發揮規模經濟, 特別是可發揮學習效果或所謂動態之規模經濟, 而使區內長期生產成本降低。因此, 具有規模經濟之產品的區域合作是可行而有利。

區域合作的另一種貿易利益是國際競爭的效果。由於一種產品的各個生產過程分別在不同國家生產的成本較低。因此, 許多產品的生產相當分散或國際化。如果許多零組件或半成品是分別在同一個區域合作組織之不同國家生產, 則即使這種零組件貿易是由貿易移轉而非貿易創造效果所造成, 其降低個別廠商成本的作用仍可以提高這些廠商之國際競爭力。這種對外競爭力效果在區域合作的推動過程中相當重要。

相對於區域合作在貿易方面的影響, 區域合作在投資方面的影響日趨重要。區域合作對投資的影響主要可以分成靜態的分工和動態的產業傳承兩方面。由於區域合作所造成之貿易自由化, 一方面某些原先為逃避貿易障礙而進行之國際投資可能被貿易擴張所取代, 但另一方面各國在投資政策方面的合作, 也可促使一些廠商以投資來取代貿易。在區域合作促成區域間生產之分工時, 為了配合生產之分工, 許多廠商即須進行國際投資。前述一種產品各個生產階段在不同國家進行的生產國際化雖然可以經由貿易或由各國不同廠商的合作來達成, 但有些零組件若由同一廠商或關係密切之廠商在不同國家來生產可能更容易配合。因此, 為了發揮生產國際化的利益, 區域合作具有促進區域內相互投資之作用。這是靜態分工所帶來的投資。

若區域內各國經濟發展階段不同, 則在甲國逐漸失去國際競爭力之產品或生產方法將可以移至發展階段稍晚一點的乙國, 而形成所謂飛雁形的產業發展。這就是動態的產業傳承所帶來的投資。此項產品原先在甲國生產時通常有許多個生產過程或相關之上下游產業, 而甲國在經濟發展過程中通常也並非一下子就失去所有這些生產過程及上下游產業之競爭力。因此, 甲國廠商在某一部份生產過程或零組件失去國際競爭力時, 將有很高的意願到具有競爭力的國家去投資生產這一部份零組件或移轉生產過程, 以便與留在國內部份的生產相配合, 以降低生產成本, 提高國際競爭力。由前述區域內貿易合作之分析可知,

因為區域內貿易成本較低, 所以廠商將有優先選擇區域合作國家從事投資的傾向。

甲國失去國際競爭力之產業除了雇用一般通用之生產要素之外, 通常需要一些產業專用的生產要素, 如該產業之研發設計人才, 該產業專用的機器設備等, 廠商通常也會擁有一些該產業專用的技術、市場資訊、行銷管道, 以及商譽。這些產業專用的生產要素若要移到其他產業使用, 則其價值或報酬將大幅度降低。不過, 若將這些生產要素移到該產業仍具國際比較利益之國家使用, 則其報酬即可避免下降太多。故在經濟發展過程中失去國際競爭力之產業常從事對外投資以便繼續善用這些產業專用之生產要素。而為了讓這些要素順利移轉, 地理文化上較接近之國家, 以及具有密切合作關係之國家, 即成為投資之主要對象。就接受這些投資的地主國而言, 這類投資除帶來資金之外, 也使地主國以較低之成本得到技術、市場以及其他該產業專用之生產要素。因此, 這種投資對兩國產業結構調整的貢獻比一般性投資更大, 相關國家間產業的傳承將會形成飛雁形的產業發展關係。

區域經濟合作帶來的這些創造投資之效果不僅會帶動貿易往來, 長期而言也可以促進彼此之間更為密切的企業關係及投入產出關聯, 而形成緊密的互補關係。故區域合作所創造的投資將比區域合作所直接創造或移轉的貿易更能促進區域之長期合作。因此, 區域合作所創造的投資, 係站在動態經濟發展的觀點, 著重互補性的長期工業化政策, 透過生產過程中的分工合作與規模經濟以促進區域內經濟資源的更有效的分配, 提升國際競爭能力, 促進更快速的經濟發展。

區域經濟合作在國際關係方面明顯的好處是以整體的力量和其他國家或經濟集團進行貿易談判。不過, 這種利益若被過度使用, 則可能造成貿易壁壘, 乃至引發激烈的貿易衝突。故就全球的立場, 區域合作並不見得有利於自由貿易。問題是在於其他地區若已形成貿易集團, 則被孤立或較弱小之集團除了加入或組成貿易集團之外, 別無選擇。

二、建議事項

建議	說明
1. 我國應積極擴大與東南亞各國之經濟合作。	我國是貿易導向的經濟, 雖然應該和世界各國都進行經貿往來, 但其中仍有較值得加強之重點。與先進國家的關係可以促進經濟之升級並增加它們在政治上對我國之支持, 故不能放鬆, 其中尤以對美國的關係特別重要。至於對開發中國家的關係, 中國大陸對我們仍存敵意, 中南美、中亞、西亞、南美、東歐, 以及非洲各國與我國距離較遠, 經貿合作較爲困難, 而且政治上對我們之幫助亦較小。東南亞地區不僅文化及地理上皆較接近, 並有華僑和僑生做媒介, 經濟上的合作較易達成。而且此一地區又有豐富之資源和市場來與我國從事經濟合作。相對於該地區而言, 我國的資金較爲豐富, 技術水準較高。因此, 我國在此地區可扮演重要而有影響力之角色。我國積極與此地區合作, 除了消極地減輕對大陸市場及人力之依賴外, 並可積極取得資源及培養市場, 甚至可以形成一個我們具有較大影響力之集團。
2. 對東南亞之合作除了經濟上以東南亞地區做爲我國之腹地而求長期共同發展爲目標外, 政治目標上則以發展此地區成爲可和日本及中共勢力制衡之另一地區中心, 使東亞地區不致完全被日本、中共, 或美國操縱。	東亞地區目前出口市場高度依賴美國, 技術來源高度依賴日本, 而中共則在未來之市場及軍事力量方面具有優勢。因此, 東南亞各國儘管有不少之人口與資源, 卻很難和這些國家相抗衡。東亞成爲某一個強權的勢力範圍, 或形成日本和中共兩強之對抗, 對此地區人民都不是一件好事。在這些問題上, 我國和東南亞各國可說是面臨共同的問題。東南亞各國若能得到我國技術及資金之協助, 則彼此合作的結果將可使它們對日本有較大之談判籌碼, 使我們減少大陸經貿之依賴, 並促使東南亞各國和我國共同形成一個足以制衡中共及日本, 或能在兩者之間扮演一個平衡

建議	說明
	力量的勢力。這將有助於各國地位之提升與區域之和平。
3. 我國可考慮提供東南亞與我友好之開發中國家關稅優惠。	(1) 東亞各國經濟情況差異甚大，故原本即存在明顯的互補性以從事貿易。不過，各國制度、發展階段以及基本經濟條件之差異，使東亞地區短期內成為自由貿易區之機會不大，我國推動與各國合作之重點不在於成立自由貿易區，而在於投資與生產之合作。為促進生產合作，並協助各國之經濟發展，我們可仿照美國對加勒比海國家及西歐對地中海國家之做法，給予東南亞友好國家關稅優惠，使他們的產品更容易賣到我國，並籍此機會，促使我國廠商為回銷之利益而偏好前往這些國家投資。
	(2) 此項關稅優惠雖有貿易移轉之經濟面不利效果，但可移轉對大陸產品之需求，故有非經濟利益。
4. 我國和各國應研商簽訂投資及租稅合作協定。	若要由投資面來促進經濟合作，除投資保障之外，租稅及其他待遇亦應求公平並避免重覆課稅及管制，以促使廠商在經營與生產上充分依各國之比較利益在各國建立生產基地而分工合作。長期而言，又可藉廠商生產基地之國際化，而達成各國經濟整合之目標。而且提供關稅優惠之商品的選擇，應該有助於促進與我國的互補性發展。
5. 我國可獎勵或推動台商工業區開發、關聯產業集體投資，金融、貿易及其他關鍵性產業之設立等計劃性投資，以促進我國對東南亞國家投資之成長。	我國中小企業居多，因其規模之限制，中小企業對外投資亦遭遇較大的限制。政府獎勵及推動上述計劃性投資將可解決中小企業對外投資所面臨之許多困難，而藉政府或集團的力量來達成規模經濟。政府協助對外投資的這種做法，主要是要彌補廠商自己不易解決的規模經濟等市場失靈問題。不過，在政府能力有限的情況下，我們應當先就外部經濟或非經濟利

建議	說明
	益較大的地區來進行。協助東南亞各國發展具有分散我國對大陸之依賴以及促進地區勢力平衡的作用,故值得由政府優先給予協助。
6. 政府可經地主國之同意,在台商聚集處主辦或協辦中文學校,以解決台商及技術人員子女教育問題。	子女教育常是派赴國外之人員或對外投資企業所面臨之重大困難。解決這項困擾一方面有助於促進投資及技術人員之交流,另一方面也使赴外人員及其子女更能心繫本國,不致於因教育之不便而使下一代成為外國人。海外中文學校之興辦,政府宜大力協助,並應取得各國之同意與支持。
7. 我國可擴大辦理人才訓練講習,或者在大學和研究機構中設立專門學系或單位,來培訓各國各類人才,以移轉我國之經驗與技術,發揮動態的產業傳承效果。	目前我國已有一些外國人才講習班之設置,未來應可擴大規模,一方面協助這些國家發展,另一方面也促使他們的發展方向與做法偏向我國,且建立更多人際交情,而增加我國在此地區之影響力。人才培訓工作之擴大辦理,宜由政府提供更多之獎助。
8. 我們不可低估區域經濟合作的推行可能遭遇的各種困難,而且真正的問題往往是政治性的。為增進對區域合作的必要性及其共同利益的了解,我們應該廣泛收集有關資料,從事進一步的實證分析,並審慎選擇具有互補性而合作利益互惠的投資計劃。	我們應該基於亞太地區一個重要成員的認識,以務實的做法促進與東南亞國家的經濟合作,以培養彼此的信賴與尊敬。我國所選擇的投資計劃應充分發揮企業家精神,協助地主國之經濟發展。民間投資者絕不可熱衷於土地投機,對地主國經濟反而導致種種負面影響,因此而傷害彼此的關係。

再論我國與東協經貿關係

1994年2月

一、前言

自1980年代以來，全球的政經關係逐漸以經貿關係爲主軸，同時以「塊狀經濟」所代表的區域經濟整合，其發展趨勢日益明顯。在這大環境下，東南亞國協的經濟，除了菲律賓與新加坡外，正以前所未有的速度在成長，引人矚目。東協與我爲鄰，在經貿關係上是我重要夥伴，我國與東協貿易與投資往來日益頻繁。尤其在平衡兩岸經貿關係，分散我對外投資與貿易市場上，東協的地位至關重要。因此，本文擬檢討如何從全球經濟發展的觀點，東亞經濟整合的角度，以及東協各會員國本身所處的地位與特別的環境，來思考我國與東協的關係，並尋求一套「雙贏」的策略。最後在結論部分，則循兩個方向提出建議，一是全面性的原則，一是針對個別國家可採行的措施。

二、東協與區域經濟整合

東協在80年代所採行的經濟發展策略，大致上與過去亞洲四小龍所走的軌跡相去不遠。他們都重視出口，歡迎外資。在實際做法上雖然各國仍有程度上的差別，但都相當尊重市場機能，而且各國都未忽略國內物價穩定的重要性。簡而言之，這些國家的經濟發展是採取開放的市場經濟體系，而在穩定中求快速的成長。

表1　東協5國對區域內貿易額與貿易比重

單位: 百萬美元; %

	1970年		1980年		1985年		1990年		1992年	
	區域內貿易額	佔貿易總額比重	區域內貿易額	佔貿易總額比重	區域內貿易額	佔貿易總額比重	區域內貿易額	佔貿易總額比重	區域內貿易額	佔貿易總額比重
新加坡	1,141	28.42	11,958	27.57	11,649	23.73	24,459	21.52	27,557	20.31
馬來西亞	644	20.81	4,673	19.70	6,704	24.16	14,003	23.87	20,003	24.81
泰國	148	7.37	1,944	12.37	2,374	14.51	6,505	11.52	9,080	12.41
印尼	310	14.69	4,110	12.55	2,945	10.21	4,316	9.08	6,736	11.89
菲律賓	75	3.30	881	6.28	1,228	12.80	1,730	8.20	1,987	7.52
東協	2,318	17.17	23,566	18.18	24,960	18.89	51,013	17.15	65,363	17.55

資料來源: IMF, *Direction of Trade Statistics Yearbook*, 1969–75, 1987, 1991, 1993。

　　東協原先是一個地區性的政治組織, 然後逐漸擴大到經貿活動。因此在當前全球區域經濟整合的趨勢下, 容易給人一種印象, 認爲東協的成長是主要來自本身區域內的經濟整合。但根據資料顯示, 東協5國 (不含汶萊) 本身區域內貿易所占比重在1980年爲18.18%, 85年爲18.89%, 到了1990年卻下降到17.15%, 雖然到了92年微幅上升到17.55%, 但比重仍然不大, 甚至在85年後呈下降趨勢。

　　就個別國家的資料而言, 1992年新加坡、馬來西亞的區內貿易比重分別爲20%與25%, 泰、印尼只略爲超過10%, 菲國則只有7.5%。因此, 不論從趨勢變動, 或絕對水準看來, 東協經濟體本身的經濟整合並不是該地區的重要成長來源 (見表1)。

　　若將東協5國對外經濟關係擴大到整個西太平洋地區 (含紐、澳, 但不含東協本身), 則以印尼所占的比重最大, 1992年超過50%, 其餘各國也都超過30%。從1985年到92年, 除馬國外, 都呈上升的趨勢。在資料統計上, 因爲新加坡與印尼都出口石油或石油製品。如果將能源產品排除在外, 則東協各國貿易的成長受惠於東亞區域內貿易擴張的比例將更爲明顯 (見表2)。同樣的情況幾乎適用於整個東亞地區。這正是此一地區經濟發展的特色 (見表3), 透過貿

表2 東協5國對東亞區內貿易額 (不含東協本身) 與貿易比重

單位: 百萬美元; %

	1980年		1985年		1990年		1992年	
	區域內貿易額	比重	區域內貿易額	比重	區域內貿易額	比重	區域內貿易額	比重
新加坡	11,890	33.20	14,979	30.51	35,366	31.19	42,309	31.18
泰國	4,692	29.85	5,327	32.55	21,530	38.14	57,984	38.25
馬來西亞	8,287	34.93	10,178	36.69	20,369	34.71	28,324	35.12
印尼	17,135	52.32	14,231	49.32	26,110	54.96	30,144	53.22
菲律賓	4,943	35.20	3,258	32.37	7,550	35.76	9,953	37.67
東協合計	46,947	44.30	47,973	36.31	110,925	37.30	135,714	37.24

資料來源: IMF, *Direction of Trade Statistics Yearbook*, 1969–75, 1987, 1991, 1993。

表3 東亞12國對區域內貿易額與貿易比重

單位: 百萬美元; %

	1970年*		1980年		1985年		1990年		1992年	
	區域內貿易額	佔貿易總額比重	區域內貿易額	佔貿易總額比重	區域內貿易額	佔貿易總額比重	區域內貿易額	佔貿易總額比重	區域內貿易額	佔貿易總額比重
日本	8,836	23.13	77,141	28.38	90,881	29.54	169,949	32.50	204,785	35.7
韓國	1,313	46.58	13,965	35.09	20,808	33.88	53,981	40.03	67,810	42.81
中華民國	1,377	46.58	14,218	35.95	18,371	36.14	55,067	45.16	76.903	50.11
新加坡	2,120	52.80	23,848	54.98	26,628	54.24	59,823	52.64	69,866	51.50
香港	1,654	30.52	20,006	47.48	33,977	56.73	99,585	60.49	151,686	62.44
泰國	1,010	50.27	6,636	42.22	7,701	47.06	28,035	49.66	37,064	50.66
馬來西亞	1,482	47.88	12,960	54.63	16,882	60.85	34,372	58.58	48,327	59.93
印尼	1,226	58.10	21,245	64.88	17,176	59.53	29,426	61.94	36,880	65.12
菲律賓	1,021	44.94	5,824	41.49	4,546	45.16	9,280	43.96	11,940	45.20
澳大利亞	2,847	30.57	17,789	41.99	21,455	46.41	37,380	47.47	43,441	52.19
紐西蘭	673	27.27	4,529	41.57	5,283	45.11	8,954	47.15	9,406	49.44
中國大陸	—	—	17,800	46.79	40,232	57.60	72,187	63.44	106,950	68.18
東亞12國合計	23,559	31.55	235,961	38.42	303,940	41.09	658,039	45.28	865,058	49.16

註:* 1970年不包括中國大陸。

資料來源: 1.IMF, *Direction of Trade Statistics Yearbook*, 1969–75, 1987, 1991, 1993。
2.The Department of Statistics, Ministry of Finance, *Monthly Statistics of Exports and Imports, Taiwan Area, The Republic of China*, Dec. 1984, Jan. 1992, Nov. 1993。
3.Korea Foreign Trade Association, *Major Statistics of Korean Economy*, 1991。

易、投資與技術移轉等關係加強其相互依存程度。

三、我國與東協的經貿關係

檢視我國與東協的經貿關係, 在進出口貿易總量上, 東協所占的比重在1980年為7.48%, 然後持續下降到1986年的最低點5.70%, 在此之後即明顯一路上升。到了1993年該比例為9.66%。在我國對東協出口方面, 該比例變動更為明顯。在1986年東協占我總出口的5.36%, 1993年驟升為10.46%, 以絕對金額計算, 在此期間我國對東協出口增加了3.16倍 (見表4)。

就我國出口到東協的產品類別而言, 以機器設備為大宗。到了1991年除菲國外, 其餘四國機器設備占我總出口比例都超過了45%。若與1985年的數字比較, 該比例平均在當時只有27.40%, 6年後大幅提高到46.72% (見表5)。

我國對東協近年來的貿易型態深受同一時期我國對此一地區投資的影響。截至去年8月為止, 我國在東協及越南一共投資了16,022百萬美元, 共計3,294個投資案。就在當地投資金額的排名而言, 除在新加坡排名不明顯外, 在馬來西亞為第二大投資國 (僅次於日本), 在印尼、菲律賓為第三大投資國 (次於日本、香港, 或日本、美國), 在泰國為第四大投資國 (次於日本、香港、美國)。由於所引用的資料為地主國所公布的核准資料, 而香港是亞洲著名的金融中心, 因此我們有理由推測在香港的對外投資中可能含有部分台灣的資金 (見表6)。

我國對東協投資與貿易關係還可以具體反映在產業內貿易指數上。該指數介於零與一之間, 零表示在同一產業內進出口完全不重疊, 有出口就無進口, 反之亦然。若接近1, 則表示在同一產業成品與零組件的進出口貿易頻繁, 或不同品質的同類製品的進出口頻繁。從1985到91年, 製造業的產業內貿易指數從19.68%快速上升到36.47%, 這顯然與我國在東協大幅增加的投資有關。透過進一步的經貿合作, 製造業產業內貿易仍有進一步提升的餘地。

表4 中華民國對東協5國貿易變動趨勢

單位: 百萬美元; %

	總額			出口			進口			出超或入超
	金額	比重[1]	成長率	金額	比重[1]	成長率	金額	比重[1]	成長率	
1980年	2,958	7.48	24.13	1,564	7.89	16.89	1,394	7.06	33.40	170
1981年	3,047	6.95	3.01	1,690	7.47	8.06	1,357	6.40	−2.65	333
1982年	2,729	6.64	−10.44	1,672	7.53	−1.07	1,057	5.60	−22.11	615
1983年	3,045	6.71	11.58	1,874	7.46	12.08	1,171	5.77	10.79	703
1984年	3,408	6.50	11.88	1,892	6.21	0.91	1,516	6.90	29.46	376
1985年	3,258	6.41	−4.40	1,836	5.98	−2.96	1,422	7.07	−6.20	414
1986年	3,651	5.70	12.06	2,137	5.36	16.39	1,514	6.26	6.47	623
1987年	5,165	5.83	41.47	2,953	5.50	38.18	2,212	6.32	46.10	741
1988年	7,002	6.35	35.57	4,122	6.79	39.59	2,880	5.80	30.20	1,242
1989年	8,603	7.26	22.86	5,493	8.28	33.26	3,110	5.95	7.99	2,383
1990年	10,804	8.86	25.58	6,789	10.10	23.59	4,015	7.34	29.10	2,774
1991年	12,278	8.83	13.64	7,368	9.67	8.53	4,910	7.81	22.29	2,458
1992年	14,214	9.26	15.77	8,153	10.00	10.65	6,061	8.42	23.44	2,092
1993年	15,652	9.66	10.12	8,881	10.46	8.93	6,771	8.78	11.71	2,110
1981– 1993年	—	—	13.67	—	—	14.29	—	—	12.93	—

註: (1) 佔中華民國對外貿易比重。

資料來源: 財政部統計處《中華民國‧台灣地區進出口貿易統計月報》, 208期、232期、271期、1987年2月、1989年2月、1990年2月、1992年4月、1993年12月。

四、日本、韓國與東南亞的關係

日本目前在東南亞的投資, 除菲律賓居第二位外, 其餘都居首位。日本對東協的貿易關係與我國相同, 80年代在進出口比例上也是呈先降後升的情形。在出口方面, 1980年東協占日本總出口的10.04%, 1986年降到5.77%, 然後迅速上升到12.38%。就出口總值而言, 在後一段期間出口額成長了2.35倍。

韓國與東協的貿易關係, 雖然基本形態上與我國或日本對東協的關係差異不大, 但其成長率遠超過我國與日本。在1986年韓國對東協總出口為1,310百萬美元, 1993年提高到9,300百萬美元, 已超過了我國當年對東協的出口額,

表5　中華民國對東協5國出口商品結構

單位: %

	機械及運輸設備[1]					製造品[2]				
	1981	1985	1988	1990	1991	1981	1985	1988	1990	1991
新加坡	32.12	25.76	47.16	51.96	51.86	88.97	85.10	94.83	96.82	95.86
馬來西亞	32.45	35.47	49.93	54.76	52.78	91.44	89.50	95.20	97.23	97.35
泰國	40.80	26.55	41.24	43.41	45.04	89.09	72.68	91.18	91.57	93.09
印尼	40.53	38.51	41.87	45.71	45.25	80.73	82.12	85.43	92.33	93.13
菲律賓	18.50	14.70	26.74	26.00	26.55	71.63	86.81	89.64	93.33	93.60
東協5國[3]	33.01	27.40	42.59	46.39	46.72	84.32	83.74	92.00	94.55	94.91

註: (1) SITC (國際貿易標準分類) 第7類。
　　(2) SITC 第5、6、7、8類合計 (各類名稱見表5-5-2)。
　　(3) 分別由我國對東協5國各年機械及運輸設備與製造品出口合計金額除以我國對東協
　　　　5國出口總額計算而得。
資料來源:根據經濟合作暨發展組織 (OECD) 所提供1981-91年我國對東協出口貿易資料
　　　　(依 SITC 一位數分類) 計算而得。

成長率高達6.1倍。以韓國在東南亞全部的投資只有我國的十分之一左右, 但對此一地區的出口貿易量卻能超過我國, 值得注意。

五、東協經濟的展望

在未來3至5年, 就下列情勢, 可研判東協的經濟發展趨勢:

1. 東協在去年簽訂了「自由貿易區協定」, 準備以15年的時間進行「區內自由化」。明年「世界貿易組織」即將成立, 全球貿易走向普遍自由化的趨勢將更爲明顯, 其影響力預計將超過僅以追求「區內自由化」所產生的作用。

2. 我國與日本對東協的投資雖漸趨緩和, 但目前在此一地區已累積了龐大的投資金額。由現有投資所產生的貿易效果將持續影響未來的經貿關係,

表6　台商對東南亞投資情況 (統計表)
(1) 台商在東協5國及越南投資統計表

單位: 百萬美元

	年別	協議投資金額	投資件數	排名
泰國	59–1986	577.45	157	4
	1987	307.58	102	
	1988	859.94	308	
	1989	892.20	214	
	1990	782.69	144	
	1991	583.46	69	
	1992	289.92	44	
	1993(1–8月)	115.76	37	
	小計	4,409.00	1,075	
馬來西亞	48–1986	50.39	138	2
	1987	91.00	37	
	1988	313.00	111	
	1989	815.00	191	
	1990	2,383.00	270	
	1991	1,314.21	182	
	1992	602.00	137	
	1993(1–8月)	96.40	52	
	小計	5,665.00	1,111	
菲律賓	48–1986	7.82	54	5
	1987	9.04	43	
	1988	109.87	86	
	1989	148.69	190	
	1990	140.65	158	
	1991	11.61	109	
	1992	9.27	27	
	1993(1–8月)	2.89	14	
	小計	439.84	681	
印尼	48–1986	170.00	3	3
	1987	8.40	3	
	1988	913.00	17	
	1989	158.00	50	
	1990	618.30	94	
	1991	1,056.50	57	
	1992	563.30	23	
	1993(1–8月)	31.00	11	
	小計	3,980.00	258	

表6 台商對東南亞投資情況 (統計表)
(1) 台商在東協5國及越南投資統計表

| | (續) | | 單位: 百萬美元 |
	年別	協議投資金額	投資件數	排名
新加坡	48–1986	61.62	48	13
	1987	0.01	1	
	1988	0.67	3	
	1989	0.54	1	
	1990	3.16	3	
	1991	23.73	4	
	1992	0.19	1	
	1993(1–8月)	0.15	2	
	小計	90.07	63	
越南	48–1988	0.00	0	1
	1989	1.00	1	
	1990	104.43	18	
	1991	457.66	28	
	1992	531.41	23	
	1993(1–8月)	344.15	36	
	小計	1,438.65	106	
總	計	16,022.56	3,294	

資料來源: 泰國 BOI、馬來西亞 MIDA、菲律賓 BOI、印尼 BRPM、新加坡 EDB、越南 SCCI。

編製時間: 1993年11月25日。

編製單位: 經濟部投資業務處。

而且還會成長, 只是成長率可能下降。

3. 開放性的市場經濟所具有的最大優點是具有較強的應變能力。因此儘管東協有部分國家已出現基本建設不足的情況, 成長的速度雖會減慢, 但不會改變其成長的趨勢。

4. 越南已成為新的一波投資的對象。寮、緬、印度等都有可能隨著制度的改變, 而成為在亞洲雁行理論行列中最後加入的成員。這對此一地區進行的產業分工有利, 有助於東協的成長。

表7 (2) 我國對東協5國投資金額、件數、排名及行業別 (1959-1992年, 經地主國核准)

	新加坡[1]	馬來西亞	泰國	印尼	菲律賓
投資金額 (百萬美元)	89.92	5,568.60	4,293.24	3,487.50	436.9?
投資件數	61	1,066	1,038	247	667
居外人 投資排名	13	2	4	3	3
投資排名 高於我國 之國家	日本 美國等	日本	日本 香港 美國	日本 香港	美國 日本
主要投資 行業	(1) 紡織業 (2) 電子及電器 製品業 (3) 成衣業 (4) 塑膠加工業 (5) 非鐵金屬業 * 不包括服務 業	(1) 電子及電器 製品業 (2) 紡織與紡織 品業 (3) 橡膠製品業 (4) 木材與木材 製品業 (5) 金屬鑄造業	(1) 機械五金 (2) 電子電訊 (3) 塑膠橡膠 (4) 紡織業 (5) 化學業	(1) 紡織業 (2) 金屬製品業 (3) 化學業 (4) 木業 (5) 食品業	(1) 貿易業 (2) 紡織與紡織 品業 (3) 電子及電器 製品業 (4) 食品業 (5) 化工原料

註: (1) 台商若成為新加坡籍或取得永久居留身份者, 則列入新加坡本國投資。

表8 中華民國對東協5國製造業平均產業內貿易指數

SITC	商品項目	1981	1985	1988	1990	1991
5	化學品	25.39	34.72	45.15	43.33	47.82
6	製造品 (按原料區分)	10.85	10.75	20.57	19.66	24.01
7	機械及運輸設備	29.18	28.55	35.34	42.51	41.47
8	雜項製品	21.28	8.86	29.95	29.23	35.10
5-8	製造業	20.87	19.68	30.71	34.40	36.47

資料來源: 同表6-1-1。

表9　日本對東協5國貿易變動趨勢

單位: 百萬美元; %

	總額			出口			進口			出超或
	金額	比重[1]	成長率	金額	比重[1]	成長率	金額	比重[1]	成長率	入超
1980 年	34,245	12.66	32.12	13,029	10.04	35.07	21,216	15.10	30.36	−8,187
1981 年	36,162	12.25	5.60	15,194	9.99	16.62	20,968	14.63	−1.17	−5,774
1982 年	34,303	12.67	−5.14	14,846	10.69	−2.29	19,457	14.75	−7.21	−4,611
1983 年	32,377	11.85	−5.61	15,021	10.22	1.18	17,356	13.73	−10.80	−2,335
1984 年	33,883	11.05	4.56	14,602	8.27	−6.38	19,821	14.52	14.20	−5,759
1985 年	29,481	9.66	−12.99	11,168	6.36	−20.58	19,313	14.14	−7.61	−7,145
1986 年	27,295	8.13	−7.41	12,064	5.77	8.02	15,231	12.05	−16.83	−3,227
1987 年	33,929	8.96	24.30	15,534	6.78	28.76	18,395	12.30	20.77	−2,861
1988 年	42,667	9.43	25.75	21,326	8.05	37.29	21,341	11.39	16.02	−15
1989 年	50,605	10.41	18.60	25,883	9.41	21.37	24,722	11.73	15.84	1,161
1990 年	60,886	11.67	20.32	32,888	11.46	27.06	27,998	11.92	13.25	4,890
1991 年	67,810	12.30	11.37	37,551	11.93	14.18	30,259	12.78	8.08	7,292
1992 年	70,743	12.35	4.33	40,548	11.94	7.98	30,195	12.96	−0.21	10,353
*1993 年	67,558	12.83	16.31	40,458	12.38	21.71	27,100	13.57	9.10	13,358
1980 – 1992 年			8.00			11.70			2.80	

註: (1) 佔日本對外貿易比重。(2) * 係 1993 年 1 至 10 月合計值。

資料來源: (1) 日本〈週刊東洋經濟社〉,《經濟統計年鑑》, 1981、1991、1993 年。

　　　　　(2) 日本關稅協會〈外國貿易概況〉, 1993 年 10 月。208 期、232 期、271 期、1987 年 2 月、1989 年 2 月、1990 年 2 月、1992 年 4 月、1993 年 12 月。

表10　韓國對東協5國貿易變動趨勢

單位: 百萬美元; %

	總額			出口			進口			出超或入超
	金額	比重[1]	成長率	金額	比重[1]	成長率	金額	比重[1]	成長率	
1980年	2,612	6.56	30.21	1,132	6.47	61.71	1,480	6.64	13.32	−348
1981年	2,757	5.83	5.55	1,135	5.34	0.27	1,622	6.21	9.59	−487
1982年	3,226	7.00	17.01	1,323	6.05	16.56	1,903	7.85	17.32	−580
1983年	3,472	6.86	7.63	1,406	5.75	6.27	2,066	7.89	8.57	−660
1984年	3,863	6.45	11.26	1,408	4.81	0.14	2,455	8.01	18.83	−1,047
1985年	4,221	6.55	9.27	1,524	5.03	8.24	2,697	8.66	9.86	−1,173
1986年	3,375	5.09	−20.04	1,310	3.77	−14.04	2,065	0.54	−23.43	−755
1987年	4,827	5.47	43.02	1,967	4.16	50.15	2,860	0.97	38.50	−893
1988年	6,475	5.76	34.14	3,049	5.02	55.01	3,426	6.61	19.79	−377
1989年	8,121	6.56	25.42	3,974	6.37	30.34	4,147	6.75	21.04	−173
1990年	10,148	7.52	24.96	5,062	7.73	27.38	5,086	7.28	22.64	−24
1991年	13,220	8.62	30.27	7,103	9.88	40.32	6,117	7.50	20.27	986
1992年	15,632	9.87	18.25	8,577	11.19	20.75	7,055	8.63	15.33	1,522
*1993年	16,500	9.93	5.55	9,300	11.28	8.43	7,200	8.59	2.06	2,100
1981-1993年	—	—	16.24	—	—	20.30	—	—	13.00	—

註: (1) 佔韓國對外貿易比重。(2) * 係初估值。

資料來源: (1) 韓國貿易協會〈韓國經濟的主要指標〉, 1992年、1993年。

　　　　 (2) 韓國貿易協會〈主要經濟指標〉, 1994年1月5日。

六、建議

建議	說明
1. 基於我國位處西太平洋樞紐的位置，東協經濟將繼續成長，進一步加強我國與東協，尤其是菲、印尼、越的多邊關係，將更有利於發展台灣成爲亞太營運中心的目標。具體做法包括：	
(1) 在東南亞爲數衆多的僑胞是助我拓展當地經貿的重要資產，應檢討加強當地僑敎以及回國僑生的教育。	
(2) 加強對東南亞地區的研究。	
(3) 我對東協貿易與投資仍有進一步拓展空間，應加掌握。	具體做法包括：協助設立工業區，擴大設立金融機構服務網，加強我國產品之品管並輔導機械代理商之產品售後服務能力，並由雙方民間商會或產業公會締結姐妹會方式，加強業界關係，促進雙邊貿易與投資關係。
2. 對印尼關係	
(1) 加強雙邊政府與民間的往來，以印尼特殊的國際地位爭取支持我參與國際活動。	印尼目前爲不結盟國家會議議長，且居東協龍頭地位。
(2) 提供印尼農業技術，中小企業發展經驗，對平衡印尼的產業結構與城鄉發展當有助益。	我國過去在糖業發展上對印尼曾提供協助，目前國內擁有充沛的農業技術人才可予利用，以協助其農漁技術之提升及農產加工廠之建立與發展。我對印尼投資在東協中案件最少，但金額最大，顯然我中小企業前往投資者不多。
(3) 結合印尼或其他東協國家，共同投資越南，開發柬、寮，以經濟合作促成地區的政治穩定與經濟繁榮。	
(4) 針對巴潭島開發緩慢及我中小企業不積極赴印投資情形找出原因，予以解決。	
(5) 在重化工業發展上，尤其天然氣之開發，應可找出雙方合作項目予以積極推動。	

建議	說明
(6) 加強自印尼進口石油、天然氣、煤、鋁、橡膠、紙漿等原料, 以分散我國之進口來源。	
3. 對菲關係上, 菲國目前經濟已脫離谷底, 國內供電及治安情形也有改善, 菲國在今年極可能達到五％的成長, 頗具成長潛力。	
(1) 我國已參與菲國基礎建設的投資, 隨著這些投資的次第完成, 當可帶動新的投資, 對這些投資政府應予整合規劃, 並給予必要的協助。	投資廠商組合上、中、下游 業者整體行動, 將可解決相關工業配合所遭遇之困難。
(2) 發展雙方農漁業、觀光旅遊業的合作關係。	
(3) 協助菲國推動公共建設, 改進其醫療衛生設施。	
4. 在對泰國關係上, 我國目前在泰國投資金額超過40億美元, 爲當地第四大投資國, 案件超過1千件。以此爲基礎, 應妥爲利用此一優勢, 拓展雙邊關係。我國可採行的措施包括:	
(1) 加強與當地僑商與台商的聯繫工作, 鞏固雙邊經貿關係。	
(2) 泰國北邊有種植鴉片問題, 可提供農耕技術及土地使用保育方法, 協助其解決區域發展上所遭遇之特殊困難。	
(3) 擴大對在台泰勞的服務, 以保持良好的雙邊關係。	
(4) 鼓勵雙邊金融機構進一步往來, 加強雙邊經貿關係。	

我國對外援助經驗之檢討與建議

1994年3月

一、對外援助現況分析

目前我國對有邦交國家及友好國家的援助, 主要方式有技術援助、人道救濟及政策性貸款三種。茲分述如后:

1. 技術援助

技術援助又分派遣技術團赴國外服務及在國內爲友邦人士開辦技術訓練兩類。從1959年迄今, 前後與68個國家合作, 派遣技術團隊共計102個, 派駐技術人員共達1,994人。目前仍在32個國家派駐44個技術團, 派駐人員爲403人。關於技術訓練方面, 自1962年3月至1993年6月止, 共舉辦各種訓練講習班194班, 代訓來自80個國家之學員1,676名。另經濟部海合會亦與外交部合辦委訓計劃, 參訓人數已逾千人。

2. 人道救濟

從1988年至1992年, 接受我國災難人道救濟之國家共有58國, 援助金額共計1億595萬8,800美元。

我國政府自1990會計年度起, 正式在外交預算下編列「國際災難人道救濟」一項, 作爲賑濟國際社會災難之用。我國國際災難人道救濟經費如下: 1990會

計年度334萬美元; 1991會計年度3,580萬美元; 1992會計年度6,044萬美元。
以三個會計年度合計, 國際災難人道救濟經費為9,958萬美元。

3. 政策性貸款

政策性貸款之目的在協助友邦國家紓解其財政困境, 支援開發中國家改善其經
貿體質, 並拓展雙方關係。自1984年迄今的10年當中, 外交部承諾之政策性貸
款總額為8億5,063萬美元, 實撥金額為6億5,441萬美元。另由經濟部海合會
基金承諾對外貸款2億5,585萬美元, 實撥金額為6,856萬美元。換言之, 近10
年來我國對外承諾貸款總額約為11億648萬美元, 實撥貸款總額為7億2,297
萬美元。

　　一般而言, 各先進國家對外援助方式主要有三: 1. 技術援助; 2. 捐贈; 3.
貸款。由以上資料顯示: 目前我國援外工作係以提供技術援助為重點, 以提供
貸款為輔。就國外情形而言, 美國、德國之援外以提供援款或實物捐贈為主; 日
本則以需償還資金之貸款為主; 挪威、瑞典之援外則以技術援助為主。

二、援外有關問題之探討

從過去的援外績效加以判斷, 我國對外援助未能發揮最大的功效, 除了受限於
極為有限的援外金額外, 對外援助機構事權不一, 是一項主要限制因素。此外,
尚未建立一套有效的審查及管考辦法, 亦是值得吾人正視之問題。茲就各項問
題分述於后:

1. 援外金額不足

各先進國家的援外政策、援外機構與援外方式雖有所不同, 但進行對外援助的
本質卻大致相同。美、日等國對外援助所作的努力, 可透過援外金額與援外金
額占各該國 GNP 百分比加以比較。

　　就援外金額而言, OECD 於1991年公布之統計資料顯示: 美國與日本領先各國, 當年援外金額分別爲115億與109億美元; 13個 OECD 會員國1991年平均援外金額爲43.2億美元。以我國情形論, 1993年度援外金額約爲新台幣33億元, 折合當年美金僅1.2億美元。附表1資料顯示: 我國之援外金額遠低於美、日兩國與 OECD 各國。

　　聯合國設定理想援外目標爲, 各國援外金額至少佔該國 GNP 之0.7%。1991年挪威以其 GNP 之1.14%用於援外, 居西方國家之首; 就整體 OECD 而言, 該年度 OECD 會員國總援外金額佔 OECD 會員國合計 GNP 之0.34%。平均而言, OECD 總援外金額佔 GNP 百分比約爲聯合國設定理想目標的50%。就我國情形而言, 1993年度之援外金額僅佔該年度 GNP 的0.06%, 尚不及0.7%的十分之一, 遠低於聯合國設定之理相目標。

　　不論就上述那一項標準加以觀察, 我國歷年來之援外金額可考慮逐步加以增加。

2. 援外機構事權不一

OECD 各會員國多設有專門援外機構或基金從事援外工作。例如, 挪威援外機構有二: 1. 合作開發部, 爲一部會性質組織; 2. 援助署, 隸屬外交部。丹麥、瑞典援外機構爲國際開發合作署, 均隸屬外交部。荷蘭援外機構爲合作開發部, 爲一部會性質組織。美國援外機構爲國際開發合作總署, 隸屬國務院。由此可見, OECD 各會員國之援外工作多由一專門機構負責, 援外事權統一, 且多半由外交部或具備部會性質之單位負責執行。

　　反觀我國, 我國援外機構有二: 1. 海外技術合作委員會 (簡稱海外會), 隸屬外交部; 2. 海外經濟合作發展基金管理委員會 (簡稱海合會), 隸屬經濟部。由此可知, 我國原先經由外交部之政策指導, 透過海外會加以運作, 並由農委會提供相關技術以推行援外工作; 1988年經濟部成立「海外經濟合作發展基金」, 透過海合會加以運作, 對我友好開發中國家提供貸款及技術援助。綜合以上說

明, 我國援外工作係由外交部與經濟部共同負責, 事權不一, 不易有效研擬對
國家整體利益最爲有利之援外政策。

3. 缺乏一套有效之審查暨管考辦法

我國海外合作發展基金因成立伊始, 人手有限、經驗欠缺, 故無法自行評估貸
款申請案。目前僅訂定「籌組專案評估小組作業要點」, 以簽約方式委託合乎條
件之顧問公司、金融機構或研究機構辦理評估。外交部援外工作, 雖進行時間
較久, 但亦無足夠之經驗、人才。職是之故, 訂定一套有效的援外審查暨管考辦
法確有其必要。

三、建議事項

綜合以上分析, 爲強化我國對外援助之成效, 謹研擬下列三點建議:

建議	說明
1. 分三階段提高我國對外援助的總金額。	第一階段目標宜設法達到 GNP 之 0.1%, 以避免財政之過度負擔; 第二階段目標設法達到 GNP 之 0.4%, 相當於德國的比例; 第三階段目標設法達到 0.7%, 相當於聯合國理想之比例。而且由於當前國家財政吃緊, 政府預算緊縮, 援外金額來源以採逐年編列預算的方式籌措爲宜。
2. 整合援外機構事權, 由專門機構負責推動援外工作, 以改善現行對外援助執行單位由外交部與經濟部共同負責所衍生之諸多問題。	可參考 OECD 各國援外工作由某一特定機構負責之作法, 對內可避免業務重覆, 對外可增進援外工作之成效。
3. 建立一套有效的撥款、管理暨考核辦法, 包括: (1) 以專款專用爲原則, 避免接受援助國家將受援款項挪作他用;	我國對外援助應多檢討過去累積的經驗, 促使接受我國援助的國家切實改善其投資環境與生活水準, 並有助於改善雙邊關係, 以發揮預期的效果。

建議	說明
(2) 爲確保專案經援之效益, 撥款進度應依工程進度或其他具體指標而分段辦理;	
(3) 對外援助之地理分配應配合我國政策導向, 以擴大未來經濟活動空間;	
(4) 參考德、法、日等先進國家作法, 借助 IMF、世界開發銀行、亞洲開發銀行之貸款評估報告, 選擇可承作之貸款申請案;	
(5) 可參考亞銀、世銀等國際開發性金融機構之作法, 評估每一貸款申請案, 並加以嚴格控管; 或者委由具有評估能力之專業機構加以評估, 以確保援外貸款之績效與債權。	

附表1　1991年我國與世界各先進國家援外金額一覽表

	援外金額 (單位: 億美元)	援外金額佔 GNP 之百分比 (單位: %)
挪威	12.0	1.14
丹麥	12.0	0.96
瑞典	20.0	0.92
荷蘭	27.0	0.88
法國	95.0	0.80
芬蘭	9.0	0.76
加拿大	26.0	0.45
比利時	8.0	0.41
德國	68.0	0.40
英國	32.0	0.32
日本	109.0	0.32
義大利	29.0	0.25
美國	115.0	0.20
中華民國	1.2	0.06

資料來源: OECD 統計資料整理而得, 轉引自《我國援外政策及執行成效》, 外交部, 1993年12月。

對日本貿易問題與對策

1994年4月

一、問題背景

日本是我國最主要的貿易對象之一，由日本進口之金額達到我國總進口的30％，但對日本之出口卻僅占我國總出口的10％，致使對日貿易長期呈現鉅額逆差，去年逆差金額更高達142億美元。這種鉅額入超及我國產業長期對日本技術及零組件的依賴在國內常引起許多人士之不滿。然而在開放的國際貿易體制下，雙邊貿易收支本來就沒有平衡的必要，我國對不少其他國家以及對所有國家合計亦有鉅額的出超。因此，對日本逆差的問題應不是我們關心的重點。我們應該關心的是，爲什麼我們必須進口那麼多日本產品，爲什麼我們對日本的出口無法順利拓展而使我國在日本之占有率節節下降，以及我國目前對日本零組件及技術的依賴是否會阻礙我國未來的經濟發展？我們要研究的是消除這些不利因素的策略，而不是爲降低對日貿易之逆差而限制自日本的進口。

二、建議事項

建議	說明
1. 我國自日本進口雖持續增加，但多數進口和經濟之升級有關，不可採取任何消極性的行政措施加以阻	日本在我國進口中之占有率雖然很高，但和1986及1987年之最高點相比，已下降了四個百分點。而且自日本之進口多半是廠商在衡量過成本和效益之後所做的決定，從個別廠商的立場一定是有利的。因此，除非這

建議	說明
止。	類進口有明顯的外部性不利影響，否則我們不須加以阻止。而由個別廠商來看，使用日本零組件及機器的目的常是爲了降低成本或提高品質，有助於產業的升級。近年來對日本關鍵零組件更形依賴的原因之一也和產業升級有關。在1980年代初期，我國發展勞力密集產業已有多年，各種相關的產業逐漸建立起來，因此，須要依賴進口關鍵投入的情況較少。1980年代中期以來，我國產業升級，而這些新發展的產業所需之投入卻不是在國內已有乃至已能生產，故對進口投入之依賴反而增加。我們對因升級而造成這種依賴不必過份擔心，而各種產業在國內發展到一定程度之後，有些關鍵性投入品產業亦會逐漸建立起來。
2. 小型經濟不可能自行生產全部關鍵性投入，而應只挑選符合比較利益或確實遭受壟斷、剝削或控制的關鍵性投入品做爲優先發展的重點。因此，依賴日本生產的關鍵投入品是結構性問題。	目前各種生產多走向全球化分工，我們不可能也不必讓各種產品的重要投入品都自己來生產。以我們的經濟規模來說，我們所生產之產品必有很多投入品，仍需長期依賴外國。若某項投入我國確實具有比較利益，則該投入品應該會自然地逐漸改在國內生產。只有當某項投入被賣方壟斷，以致必須付出較高的價格，不能得到品質最好的產品，或者被限制出口地區等，而使我國產品因而不能正常發展時，或者當這項投入或其技術的發展可能幫助其他產品與技術之發展時，我們才有必要自行生產。就當前情形來看，購自日本之投入品確實常有上述壟斷與控制的情形，而對日本投入品的依賴也可能相對降低部份廠商研發上之努力。故我們有必要認定這類產品，向日本廠商交涉，並考慮是否設法在國內自己生產。但對其他產品而言，繼續自日本進口並無不妥。
3. 近幾年我國對日本出口成長率偏低的原因是傳統勞力密集或低技術產品大量被開發中國家取代，而新興高技術產品卻仍不易打入日本市場所致。今後這種情勢應可逐漸改善。至於最近幾個月來，我國出超鉅幅減少，也得以產業結構調整過程中的過渡現象加以解釋，因爲勞動密集產品喪失競爭力或將生	利用固定市場占有率方法 (CMS) 來分析，如果我國各產品在日本能維持1988年之占有率，則我國目前對日本的出口應能再增多30%左右 (附圖1)，可見近幾年來我國產品在日本市場的占有率大幅下降。根據日本細項產品進口資料的分析，若把1988至1992年間我國在日本進口中占有率降低而大陸占有率提高之產品當成大陸替代我國產品，並以台灣與大陸占有率變動百分比較小者當成被大陸替代之占有率，則被大陸替代之金額約爲我國1988年出口金額的25% (附表1)，而其中又以替代高度勞力密集產品或低度技術人力密集產品居多。高度技術人力密集產品被替代的約8%，中度的約13%，而低度的則達37%。若採不同分類方式來看，非耐久消

建議	說明
產基地外移後，技術密集與資本密集產品雖逐漸擴大其生產比重，但仍不足以抵銷勞動密集產品出口之減少。	費財我國產品因市場占有率被大陸替代而少出口的金額更達1988年該類產品出口值的81%（附表2）。整體而言，這些替代使大陸對日本之出口增加了約12%。這種估計方法當然有誇大大陸的替代效果，因為有些我國出口占有率的減少並不是被大陸替代，而有些大陸占有率的增加也不是替代我國產品。不過，我們即使把東南亞開發中國家及其他三小龍加在一起來進行上述之推算，也就是假設這些國家都先相互替代，剩餘的部份才來替代我國產品，則我們得到的應是一個低估被替代金額的數字，但我們仍發現，整體而言，這些國家替代了我國許多產品在日本原先占有之市場。因為我國在日本市場占有率下降，所以這種替代在1988年使我國對日本出口值共計減少35%（附表3）。換言之，東亞各國占有率的增加幾乎完全解釋了我國在日本占有率的下降。而由附表4中亦可看出這些替代仍較集中在高度勞力密集或低度技術人力密集產品。我們的問題是勞力密集產品對日本之出口固然被開發中國家所替代，但我國出口結構近年來也已快速移向較為資本密集及技術密集之產品，例如高度技術人力密集產品占總出口的比例近年來已由18%提高到29%，但這類產品所占對日本出口的比例卻仍維持在17%（附表5、附表6）。如果這類產品在日本也能有正常的成長，我們對日本的入超即可縮小。而由最近有些日本廠商開始採購我國個人電腦等高科技產品的現象看來，新興產品對日本的出口成長率應可逐漸提高。
4. 我國技術密集和高科技產品在美國和歐體等其他市場皆有相當顯著的出口成長實績，不易賣到日本的原因之一可能是日本有形無形的貿易障礙，必要時可據以向日本提出質疑。	日本人士常以我國產品品質水準不夠做為少進口台灣產品的藉口，國人也頗有同感。不過，目前我國高度技術人力密集產品占美國及歐體之出口已分別達到27%和36%，但在對日出口中卻僅占17%，高科技產品占對美國、歐體、和日本出口的比例則分別是36%、50%、以及24%（附表7）。由此可見，我國新興高技術產品已能大量銷售到其他先進國家。特別是歐洲國家對品質一向也要求頗嚴，而我國1986年以來不僅對歐洲出口快速成長，這類高技術產品的比重也大幅度提高，顯示這類產品不易銷售到日本必有其他因素。例如這類產品是否使用了日本零組件而不易乃至不得銷售到日本，日本產品規格是否與眾不同而使我國產品不易輸入，或者日本的銷售管道有排他性而不願意購買我國產品，都是我們

建議	說明
	值得研究的問題。
5. 我們應主動在日本建立產品行銷管道。	外國產品不易賣到日本的原因之一，是日本國內的銷售管道多和生產事業密切結合，因此不太願意銷售外國產品。若外國產品是大量生產之大宗產品還較可能因為價格、競爭的因素而不得不採用。而我國較有競爭力的新興產品卻常屬少量多樣化，以品質和設計不同來取勝，因此很容易被日本之銷售系統所排除。而我國廠商若要自行去設立行銷管道，也常因規模太小而成本太高。故我們有必要獎勵廠商合作在日本建立我們自有的行銷管道，以銷售我國之產品。目前執政黨雖已在日本設立長期性之產品展覽場地及廠商辦公室，但仍非完整之銷售管道。張國安先生曾想到日本建立大型批發量販店，以推銷我國產品，但限於日本的法規而未能成功。遠東百貨亦有意進軍歐洲。政府宜鼓勵國內百貨公司、連鎖店設法進軍日本。若百貨公司及連鎖店開不成，至少可先由展覽館兼零售做起。
6. 我們應積極引進日本技術、人才，及資金以進行合作。民間已有建立大型公司負責和日本合作的構想，政府應加以協助推動，政府也可考慮建立特定社區來吸引日本技術人才。	日本是我國的主要技術來源之一，為了取得更多日本技術及更順利進入日本市場，與日本人合作是一個有效的方法。與先進國家合作將具有促進產業升級的作用。然而日本與我國廠商合作的管道並不暢通，因此企業家高清愿等人在經濟部產諮會中發起由國內大企業家合組大型公司，以其信譽來引進或協助引進日本企業與國內企業合作。這種構想應屬可行，政府宜給予必要之協助。另外過去我們曾有引進日本退休技術人才的銀髮計畫，但成效不彰。未來要加強引進日本企業及人才，我們可考慮在適當地點建設特定社區，使其樂意前來定居。
7. 我國加入 GATT 之後，從日本進口之比例和逆差極可能會再行提高，汽車業受到的影響可能最大，但是否對汽車工業的發展有不利的影響仍視廠商的因應情形而定，不宜勉強想再限制日本產品。	我國目前限制日本汽車進口，而運輸工具占日本總出口的23%（附表7），此比例超過美國和歐體幾達一倍。因此，運輸工具可說是日本最具相對競爭力之主要產業。在開放日本車進口之後，自日進口金額及對日貿易逆差可能再行擴大。不過，由日本進口之汽車零組件亦可能大幅減少，而抵銷一部份上述效果。至於國內汽車廠是否會因此而大量萎縮卻也不十分確定。實際上目前大部份車廠都和日本廠商有合作關係，日本廠商私下也不願意我們立即開放日本車進口。以往國內車廠和日本廠商是在高度貿易障礙下共享壟斷國內市場的利益，因此他們既不認真移轉技術或設法降低品質，也不希望開放進口，而是在貿易保護下儘量設法擴大其在國內市場的占

建議	說明
	有率。於是，國內車廠通常同時生產多種車型以吸引更多類型的消費者而擴大其市場占有率。結果，各種車型的產量偏低，成本也就居高不下。一旦我們降低關稅並讓汽車自由進口，則成本的競爭將有迫切的重要。沒有能力降低在台生產成本的部份廠商雖然可能撤走，但一些有能力而以前未盡力的廠商卻可能會努力改善其在台灣的生產效率和品質。因此，只要有相當部份的汽車生產過程在台灣的生產成本較日本為低，日本廠商極可能反而會認真地開始協助其在台灣的合作事業，而不是放棄它們。我們不必擔心開放日本車進口對國內汽車產業會造成毀滅性的傷害。真正受傷害的只是它們原有的壟斷利益。
8. 我們宜游說日本廠商多對我國投資合作。如果這樣的投資合作不易辦到，則應積極聯合其他先進國家與開發中國家合作，以便和日本對抗。發展區域性營運中心的構想正是有利於與日本或其他先進國家廠商形成跨國策略聯盟（cross-border strategic alliances）。	在全球化的生產方式下，一個產品若分別在先進國家、開發中國家，以及介乎其間的國家生產各類國家適合生產的部份，則成本可維持最低。因此三類國家的合作應是各國從事國際競爭的重要策略。以四小龍和日本及東亞開發中國家原有之密切文化經濟關係，東亞這三類國家的合作可使東亞產品之競爭力高於北美或歐洲同類各國合作之產品。然而日本近年來似有跳過新興工業化國家而直接前往開發中國家投資合作的趨勢。自1989年開始，日本對四小龍之投資就小於對東亞開發中國家之投資。日本的這種投資方式其成本雖可能高於三邊同時合作之成本，但若日本在先進國家產製之部份，其生產效率高於其他先進國家，日本賣給其他國家的中間產品又可高價壟斷，則其他國家間的合作就不易和日本及其合作伙伴對抗。尤其是日本投資之廠商在回銷日本時又較方便。實際上，東南亞各國日商回銷日本的情形也日益普遍。因此，其他國家的合作因為缺少這項利益而更難和日本貨競爭。日本這種做法除了享有廠商方便的利益以及其他成本之考慮因素外，也可能帶有避免新興工業國家藉合作而快速追上日本之目的。不過，跳過新興工業化國家而直接與開發中國家合作的做法對日本廠商即使有利，利益仍無法變成最大。因此我們應游說對我國友好之日本企業把我國列入其國際合作生產計畫的一環。如果日本缺少合作之誠意，則我們應盡速聯合其他先進國家廠商共同對開發中國家投資，以建立三類國家間之全球化合作。這種合作方式將比只有我國與開發中國家合作更容易降低成本，也比只有兩類國家合作之日本產品更具競爭力。

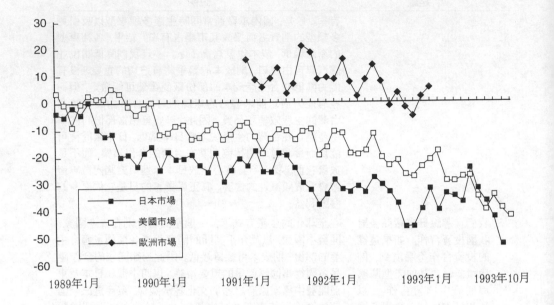

附圖1　CMS 出口競爭力分析

附表1　台灣與大陸在日本市場占有率變化之複分類

單位: %

	按投入要素密集度分											
	勞力密集度			資本密集度			技術人力密集度			能源密集度		
	高	中	低	高	中	低	高	中	低	高	中	低
88-89	2.4877	1.4161	0.3387	0.5545	2.2899	1.3981	0.3255	1.1802	2.7368	0.3160	2.4646	1.4619
89-90	2.9104	2.5091	0.4385	0.8141	3.6074	1.4365	0.5052	1.0062	4.3465	0.2310	4.3383	1.2886
90-91	2.9552	1.8721	0.7476	1.0007	2.7128	1.8614	0.8742	0.8961	3.8046	0.5992	3.2333	1.7423
91-92	3.8417	2.2128	0.2866	1.1564	3.2268	1.9579	0.4496	1.0583	4.8332	0.2151	4.3061	1.8199
88-92	14.8041	10.3130	0.8035	2.4877	15.6606	7.7723	1.2912	4.9183	19.7111	0.4693	18.2192	7.2321

	按世界銀行十大產業部門分類										
						中間產品					
	農林漁牧狩獵產品	食品加工業產品	飲料及菸草業產品	礦業及能源產品	建築材料	A 類 A	B 類 B	非耐久消費財	耐久消費財	機械設備	運輸設備
88-89	0.2174	0.2740	0.0199	0.0175	0.0289	0.2834	0.2147	2.1994	0.4837	0.5031	0.0006
89-90	0.1124	0.4728	0.0043	0.0312	0.0833	0.2239	0.5658	3.5666	0.2721	0.5230	0.0027
90-91	0.1997	0.6407	0.0008	0.0261	0.0044	0.7582	0.4990	2.8358	0.2237	0.3825	0.0041
91-92	0.1631	1.0815	0.0186	0.0266	0.0483	0.3088	0.5976	3.4487	0.1666	0.4432	0.0380
88-92	0.4275	2.4539	0.0328	0.1470	0.0261	0.8190	1.9218	16.3010	1.6162	2.1653	0.0099

	重化工業	非重化工業	高科技產品	非高科技產品
88-89	1.2914	2.9511	0.9354	3.3071
89-90	1.1968	4.6612	0.8335	5.0245
90-91	1.4734	4.1015	0.7622	4.8127
91-92	1.0134	5.3277	0.7865	5.5546
88-92	5.2783	20.6424	4.1736	21.7470

註: 此表表示台灣產品被大陸取代的金額相對台灣出口金額的比例。

附表2 台灣與大陸在日本市場占有率變化之複分類

單位: %

	勞力密集度			資本密集度			技術人力密集度			能源密集度		
	高	中	低	高	中	低	高	中	低	高	中	低
88-89	4.4164	5.9260	1.8243	1.6212	5.3282	6.4691	1.9033	4.1848	5.1165	2.7836	4.9451	3.8879
89-90	5.1737	11.1604	2.3059	2.1966	8.5788	7.7058	2.8907	3.3436	8.6617	2.0296	8.9689	3.3912
90-91	5.1633	8.4285	3.9774	2.5630	6.6196	10.2185	5.1944	2.9268	7.4901	5.3039	6.6917	4.5108
91-92	6.5597	9.8304	1.6333	2.9064	7.8355	11.0912	2.8189	3.5199	9.1875	2.0315	9.0917	4.4747
88-92	25.2630	45.8164	4.5790	6.2523	38.0072	44.0288	8.0947	16.3294	37.4694	4.4323	38.4489	17.7819

按世界銀行十大產業部門分類

	農林漁牧狩獵產品	食品加工業產品	飲料及菸草業產品	礦業及能源產品	建築材料	A 類 A	B 類 B	非耐久消費財	耐久消費財	機械設備	運輸設備
88-89	3.4788	1.4425	19.4535	6.9358	2.5665	2.2742	1.3500	8.4786	5.6240	5.9977	0.0772
89-90	1.8898	2.2204	4.3267	13.8293	11.7983	1.6579	3.2625	16.0898	3.9985	6.0890	0.2544
90-91	3.0838	2.7589	0.9741	11.6018	0.7638	6.0152	2.7295	14.1249	3.2046	4.6028	0.2896
91-92	2.5310	4.2024	26.7690	14.2445	12.6441	2.6226	3.5092	17.2907	2.1863	5.4400	2.9502
88-92	6.6341	9.5348	47.3026	78.6220	6.8197	6.9553	11.2339	81.7276	21.2132	26.5777	0.7667

(中間產品 spans A 類 and B 類)

	重化工業	非重化工業	高科技產品	非高科技產品
88-89	3.9988	4.4378	4.4360	4.2559
89-90	3.5857	7.2405	3.8748	6.5902
90-91	4.4446	6.3011	3.5676	6.2601
91-92	3.1772	7.9844	3.7164	7.1709
88-92	16.5481	30.9229	19.7211	28.0641

註: 此表表示台灣產品被大陸取代的金額相對台灣該分類出口金額的比例。

附表3 台灣與上述國家在日本市場占有率變化之複分類

單位: %

	按投入要素密集度分											
	勞力密集度			資本密集度			技術人力密集度			能源密集度		
	高	中	低	高	中	低	高	中	低	高	中	低
88–89	5.7544	2.1631	1.0623	2.5082	4.0172	2.4544	0.9404	2.8930	5.1463	0.7152	4.9741	3.2905
89–90	4.6547	3.1418	1.5595	2.2465	4.3360	2.7735	2.1821	2.2362	4.9378	0.9252	4.7743	3.6565
90–91	4.8795	2.4752	1.4106	2.0203	4.2066	2.5385	1.6555	2.2977	4.8121	0.7921	4.6611	3.3121
91–92	4.9759	2.5985	0.9262	2.1527	4.0324	2.3155	0.9686	2.2728	5.2591	0.5319	5.0434	2.9253
88–92	20.4328	11.6060	3.0185	6.3732	18.9564	9.7277	4.0126	9.1756	21.8690	1.3826	20.3410	13.3337

	按世界銀行十大產業部門分類										
						中間產品					
	農林漁牧狩獵產品	食品加工業產品	飲料及菸草業產品	礦業及能源產品	建築材料	A 類 A	B 類 B	非耐久消費財	耐久消費財	機械設備	運輸設備
88–89	0.4792	1.7265	0.0017	0.0849	0.0405	0.9569	0.9699	2.1768	1.4090	1.1249	0.0095
89–90	0.1724	0.9018	0.0051	0.0547	0.1359	0.5486	1.7131	3.0302	1.4936	1.2942	0.0065
90–91	0.3320	1.1612	0.0006	0.0587	0.0781	1.0300	1.0192	2.9907	0.8274	1.2653	0.0021
91–92	0.3050	1.4211	0.0189	0.0557	0.0838	0.6395	1.3080	3.2335	0.5584	0.7847	0.0919
88–92	0.9605	4.7261	0.0308	0.2325	0.1641	1.8635	4.3318	13.6229	5.0839	4.0060	0.0353

	重化工業	非重化工業	高科技產品	非高科技產品
88–89	3.2273	5.7525	2.4860	6.4938
89–90	3.8701	5.4859	2.6912	6.6648
90–91	3.2748	5.4905	2.3882	6.3771
91–92	2.5321	5.9684	1.9946	6.5059
88–92	11.4759	23.5814	9.3801	25.6772

註: 此表表示台灣產品被上述國家取代的金額相對台灣出口金額的比例。

附表4　台灣與上述國家在日本市場占有率變化之複分類

單位: %

	按投入要素密集度分											
	勞力密集度			資本密集度			技術人力密集度			能源密集度		
	高	中	低	高	中	低	高	中	低	高	中	低
88–89	10.2157	9.0522	5.7212	7.3331	9.3474	11.3568	5.4992	10.2581	9.6213	6.2997	9.9804	8.7511
89–90	8.2745	13.9748	8.2007	6.0616	10.3115	14.8782	12.4849	7.4306	9.8399	8.1276	9.8702	9.6229
90–91	8.5255	11.1436	7.5048	5.1742	10.2646	13.9357	9.8365	7.5049	9.4735	7.0107	9.6467	8.5750
91–92	8.4964	11.5442	5.2779	5.4104	9.7918	13.1169	6.0725	7.5597	9.9972	5.0237	10.6484	7.1925
88–92	34.8751	51.5605	17.2017	16.0178	46.0118	55.1059	25.1557	30.4918	41.5715	13.0579	42.9300	32.7842

	按世界銀行十大產業部門分類										
						中間產品					
	農林漁牧狩獵產品	食品加工業產品	飲料及菸草業產品	礦業及能源產品	建築材料	A 類 A	B 類 B	非耐久消費財	耐久消費財	機械設備	運輸設備
88–89	7.6665	9.0905	1.6950	33.6111	3.5966	7.6806	6.0991	8.3915	16.3847	13.4100	1.2162
89–90	2.8999	4.2348	5.0945	24.2515	19.2389	4.0633	9.8787	13.6700	21.9500	15.0694	0.6011
90–91	5.1280	5.0005	0.7533	26.0706	13.5278	8.1724	5.5756	14.8962	11.8542	15.2250	0.1472
91–92	4.7331	5.5218	27.1724	29.7879	21.9209	5.4304	7.6812	16.2118	7.3293	9.6319	7.1436
88–92	14.9039	18.3638	44.4258	124.3327	42.9076	15.8257	25.3896	68.3005	66.7257	49.1699	2.7405

	重化工業	非重化工業	高科技產品	非高科技產品
88–89	9.9936	8.6505	11.7900	8.3568
89–90	11.5955	8.5216	12.5110	8.7417
90–91	9.8788	8.4350	11.1791	8.2950
91–92	7.9386	8.9447	9.4252	8.3992
88–92	35.9787	35.3284	44.3233	33.1387

註: 此表表示台灣產品被大陸取代的金額相對台灣該分類出口金額的比例。

附表5 台灣出口產品 — 依要素性質與產業分類

單位: %

	勞力密集度			資本密集度			技術人力密集度			重化工業	高科技產品
	高	中	低	高	中	低	高	中	低		
1981	44.9	36.9	10.2	20.6	52.7	26.7				32.3	
1982	43.4	36.6	20.0	20.8	52.4	26.0				32.3	
1983	44.6	37.5	17.9	19.8	51.0	28.4				32.9	
1984	45.5	37.9	16.6	20.0	52.6	27.4				34.1	
1985	43.4	38.4	18.2	21.7	51.3	26.9	18.75	33.62	47.63	34.1	27.03
1986	45.9	37.9	16.2	20.4	51.6	28.0	18.37	33.69	47.94	34.1	27.56
1987	47.7	36.9	15.4	20.7	52.0	27.3	19.30	35.30	45.40	36.7	30.03
1988	45.8	37.4	16.8	23.9	51.3	24.8	22.55	36.92	40.53	43.7	33.70
1989	43.0	38.4	18.6	27.1	50.5	22.5	24.25	38.10	37.65	43.3	33.92
1990	40.6	38.9	20.5	29.5	50.3	20.3	26.73	38.57	34.70	45.4	35.87
1991	39.7	39.4	21.0	30.3	50.8	19.0	27.23	38.52	34.25	45.5	36.24
1992	39.2	40.7	20.3	29.6	52.5	18.0	29.36	38.81	31.83	47.6	38.02

	農林漁牧狩獵產品	食品加工業產品	飲料及菸草業產品	礦業及能源產品	建築材料	中間產品		非耐久消費財	耐久耐久消費財	機械設備	運輸設備
						A類 A	B類 B				
1981	2.6	5.1	0.1	0.1	0.4	9.5	25.4	36.8	12.3	5.4	2.1
1982	2.2	5.4	0.1	0.0	0.6	10.0	24.2	37.1	11.5	5.6	3.3
1983	2.1	4.8	0.1	0.0	0.7	9.1	24.8	37.7	12.0	6.6	2.3
1984	1.9	4.2	0.0	0.0	0.5	8.7	24.5	38.4	11.4	8.6	1.8
1985	1.7	4.5	0.0	0.0	0.5	9.5	24.7	37.4	9.9	9.9	1.9
1986	1.7	4.9	0.0	0.0	0.3	7.3	24.9	37.2	10.7	11.0	2.0
1987	1.4	4.7	0.0	0.1	0.2	6.4	26.0	35.2	10.7	13.3	2.0
1988	1.7	3.8	0.0	0.0	0.3	8.0	27.8	31.4	9.8	15.5	1.7
1989	1.0	3.6	0.0	0.0	0.2	8.2	31.1	29.0	9.0	15.6	2.1
1990	0.9	3.6	0.0	0.0	0.2	8.7	35.1	25.1	7.8	16.5	2.3
1991	1.0	3.7	0.0	0.0	0.2	8.6	37.1	23.3	7.4	16.2	2.3
1992	0.9	3.4	0.0	0.0	0.2	8.6	39.2	21.0	7.1	17.3	2.2

資料來源: 1. 台灣經濟研究院; 2. 財政部海關貿易磁帶。

附表6 台灣對日本的出口產品 — 依要素性質與產業分類

單位: %

	勞力密集度			資本密集度			技術人力密集度			能源密集度		
	高	中	低	高	中	低	高	中	低	高	中	低
1989	53.56	23.98	22.46	36.93	42.80	20.27	17.86	31.29	50.85	15.14	49.47	35.39
1990	54.16	23.57	22.26	39.22	42.99	17.78	18.97	33.53	47.50	13.76	49.08	37.16
1991	54.93	23.52	21.55	40.29	42.29	17.42	17.96	33.63	48.41	12.87	50.16	36.97
1992	55.94	24.07	19.99	39.21	43.37	17.41	17.62	33.45	48.94	12.21	47.84	39.95

	農林漁牧狩獵產品	食品加工業產品	飲料及菸草業產品	礦業及能源產品	建築材料	中間產品		非耐久消費財	耐久消費財	機械設備	運輸設備
						A 類 A	B 類 B				
1989	5.37	18.00	0.11	0.17	0.85	15.51	18.06	25.50	8.50	7.26	0.67
1990	5.08	20.29	0.08	0.17	0.55	14.27	21.13	21.88	7.03	7.89	1.62
1991	5.58	22.16	0.08	0.15	0.50	13.60	21.36	19.95	7.18	7.83	1.59
1992	5.86	22.58	0.08	0.13	0.35	13.28	20.72	20.03	7.58	8.06	1.34

	重化工業	非重化工業	高科技產品	非高科技產品
1989	36.39	63.61	25.04	74.96
1990	37.34	62.66	23.93	76.07
1991	37.00	63.00	23.46	76.54
1992	36.27	63.73	24.17	75.83

資料來源: 與附表5同。

附表 7　台灣與其他國家出口產品 — 依要素性質與產業分類

單位: %

	勞力密集度			資本密集度			技術人力密集度			重化工業	高科技產品
	高	中	低	高	中	低	高	中	低		
Taiwan	39.57	40.01	20.42	29.12	52.74	18.14	29.36	38.81	31.83	48.94	38.02
Japan	30.76	29.83	39.40	43.88	43.37	12.75	64.50	30.17	5.33	85.76	70.02
American	37.12	27.36	35.51	40.65	43.68	15.66	61.66	18.99	19.35	67.95	57.73
EC	36.18	25.15	38.67	46.56	40.53	12.90	55.01	21.43	23.56	56.79	44.29
Taiwan to Japan	55.94	24.07	19.99	39.21	43.37	17.41	17.62	33.45	48.94	36.27	24.17
Taiwan to U.S.A.	47.14	44.54	8.32	14.46	64.56	20.99	27.50	38.48	34.02	44.58	36.23
Taiwan to E.C.	42.02	47.06	10.92	15.79	64.45	19.76	36.13	41.37	22.51	58.59	50.36
Taiwan to H.K.	25.74	37.95	36.31	44.61	37.20	18.19	27.44	38.81	33.75	47.31	35.78
Taiwan to ASEAN 4	29.72	36.41	33.87	46.06	41.90	12.03	38.33	38.28	23.39	60.27	44.70

	農林漁牧狩獵產品	食品加工業產品	飲料及菸草業產品	礦業及能源產品	建築材料	中間產品 A類 A	中間產品 B類 B	非耐久消費財	耐久消費財	機械設備	運輸設備
Taiwan	0.86	3.29	0.06	0.04	0.22	9.39	39.05	19.89	8.14	17.13	1.95
Japan	0.11	0.47	0.08	0.13	0.22	9.63	30.15	3.91	6.31	25.81	23.17
American	6.01	4.43	1.37	1.62	0.15	14.41	30.20	8.19	5.01	16.31	12.29
EC	3.29	6.68	1.92	1.83	0.88	14.64	26.99	12.95	3.88	14.05	12.88
Taiwan to Japan	5.86	22.58	0.08	0.13	0.35	13.28	20.72	20.03	7.58	8.06	1.34
Taiwan to U.S.A.	0.10	1.23	0.02	0.01	0.17	2.31	31.28	31.61	11.74	19.84	1.71
Taiwan to E.C.	0.25	0.40	0.02	0.00	0.13	3.50	33.97	21.94	11.83	23.98	3.99
Taiwan to H.K.	0.29	0.73	0.15	0.04	0.21	17.83	56.20	7.40	2.67	13.64	1.03
Taiwan to ASEAN 4	0.27	1.43	0.02	0.10	0.13	21.19	49.82	6.94	2.62	17.16	0.32

資料來源: 與附表 5 同。

中南美洲及南非經濟情勢研析

1994年4月

一、中南美洲一般經濟情勢

中南美洲在1992年國內生產毛額合計達7,592億美元, 爲我國同年國民生產毛額的3.6倍。人口有3.69億人, 每人國內生產毛額2,058美元, 爲一中所得經濟發展地區, 與馬來西亞水準相當。過去10年 GDP 年平均成長率爲3.1%。

　　整個中南美洲的對外貿易活動亦屬中等。1992年商品出口1,153億元, 進口1,179億美元, 商品貿易依存指數爲30.7%, 有微量逆差。惟在1980年代中南美洲商品貿易一直有很大比例的順差。在1984年商品貿易順差占商品出口的46.2%。主要原因是大多數中南美洲國家都有鉅額外債, 爲償付外債本息, 必須維持相當比例的商品貿易順差。整個中南美洲外債占 GDP 比例在1983年爲53.1%, 1992年略爲提高到54%。

　　中南美洲經濟上的另一問題就是物價極不穩定。基本原因是無法控制貨幣供給成長。從1983到92年, 貨幣供給平均年成長率爲191.5%, 使得物價水準在同一時期也大致維持相同的比例上升, 以 GDP 平減指數爲準, 年平均成長率爲192.7%, 整個地區的匯率每年均大幅貶值。在過去10年, 除1986年貶值幅度低於100, 爲86.9%外, 其餘時期貶值幅度都超過百分之一百。1989年貶值幅度達380%。

　　展望未來10年, 中南美洲的整體經濟情勢可望有較佳的表現。根據華頓經濟預測, 此一地區 GDP 平均成長率可達4.2%, 商品貿易帳大致維持平衡。因

償債關係, 經常帳會出現較大逆差, 外債水準仍持續上升。不過, 由於預期經濟
有較高的成長, 加上匯率預期貶值幅度低於國內物價上漲率。因此以固定美元
表示外債占 GDP 比例到2002年會降到43.9%, 從1996年開始, 每年物價上
漲率及匯率貶值幅度可望控制在50%以內。

二、尼加拉瓜

尼國為中美洲面積最大的國家, 人口400萬人。1992年國民生產毛額為16億
美元, 每人國民所得394美元, 出口2.8億美元, 進口8億美元, 失業率16%, 消
費者物價上升3.3%。尼國有一加工出口區, 另正規畫一自由貿易區。尼國過去
在桑定政權主政期間, 採共產制度, 沒收私人企業財產, 經濟陷入困境, 外債累
積曾高達110億美元。不過, 自1990年查莫洛總統贏得大選後, 重新建立市場
經濟, 發還過去沒入的財產, 並力謀與貸款國商議減免或清償外債。目前估計
已減少一半以上的外債。預計在1995年外債水準可降至20億美元。從1992年
消費者物價指數僅上漲3.3%的水準看來, 新政府在控制通貨膨脹上成果卓越。
　　尼國政府近年來在推動自由化經貿政策上不但可見魄力, 而且頗有成效。
首先是將關稅稅率結構大幅簡化, 只剩下四級, 分別是5%、10%、20%以及
奢侈品60%。即便連汽車關稅也在大幅調降之列, 現行稅率在10–60%之間。
此外, 尼國政府對外人投資與出口均給予租稅優惠。其他有利出口的措施包括
設立加工出口區, 以及政府嚴格控制預算, 縮減赤字等。
　　尼國政府在對外關係上另一值得重視之發展是, 在1958及59年尼國分別
與中美洲四國簽訂了自由貿易區協定及「統一關稅協定」。後者為關稅聯盟。
1990年, 尼國又聯合其他中美洲國家與墨西哥簽訂自由貿易區協定。由於此
一經濟結盟關係, 實已擴大了北美自由貿易區的範圍。換言之, 第三國可透過
對尼國的投資, 發展與北美市場密切的經貿關係。
　　尼國當前農業部門仍占整體經濟很大的比例, 尤其在出口產品方面是如此。

尼國目前正在推動一連串的農業改革計畫, 包括農貸、農地分配、研究與推廣等。我國在這方面的經驗對尼國當有很大的幫助。

我國目前與尼國貿易量非常有限, 1992年進出口合計不到1,000萬美元, 但成長率高達三倍。中尼之間政經關係穩定、融洽, 未來經貿關係應有很大拓展空間。我國在尼國的投資, 規模較大者, 僅有富太公司投資成衣廠約100萬美元, 新光集團投資500萬美元, 買下一家觀光飯店。中尼雙方於1992年7月已簽訂「中尼投資保證協定」, 將有助於今後我國在尼國的投資。

三、哥斯大黎加

哥國面積略大於台灣, 人口只有台灣的七分之一。1992年每人平均國民所得為1,790美元, 接近中南美洲的平均水準。同年哥國物價上漲16.9%, 比較其他國家仍屬穩定。經濟成長率達5.4%, 頗為矚目。哥國積極推展對外經貿活動。1992年進出口值分別為24億及18億美元, 貿易依存度為66%。哥國有兩處加工出口區, 中華工程公司在哥京設有中華加工出口區。

哥國雖然經貿活動呈穩定成長, 但出口中有三分之二為農產業及農產加工品, 而且頗為集中, 譬如香蕉一項出口就占其總出口的四分之一。哥國另一項農產品出口大宗項目是咖啡。1992年國際咖啡價格大跌, 儘管當年出口量增加了一半, 但出口值反而下降。哥國農產品出口雖然有以上問題, 但近年來總出口卻能維持相當幅度成長, 當在其他農漁產品加工出口方面有良好表現。

哥國在1992年推動一連串經貿自由化措施。為配合中美洲貿易開放政策, 普遍大幅調低關稅稅率, 或減半, 或以20%為上限。在外匯管制方面也採多項放寬措施, 外資開始回流, 利率趨降。1993年經濟成長可望再創新高, 政府財政達到平衡, 對外貿易暢旺。

哥國政治民主, 對外關係良好, 與美、墨、委內瑞拉, 哥倫比亞都有正式經貿協定。我國與哥國一直維持良好的政經關係。雙方有密切的經貿貸款, 投資

合作, 技術合作以及貿易推廣活動。1992年對哥出口增加29%, 進口則受咖啡價格下降的影響而減少。由於哥國推動一連串經貿自由化政策, 我國對哥國出口可望呈穩定的成長趨勢。

　　目前約有20家台商在哥國投資, 主要從事塑膠、成衣、食品、製鞋、製傘及皮革等行業, 總投資金額約1,870萬美元。1989年行政院核定委託中華工程公司於哥國近郊開發中華加工出口區, 而經濟部海外經濟合作發展基金亦對中華加工出口區提供計劃型貸款及協助哥國中小企業轉融資共計2,400萬美元 (已撥付1,082萬美元)。今後我國對哥國投資金額可望增加。

四、南非

南非在過去10多年來經濟情況一直不佳。1980至90年期間 GDP 平均年成長率只有1.3%, 從1990至92年則連續3年呈負成長。目前平均每人所得為2,932美元, 白人失業率高達18.3%。在其他經濟情勢方面, 由於政治不安, 從1985年起資金外流情形嚴重, 影響國內投資, 政府財政赤字龐大, 占 GNP 的8.6%。由於生產停滯, 勞動生產力提升有限, 趕不上實質工資上升率, 企業經營不易。非幣則不斷貶值, 1992年貶值幅度為15%, 與物價上漲率相當。

　　為因應這些經濟上的困難, 南非政府採一連串補救措施, 包括調高加值營業稅率40%, 針對成衣與紡織品出口給與定額進口原料免稅, 類似出口退稅制度, 另對成衣及布料同時調高進口關稅, 兩者稅率分別為100%及50%。儘管這些短期措施成效如何, 難加評估, 但南非政府於1993年提出五年振興經濟方案, 其基本精神係走向自由化, 減少管制與保護, 鼓勵中小型企業, 並維持財政及金融市場穩定。

　　在對外貿易活動上, 1992年出口241億美元, 進口185億美元, 貿易依存度為37.4%。南非在貿易上維持相當比例的順差, 與前述資本外流有關, 前者提供資本外流所需的資金。

　　南非經濟與其他鄰近國家，仍居主導地位，南非幣鍰及商品在此一地區可自由免稅流通。

　　中斐之間政經關係密切。我國目前是南非第六大進口國，第四大出口市場，雙方每年均舉行多次民間與官方會議。近2年來，我國與南非雙邊貿易大幅成長，惟我國對南非貿易均呈逆差，主要係因南非景氣低迷及採行紡織品配額與高關稅，致我國出口受限制，我國自南非進口黃金又大幅成長所致。我國在南非投資的廠商有27家，金額約5,200萬美元，主要投資事業爲成衣及紡織業、塑膠製品及電子業。

　　南非目前正處於政治結構重組的關鍵時刻。在分配經濟資源上，從1978年至88年的10年期間，白人所得比例已從62%降至54%。因此黑人經濟力量的增加不容忽視。

　　南非礦業資源豐富，工業發展也以金屬及礦業衍生的工業爲主。南非對一般工業發展及外資有多種補貼優惠措施，但這些措施能否發生作用，仍取決於未來政治發展與社會治安改善情形。

五、史瓦濟蘭王國

史瓦濟蘭雖爲小國，但經濟尙稱小康，過去30年來均採市場導向的經濟，1990年GDP爲861百萬美元，每人GDP爲1,119美元，實質經濟成長率爲22.5%。史瓦濟蘭消費者物價尙稱穩定，1986年至1992年間消費者物價年增率維持在8%至15%之間。

　　史瓦濟蘭水電資源豐富，農業及輕工業略具規模。產品主要爲農產加工品、林產、肉類及煤鐵等礦產，而輕工業則有紙漿、製糖及針織等。

　　自1986年以來，史瓦濟蘭出、進口均呈穩定成長，歷年史瓦濟蘭的對外貿易均呈逆差。惟在國際收支方面，史瓦濟蘭的經常帳向呈順差，1991年順差25百萬美元，同時間資本帳亦呈順差12百萬美元；及至1992年資本帳順差增加

爲22百萬美元。

我國對史瓦濟蘭的出口呈穩定成長，主要出口項目爲針織品及塑膠製品，1993年出口金額爲1,875千美元，較1992年增加19.58%；我國對史瓦濟蘭的進口，除1992年外，有逐年減少的趨勢，主要進口項目爲紙漿，1993年進口金額爲1,742千美元，較1992年減少89.25%。1993年順差金額爲133千美元。

六、結論與建議

雖然中南美洲戰前的經濟發展有相當的成就，但後來由於採取國內導向型發展策略，在保護國內工業發展上付出了很大的代價，其中包括了龐大的外債。財政金融政策又沒有對總體經濟的穩定給予應有的重視。不過，就中美洲而言，各國近年來均致力於經濟的重建，大步走向自由化與控制政府預算及物價上漲率。

南非在過去10多年來，經濟情況一直不佳，生產停滯，資金外流，所得分配極爲不均。不過，南非正處於政治結構重組的關鍵時刻，走向黑白共治的民主社會，其經濟發展也將面對許多新的挑戰，經濟結構必須加以調整，以提升經濟效率與競爭力。

爲加強與這些國家的經貿關係，謹提下列建議供參考。

建議	說明
1. 共同性建議	
(1) 爲傳播台灣經驗，可邀請這些國家的高級官員與學者專家舉辦學術研討會。	我國正快速推動經濟自由化，過去推動國外導向的經濟發展策略的經驗，對這些國家極具參考價值。
(2) 提供農業技術，中小企業發展經驗，以協助這些國家的經濟發展，並改善所得分配情況。	農業與中小企業的發展可提供豐富的就業機會，普遍提升生活水準，可促進社會的安定。
(3) 加強與當地僑商與台商的聯繫工作，並對這些國家的直接投資給予必要的	中國輸出入銀行宜研辦切實可行的海外投資保險辦法，以鼓勵並減輕民間海外投

建議	說明
協助, 以鞏固雙邊經貿關係。	資的風險。

2. 與中美洲的關係

　(1) 中美洲經濟整合正在快速發展中, 已從自由貿易區階段發展成關稅同盟, 並進一步與北美自由貿易區合併。我們可利用中美洲的此一優勢, 不僅拓展雙邊經貿、投資關係, 更可進一步加強與北美洲的經貿關係。 — 學術機構與駐外單位應加強此一地區之研究, 以發掘有利的投資與貿易機會, 並儘可能降低可能承擔的風險。

3. 與南非的關係

　(1) 我國與南非同樣面對部分國防工業必須儘速轉換爲民生工業的問題。兩國可共同合作, 交換經驗, 以降低社會成本。 — 在部分國防工業轉換爲民生工業的過程中, 可共同研擬前瞻性的做法, 以發揮互補作用。

　(2) 非洲民族議會 (ANC) 承諾廣建平民住宅, 充實發電設備與下水道設施。我國宜透過經濟部海外合作發展基金給予協助, 或鼓勵我國企業赴南非投資, 協助非洲民族議會實踐其承諾, 以穩固雙邊外交關係。

墨西哥金融風暴概述

1995年1月

一、背景說明

墨西哥正遭逢1980年代初期債務危機以來的最嚴重金融風暴 (披索連日重挫、股市激烈震盪、利率急遽上揚), 影響所及, 巴西及阿根廷等拉丁美洲主要新興股市亦告大跌。茲將風暴之形成背景、骨牌效應及以美國為首的國際金融界伸出援手之經過情形說明如下。

1. 外資流入墨西哥以證券投資 (portfolio investment) 佔絕大多數

(1) 過去6年來, 墨西哥向以匯率穩定及經濟成長為施政主軸, 以吸引全球投資人赴墨投資並獲廣大迴響。根據墨國央行統計, 流入該國的外資由1988年的38.8億美元激增至1993年的333億美元。惟細究外資流入性質, 著重中長期獲利考量的外人直接投資成長有限, 反觀偏重短期利益且隨時可能反向流出的證券投資則呈鉅額擴增, 其中前者由1988年的28.8億美元僅上升至1993年的49億美元, 總計6年之內不過增加20.2億美元; 同一期間, 後者由10億美元快速攀高至284億美元, 兩者差距實不可同日而語。

(2) 如前所述, 過去數年外資大量流進墨西哥, 對該國經常帳赤字的融通及經濟成長的提昇固然有其正面貢獻; 惟連帶促使實質匯率明顯升值, 導

致墨國出口部門競爭力惡化, 輸入增加, 經常帳赤字直線上升 (1993年
高達233.6億美元) 的後遺症。

(3) 由於流進墨國之外資絕大部份係證券投資且大於該國之經常帳赤字, 以
致墨國央行之外匯存底持續累積並且導致披索匯價升值。

2. 墨西哥披索重挫危機導致外匯準備急速滑落且造成外國投資人信心盡失

(1) 本次墨國金融危機固與南部嘉巴斯省 (chiapas) 印地安叛軍作亂造成政
情不安、嚇走國外投資者有關, 從而導致股市連日下跌、披索頻頻走低,
但該國金融當局「出爾反爾、朝令夕改」的政策急轉彎實亦難辭其咎。

(2) 墨西哥財長 Dr. Serra 於12月16日方才信誓旦旦表示: 該國披索匯價
政策維持不變 (即官方規定的披索對美元交易區間之上下限不予變更),
俾平息匯市擔憂披索勢將貶值的不安心理。不料言猶在耳, Dr. Serra
卻於同月20日突然宣佈披索對美元匯價的交易下限由先前的1美元兌
3.4712 披索大幅調低至 4.0016 披索, 亦即允許披索貶值幅度擴大為
13.25%。由於出乎意料之外, 消息傳來, 外國投資人群情譁然, 披索當
日即重挫12.7%, 以1美元兌3.96披索作收, 與新設定的下限相差無幾。

(3) 事實上, 過去數個月來, 投資人對墨國經常帳赤字持續擴大及當局未能
迅速敉 (弭) 平叛軍即憂慮不已而相繼撤離該國金融市場, 再加上美國
利率自去年呈上升趨勢, 致使披索飽受貶值壓力。雖然央行大力干預匯
市, 以期穩定匯率, 但墨國外匯準備卻因此而節節下滑。據估計墨國央行
於12月21日即耗用高達50至70億美元的外匯存底護衛城池, 導致該國
外匯存底由10月的170億美元遽降至當天的約60億美元 (與1994年初
250億美元的高峰相較總計減少190億美元)。

(4) 隨後墨國政府驚覺匯市投機交易無法阻擋, 若再昧於現實、強行干預, 即
令再多的外匯準備恐亦耗費殆盡, 最後祇怕徒勞無功、無濟於事, 遂於12
月22日宣佈允許披索兌美元匯價自由浮動, 此舉顯示央行亦不再保衛披

索,無異與當局先前宣稱的堅守披索對美元匯價的交易下限的承諾背道而馳,因之披索當日再告大跌15%,以1美元兌4.70披索作收,累計短短4個交易日即重挫深達26.4%。

(5) 檢視墨國政府最近所以讓披索貶值,乃欲藉此矯正披索偏高之匯率以增加出口競爭力並減少進口俾改善沈疴已深的經常帳赤字問題,俟預期效果顯現後,該國將不須再靠高利率吸引外資流入及護守披索匯價,誠可謂「一舉多得」,分析師認為本屬無可厚非。惟最後卻一「貶」不可收拾,可歸於下列兩項因素,其一為當局失信食言 (lose credibility);另一為低估匯市反應的快速與投機力量的強大以致造成難以挽回的傷害;前者嚴重打擊外國投資人的信心、短期內恐難完全恢復,後者則凸顯證券投資資本的不穩定性。

3. 墨國金融危機引發骨牌效應並導致美國投資人虧損慘重

(1) 如上所述,本次墨西哥披索暴跌風暴,不僅造成該國股市大落、利率劇升,創傷最難撫平者莫過於政府公信力既蕩然無存,因之如何儘速重拾國際投資人的信心、進而避免外資繼續大量撤走損及經濟成長,將係墨國的當務之急;另外引發的骨牌效應亦不容小覷,整個拉丁美洲金融市場立即陷於風聲鶴唳、草木皆兵的不安狀態,舉凡巴西及阿根廷等主要新興股市皆難以倖免、慘遭池魚之殃。

(2) 據報導,投資墨西哥金融市場的外資以美國投資人以相互基金 (mutual fund) 進行者居首,因此無疑地也是本波墨國金融危機的最大受害者,其所蒙受披索貶值及股價下挫的雙重損失估計高達80至100億美元。

4. 墨國金融危機導致財長掛冠求去並獲國際金融界鉅額緊急融資

(1) 墨國財長 Serra 由於處理匯市風暴失當、前後匯率政策之宣示反反覆覆備受外界責難,業已辭職求去,成為因該國金融危機下台的第一個受害

者。

(2) 另據報導, 美國正協調加拿大及其他 G-7 國家共同提供爲數高達約100
億美元的救援資金以供墨西哥緊急融通之用, 一般預料墨國可望渡過此
次金融危機的難關。是項利多消息促使披索由12月27日新低點的1美元
兌5.6披索大漲至12月29日收盤的4.975披索, 漲幅計12.6%。

二、結論與建議

本波墨國金融危機顯示, 大凡一國過度仰賴外資 (尤以證券投資佔絕大多數、
外人直接投資則屬有限) 以挹注經常帳赤字並促進經濟成長的做法不足取, 況
且倘該國發生政情混亂、經濟失控或其他任何風吹草動的不利消息, 則由於證
券投資的推波助瀾、爭相出脫當地投資工具以求獲利了結或減少走避不及所導
致的虧損持續擴大, 反將成爲金融市場動盪不安、雪上加霜的負面效果, 即令
央行傾力干預, 亦徒勞無功。

建議	說明
1. 政府宜鼓勵引進外資從事中、長期之直接投資, 對於從事間接投資或證券投資之外資開放, 則宜採行審愼漸進之措施, 不宜驟然大幅放寬。	證管會不可一味討好外國機構投資者, 而以金融國際化做藉口, 主張大幅放寬外資投入證券市場, 危害金融穩定, 忽略國家長期發展的目標。
2. 政府的政策要有一貫性, 不可搖擺不定, 以建立一般公衆的共識與信賴。	爲了取得一般公衆的共識與信賴, 並建立其信譽, 政府的決策過程應具有更高度的透明性, 應該有可信賴的專業基礎, 充分了解過去的教訓, 並以客觀的實證分析做爲決策的依據。

關西地震對日本經濟及金融之影響，並兼論對我國經濟之影響

1995年1月

　　日本關西地區本 (1995) 年1月17日清晨發生芮氏規模7.2級的大地震。這是日本大都會地區70年來最強烈的地震，造成人員死亡、失蹤超過5,000人，受傷約25,000人，房屋倒塌約52,000棟，近310,000人無家可歸，運輸系統幾乎癱瘓，財物損失高達500億美元以上 (Sumitomo Life 估計約500億美元, J.P. Morgan 估計 450–600億美元，山一證券估計約500億美元，Nomura 原估計 400–800億美元後調高為800–1,600億美元, Daiwa Securities 估計 1,000–1,400億美元)。以下就此次震災對日本經濟及金融之可能影響加以簡要分析，並檢討其對我國經濟之影響。

一、震災對日本經濟之影響

短期內對於日本經濟成長將有負面效果，中長期則有激勵效果。關西是日本第二富庶地區，僅次於東京 —— 橫濱之關東地區，它是日本重要製造業中心，經濟產值約佔日本全國總產值之17%。其間的陸上運輸係貫穿日本東西部交通的動脈；所屬的神戶 (Kobe) 為日本第二大貨運港，控有日本船運貨物流量的12%以及貨櫃運輸的30%，且為日本石化產品最大出口港。此次地震造成該地區鐵、公路交通中斷，神戶港癱瘓及水電、瓦斯等公用事業嚴重受損，使得鋼鐵、電機、汽車及半導體等主要產業之生產及分配活動下降甚或停滯，總生產

減少5至20%, 並因而導致日本整體經濟成長減緩。短期內本震災亦對該地區之消費支出、資本投資以及出口成長產生負面影響, 生產減退及運輸成本的提高則對物價產生上漲壓力。依 Nomura Securities 的估計, 日本本年第一季及第二季的 GDP 成長率將因而分別縮減1–1.9% 及 0.3–0.6%。

　　由於日本工業部門體質強健, 且帶動日本 GDP 成長的主力 — 服務業部門在此次地震中所受影響有限, 預估自本年第三季起, 關西地區的生產活動即可逐漸恢復正常, 屆時災後重建的工作將帶動各項物資需求 [依兵庫 (Hyogo) 縣政府估計, 全部重建費用至少1,000億美元], 促使水泥、鋼鐵、木材等低迷多時的產業加速發展, 進而刺激整體經濟的成長。依 Nomura 的估計, 本年4月1日開始的1995年會計年度, 其 GDP 成長率將因而被推升0.5–1%。J.P. Morgan 亦估計, 在未來兩年內災後重建工作將為日本經濟提供1.5%的成長。當然, 此項中長期激勵效果能否如願產生, 端賴政府與產業災後重建的決心與效率, 一旦經濟活動停擺過久, 將對日本經濟帶來超乎預期的負面效果, 使其難以擺脫衰退的泥淖。

二、震災對日本債券市場之影響

1月17日關西大地震當日, 部分投資人因擔心日本中央及地方政府將大量增額發行公債以及支應重建費用, 且保險公司亦將出售所持有債券以籌措理賠資金, 故大量拋售日圓債券, 造成行情陡跌情況。次日, 投資人恢復冷靜, 債券價格因而回昇。大藏大臣宣稱, 除運用94年度之10億美元及95年度之35億美元緊急資金外, 將以94年度第二次追加預算及發行3月期國庫券來支應緊急災難救助, 並以95年度第一次追加預算及發行4、6、10及20年長期公債支應重建費用。雖然日本政府於94或95財政年度增額發行公債無可避免, 但由於日本債券市場規模龐大, 每月發行的國債、地方政府債以及政府擔保債的規模大約在200億美元左右, 救災所增發之公債如採分次發行方式, 則可減輕對於債

券市場行情之衝擊。

　　至於保險公司可能出售債券籌措資金之顧慮不大，事實上，震災後頭兩天保險公司為債券市場之淨買方。由於地震險保費高，且關西地區自1946年以來，即未曾發生超過芮氏規模6級以上之地震，致本地區投保地震險之比例偏低，僅3%（全國平均為7.3%），且一般地震之產險理賠上限，房屋結構僅約10萬美元，內部損害約5萬美元，故全部產險理賠總額，據大和證券估計，在1億美元以下，壽險理賠總額亦不超過10億美元，對於保險公司資金影響不大。且89%之地震險都經過再保險，此外，多數保險業者均握有充份的流動性資產，截至94年9月底，全體壽險公司持有820億美元之現金及存款，另提供金融業拆款市場380億美元之資金；全體產險公司持有180億美元之現金及存款，另提供拆款市場資金71.6億美元，支付理賠金綽綽有餘，並無需出售所持有之債券或股票以變現之需要。因此，此次震災對於日本債券市場之影響不會太大。

三、震災對日本股票市場之影響

由於震災損失遠較想像的嚴重，且日本政府迄今尚未宣佈具體而可行之震災因應措施，近數月來支撐日本股市行情的外國投資人乃紛紛撤資。雖然營建類股等因後市看好，不乏買盤介入，但仍不敵因震災受創之消費、電子、通訊、精密工具及石化等類股之賣壓，在國外投資人大量拋售下，東京股市日經指數自地震發生之日起即連日下挫，1月23日單日更重挫逾千點，跌幅達5.6%，是1990年9月26日以來單日最大跌幅。收盤指數為17,785.49，是1年多來的最低點。主要不利因素包括：(1) 氣候不佳，影響救災與復工時間；(2) 利率因公債供給增加走高；(3) 外資賣出250億日圓股票；(4) 災後重建恐將造成通貨膨脹壓力；(5) 1923年關東大地震後東京股市1年內重挫達30%。據報導，外國投資人拋售日本股票所得資金大多轉購扮演避險天堂貨幣（safehaven currency）角色之德國馬克，致使近日馬克對日圓匯價走堅且間接壓迫美元貶值，美元對

日圓匯價相對變化則不大。

　　然而, 此種不利衝擊可能是短期現象, Nomura 研究所即認爲關西地震對
於日本上市公司之獲利率只會產生短期負面效果, 而對日本股市 1995 年全年
的預測保持樂觀, 預估日經指數將維持在 23,000 至 24,000 之間。

四、震災對日本利率之影響

地震發生後, 日本央行即連日透過公開市場操作釋出鉅額資金至銀行體系, 俾
充分供應受災地區之資金需求, 並維持金融體系與證券市場之安定。由於日本
通貨膨脹率低, 央行有足夠空間可採寬鬆貨幣政策, 一般預料短期內央行仍將
維持銀根寬鬆的局面, 因此, 貨幣市場利率可望低檔盤旋。且目前「強勢日圓,
積弱股市」之趨勢, 更將延緩利率上揚的時機。

　　由於基礎建設嚴重受損, 資產投保比例不高, 日本政府可能需要吸收此次
地震所造成之極大部分損失, 必須大量發行建設公債以爲支應, 而此舉將造成
長期利率上揚的壓力。另外, 爲抵銷財政支出擴大對物價所造成之衝擊, 政府
亦需緊縮貨幣供給, 採取較高之利率。災區重建的正面效果, 亦將對利率產生
上揚壓力。因此, 日本之長期利率可望走高。但爲減輕對幾年前受呆帳拖累, 元
氣尙未復原之金融體系造成之傷害, 其調高幅度應不致太大。東京銀行預測,
4.8% 可能是 10 年期日本政府公債利率之支撐點。

五、震災對日本危機管理之考驗

此次地震考驗了日本金融中心的危機管理體制。地震發生後股票、債券、外匯
等三個市場同時下跌, 暴露出日本清算系統的脆弱及危機管理體系有待加強。

　　1 年前美國洛杉磯發生大地震, 由於美國聯邦準備銀行理事會 (FRB) 規定
金融機構須於相距 60 英哩以上的辦公室內保管最近 6 個月內的交易紀錄, 因此

災害發生後，金融機構並沒有因應上的問題。

除了預製電腦記錄的備份以外，FRB 亦規定金融機構有義務須明訂遭遇緊急事故時的決策負責單位及連絡中心。換言之，金融機構有義務提出緊急事態因應對策 (Contingency Plan)。

在英國，英格蘭銀行亦有類似之規定，各金融機構在平時即有義務提出災害發生時的因應對策。因此在1993年4月倫敦金融中心爆炸案發生後，金融作業雖暫時停止，但其資料完整性絲毫不受影響，一旦電力通訊設備修復即可重新開業。據當時在倫敦分行服務的一位銀行主管表示「當時曾有數家日本銀行的建築物遭到破壞，但在銀行發給行員每人一支行動電話後，作業立即恢復」。

如今日本國內金融業的應變能力遭到考驗，亦引發日本主管當局注意到必須及早研擬辦法，甚至直接採用類似的緊急因應對策。

六、震災對國際金融市場之影響

近年來，日本法人機構大肆購買國外債券，已成為勢力最龐大之國際證券投資者。根據匯豐銀行研究指出，日本於1993年投資國外股票及債券之總額約為450億美元 (其中購買美國證券金額為219億美元)，仍穩居全球最大資本輸出國之寶座。國際金融人士擔心，如果日本投資人脫售所持有之一部分國外債券或股票 (價值達數千億美元)，將擾及國際金融市場的安定，甚至重演1990年3月東京股價大跌，促使日本投資人自海外撤出資金匯回國內以彌補股價損失，所導致之美國債券價格重挫的歷史。但一般看法是，日本國內足以吸收關西大地震所帶來之衝擊，且日本法人機構目前在海外並無「投資比例過重」的情況，應不致於大量出售海外資產，以協助國內災後重建的工作。震災對於國際金融市場之影響應該不致太大。

由於日本長期利率預期走高，且日本政府減少對外援助、貸款及民間部門減少對外投資，以支應國內重建資金需求等行動，將加重國際資金短缺的情勢，

此或將對全球利率造成上揚之壓力。

七、震災對我國經濟之影響

日本為我國主要貿易對手國, 去年我國進口近三成來自日本, 出口產品中11%
銷往日本, 關西地區更為我國重要原物料及零組件進口來源之一, 此次地震對
我國經濟確實造成相當程度之影響。

　　我國鋼鐵、水泥、石化 及資訊等產業, 進口原料中極大部分來自日本, 其原
料價格之上漲, 生產成本勢必提高 (即使尋求其他替代來源亦然), 部分原料不
易替代, 其來源中挫更將造成生產作業之延後, 影響我國的出口。但日本廠商
生產的中斷, 也同時為我國相同產業造就了商機, 所獲國外訂單增多, 出口量
更大, 出口價格也相應地提高。民生必需的紡織品, 辦公設備的電腦、資訊產品
以及重建所需的建材等輸日金額可望增加, 配合自日進口金額之減少, 我國對
日貿易逆差可望縮小。

　　短期內, 關西地震對我國金融市場之影響有限。一方面, 為投入災後經濟重
建, 日本對外投資將減少, 部分海外資金甚至可能回流國內, 此將形成日圓升
值的壓力。另一方面, 經濟面因受震災影響呈現不佳局面, 則將形成日圓貶值
的壓力。因日圓升貶互見, 對於新台幣匯率的衝擊將較為有限。因國內經濟基
本面佳, 貿易持續出超, 且外國法人 (包括日本) 投資國內股市的總額尚小, 所
以台灣股市受關西地震單一事件之影響預期亦不大。

八、結語

關西地震對我國經濟的影響尚可控制, 甚至可能有若干正面的影響, 日本行政
部門的救災體制以及政府與民間部門緊急因應危機之管理上雖然呈現不少缺
失, 但如此規模的地震發生在任何其他國家, 其災害可能更大。我國宜以關西

經驗做借鏡，儘早建立有效的行政救災以及政府與民間部門的緊急因應危機之管理體系。建立生命共同體的主要目的在於人命的保護與國民生活的安全保障。

英國 Barings 銀行破產事件

1995年3月

一、背景說明

1. 銀行背景

該銀行由英國 Barings 家族所創,成立於1762年,曾在1803年參與融資美國自法國購買 Louisiana 的貸款,亦曾融資英國對法國拿破崙戰爭的貸款。在過去233年歷史中曾有幾次經營危機,最著名的一次是1890年, Barings 在南美投資失利,尤其是阿根廷一筆貸款變成呆帳 (以目前價值計約爲2.5億英鎊),導致該行與大英帝國的金融體系幾近瀕臨解體。當時幸賴英格蘭銀行及時出面挽救始得脫險。

Barings 於19世紀期間,主要透過控股方式,在全球各地拓展據點,大部份集中在拉丁美洲和遠東地區,從此逐漸奠定 Barings 在全球市場的鞏固地位。目前 Barings 在全球25個國家,擁有55個據點,雇用約4,000餘名員工。Barings 最著名的客戶爲當今英國女皇。

Barings 除管理超過300億英鎊的貨幣市場基金外,並擁有紐約一家財務良好的 Dillon Read & Co. 40%的股份。其在1993年底的資產爲59億英鎊,負債56億英鎊,淨值3億英鎊。另據該行最近 (1994年6月) 的內部報告顯示,Barings 的資產增加爲60億英鎊,資本和準備則爲5億4,200萬英鎊。

2. 破產原因

(1) 近因

Barings 銀行所屬「Barings 星加坡期貨公司」經理 (英籍, 年28歲) Nick Leeson 於上年底預期本年日本經濟成長將會加速, 股價理應上漲; 同時, 當經濟復甦時, 利率會上升, 公債價格會下跌。因此, 買入股價指數期貨契約 (當股價眞的如其所料而上漲, 就會獲利), 賣出公債期貨契約 (當公債價格如其所料而下跌, 就會獲利)。其交易內容如下:

1. 於星加坡國際金融交易所 (SIMEX) 買進約17,500口日經225股價指數期貨契約 (Nikkei 225 Stock Index Future Contract, 下以 Nikkei 225稱之), 大部份爲本年3月到期。[1]

2. 於大阪交易所買進16,937口 Nikkei 225。

3. 於東京交易所賣出日本政府公債期貨契約4,900口。

上述三項交易約值270億美元。

日本股票於上年12月雖一度回升, 但本年初起卻又滑落, 尤其是1月17日關西大地震後, 日本股價大幅下跌。另一方面, 日圓利率非但沒有上升, 反而下跌, 債券價格因而上漲。

2月23日與年初比較:

Nikkei 225下跌9% — Nick Leeson 原先買進的 Nikkei 225因而虧損

公債期貨契約上漲2.5% — 其原先賣出的公債期貨契約亦因而虧損

---

[1]Nikkei 225 Stock Index Future Contract ⋯

　　由日經指數所含股票選出225種編成的指數稱爲 Nikkei 225。再根據此一指數從事3月、6月、9月及12月4種不同到期日的期貨交易, 即爲 Nikkei 225 Future Contract。

　　目前大阪交易所每口 (即每一契約) 的金額爲 Y 1,000 × Nikkei 225 期貨指數。

　　顧客買入後需交15%的保證金 (其中現金至少需3%)。如指數下跌, 買者需補足保證金, 反之如上漲, 買者可獲得利潤。

　　因其投機的兩種交易均虧損, 原先繳交交易所的保證金因而不足, Nick Lee-son 只好挺而走險, 又出售選擇權 (Option), 以收入權利金補足之。此交易係允許顧客按原先敲定的價格出售 Nikkei 225 給公司, 而 Nikkei 225 市價下跌, Barings 因而又再蒙受損失。

　　本案於 2 月 23 日爆發, 按當時市價估算損失約 7 億 8,000 萬美元, 但虧損揭露後, Nikkei 225 又下挫, 至 2 月底損失增至 9 億美元 (約合 5 億 6,600 萬英鎊, 已逾其淨值)。

　　Barings 於 2 月 26 日向法院申請破產宣告, 經指派 Ernst & Young 會計師事務所合夥人 Nigel Hamiton, Alan Bloom 及 Maggie Mills 為共同破產管理人 (Administrator) 處理 Barings 債權債務, 並尋覓買主。現已由 Ing Bank 購買。

(2) 遠因

A. 內部控制不當

Nick Leeson 身兼三職: 交易員 (Trader), SIMEX 現場交易經理 (SIMEX Floor Manager) 及業務主管 (Operation Manager)。此三項職務分由不同人擔任, 才能互相勾稽, 但 Barings 竟任由一人充任, 顯示內部控制不當。

　　上年七月 Barings 銀行鑑於其星加坡期貨公司獲利異常, 曾指示其稽核部門檢討其星加坡期貨公司的內部控管問題, 經撰成 24 頁報告, 認為內部控管鬆散, 建議「交易」與「清算」應分由不同人負責, 並自上年八月起實施。惟因該行銀行部門與證券部門長期以來不協和, 致未付諸實施。

　　此外, 根據外電報導一個月前 Barings 銀行即知悉 Nick Leeson 所作投機交易已遭受鉅額損失, 並由其倫敦財務部挹注 7,000 萬美元供 Nick Leeson 補足保證金, 而本事件發生後 Barings 銀行董事長 Peter Barings 居然表示未知悉 Nick Leeson 之投機交易, 尤屬不可思議之事。

B. 分紅制度不當

Nick Leeson 自 1992 年 4 月奉派前星加波, 先從事清算交割工作, 後轉爲從事期貨交易, 爲 Barings 銀行賺入可觀盈餘 (1993 年該公司盈餘僅 200 萬星幣, 1994 年即增至 2,000 萬星幣, Nick Lesson 分紅頗多, 1994 年得 200 萬星幣 (合 140 萬美元) 之獎金。此一制度鼓勵交易員從事投機交易, 因爲賺錢分紅, 虧本歸公司, 殊爲不當。如內部控制不當, 即可能發生一位交易員便可毀掉一家 200 多年老銀行。

3. 影響

Barings 銀行另設有資產管理公司替顧客經管 300 億英鎊資產, 投資於世界各地的股票及債券。

　　Barings 代顧客經管的財產, 其所有權屬於顧客, 顧客債權無虞。惟顧客可能因此一事件而要求贖回, Barings 代顧客在國外買入的股票可能因而出售。因此 Barings 事件於本週一 (2 月 27 日) 傳至亞洲後, 各地股價大幅下跌。東京日經下跌 3.8%, 台北亦下跌 3.2%。

　　目前 Barings 暫停交易, 如未來覓得買主後, 恢復交易。而委託 Barings 經管投資之顧客如對其失去信心而擬贖回, 則亞洲股市會有賣壓。

4. Barings 在台灣之業務

(1) Barings 在台灣出售其基金, 約達 4,300 萬美元, 其中 2,700 萬美元係經由外匯銀行售出。基金由 Barings 資產管理公司操盤投資於全球各種工具, 其所購買之股票或存款則委交其他銀行保管, 因此我國投資者權益不會受到影響。

(2) Barings 以愛爾蘭國際基金經理公司名義匯入 2 億美元投資國內股票, 後經投資人贖回而匯回 4,600 萬美元, 餘 1 億 5,400 萬美元。已實現及未

實現盈餘為7,300萬美元, 目前 Barings 持有台灣股票市值為2億2,700萬美元 (1.54 + 0.73 = 2.27億美元)。

(3) 據側面瞭解, Barings 曾借鉅寶通天達公司 (Jupiter Tyndall Group PLC) 匯入2億美元投資國內股票, 目前已實現及未實現損失約為900萬美元。

二、結論

1. 由於新種產品推陳出新, 其所隱含風險非但管理階層未能充分瞭解, 即使交易員亦鮮完全知悉, 為免國內銀行從事新種金融產品而承擔風險, 宜加強風險管理。加強風險管理宜由教育著手, 使其管理階層及交易員瞭解新種金融產品所隱含之風險; 繼以訂定操作準則, 並嚴格執行內部稽核。

2. 中央銀行對於金融衍生性商品交易活動及其風險問題一向十分重視, 並多方蒐集世界各國對金融衍生性商品交易之監理規範, 且特將1993年7月 G — 30 發表之「衍生性金融商品: 實務與原則」乙文重點摘譯分送各本國銀行國外部, 供業務參考。該文對於金融機構涉入此類產品交易時, 有關風險管理與資金運用方面提出應行注意事項, 並列有24項建議, 對辦理此類業務有重要指導作用。

3. 中央銀行於本 (1995) 年2月20日發函給所有本國和外商外匯指定銀行以及國際金融業務分行, 即日起辦理外幣與外幣間之遠期外匯交易, 必須先結算並交付盈虧損益後, 才能再依當時市場之遠匯價格辦理展期, 或重新訂約。此項規定主要規範投機性金融遠匯交易, 有利於銀行與企業的財務風險管理, 對國內金融衍生性商品市場之穩健發展亦具正面作用。

4. 另為加強培訓金融專業人才, 並提升我國金融機構對金融衍生性商品交

易之風險管理能力, 中央銀行特別邀請華爾街從事金融衍生性商品交易之資深交易員與分析師共10位來台, 于本 (1995) 年3月6日至3月11日在央行第二大樓1113室, 舉辦理論與實務經驗交流之「金融衍生性商品交易與風險管理系統研討會」。此次研討會邀請參加對象爲國內金融機構主管外匯業務之高級主管及資深交易員共79位, 央行各單位人員共41位, 合計學員爲120位, 其目的在增進我國金融機構之外匯主管對現行金融衍生性商品之隱含風險之認識, 以提升各金融機構內部風險管理與審核控制系統, 避免銀行在從事此類商品交易時負擔額外之風險。研討會從週一至週六每日上午9時至12時講解金融衍生性商品之理論及其風險管理實務, 並特別提供風險管理系統之電腦系統, 當場介紹作業程序, 而於週三至週五下午2時至5時安排機上實習, 由講師帶領資深交易員分成四組作機上實習操作。

研討會之主要內容包括: (1) 金融衍生性商品的沿革與產品介紹; (2) 金融衍生性商品之應用; (3) 金融衍生性商品的投資者; (4) 金融衍生性商品隱含的風險; (5) 金融衍生性商品之風險管理; (6) 專用風險管理電腦系統展示; (7) 金融衍生性商品之交易實例; (8) 如何建立風險監視系統; (9) 市場交易實務之考慮要項; (10) 其他相關之稅務、會計、規範與法律等問題。

5. 央行金融業務檢查處與外匯局相關人員於1月28日成立工作小組, 現正研擬金融機構辦理衍生性金融商品交易之風險管理規範, 近期內提出報告。

第六部分

國際組織

我國對布雷迪計劃應採取的態度

1989年11月

一、背景分析

第三世界國家的外債問題, 自1980年起受到國際利率高漲, 初級產品交易條件惡化, 工業化國家景氣衰退, 以及商業銀行對債務國融資轉趨消極等因素的影響而日益嚴重。據世界銀行的估計, 至1988年底, 外債總額達1兆3,000億美元, 每年還本付息的金額超過1,600億美元, 債負比率 (debt-service ratio) 高達19%。這樣嚴重的累積債務問題, 影響第三世界債務國家的經濟運行, 常有無法如期履行償債義務的困難, 不但對提供融資的商業銀行的營運, 甚至對國際金融秩序的維繫與安定也構成威脅。於是, 美國財政部長布雷迪, 一則爲解決第三世界的債務, 二則爲保護美國貸款的利益, 於1989年3月提出「布雷迪計劃」。

布雷迪計劃之構想爲債務國仍需繼續獲得新融資, 同時主張由債權銀行與債務國政府協商犧牲部分債權, 削減債務餘額, 將其債務易爲價值較低之債務或逕予減息, 並由國際貨幣基金與世界銀行等國際金融機構以及具有援助能力的各國政府提供新的貸款, 使第三世界債務國得以重建其衰敝的經濟。我國因累積鉅額外匯準備, 故美國要求我國伸出援手, 提供資金, 協助第三世界累積外債問題之解決。尤其美國政府希望我國參與對哥斯大黎加的減債計劃。

二、宜參與布雷迪計劃的理由

雖然國內輿論認爲我國基本建設亟待大力推動，因此而偏向於對中南美洲國家減債計劃不提供資金上的援助，但基於下列理由我國宜有限度參與布雷迪計劃。

第一、台灣地區在戰後經濟發展的初期階段曾接受外援，克服外匯短缺的限制，順利推動經濟發展。近年我國貿易呈現鉅額出超，累積外匯準備達750億美元。爲回饋國際社會，並協助國際金融秩序的維繫，宜有限度參與第三世界債務國家的減債計劃。參加布雷迪減債計劃可視爲承擔一種出口稅 (export tax)。

第二、就短期言，援助他國係將所得移轉給他國，似爲一種損失，但就長期言，援助國家經濟好轉，對我國推展國外市場，加強經貿關係將有助益。

第三、我國殷切希望重返國際組織，在國際經濟舞台上扮演更積極的角色。酌量參與布雷迪計劃，正可表示我國有誠意承擔國際經濟社會的責任，協助第三世界債務國得以減輕其沈重債務負擔，重建其凋敝的經濟。尤其參與布雷迪計劃，表示我國支持美國財政部立場，有助於改善中美關係，緩和中美貿易與金融摩擦。

三、建議

建議	說明
1. 參與美國所提「哥斯大黎加減債方案」，表示我國承擔國際經濟社會責任的誠意，並要求美國協助我國重返關稅暨貿易總協定等國際組織。	哥斯大黎加與我國維持邦交，我國宜參加其減債方案，伸出援手。除了要求美國協助我國重返國際組織以外，至少應要求我國由中國輸出入銀行或交通銀行派代表參加「銀行諮詢委員會」，尊重我國參與減債計劃的地位，使我國對減債計劃之交涉與執行有起碼的發言權。

建議	說明
2. 除了資金援助以外, 我國宜提供農業與工業技術援助。	布雷迪計劃治標重於治本。債務國必須擬定經濟改革方案, 防止資本逃避, 穩定經濟, 改善投資環境, 促進貿易自由化。為協助債務國重建其經濟, 我國宜推動農業與工業技術援助計劃, 推廣我國經濟發展經驗。
3. 如果美國協助我國重返國際組織並無突破性的做法, 則加強海外經濟合作基金的運用, 拒絕美國今後繼續要求我國參與哥斯大黎加以外的減債計劃。	海外經濟合作基金之設置, 係我國在國際社會中願意承擔更多責任的公開承諾, 宜直接或間接透過亞洲開發銀行等國際金融機構, 提供資金協助發展中國家經濟發展計劃。海外經濟合作基金之自主運用可替代消極地參與減債計劃。

重返關稅暨貿易總協定之研議

1991年8月

一、背景

美國總統布希爲爭取參議院支持無條件對中共延長最惠國待遇, 於7月19日致函參院貿易小組委員會主席包可士, 表明其堅定支持台灣加入「關稅暨貿易總協定」(The General Agreement on Tariffs and Trade 以下簡稱爲 GATT) 的立場, 並允諾將積極遊說其他會員國協助解決台灣入會案。此一政策性宣示, 使得懸宕經年的台灣入會申請案重現曙光。隨即歐市駐 GATT 大使陳文鼎表示將「追隨美國政策」, 並且預測不久之後幾個主要締約國將就此案展開諮商, 俟烏拉圭談判於年底完成之後, 即可展開具體行動。

　　以上突破性的進展, 已大幅增加我國重返關協之可能性。如何把握這個有利契機, 積極採取配合行動, 是當前應當研議的重要課題。

二、GATT 之簡介

1. 沿革與組織

GATT 是在美國一手主導之下成立的。第二次世界大戰後, 美國爲重整國際經濟秩序, 除號召各國於聯合國之下成立「國際貨幣基金 (IMF)」及「國際復興暨發展銀行 (IBRD, 即世界銀行)」, 藉以規範國際間在通貨、匯率等金融問題

上之合作以及對戰後的復興與開發中國家的經濟發展提供融資與技術合作外，還建議各國政府在減少國際貿易障礙及增進國際商業互惠關係上，謀求協議之達成。該國提議由聯合國召開「貿易暨就業會議」，期於會議中通過成立「國際貿易組織 (ITO)」，並促成各國舉行關稅減讓之多邊談判。

在接受美國提議之後，聯合國經濟暨社會理事會曾陸續召開數次籌備委員會議；會中鑒於 ITO 之成立非短期所能實現，認為有必要將 ITO 憲章草案中有關貿易政策之部分抽出，配合關稅減讓之規定，另外締簽「關稅暨貿易總協定」，以確保關稅減讓談判之成果。於是在各國密切磋商之下，GATT 在1948年1月1日正式誕生。

不久之後，聯合國貿易暨就業會議亦如期召開，但是 ITO 之成立卻因美國國會對 ITO 憲章 (通稱哈瓦那憲章) 的否定態度而告失敗，致使原本應是附屬於 ITO 的一項貿易協定 –GATT– 反而演變成為國際貿易之主要規範，也是今日國際間最重要的經濟組織之一。後人為紀念一九四四年各國集會於美國新罕布夏州的「布萊敦森林 (Bretton Woods)」，共商成立國際經濟組織的偉大理想，遂將 GATT、IMF 及 IBRD 稱之為「布萊敦森林制度 (Bretton Woods System)」。

如前所述，GATT 原本僅係一多邊協定，而非組織，因此並未在其成立條約中制訂有關內部機構之設置及如何運作等之規定。嗣後隨歷史發展及因應實際之需要，它逐步設立大會、秘書處、理事會與各式委員會等機構，終而演變成一個正式的國際組織。

GATT 由8個創始會員國簽署暫時適用議定書而生效，迄今已擁有會員國102個，包括歐、美、日等25個先進工業國、9個新興工業國、6個非市場經濟國，以及62個開發中國家；即使非聯合國會員如瑞士、香港，亦已成為 GATT 之正會員。若將準會員及其他事實上已適用 GATT 規定之新獨立國也包括在內，則全球已有超過125個國家或地區正式接受 GATT 之規範；這些國家全年之貿易額高達全球貿易總額之85%。因此 GATT 可說是涵蓋最廣、最具代

表性的國際貿易規範。

2. 宗旨與規範

GATT 係國際間規範關稅與貿易之協定，其基本精神在於使各會員國透過互惠之協商方式，降低關稅及其他貿易障礙，摒除貿易上之歧視性待遇，以提高其生活水準，確保就業、實質所得與有效需求之穩定成長，促進世界資源之充分利用，以及擴大商品之生產與交易。簡言之，GATT 的目的即在謀求降低會員國間之關稅與非關稅貿易障礙，追求自由、公平之貿易。

　　GATT 經三次的修正與增補之後，現今包括前言及 38 條條文，共分爲四篇。除若干有關手續之規定外，可將之歸納爲以下六大原則：

(1) 最惠國待遇原則：即一般所稱之不歧視原則。任一會員對任何國家（不限於會員）所採之貿易相關措施，必須立即無條件適用於所有會員。此處所指的貿易相關措施，包括關稅、與輸出入相關之法令與手續，以及對輸入品課徵之國內稅與規費等。

(2) 國民待遇原則：即對外國之不歧視原則。任一會員對來自其他會員之輸入品所援引之國內稅及法規，不得差於其本國相同產品所享受之待遇；任一會員亦不得直接或間接規定任一產品之數量或比率，須由國內供應。

(3) 關稅減讓原則：各會員應基於互惠、不歧視原則，相互協商，制訂關稅減讓表，而且非依 GATT 有關條文規定，不得任意修正或撤銷其減讓。

(4) 消除數量限制原則：對於會員任一產品之輸出入，除關稅、國內稅以及其他規費之外，不得以配額、輸出入許可證，或其他措施限制其數量。

(5) 削減非關稅障礙原則：除設有不得以非關稅措施限制或禁止貿易之一般規定外，對於傾銷、補貼、關稅估價、輸出入手續、產地標示、國內貿易法規，以及國營貿易事業等，亦設有規定，以防其成爲貿易之障礙。

(6) 諮商原則：會員間之任何爭端，應先由雙方諮商，或透過大會諮商解決，如未能在一定期間內達成協議，得提交大會裁決。

在斟酌各國之特殊情況, 兼顧整體與個別會員之利益的情況下, GATT 針對最惠國待遇原則、國民待遇原則與消除數量限制原則, 設有例外之規定, 其中較重要者有:

(1) 對開發中會員之特殊優惠: 所得水準較低成員為促進其經濟發展, 准許他們規避若干 GATT 原則之適用, 可以單方面享受優惠而不必回饋。

(2) 允許會員國間締結關稅同盟或自由貿易區: GATT第24條允許締結關稅同盟或自由貿易區之會員國, 在不提高對區外會員所設貿易障礙之條件下, 從事此種締約行為; 但規定此類關稅同盟或自由貿易區必須涵蓋絕大多數交易, 不能僅限於少數商品。在此例外原則規範下的有歐市、美加自由貿易區與協商中的美墨自由貿易區。有些人批評此例外條款將造成區域貿易集團的興起, 貶低了多邊談判的價值, 與 GATT 之原始精神不合, 但亦有人認為區域內的貿易自由化不失為逐步達成全球貿易自由化的有效手段。究竟如何, 有待觀察今後之發展。

(3) 允許基於國防安全理由規避各項原則: GATT 第21條允許會員「在戰爭或其他國際關係緊張時期」, 得採行有違於以上六項原則之措施。

以上是 GATT 會員國須遵守之義務與可享受之權利。至於非 GATT 會員, 固無遵守 GATT 規範之義務, 亦無要求享受 GATT 優惠之權利。不過 GATT 允許其會員可以將 GATT 優惠適用於非 GATT 會員, 但必須遵守最惠國待遇原則, 即其給予非會員之優惠不得優於其給予其 GATT 會員之待遇。

3. 運作與成果

從 GATT 組織圖 (圖1) 可以看出, GATT 的最高決策機構為大會, 以下設有理事會, 負責處理大會閉會期間之事宜及督導大會所轄之各委員會與小組。大會係由所有會員組成, 並容許非會員政府及國際組織為觀察員; 在每年定期召

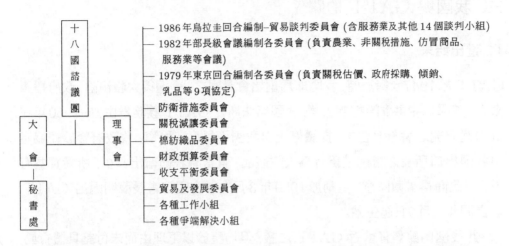

註1:理事會職權為 (1) 處理大會閉會期間事宜, (2) 籌備次期大會, (3) 監督並指導大會所轄之各種委員會與小組, (4) 於會員整體授權下代理會員整體之職權。由有興趣之會員代表自由參與而組成, 平均每兩個月開會一次。

註2:18國諮議團之職權為 (1) 促進 GATT 與 IMF 之配合 (2) 處理與多邊貿易體制有關之緊急事件, 於1975年由美、加、日、歐市、澳、挪、瑞士7個已開發國家 (區域)、10個開發中國家, 與匈牙利 (代表非市場經濟國) 共18個會員組成。1986年開發中國家代表增為14席, 團員共22名, 但仍保留原名稱。

圖1　GATT 組織圖

開的大會中, 各會員均有一票之投票權。除新會員之加入、義務之豁免與條文之修正等須經三分之二以上多數同意之外, 其餘事項僅須投票半數以上同意即可通過。

　　GATT 之基本精神既在於透過互惠協商以削減會員間之貿易障礙, 談判 (negotiation) 與解決爭端 (dispute settlement) 便成為 GATT 會員間的主要活動, 而40年來歷經7回合之談判, GATT 也著實獲得相當大之成就。關稅水準由初成立時的平均40%以上, 降至目前之5%左右; 關稅減讓之產品項目累計超過12萬項, 以金額計則約減讓4,000億美元; 在解決爭端程序之下處理近百案件, 有效減低會員間之貿易摩擦; 影響所及, 全球貿易額由1950年之584億美元擴增至目前的2兆美元以上。

三、我國與 GATT 的關係

1. 進出始末

GATT 於1947年締簽時, 我國即為創始會員國之一。邇後大陸淪陷, 政府播遷來台, 美國以中共實際控制大陸, 我國無法履行 GATT 義務為由, 於1950年在日內瓦召開之會員大會中, 提議停止對我國適用協定稅率。我政府鑒於總協定中我國出口所受之關稅減讓皆為大陸產品, 且當時我國輸出甚少, 所受實益有限, 因此商得美國同意, 主動於1950年3月向聯合國秘書長聲明退出 GATT, 並自同年5月5日起生效。

此後國內雖偶有重返 GATT 之議, 但均鑒於以下理由而未付諸具體行動: (1) 大陸淪陷事實依舊存在, 我國無法代表大陸地區履行義務, 亦無法從大陸出口品所受之關稅減讓受益; (2) 當時我國為加速經濟發展、充裕財政收入, 相繼採取了不少違反 GATT 之措施, 如高關稅與非關稅貿易障礙等; (3) 我國已獲美、日等國允諾給予最惠國待遇, 享受許多 GATT 會員之實質利益; (4) 我國貿易量小, 國際地位微弱, 縱使加入 GATT 亦難以有效運用發言權。

1965年3月, 我國曾獲准以觀察員身份再度參與 GATT 活動, 但1971年10月我國被迫退出聯合國之後, GATT 亦以代表權問題, 援引聯合國之作法, 撤銷我國觀察員資格。

近年來由於我國對外貿易快速成長, 已躍居世界第13大貿易國, GATT 對我之重要性亦與日俱增, 因此乃有考慮重新加入 GATT 之呼籲, 並於去年1月以「台、澎、金、馬」之關稅領域名義向 GATT 秘書處提出入會申請。惟因美國遲未表態, 歐市及日本等主要會員國亦採觀望態度, GATT 秘書處尚未將我申請案正式納入理事會之議程討論; 如今美國總統布希發表支持聲明, 預料將加速 GATT 審理我國入會申請案。

2. 重返 GATT 的利弊得失

在1950及60年代, 由於 GATT 功能有限, 而我國的主要貿易夥伴或給予我最惠國待遇 (如美、日), 或係自由港 (如香港), 使我國在退出 GATT 之後, 仍得以一方面繼續享受會員之優惠, 另方面不受會員國應盡義務之限制, 而採取高度貿易保護政策, 扶助本國產業, 促進經濟發展。在1970年代, 我國還爭取爲美、日、紐、澳以及奧地利等國實施「普遍化優惠關稅制度 (GSP)」的受惠國之一, 因此在這段期間裡, 我國不但未因退出 GATT 而使利益受損, 相反地還因「只享權利不盡義務」而受惠。

惟自1978年中美雙邊協定開始, 美國對中美貿易關係之態度已由「優惠寬容」轉爲「公平互惠」。該協定一方面將美國於 GATT 東京回合所作之關稅減讓, 適用於我國, 另方面卻明白宣示, 我國若欲享有東京回合談判給予開發中國家之待遇, 則應接受 GATT 中有關排除非關稅障礙之規定。其後陸續舉行的中美貿易諮商談判, 美方除提出多項關稅減讓要求, 還一再引用 GATT 規定, 要求我國排除非關稅障礙。隨著我國與歐市等其他國家貿易關係的日趨密切, 這些國家亦要求比照適用中美間各項貿易談判之結果, 否則即以片面對我產品設限或排除我國所享優惠相脅。

因此, 1980年後, 我國雖仍非 GATT 會員, 卻因美國的強力要求, 而逐步接受 GATT 之各種關稅與非關稅規定以及其他貿易規範之約束, 漸與 GATT 會員所承擔的義務無異; 但另一方面, 我國因非 GATT 會員, 無法享有與會員同等之權利, 爲求得關稅減讓與互惠, 時常於雙邊談判時身處受制於人之劣勢。是以就貿易層面而言, 我國重新加入 GATT 之利已逐漸增加, 加入之弊則已逐漸減小。

以下分就不同層面具體分析我國重返 GATT 的各項利弊。在利益方面, 主要有:

(1) 自102個會員國獲得最惠國待遇, 享受國際上平等互惠之地位。

(2) 突破外交困境, 展開官方之經貿往來。GATT 會員國間互有諮商之義務, 且此種諮商為官方性質, 因此我國如能加入 GATT, 即可就經貿問題進行政府間的諮商與討論。

(3) 藉助多邊貿易談判, 以牽制或減緩我貿易對手國之過份要求, 並且可與經濟地位相類似之國家結合成一談判集團, 以對抗其他之談判集團例如歐市。

(4) 利用 GATT 爭端解決之程序, 處理與他國間之貿易摩擦。以往我國與對手國發生貿易糾紛時, 常受限於對方國內之司法或行政程序, 而遭受不公平之待遇, 例如被迫遵守自動設限協定 (Voluntary Restriction Agreement, VRA) 或有秩序行銷協定 (Orderly Marketing Agreement, OMA) 等; 若加入 GATT, 便可訴諸其爭端解決程序, 求取公平解決之道。

(5) 除了可透過 GATT 與無邦交國家作官方正式的接觸, 還可透過該管道與其他國際組織如聯合國、世界銀行以及國際貨幣基金聯繫。

　　然而在獲得以上利益的同時, 對於加入 GATT 時所可能遭遇的相關問題要有所準備, 主要問題包括:

(1) 政府對大陸所堅持的三不政策將受到挑戰。 如果我國先於中共加入 GATT, 現行政策當然可以維持, 但若我國與中共同時加入, 或中共先加入, 則三不政策勢必被提出來檢討。如果屆時基於整體大陸政策的考慮, 認為即使放棄 GATT 會籍亦須維持三不政策, 則可於我方加入且中共亦加入 GATT 之時, 基於前述國防安全例外原則提出「保留條款」, 以規避承擔 GATT 的自由貿易規範, 並以此條款之獲得接受作為加入 GATT 的先決條件。

(2) 為盡 GATT 會員國之義務, 必須放棄現行許多貿易保護措施, 將對國內產業（尤其是農業）形成一定程度之衝擊。諸如禁止日本小汽車進口、

韓國車限量進口、公營事業得依政策需要指定標購地區之規定、部分農產品禁止進口或限自某些地區進口之措施等, 均需重新調整。在關稅制度方面, 現有21個未能享用我國海關稅則第二欄 (優惠) 稅率之 GATT 會員國, 亦需改爲准予享用該優惠稅率。

此外, 在目前進行中的烏拉圭回合談判中, 農業問題是第一要務, 屆時如果達成有關排除非關稅障礙與凍結或降低補貼水準協議, 我國亦必須遵守。再者, 服務業市場開放之談判亦在烏拉圭回合議程之中, 和農業一樣, 如果屆時達成將服務業 (無形貿易) 納入 GATT 規範之協議, 則我國許多排除外國參與國內服務業市場之措施亦需調整。

(3) 我國目前發展程度介於開發中與工業化國家之間, 但鑑於我國貿易的強勢, 並爲獲得 GATT 中開發中國家的支持, 屆時美國很可能提議我國以「已開發或工業化國家」身分加入。此外, 在爭取開發中國家支持時, 我國亦可能以提供 GSP 換取選票。如此一來, 我國不但不能享受開發中國家在 GATT 所擁有之權利, 還將可能遭致來自開發中國家廉價進口品之強力競爭。

(4) 加入 GATT 需經繁雜之程序, 需要投入大量之人力與物力。依 GATT 第33條規定, 理事會在接受申請之後, 需組成工作小組審核申請者提出之「對外貿易體系備忘錄」, 並與申請者談判, 以決定是否提出「加盟議定書草案」。在此同時, 申請者亦需與個別會員進行雙邊談判, 直到三分之二以上會員對談判結果滿意, 認同理事會所提出之加盟議定書草案爲止。爲了順利加入 GATT, 我們必須投注一定的人力與物力, 準備文書資料, 並展開多項談判。

綜合上述比較, 可知加入 GATT 之利弊互見。依目前情勢判斷, 如果 GATT 能接受將我國與中共間貿易排除於規範之外之保留條款, 且我國能採取措施, 儘量降低貿易進一步自由化對我國的衝擊, 則加入 GATT 之利似大於其弊, 值得奮力一試。

四、基本對策

為積極重返 GATT，並降低加入 GATT 之後可能帶來的負面影響，政府宜致力於下列措施：

1. 以遊說、宣傳與其他各種方式，尋求各會員國之支持。對於佔一半以上會員席次的開發中國家，可藉由經援、投資及提供 GSP 等管道，爭取其支持。

2. 密切注意烏拉圭回合多邊談判之發展動向，作為檢討修訂國內經貿法規之依據。

3. 全盤檢討現行工業政策，擬訂各產業降低關稅及非關稅保護之具體時間表，分段實施。

4. 盡力協助農業部門進行結構性調整，並建立適當進口救濟制度，以避免不公平競爭之衝擊。

5. 確認我國在服務業貿易中優勢之所在，據以從事有關服務業貿易之談判，研擬開放服務業市場之時間表及必要之救濟措施。

6. 加強對智慧財產權的保護，俾因應未來履行 GATT 義務之需要。

7. 成立「貿易調查委員會」，專司貿易效果及不公平貿易等之調查，並加強現有反傾銷稅及平衡稅之運作。

8. 依照我國與中共加入 GATT 的可能先後順序，與我國國統綱領的運作，研擬不同情況下申請 GATT 會籍之策略。

五、政策建議

建議	說明
1. 以下列方式爭取 GATT 會員國的支持：	根據 GATT 規定，入會申請者須與個別
(1) 加強遊說各會員國之政府與國會，並宣揚我經貿實力、民主改革成果以及	會員進行關稅減讓及非關稅措施之雙邊談判，倘三分之二以上會員認可理事會建

建議	說明
加入 GATT 後對世界貿易體制之貢獻。 (2) 提供工業國家參與六年國建計畫之機會。 (3) 對開發中國家提供 GSP, 或提撥海外經濟合作發展基金, 協助其發展。	議之「加盟議定書草案」, 並與申請者完成談判, 則申請者可與大會簽署「加盟議定書」正式成爲會員。因此我國入會案須得到至少68個會員國的支持。 爲爭取會員國的支持, 我國應盡力與其磋商, 必要時應提供交換條件, 例如六年國建計畫之投資機會等。另鑒於開發中國家佔會員席次的大部分, 我國應以提供 GSP 或經援等方式, 極力爭取他們之認同。
2. 密切注意烏拉圭回合多邊談判之發展動向, 作爲檢討與修訂國內經貿法規之依據。	我國一旦加入 GATT, 就必須確實履行 GATT 之義務, 以及多邊談判結果所規範, 因此對於刻正進行之烏拉圭談判, 尤其是有關農業, 服務業之議題, 應予密切注意, 據以檢討修訂國內之相關法規。
3. 全盤檢討現行產業政策, 擬訂各產業降低關稅及非關稅保護之具體時間表, 分段實施。	依照目前情勢, 我國爲求順利加入 GATT, 極可能必須以已開發國家之身份入會。屆時不但不能享受開發中國家的優惠待遇, 還將負擔較高之義務。因此目前應檢討各項產業保護措施, 對於不符 GATT 規定者應考慮全面廢除, 或排定時間表, 逐步實施。
4. 盡力協助農業部門進行結構調整, 並建立適當進口救濟制度, 以避免不公平競爭之衝擊。	在農業方面, 儘管於烏拉圭談判中, 美國主張的全面自由化方案不致獲得通過, 但可能支持有限度的自由化或改革, 例如對進口限制將會有一套嚴格的規範, 現行補貼水準也將被要求凍結或是降低。因此政府應積極協助農業部門進行調整, 提高農業生產力與對外競爭力。爲避免國外農產品進口數量大幅增加, 而對國內同類產品之生產供應造成嚴重傷害, 政府還可根據國際規範, 訂定適當之進口救濟制度。由於 GATT 有「防衛條款 (Safeguard Clause)」之規定, 意即任一會員爲避免其國內特定產品或產業受損, 得暫時停止履行 GATT 全部或部分之義務, 或撤銷或修正對該產品之關稅減讓。因

建議	說明
	此政府宜參酌 GATT 之規定, 訂定完善之救濟法規。
5. (1) 確認我國在服務業貿易中的優勢所在, 據以從事有關服務業貿易之談判。 (2) 研擬開放服務業市場之時間表及必要救濟措施。	根據國際貨幣基金的國際收支統計顯示, 我國之勞務輸出值已名列世界前 30 名以內, 可見我國在服務業貿易的國際市場上, 已佔有相當之比重。因此政府宜確認我國在服務業貿易中之優勢所在, 並將之納入對外貿易談判之中, 以改變以往一昧防守的不利情況。 另外, 政府宜訂定市場開放之時間表, 並研擬防衛條款, 以降低市場開放後之不利衝擊。
6. 致力於智慧財產權的保護, 並密切觀察各會員在多邊談判中之立場及未來之發展。	烏拉圭回合多邊談判中對於智慧財產權本身之定義, 包括範圍等基本問題, 尚未能達成共識。政府除繼續加強智慧財產權的保護外, 還應密切注意多邊談判的未來發展方向。
7. 加強「貿易調查委員會」之功能, 並加強反傾銷稅與平衡稅之運作。	開放市場的同時如未能有健全之救濟手段配合, 即有可能未蒙其利而先受其害。是故政府宜建立 GATT 允許的一套完整「進口救濟」制度, 其中包括加強「貿易調查委員會」之運作, 專司貿易效果及不公平競爭之調查, 並負責於必要時提出前述各種可採行的防衛與補救措施。
8. 依照我國與中共加入 GATT 的可能先後順序, 作好提出「保留條款」之準備。	如我國先中共而加入 GATT, 目前三不政策當然可以維持。但一旦中共加入 GATT, 此政策勢將被提出來檢討。如果政府參照國統綱領的進度, 認定目前並非改變三不政策之時機, 則應依據 GATT 第 24 條之例外規定, 以堅定立場向 GATT 提出維護國防安全之保留條款, 將我國與中共之貿易排除在 GATT 的規範之外, 並應以此條款之獲得接受, 作為申請 GATT 會籍之先決條件。

提升我國在國際經濟社會地位
應有的做法

1991年10月

一、背景

世界局勢在最近數年發生了很大的變化, 其中較重要而且與我國較有關係者共有下列三項發展:

1. 東歐共產統治瓦解、蘇聯進行政治改革及保守派政變失敗、以及美國在伊拉克戰爭中大獲全勝, 使得世界均勢改變, 原來美蘇二強鼎立, 中共居間分紅的情勢不再持續, 代之而起的是美國成為世界唯一的軍事強權。

   影響所及, 在國際舞台上要用軍事武力擴張勢力愈來愈不可行, 國家或地區間產生爭執時, 愈來愈須以談判代替武力, 以和平的方式解決。在此情況下, 一國欲維持或拓展其國際地位, 必須改以經濟與貿易作為主力, 也就是經濟取代軍事, 成為國家實力的基礎。

   第二個影響係中共在國際政治舞台中所扮演的角色日趨式微,「中國牌」的身價逐漸下挫; 加上中共堅持共產主義路線, 使其在國際社會上趨向孤立, 對我國突破外交瓶頸加入國際社會、提升國際地位造成有利的情勢。

2. 在關稅暨貿易協定 (GATT) 烏拉奎回合陷於僵局的情況下, 各種區域性的經濟整合正在積極進行。

表1　經濟區域的相對規模 (1989年)

	A: 歐市	B: 北美區	C: 美加以外亞太區
人口 (百萬)	325.777	359.6	1,638.9
GNP (億美元)	49,752	58,710	42,628
出口 (億美元)	11,287	4,840	6,461
進口 (億美元)	11,603	6,268	6,242

註:　A:愛爾蘭、英國、西班牙、葡萄牙、法國、義大利、西臘、比
　　　利時、荷蘭、丹麥、盧森堡。

　　　B:加拿大、美國、墨西哥。

　　　C:日本、韓國、中國大陸、中華民國、香港、馬來西亞、新
　　　加坡、印尼、菲律賓、澳大利亞、紐西蘭。

資料來源:World Bank (1991) *World Development Report*。

　　在歐洲方面, 歐洲共同體 (EC) 預定在1992年完成單一市場, 使區內人力、財貨與勞務能自由流動。此單一市場之規模如表1所示, 將涵蓋3億2,600萬人口, 其1989年國民生產毛額達4兆9,800億美元, 進口總額達1兆1,600億美元, 出口總額達1兆1,300億美元。而且此單一市場可能只是歐洲整合的中間站。東歐各國已表明參加 EC 之意願, 以利貿易之擴張。EC 本身則有進一步朝貨幣與政治統合進行的計畫, 逐漸地往單一歐洲邦聯的目標前進。

　　在美洲方面, 美國與加拿大之自由貿易區協定已於1989年生效, 以10年爲期, 逐步消除貨品及勞務貿易之所有障礙。美國與墨西哥之談判目前正緊鑼密鼓進行中; 兩國可望於1992年年底前達成協議, 建立自由貿易區。

　　美、加、墨自由貿易區的形成, 無論在人口或所得方面, 均將成爲世界最大單一市場。以1989年爲準, 區域內涵蓋3億6,000萬人口, 國民生產毛額達5兆8,700億美元, 進口總額達6,300億美元, 出口總額達4,800億美元 (表1)。

在中南美洲方面, 巴西、阿根廷、烏拉奎與巴拉奎的總統在今年3月開會決定組成南美共同市場; 墨西哥、委內瑞拉與哥倫比亞亦達成組織自由貿易區的初步協議。短期內這些不同的貿易區要相互統合仍有困難, 但至少已使布希總統成立美洲單一市場的理想又邁進了一步。

在亞太地區方面, 雖未曾有具體的自由貿易區出現, 但是各種推動經濟合作的組織均在積極運作當中。由美、日、澳、紐等太平洋盆地國家之企業界組成的太平洋盆地經濟理事會 (PBEC) 成立於1967年, 由同地區產、官、學三方面組成的太平洋經濟合作會議 (PECC) 成立於1980年。1989年, 美、加、南韓、日、澳、紐更與東南亞國家協會會員國 (汶萊、新、印尼、馬、菲、泰) 之部長級官員組成亞太經合會議 (APEC), 積極尋求本地區經濟合作之加強。

在正式組織外, 尚有學者及政府官員提出各種不同的經濟合作構想, 例如日本在早期提出的太平洋自由貿易區 (Pacific Free Trade Area)、太平洋貿易與發展組織 (Organization for Pacific Trade and Development), 以及最近馬來西亞所提出的涵蓋東協六國、我國、南韓、香港、大陸與日本而不包含美、澳、紐的東亞經濟圈 (East Asian Economic Grouping , 簡稱 EAEG) 等均是。

如果亞太單一經濟區域成立, 而且包含美、加、澳、紐在內, 等於北美與西太平洋各國完成經濟整合, 將成為全世界最大的單一市場。即使美、加除外, 此地區之經濟實力亦不容忽視。表1顯示, 1989年此地區之人口共達16億4,000萬人, 國民生產毛額達4兆2,600億美元, 出口總額達6,500億美元, 進口總額達6,200億美元。

3. 過去多年以來, 日本及亞洲四小龍 (我國、南韓、新加坡與香港) 是世界各國中經濟發展最快速的國家。但是近年以來, 東亞其他新興工業經濟亦已急起直追。表2顯示1965至89年間, 馬、印尼、泰之經濟成長率分別達到4%、4.4%與4.2%。以商品出口結構 (表3) 而言, 馬來西亞與泰

表2 GDP 之組成結構

	平均每人 GNP		各業 GDP 結構 (%)							
	1989 水準 (US$)	1965–1989 平均年成 長率 (%)	農業		工業		製造業		服務業	
			1965	1989	1965	1989	1965	1989	1965	1989
日本	23,810	4.3	10	3	44	41	34	30	46	56
香港	10,350	6.3	2	0	40	28	24	21	58	
中華民國	7,512	7.3	24	5	30	44	22	36	46	52
韓國	4,400	7.0	38	10	25	44	18	26	37	46
馬來西亞	2,160	4.0	28	N.A.	25	N.A.	9	N.A.	47	N.A.
泰國	1,220	4.2	32	15	23	38	14	21	45	47
印尼	500	4.4	56	23	13	37	8	17	31	39
中國大陸	350	5.7	44	32	39	48	31	34	17	20

註: N.A. 為缺資料。

資料來源: World Bank (1991) *World Development Report*; 經建會 (1991) *Taiwan Statistical Data Book*; 行政院主計處 (1991)《中華民國統計月報》, 8月。

表3 商品出口結構

單位: %

	燃料, 礦產, 金屬		其他初級產品		機械與運輸工具		其他製造業產品	
	1965	1989	1965	1989	1965	1989	1965	1989
日本	2	1	7	1	31	65	60	32
香港	1	1	5	2	7	23	87	73
中華民國	2	2	28	6	15	36	54	57
韓國	15	2	25	5	3	38	56	55
馬來西亞	34	19	60	37	2	27	4	17
泰國	11	3	86	43	0	15	3	39
印尼	43	47	53	21	3	1	1	31
中國大陸	6	11	48	19	3	7	43	63

資料來源: World Bank (1991) *World Development Report*。

國機械與運輸工具之出口佔全部出口的比率已從1965年之2%與0%分別提升到1989年的27%與15%。馬、印、泰三國全體製造業出口比率已由1965年之6%、4%與3%上升至1989年之44%、32%與54%。即便是平均每人所得極為落後的中國大陸,其製造品出口比率亦已由1965年之46上升至1989年之70%。

以上三項發展對於我國均有重要的影響。世界均勢的改變提供了我國突破外交瓶頸的機會,區域經濟的結合是我國必須面對的局勢,而東亞其他新興工業經濟之快速成長則是我國必須正視的挑戰。如何在此瞬息萬變的環境中,發揮我國之長處、善用機會、調整產業結構,提升我國在國際經濟社會中的地位,是迫切需要思考的課題。

二、基本對策

針對以上世界情勢的發展,衡量我國本身的特性,宜從以下各方面制訂我國之基本策略:

1. 積極參與國際經濟組織

在不同的目的下,所應參與或推動之國際經濟組織之目標亦有所不同。以下分別從三種不同的目標加以討論:

(1) 突破在國際上孤立的情勢,開拓外交的新天地

在此目標之下,應以務實的態度,積極加入所有可能接納我國的國際經濟組織。亦即不論一個國際經濟組織是全球性的還是區域性的,是官方的還是非官方或半官方的,均應積極加入。

(2) 加強國際經濟合作，促進自由貿易

如果參加組織的目的是在尋求自由貿易區的夥伴，則需從經濟觀點分析何種範圍及形式的區域合作對我國最爲有利。

從貿易理論的觀點而言，最理想的形式當然是全球形成一個自由貿易區，各國均蒙其利。本於此，我國應以加入 GATT 並積極參與多邊貿易談判爲首要目標。目前烏拉奎回合雖然陷入僵局，但多邊談判的遠景並未完全絕望，我國仍應盡一己之力，爲全球性自由貿易的實現而努力。

在區域合作方面，根據貿易理論的分析，區域合作將產生貿易創造 (trade creation) 與貿易轉向 (trade diversion) 兩種效果。前者指區域合作會員國間之貿易因自由貿易區的成立而增加，後者則指會員國與非會員國之間原來存在的貿易，因自由貿易區的成立而轉向成爲會員國之間的貿易。如果後一效果大於前一效果，自由貿易區的設立未必對參與的會員國有利，對非會員國顯然不利。

根據麻省理工學院克魯曼 (Paul Krugman) 教授的看法，兩國間原本存在的貿易關係愈密切，成立自由貿易區所產生的貿易創造效果大於轉向效果的可能性便愈大。如此看法屬實，我國所應選擇加入或推動的經濟合作組織之目標，應以盡量包含我國主要貿易夥伴的組織爲優先。另據經濟學人雜誌 (The Economist, 1991年8月20日) 的社論指出，較符合自由貿易原則的自由貿易區，是「開放型」的，也就是歡迎願遵守同樣規則的任何國家加入之貿易區。根據以上的觀點，目前亞太地區正在進行中的兩個不同經濟統合理念，就不含美、加、澳、紐之 EAEG 與含以上四國在內的 APEC 而言，顯然以後者較適合我國的需要，亦較符合開放型區域經濟合作之理念。我國與美國經貿關係一向極爲密切，我國經濟之快速成長，有賴於開放的國際貿易體制。如果以日本的貿易、投資、技術移轉與經濟援助爲主導，由西太平洋國家組成自由貿易區而排除美國在外，則會導致更多的貿易摩擦，太平洋地區經貿關係反而會變成更爲不穩定。

(3) 利用國際經濟合作組織, 降低兩岸對立情勢

不論我國加入何種國際經濟合作組織, 如果中共亦爲會員國, 且目前兩岸對峙的情勢不變, 我國皆應以兩岸關係例外處理作爲加入組織之先決條件。GATT允許此種基於國防安全而作的例外處置, 其他的經濟合作組織應當可以比照。不過, 這樣的處理無礙於我國利用國際經濟合作組織, 作爲降低兩岸對立情勢的工具。以 APEC 爲例, 在我國與中共以及香港均加入之後, 如果 APEC 能發揮促進區域內貿易與投資擴張的功能, 使得我國與中共以外的各會員國的經濟關係大幅增強, 而中共與我國以外各會員國的經濟關係亦大幅增強, 則兩岸的任何衝突, 將會危及雙方的經濟, 進而危及與雙方中任一方有密切經濟關係的會員國, 顯然爲 APEC 各會員國所不樂見。各會員國將設法調處兩岸糾紛, 降低對立情勢; 兩岸糾紛亦因此「國際化」, 減少我國孤立的情勢。

就以上三個不同的目的綜合而言, 我國應當以加入並積極參與 GATT 作爲重要目標, 而以加入 APEC 並積極推動亞太地區之經濟合作作爲另一重要目標。

2. 繼續加強我國與他國之雙邊貿易與投資關係

多邊經濟關係是雙邊關係的延伸, 我國目前在國際經濟社會中受到重視的一個重要因素, 就是我國與許多國家有密切的雙邊貿易與投資關係; 此種關係應當加強。

在貿易方面, 目前與我國貿易關係最密切的仍以美、日爲首, 香港次之, 德、新、英、澳、韓又次之 (見表4)。在趨勢方面, 日本佔進出口總額之比率維持在20%左右; 美國佔進出口之比率近年來逐漸由38%下降到今年1至7月的25.8%; 香港的比率由4%到5之間升至今年1至7月的10%; 西歐國家 (德、英、法) 的比率緩步上升中, 而日、港以外亞洲國家 (新、菲、泰、韓、印尼) 之比率亦緩步上升中。

今後就我國貿易之地理分布結構而言, 不宜繼續提升香港 (含轉口至中國

表4　我國與14個主要貿易夥伴之雙邊貿易

	美國		日本		香港	
	進出口貿易額 (百萬美元)	佔全部進出口 總額比率 (%)	進出口貿易額 (百萬美元)	佔全部進出口 總額比率 (%)	進出口貿易額 (百萬美元)	佔全部進出口 總額比率 (%)
1980	11,433	28.91	7,526	19.03	1,801	4.55
1981	12,929	29.51	8,408	19.19	2,206	5.04
1982	13,322	32.42	7,162	17.43	1,872	4.56
1983	15,980	35.19	8,064	17.76	1,943	4.28
1984	19,910	37.99	9,628	18.37	2,457	4.69
1985	19,519	38.40	9,010	17.73	2,460	4.84
1986	24,422	38.15	12,814	20.02	3,300	5.16
1987	31,289	35.33	18,819	21.25	4,872	5.50
1988	36,433	33.05	23,586	21.39	7,502	6.81
1989	35,991	30.38	25,078	21.17	9,235	7.80
1990	34,358	28.18	24,338	19.96	10,003	5.20
1991 1-7	20,547	25.82	16,196	20.35	7,956	10.00

表4　(續 1)

	德國		新加坡		英國	
	進出口貿易額 (百萬美元)	佔全部進出口 總額比率 (%)	進出口貿易額 (百萬美元)	佔全部進出口 總額比率 (%)	進出口貿易額 (百萬美元)	佔全部進出口 總額比率 (%)
1980	1,798	4.55	767	1.94	759	1.92
1981	1,552	3.54	803	1.83	868	1.98
1982	1,576	3.84	728	1.77	798	1.94
1983	1,543	3.40	878	1.93	925	2.04
1984	1,636	3.12	1,146	2.19	985	1.88
1985	1,651	3.25	1,161	2.28	912	1.79
1986	2,412	3.77	1,271	1.99	1,323	2.07
1987	3,621	4.09	1,871	2.11	2,336	2.64
1988	4,470	4.05	2,420	2.20	3,017	2.74
1989	5,154	4.35	2,862	2.42	3,026	2.55
1990	5,851	4.80	3,610	2.96	3,133	2.57
1991 1-7	4,184	5.26	2,290	2.88	1,888	2.37

表4 (續 2)

	澳大利亞		韓國		加拿大	
	進出口貿易額 (百萬美元)	佔全部進出口 總額比率 (%)	進出口貿易額 (百萬美元)	佔全部進出口 總額比率 (%)	進出口貿易額 (百萬美元)	佔全部進出口 總額比率 (%)
1980	1,051	2.66	476	1.20	709	1.79
1981	1,270	2.90	581	1.33	836	1.91
1982	1,288	3.13	427	1.04	826	2.01
1983	1,316	2.90	388	0.85	1,089	2.40
1984	1,610	3.07	474	0.90	1,316	2.51
1985	1,548	3.05	441	0.87	1,314	2.59
1986	1,753	2.74	681	1.06	1,757	2.74
1987	2,101	2.37	1,170	1.32	2,211	2.50
1988	2,693	2.44	1,817	1.65	2,535	2.30
1989	3,167	2.67	2,371	2.00	2,753	2.32
1990	2,393	2.41	2,557	2.10	2,398	1.97
1991 1-7	1,848	2.32	1,781	2.24	1,462	1.84

表4 (續 3)

	法國		印尼		沙烏地阿拉伯	
	進出口貿易額 (百萬美元)	佔全部進出口 總額比率 (%)	進出口貿易額 (百萬美元)	佔全部進出口 總額比率 (%)	進出口貿易額 (百萬美元)	佔全部進出口 總額比率 (%)
1980	384	0.97	1,018	2.57	1,964	4.97
1981	466	1.06	891	2.03	2,404	5.49
1982	564	1.37	682	1.66	1,688	4.11
1983	558	1.23	774	1.70	2,685	5.91
1984	452	0.86	769	1.47	2,699	5.15
1985	480	0.94	695	1.37	1,951	3.84
1986	746	1.17	749	1.17	1,536	2.40
1987	1,246	1.41	1,011	1.14	1,778	2.01
1988	1,588	1.44	1,244	1.13	1,866	1.69
1989	1,880	1.59	1,639	1.38	1,931	1.63
1990	2,264	1.86	2,168	1.78	1,998	1.64
1991 1-7	1,489	1.87	1,450	1.82	1,307	1.64

表4 （續 4）

	泰國		菲律賓	
	進出口貿易額 (百萬美元)	佔全部進出口 總額比率 (%)	進出口貿易額 (百萬美元)	佔全部進出口 總額比率 (%)
1980	266	0.67	312	0.79
1981	312	0.71	401	0.92
1982	323	0.79	303	0.74
1983	338	0.74	337	0.74
1984	385	0.73	325	0.62
1985	383	0.75	343	0.67
1986	441	0.69	482	0.75
1987	624	0.70	652	0.74
1988	1,095	0.99	842	0.76
1989	1,496	1.26	1,015	0.86
1990	1,872	1.54	1,047	0.86
1991 1–7	1,184	1.49	624	0.78

資料來源: 經建會 (1991) *Taiwan Statistical Data Book*; 財政部統計處 (1991)
《中華民國, 台灣地區, 進出口貿易統計快報》, 7 月。

大陸) 之比率, 宜進一步提高西歐與日、港以外亞太國家之比率, 一方面降低對
大陸的依賴程度, 另一方面加強與日、港以外亞太地區國家的貿易關係, 爲多
邊合作舖路。

在投資方面, 表5顯示目前我國之對外投資集中在馬來西亞、泰國、中國
大陸與印尼, 而且逐年增加。1988年對外投資總額爲27億6,600萬美元, 相當
於國內製造業投資之三分之一左右。1989年投資額爲31億7,000萬美元, 相
當於國內製造業投資之34.3%。到了1990年1至6月, 投資額快速增加爲26億
6,300萬美元, 相當於國內製造業投資之61.4%。

對外投資相對於國內投資快速地增加, 固然反應國內投資有待加強。不過,
對外投資本身亦毫無疑問地代表了我國經濟勢力在國際領域的擴張。除了中國
大陸因政治因素應謹愼處理以外, 對外投資有助於發展多邊關係。

就外人來台的投資而言, 表6顯示在1980至89年間有相當的成長, 惟1990
全年僑外投資核准金額爲23億美元, 較1989年下降了5%。今 (1991) 年1至
7月核准金額爲11億1,900萬美元, 比去年同期大幅度下降了22%。這給我們

表5　台灣之對外投資

單位: 億美元

	1988	1989	1990 (1–6月)
中國大陸	4.20	5.17	6.61
泰國	8.42	8.71	3.13
馬來西亞	3.13	8.15	7.12*
菲律賓	1.09	1.49	1.39
印尼	9.16	1.58	3.77
美國	1.23	5.09	2.37
其他	0.43	5.51	2.24
合計 (A)	27.66	31.70	26.63
國內製造業投資 (B)	82.11	92.32	43.40
(A)/(B)	33.7%	34.3%	61.4%

* 1990年1–6月台商赴馬國投資總金額20.59億美元, 此處係扣除銀行貸款13.47億美元後之股本投資額。

資料來源: 中華經濟研究院 (1991)《經濟前瞻》, 第23號, 7月10日。

一個警訊: 不但我國國內製造業本身不願投資國內, 僑外事業亦愈來愈不願來台投資。加強雙邊關係的最好方式是雙向投資均增加, 經濟關係增強; 如今只見我國對外投資大幅增加, 卻不見僑外來台投資的增加, 政府有必要全面檢討國內投資環境, 加強吸引僑外資金來台投資, 加速產業結構之轉型。國內投資, 尤其製造業投資長期維持低迷的狀態, 將延緩產業結構的調整, 喪失製造業的國際競爭力。

3. 促使服務業自由化與國際化, 建立區域金融、航空運輸以及其他與服務業有關事業之中心

無論就我國的發展階段, 或就調整現階段總體經濟結構之需要而言, 服務業皆應扮演重要的角色。

　　過去我國之服務業在重重的限制與保護之下, 並未能發揮其潛力; 最近數

表6 核准華僑及外國人投資統計總表

單位: 美金千元

	華僑		外國人		合計	
	件數	金額	件數	金額	件數	金額
1952-1979	1,436	742,103	1,191	1,510,336	2,627	2,252,439
1980	39	222,584	71	243,380	110	465,964
1981	32	39,463	73	356,294	105	395,757
1982	50	59,720	82	320,286	132	380,006
1983	49	29,086	100	375,382	149	404,468
1984	74	39,770	100	518,971	174	558,741
1985	67	41,757	107	660,703	174	702,460
1986	80	64,806	206	705,574	286	770,380
1987	117	195,727	363	1,223,069	480	1,418,796
1988	89	121,377	438	1,061,161	527	1,182,538
1989	70	177,273	478	2,241,026	548	2,418,299
1990	85	220,115	376	2,081,657	461	2,301,772
1952-1990.12	2,188	1,953,781	3,585	11,297,838	5,773	13,251,619
1990 1-7	51	126,108	220	1,310,874	271	1,436,982
1	2	10,803	25	75,346	27	86,149
2	9	3,008	39	255,005	48	258,013
3	9	8,330	46	136,274	55	144,604
4	6	5,135	32	133,112	38	138,247
5	8	32,272	26	164,920	34	197,192
6	9	52,555	27	357,257	36	409,812
7	8	14,005	25	188,960	33	202,965
8	5	16,732	32	119,297	37	136,029
9	10	61,039	34	206,643	44	267,682
10	8	2,610	23	84,233	31	86,843
11	7	3,542	26	92,504	33	96,046
12	4	10,085	41	268,105	45	278,190
1991 1-7	41	95,002	165	1,023,752	206	1,118,754
1	12	13,339	32	106,892	44	120,231
2	5	5,572	27	214,636	32	220,208
3	2	1,137	27	260,374	29	261,511
4	4	447	17	86,018	21	86,465
5	11	17,663	24	130,738	35	148,401
6	4	55,196	14	95,990	18	151,186
7	3	1,649	24	129,104	27	130,753
較上年同期增減差額	−10	−31,106	−55	−287,122	−65	−318,228
較上年同期增減百分比 Compared with the same preiod of last year(%)	−20	−25	−25	−22	−24	−22
1952-1991.7	2,229	2,048,784	3,750	12,321,590	5,979	14,370,374

資料來源: 經濟部投資審議委員會 (1991)《中華民國外僑及外國人投資、技術合作、對外投資、對外技術合作統計月報》, (6 月)。

年由於金錢遊戲的興起, 部分服務業 (如證券業) 產生畸型發展、過度膨脹的現象。不過, 服務業不應當是低效率與金錢遊戲的代名詞。如果健全發展, 它可以成為高效率且對經濟發展有重要貢獻的部門: (1) 幾個重要尖端產業, 如資訊、科技、航空等, 或者本身的一大部分就屬於服務業, 或者需要服務業的大力支援; (2) 幾乎所有的製造業均需服務業的配合, 服務業的發展可以帶動製造業的發展; (3) 服務業和製造業一樣, 促使自由化與國際化, 則可透過競爭, 使它的效率大幅提高, 甚至成為經濟發展的領導產業之一。

為提升我國在國際經濟社會中的地位, 有必要考慮在我國建立下列中心:

(1) 區域金融中心

(2) 國際航空中心

(3) 倉儲轉運中心

(4) 資訊服務中心

(5) 標準化技術服務或指導中心

以上五種中心描繪出服務業可以發展的空間。五種中心均需大量技術人員, 有必要加強技術人員之訓練, 並應鼓勵旅居國外之技術人員回國服務。而且, 政府需要針對預計成立的中心 (1) 訂立近、中、遠程目標, (2) 根據目標與現實狀況訂立應推動事項之具體時間表, 及 (3) 確實執行並考核實施情形與效果。

4. 加強本身經濟實力、積極促進產業升級

在國際經濟社會之地位是本身經濟實力之延長, 一如外交為內政之延長。如果本身經濟實力不夠穩固, 產業升級無法完成, 經濟成長趨緩, 則以上所列各種作法均將落空。

前一節的討論顯示, 在東亞各國當中, 日、南韓、新、港持續在快速成長中, 而馬、泰、印尼甚至中國大陸等較落後的國家或地區, 亦在快速追趕當中。在1988至1990的3年間, 泰、馬兩國經濟的年平均成長率分別為11％與8％, 居全球之冠, 而人口居全球第五的印尼, 1990年經濟成長率亦達到6.5％。在此狀

況下，我國唯有加速產業升級、提升競爭力並維持高成長率，才能避免被東亞各國「夾殺」。產業升級是提升國際經濟地位的先決條件，至為重要。(有關產業升級與結構改變之分析已另案呈報。)

建議	說明
1. 積極參與 GATT 與 APEC 等國際組織。我國與美國經貿關係一向極為密切，所要加入之國際經濟合作組織不宜把美國排除在外。	有關加入 GATT 的作法已另案呈報。在 APEC 方面，最近其第三次資深官員會議已決定允許我國、中國大陸與香港同時在今年 11 月漢城年會中加入。我國加入該組織後，應盡一己之力，加強會員國之間的經濟合作關係。
2. 改善國內投資環境，吸引僑外投資。	我國近年來對外投資大幅成長，去年 1 至 6 月之對外投資額已達到 26 億 6,000 萬美元，相當於同期國內製造業投資之 61.4%。但是僑外投資之核准金額在今年 1 至 7 月只有 11 億美元，較 1990 年同期下降 22%。此種情況令人警惕。 　　雙邊貿易與投資關係之加強是提升我國國際經濟地位之基礎。我國宜大力改善國內投資環境，以吸引更多的僑外投資。
3. 促進服務業之自由化與國際化，建立高水準服務業，進而籌設以下各區域中心： (1) 金融中心 (2) 航空中心 (3) 倉儲轉運中心 (4) 資訊服務中心 (5) 技術服務及指導中心	如能履行自由化與國際化，服務業可以擺脫低效率的陰影，亦可擺脫做為金錢遊戲代名詞的不良形象，成為高水準的服務業，甚至成為經濟發展的領導產業之一。 　　政府要做的是訂立計畫，將人力與土地資源有系統地組織起來，進而發揮力量。政府需要針對各個預計成立的中心依照日本的做法，由專家學者與政府官員組織「審議會」，審慎規劃，然後由政府 (1) 訂立近、中、遠程目標，(2) 根據目標與現狀訂立應推動事項之時間表，(3) 確實執行並追蹤考核。
4. 加速產業升級，增強經濟實力，避免被東亞其他快速成長的國家夾殺。	近年來東亞諸國中，發展水準在我國之上或相當之日、港、新、南韓持續快速成長，發展水準在我之後的馬、泰、印尼等國

建議	說明
	則在加速追趕。1988 至 1990 的 3 年間，泰、馬兩國經濟年平均成長率分別爲 11% 與 8%，已居全球之冠，而人口居世界第五的印尼，1990 年經濟成長率亦達到 6.5%。國際經濟地位是本國經濟實力的延長，欲增強國際地位，本國經濟必須維持實力，避免被快速成長的東亞國家所夾殺。因此，我國宜加速產業升級、增強競爭力並維持經濟的高速成長。這是提升國際經濟地位之先決條件。

加入關稅暨貿易總協定的努力方向

1993年6月

一、背景

目前我國申請加入關稅暨貿易總協定 (以下簡稱 GATT) 的工作積極進行中;
GATT 已於去 (1992) 年年底成立我國入會案工作小組並舉行第一次會議,
今年4月我國已派代表參加第二次工作小組會議, 第三次工作小組會議預定於
6月下旬在日內瓦召開。

　　如前呈「重返關稅暨貿易總協定之研議」報告中所陳, 加入 GATT 的程序
是 (1) 向 GATT 秘書處提出申請; (2) GATT 理事會接受申請, 並成立工作
小組審查, 由任何有興趣之締約國家參加; (3) 申請者提出外貿體制備忘錄, 由
秘書處送請各國提出質疑問題; (4) 秘書處整理所提問題, 送請申請國作書面
答覆並轉知各國, 請其提出再質疑; (5) 召開工作小組會議就所提問題之答覆
與再質疑舉行面對面的溝通; (6) 申請國與要求舉行關稅減讓及非關稅措施談
判之締約國進行雙邊及多邊談判; (7) 秘書處根據談判決議擬訂入會議定書草
案, 經理事會無異議通過並獲三分之二以上締約國投票贊成後, 完成入會手續。
目前我國已進到第 (5) 個步驟, 根據曾經來訪美國貿易代表署克萊恩女士所作
非正式預測, 類似的工作小組會議共將舉行約六次, 如果依目前速度大約每兩
個月舉行一次推斷, 六次均舉行完畢要到今年年底左右; 另外, 過去其他國家
申請入會的經驗顯示, 自工作小組成立到正式入會平均花費時間為1年; 由以
上各點推斷, 如果一切順利, 我國正式入會應在今年年底或明年年初前後。

目前各國透過秘書處所提的470個問題, 在第二次工作小組中共處理了319個, 層面包含經濟, 對外貿易狀況、關稅、關務體制、進出口許可證制度、商品標示、工業標準、產品檢驗、檢疫、對外貿易協定、工業、農業、貨幣、外匯及金融政策。預定在第三次工作小組中商談所餘的151個問題, 則與財政、外人投資、政府採購、智慧財產權、電信科技政策、國營事業、中小企業及服務業有關。不過目前大多數的問題是屬於發掘真相 (facts finding) 性質, 真正的貿易談判要到工作小組會議後期及與各國舉行雙邊關稅減讓談判時才會漸次展開。

截至目前為止, 已有加拿大、紐西蘭、香港、菲律賓、土耳其5國正式提出舉行雙邊關稅減讓談判之要求, 美國亦已以口頭表示將進行談判; 預計提出要求的國家還可能增加, 談判將陸續展開, 而且據了解, 前述5國中加、紐、菲、土可能對農產品關稅減讓有興趣, 而香港則將提出兩岸貿易的相關問題。

究竟在未來工作小組會議及雙邊關稅減讓談判中, 可能觸及的問題有哪些, 我國在哪些方面可能需作減讓, 國內政策應如何調整以為因應, 以下分農業、工業與多邊談判及兩岸關係三方面討論。

二、農業

目前我國多項農產品的進口管理方式可能會受到締約國的質疑, 主要的問題有三類:

1. 目前有動物雜碎、大宗漁貨、液態牛乳、東方梨, 小麥粉粒及蔗糖等項管制進口, 另有稻米及其製品、雜穀類、花生及製品、紅豆及製品、大蒜、香菇、金針、椰子、柚子、檳榔、龍眼乾、五花豬肉、雞肉及鴨肉塊等項為憑農委會或糧食局同意始准進口, 不符 GATT 第11條消除數量限制之規定。

2. 目前有桃子、柿子、香蕉、鳳梨、番石榴、芒果、橙類、檸檬、葡萄柚、葡萄、木瓜、李子、荔枝、桂圓及蘋果等水果及全鴨、火雞肉採限制地區進

表1 敏感農產品關稅稅率

	稅率
1. 農產品	
蘋果、西洋梨、桃、奇異果、木瓜、芒果、西瓜。	50%
橙、葡萄柚、檸檬。	產期50%, 非產期25%
濃縮果汁、水果原汁、蜂蜜、蜜瓜。	45%
葡萄	42.5%
胡蘿蔔、豌豆、糖食。	40%
洋葱	37.5%
綠豆、李子。	35%
甘藍	32.5%
芹菜、馬鈴薯、鳳梨。	30%
餅乾、麵包、香蕉。	25%
調製馬鈴薯片、甜玉米罐頭、蕃茄醬。	20%
巧克力	15%
2. 畜產品	
調製禽肉	40%
鴨肉	35%
牛肉	高級20元/公斤
	低級30元/公斤
臘腸、調製牛肉	20%

註: 以上各項僅含准許進口及限制地區進口項目。

資料來源: 農委會。

口及配額制, 不符 GATT 第一條普通最惠國待遇 (無歧視) 之規定。

3. 目前農產品平均名目關稅22%, 較日本約13%與韓國20%均略嫌偏高, 也較我國工業產品平均關稅6.5%高出許多, 其中部分水果、果汁、漁產品、香料、加工食品等項目關稅高達40%至50% (見表1), 很可能在關稅談判中面臨要求調降之壓力。

再者, 目前烏拉圭談判正在積極進行中, 美國和歐體均希望在今年年底前達成協議, 我國一旦加入 GATT, 也須受到規範。烏拉圭回合目前協議書草案 (俗稱鄧克爾版方案 Dunkel Text) 中有關農產品方面的重要規定有:

1. 所有非關稅措施改為關稅。

2. 所有農產品的關稅均設上限。

3. 1993到1999之間, 對貿易有扭曲效果之國內政策須減少20%。

4. 對無貿易扭曲效果之國內政策不設限。

5. 1993到1999年間對農產品出口補貼支出減少36%。

如此則我國目前所行的保證價收購制度等保護國內農業之措施可能均需調整。

在過去第二次工作小組會議中, 我國代表曾表明, 我國固然是以已開發國家身分提出申請, 有若干項目仍然需要調整的期間, 必須作例外處理, 農產品是其中之一, 在 GATT 第11條也確有農產品進出口得實施的數量限制之例外規定; 不過, 過去甚少有締約國依照該條例作例外處理而獲准之先例, 而且基於我國入會需有三分之二以上締約國支持的現實考慮, 未來在農業保護方面作若干讓步恐勢在必行。

調整的方向基本上是必須將非關稅措施儘量關稅化, 而且會刺激生產的補貼如依保證價收購也須逐年減少, 目前稻米、玉米、高梁、大豆等保證價格高於國際市價三至四倍, 即須作若干削減。

三、工業

目前我國工業產品平均關稅約6.5%, 與美國 (6.3%)、日本 (6%)、歐體 (6.4%)水準相當, 僅高於瑞典 (4.8%)、瑞士 (2.9%), 但低於加拿大 (7.3%)、奧地利(8.1%)、荷蘭 (11.4%) 和挪威 (6.7%), 是以總括而言, 目前稅率不高, 不致有全面大幅調降的必要。

不過在個別產品方面, 有些關稅或進口管制可能會遭到質疑或要求減讓。表2刊載了目前我國工業品大分類的平均關稅, 在進入 GATT 過程中可能需要調整的有以下各點:

表2 平均名目關稅稅率

單位: %

產品分類*	第一欄	第二欄
3. 動植物油脂及其分解物: 調製食用油脂; 動植物臘。	10.99	8.88
4. 調製食品; 飲料; 酒類及醋、菸類及已製菸類代用品。	31.68	28.19
6. 化學或有關工業產品。	6.03	4.04
7. 塑膠及其製品、橡膠及其製品。	6.38	5.07
8. 生皮、皮革、毛衣及其製品; 鞍具及鞽具, 旅行用物品、手袋及其類似容器, 動物腸線製品 (蠶腸線除外)。	5.65	3.83
9. 木及木製品; 木炭; 軟木及軟木製品; 草及其他編結材料之編結品; 編藍及柳葉編結品。	5.80	4.08
10. 木漿或其他纖維質材料之紙漿; 紙或紙板之廢料及碎料; 紙及紙板及其製品。	6.90	5.36
11. 紡織品及紡織製品。	11.78	10.13
12. 鞋、帽、雨傘、遮陽傘、手杖、座凳式手杖、鞭、馬鞭及其零件; 已整理之羽毛及其製品; 人造花; 人髮製品。	10.51	6.89
13. 石料、膠泥、水泥、石棉、雲母或類似材料之製品; 陶瓷產品; 玻璃及玻璃器。	11.32	8.84
14. 天然珍珠或養珠、寶石或次寶石、貴金屬、被覆貴金屬之金屬及其製品; 仿首飾; 鑄幣。	0.61	0.33
15. 卑金屬及卑金屬製品。	8.56	6.73
16. 機器及機械用具; 電機設備; 及其零件; 錄音機及聲音重放機, 電視影像、聲音配記錄機, 上述各物之零件及附件。	7.96	6.06
17. 車輛、航空器、船舶及有關運輸設備。	15.30	14.10
18. 光學、照相、電影、計量、檢查、精密、內科或外科儀器及器具; 鐘錶; 樂器; 上述物品之零件及附件。	5.65	4.35
20. 雜項製品。	8.41	5.53

註: * 本表以下所用之產品分類為國際商品統一分類制度 (The Harmonized Commodity Description and Coding System, 簡稱 HS)。

資料來源: 劉大年、劉孟俊 (1993)〈我國加入關貿總協後工業部門之調適〉, 中華經濟研究院: 加入關貿總協與國內產業之因應調整研討會, 4月。

表3　我國限制進口地區工業產品表

進口管理代號	產品
205 限自歐美自由地區進口	・汽車用輻射層輪胎 ・貨車底盤 ・機車
206 限向歐美自由地原廠進口	・轎車、旅行車、吉普車
603 限向歐美自由地區採購但須附相關單位文件	・特用車輛 ・大客貨車底盤

資料來源: 同表2。

1. 因應不歧視原則, 未來第一欄關稅可能要取消, 所有國家適用第二欄關稅。如此更改而受到影響的進口國只有古巴、捷克、緬甸、羅馬尼亞、甘比亞、毛利塔尼亞、獅子山、突尼西亞、烏干達、辛巴威計10國, 與我國貿易額很小, 影響輕微。

2. 食品加工業現行關稅甚高, 基本上是配合農業保護政策, 未來隨農業保護之降低而需加削減。

3. 目前對汽車業 (含零組件) 之關稅保護水準較高, 而且對整車之進口地區設限 (見表3), 均可能被提出質疑。我國代表在第二次工作小組會議中曾表明汽車業屬於需要調整時間的行業, 而且世界各國大多數對汽車業均有相當保護, 未來我國對汽車業之保護不可能也不需要立即全面撤除, 但是將關稅水準作進一步的削減勢所難免。至於是否開放歐美自由地區以外整車進口, 需視談判結果而定。

4. 目前部分重電設備、家電用品、電線電纜、工商用電設備、零配件之關稅較日、韓、歐、美等國爲高, 可能面臨要求調降的壓力; 另外彩色監視器關稅爲15%, 輪胎爲10%至15%, 且部分有進口地區限制 (見表2), 亦可能遭到質疑。

表4 我國對東京回合規約協定態度一覽表

協定項目	簽署對我國造成的影響	承諾與否
補貼及平衡措施協定	適當保護產業發展	承諾簽署
反傾銷協定	有利產業尋求保護	承諾簽署
技術性貿易障礙協定	使我國標準檢驗等合於國際規範	承諾簽署
政府採購協定	我國必須整合制度且促使市場開放	尚未承諾
關稅估價協定	有利關稅估價制度建立	承諾簽署
輸入許可證簽發程序協定	我國貿易法中有相同規定	承諾簽署
民用航空器協定	對航太工業發展不利	尚未承諾
酪農產品協定	與我國關係不大	不準備承諾
牛肉協定	與我國關係不大	不準備承諾

資料來源: 國貿局。

四、多邊談判及兩岸關係

東京回合談判中各國除達成關稅減讓之決議外, 還擬定了十項規約, 分別處理救濟措施、非關稅貿易障礙及特定產業等問題。這些規約之名稱、簽署後對我國造成的影響及目前我國準備採取之態度列於表4。

在十項協議中, 補貼、平衡及反傾銷協定屬於進口救濟, 簽署之後將有利於產業尋求保護; 技術性貿易障礙、關稅估價及輸入許可證簽發程序協定之簽訂將使我國作業標準合於國際規範, 本就是應當努力的方向, 承諾簽署是正確的。政府採購協定目前未承諾簽署, 但在未來的談判中有可能被質疑; 這一部分的調整成本對我國而言較大, 主要是因為目前與我國政府採購有關的法令多達42項, 包括預算法、會計法、審計法、機關營繕工程購置定製變賣財物稽察條例、退除役官兵輔導條例等, 要整合非一蹴可幾, 而且現行採購辦法明顯偏重國內, 各機關對國內採購的比例占77%, 如果改予外商國民待遇需付出相當的調整成本。

現在進行中的烏拉圭回合談判, 如果現行鄧克爾版草案通過, 在農業方面

之規定已如前述, 在其他 (尤其是服務業) 方面的重要規範如下:

1. 服務業

(1) 應遵守最惠國待遇 (無歧視) 原則及手續透明化原則, 但允許一般性及特殊性的例外。

(2) 逐步開放市場並遵守國民待遇原則。

(3) 對未來繼續進行服務業自由化談判之承諾。

(4) 對勞工移動、金融服務、通訊及機場服務之特定協議。

2. 紡織業

(1) 10年以內逐漸取消現行的多邊紡品協定 (Multi-Fibre Agreement 或 MFA)。

(2) 分三階段逐步開放進口之自由化。

(3) 將現行 MFA 中的配額數量加速提高。

(4) 訂立過渡期的進口救濟辦法。

3. 智慧財產權

(1) 遵守國民待遇及最惠國待遇原則。

(2) 分項目就保護之程度作清楚的定義。

(3) 對外國智慧財產權所有人之保護義務。

(4) 設立委員會監督本協定之執行並在整體規畫下設立爭端處理制度。

4. 爭端處理

(1) 設立一個新的爭端處理組織 (Dispute Settlement Body 或 DSB) 以監督爭端處理程序。

(2) 訂立爭端處理小組 (Panels) 處理的時限。

(3) 除 DSB 無異議推翻外, 小組報告一律採納。

5. 與貿易相關之投資

(1) 遵守國民待遇原則。

(2) 自製率、最低出口比例等不合規範規定之列舉。

6. 救濟程序

(1) 禁止 (界於適當防衛與不適當保護) 灰色地帶之救濟措施。

(2) 確立救濟措施之無歧視原則。

(3) 救濟措施之時限。

　　這些規定如獲通過, 其中服務業及外人投資方面的規範對我國影響最大, 宜未雨綢繆。

　　在兩岸關係方面, 如同上述前呈報告所指出, 在中共入關之時, 我國依國統綱領進度若尚不準備進入允許三通的階段, 即必須將中共排除在我國所簽署 GATT 的適用範圍之外。可引用的條款為 GATT 第21條 (國防安全之例外), 第35條 (特定締約國間排除適用) 或第20條 (一般例外), 我國可視情形預做必要的準備。

五、政策建議

建議	說明
1. 依目前進度繼續積極尋求加入 GATT, 並以在今年年底或明年年初正式加入為目標。	一般而言, 自工作小組成立到正式加入約需時1年。處理我國申請案之工作小組已於去年11月成立, 如果一切順利, 今年年

建議	說明
	底或明年年初我國獲准加入可做爲目標。在中共經濟力量日益擴張且亦積極尋求加入 GATT 的狀況下, 我國有必要以積極的態度加入 GATT, 以提升並固守我國在國際經濟組織中的地位。
2. 循下列方向調整農業政策:	在多邊和雙邊談判中, 我國必須作較大讓步或調整的將是農業, 故宜從以下三方向努力。
(1) 全面檢討並調整農業發展方向。	(1) 宜進一步推動輔導農民轉業方案, 並以適當方式將農業用地移轉爲非農用地。
(2) 改採無貿易扭曲效果之補貼措施。	(2) 將現行以保證價格收購爲主的補貼制度改爲農民年金、以環境及資源保育爲目的之給付或農地休耕等不刺激生產 (符合 GATT 規範) 之措施。
(3) 逐步取消數量或進口地區限制, 改課以等量之關稅。	(3) 在多邊或雙邊談判前即應逐步取消數量或進口地區限制, 改課以等量效果之關稅。如此於未來談判時可單就關稅作是否減讓的討論; 如維持現行架構, 於談判時可能被要求逕取消非關稅限制, 衝擊將更大。
(4) 建立農產品進口救濟制度。	(4) GATT 第19條規定, 凡進口貨品大量增加致傷害國內產業時得予以救助, 另第6條規定爲防止國外產品低價傾銷 (或補貼), 締約國可課徵反傾銷稅 (平衡稅)。前者方面農委會目前已訂有「主要農產受進口損害救助辦法」, 後者方面財政部已訂有 (與其他產品一體適用之)「平衡稅及反傾銷稅課徵實施辦法」, 未來均可再修正改進。
3. 循下列方向調整工業政策:	
(1) 檢討現行汽車及零組件保護體系, 將其進一步自由化。	(1) 對汽車業的保護是政府多年的政策, 至今保護程度仍高, 除轎車及大客貨車底盤限由歐美自由地區進口外, 大客貨車關稅高達42%, 轎車亦達30%, 在此次申請入會之時機, 宜檢討過去政策之有效性與必要性。一般而言, 政

建議	說明
	策的大方向在於進一步自由化和國際化, 汽車業不應為例外。
(2) 食品加工業之關稅隨農業保護之降低而削減。	(2) 食品加工業之關稅於農產品貿易自由化後, 即可隨而調低。
(3) 針對重電設備等部分現行關稅仍高的產品, 研擬進一步調降關稅之時間表。	(3) 對其他產業也應朝自由化和國際化的既定方向調整。
4. 因應未來烏拉圭回合談判之決議, 規畫並促進服務業及外人投資之進一步自由化。	美國與歐體目前均希望烏拉圭回合談判能於今年年底前達成協議。根據現行協議草案, 服務業及外人投資均將受規範, 我國如獲准加入 GATT, 即須遵守相關規定。有鑑於此, 有必要循下列方向致力於服務業及外人投資之進一步自由化:
	(1) 全面檢討服務業之管理規定, 將不符最惠國待遇 (無歧視) 及國民待遇原則之項目列出, 逐一檢討, 並根據烏拉圭談判之結果逐年修正。此外, 為配合談判的重點, 對於外勞、金融業、通訊及機場服務業之現行規定應做適當修正。
	(2) 在外人投資方面, 目前之規定已相當寬鬆, 但仍應檢討是否有不符國民待遇或在自製率、最低出口比例方面有不合理的要求。這些未來均需配合烏拉圭回合談判的結果逐步修正。
5. 妥善檢討政府採購政策, 並作成中長期之調整方案。	東京回合談判所訂規約中的政府採購協定, 雖不具強迫性而且目前僅20餘締約國簽署, 但我國在申請入關的過程中或於入關後的談判中, 仍可能被要求簽署該項協定, 尤其在國家建設大力推動發展的現在, 各國對於此點當更敏感。是以未來我國在此方面有必要作若干調整。可行的方法是先將現行規定作一整合性的研究, 找出其中不符最惠國待遇及國民待遇之處, 而後研擬調整辦法, 作為中長期努力的目標。

建議	說明
6. 中共如獲加入 GATT, 我國應依國統綱領所定之進度決定是否動用 GATT 第21條國防安全約例外條款, 排除 GATT 對兩岸經貿關係之適用。	如中共獲准加入 GATT, 且我國依國統綱領進度尚不允許三通, 即需動用 GATT 中之例外條款 (第21、35或20), 將兩岸經貿關係排除適用。

加入 GATT 對農業部門的衝擊

1994年11月

一、前言

GATT 的基本精神在於採互惠、不歧視原則, 以降低關稅及消除其他貿易障礙手段, 擴大國際商品貿易、提高生活水準, 並確保充分就業。GATT 成員於1986年起展開「烏拉圭回合」多邊貿易談判, 經7年3個月, 終於在去年底達成協議。在農產品方面, 根據協議, 各國農產品平均關稅率需於未來6年內較基期 (1986至1988) 削減36%, 單項產品至少降幅15%。所有農產品, 除稻米外一律關稅化。境內農產品價格支持水準需於6年內削減20% (開發中國家爲13.33%)。在出口補貼方面, 已開發國家需於未來6年削減36%, 接受出口補貼農產品數量則需削減21%; 開發中國家於未來10年削減出口補貼金額24%, 削減接受補貼出口數量14%。

我國目前正處於入關前與各國最後諮商階段。農產品爲入關談判3A 項目之1 (其他兩項爲汽車及酒)。開放農產品進口並調低關稅是不可避免的結果, 入關後我國農業部門將受到多大的衝擊是本報告討論的主題。

二、入關對我國農業影響的相關研究

我國目前有多項農產品貿易不符合烏拉圭回合協議的規範而必須調整者, 包括: (1) 現行採進口管制或以核發同意文件限制進口的農畜產品, 包括稻米、

花生、紅豆、雞肉、鴨肉等21種農產品, 以及蘋果、柑桔、鳳梨、香蕉等16種限制進口地區的產品, 必須開放市場及降低關稅; (2) 對農業生產的境內支持或補貼程度也需調整。這兩大項調整勢必對未來的農業發展產生若干影響。國內目前對此一調整措施已有四份評估分析, 結果並不一致, 值得檢討。茲分述如下:

1. 經建會委託中華經濟研究院之「我國進入關稅暨貿易總協定經濟評估模型之建立」研究 (1994年6月), 係利用社會會計矩陣為架構的可計算一般均衡模型 (Computable General Equilibrium Model, CGE), 主要為: 假設 (1) 目前一半的農產品非關稅措施關稅化, (2) 稻米限量開放進口, (3) 境內支持削減20%, (4) 工業產品關稅平均調降38%; 以上措施分三期 (1995, 2000, 2005) 調整, (5) 不考慮服務業開放所受到的影響, (6) 資源可重分配且立即調整, (7) 世界貿易在2005年增加20%, 且逐年反映在我總出口上, 則加入 GATT 後10年之內, 每年農業產值、農業國內生產毛額、農業勞動力、農業品出口額均下降, 惟農產品進口將大幅上升。具體數字為1995年農業產值將減少264億元, 至2000年減少730億元, 至2005年減少1,210億。農業國內生產毛額1995年減少100億元, 至2000年減少246億元, 至2005年減少405億元。累計的農業勞動力1995年減少42千人, 至2000年減少128千人, 至2005年減少178千人。農產品出口1995年增加4億元, 進口增加218億元, 至2000年出口減少4億元, 進口增加850億元, 至2005年出口減少9億元, 進口增加1,503億元。

   本研究由於未充分考慮入關後農業土地在農業內部轉用的效果, 且原模型分析的重點為入關對整體經濟之衝擊, 農業資源將因非農部門的擴張而受到排擠作用, 因此產量銳減, 且隨開放程度增加而減少幅度擴大。

2. 經建會委託王連常福教授「台灣可計算一般均衡模型之改進」研究, 假設入關後世界貿易量不變、增加10%及增加20%等三種情形下, 其他條

件與第一篇研究相同，其中第二種情況世界貿易量增加10%可視爲入關後中期，或相等於2000年所受影響，第三種情況可視爲入關長期所受的影響，或可解釋成2005年的情形，入關對農業產銷的影響如下：在三種不同的假設下，農業國內生產毛額分別減少95億元，267億元及421億元。農業勞力（全職）分別減少5千人，48千人及86千人或等於16千人，153千人及274千人一般農業勞力。農產品出口分別增加7億元，減少12億元及減少27億元，農產品進口分別增加134億元、250億元及增加343億元。

這份報告指出隨著全球貿易量的擴張，我國非農部門所受到的影響會增加，因而吸引農業資源，使農業部門受到的負面影響加深。該報告的另一特色爲，將農民按就業性質分成雇主、自營者及受雇者三大類，分別代表高、中、低三類所得農戶。在長期（世界貿易量增加20%）前二者平均家計所得會減少，第三類低所得農戶會增加。此與常理之推論亦甚符合。

3. 行政院農委會委託中華經濟研究院之「建立我國台灣地區農業政策評估模型之研究」，同樣利用以社會會計矩陣爲架構的可計算一般均衡模型，假設入關後農產品關稅降低36%，境內支持減20%，稻米限量開放進口5%，非關稅障礙削減25%，再逐年調降至36%，入關後農業產值、農業國內生產毛額、農業勞動力、農產的進口及出口均將減少。具體數字爲，農業產值在農業資源可自由移動的情形下（較基期1992年）將減少136億元，若農業資源不可移動，則產值將大幅減少398億元，（以下括弧內數字係指資源無法移動的情形）。農業國內生產毛額減少71億元（或199億元），農業勞動力減少57千人（133千人），農產品進口增加68億元（122億元），出口增加1.2億元（或減少11億元）。

該研究由於假設留農及離農資源可完全自由移動並充分就業以及不能移動兩種極端情形，實際的情形可能在兩者之間。

4. 行政院農委會「加入 GATT 對農業影響之初步分析」研究, 利用比較
   靜態分析, 假設市場開放導致進口農產品價格降低, 透過進口替代彈性
   影響國內生產。該研究根據目前談判進度, 設定個別產品開放情形, 假
   設國內生產技術不變及維持稻米收購制度下, 入關第1年農業產值 (將
   較基期1993年) 減少276–330億元, 第6年則減少466–551億元。農業
   勞動力入關第1年將減少64千人, 第6年減少80千人。此外, 入關後由
   於新興農產品的開發, 農業產值可增加16.5億元, 6年後可增加90億元。
   換言之, 透過農業內部結構調整可緩和該部門所受的不利衝擊。

   　　本研究由於部分農產品從未開放進口, 其進口彈性之估計不易精確,
   如農業供給彈性應有長短期之分, 如前一分析。換言之, 前3個模型均為
   一般均衡模型, 可考慮部門間資源重分配效果, 此一模型則無法考慮, 為
   本文最大的限制。

三、結論與建議

我國加入關貿總協對農業部門的衝擊最大。綜合目前四份相關研究報告, 評估
結果雖不盡相同, 但仍有某些一致性, 綜述如下:

1. 入關農業所受到的衝擊, 主要取決於 (1) 農業開放程度擴大, (2) 全球
   貿易擴張的速度, 以及 (3) 國內資源可移轉性的大小。三者在長期均不
   利農業生產, 出口減少, 進口增加, 農產人口減少並外移, 儘管入關後部
   份農產品仍有很好的發展空間。

2. 入關後第1年農業產值將減少260億元左右。理由: 採模型 (1), 或農委
   會估計之下限, 資源因短期農業移動不易, 因此農業產量減幅較小, 但在
   價格上與進口品競爭必然加劇, 對農民不一定有利。入關後第5年, 產值
   下降在420億元左右。理由: 取農委會考慮新增新興農產品後估計值中

位數 (376–461億元), 以及中經院模型 (II) 資源可完全移動結果 (398億元) 略往上調整。

3. 入關後農業部門國內生產毛額第1年降100億元, 第5年降250億元, 第10年降400億元。理由採中經院模型 (I) 估計結果, 因中經院模型 (I) 估計值與王連教授估計值十分接近。

4. 農業人口外移累計第1年為60千人, 第5年140千人, 第10年為230千人。理由: 農業人口外移第1年採農委會數字, 第5年及第10年因農委會未考慮非農部門擴張所吸收的農業人口, 因此後二者採中經院模型 (I) 及王連教授推估數字之平均值。

5. 農產品貿易, 第1年進口增加120億, 出口增加1億元, 兩者均採農委會保守估計值, 前者為上限, 後者為下限。

6. 入關對農業雇主、自營者不利, 這些農民主要為漁業養殖及畜牧業者, 因過去所享農業保護較高, 入關後所受衝擊反應較大。

　　入關在我國農業發展史上可說是一次最大的變革。其衝擊的層面與深度不僅受農業本身調適能力的影響, 也受其他產業如何因應入關的影響。但基於長期資源使用合理分配, 根本解決農業所得偏低以及補貼問題, 入關也是農業再發展與糾正土地不合理使用情形的契機, 基於以上的分析, 提出下列建議:

建議	說明
1. 農委會宜儘早規劃短期因應措施。	短期農業資源調適不易, 產值不可能大幅降低, 而要面臨進口的直接競爭, 短期因應措施宜妥善規劃。
2. 農委會宜全面檢討現行低利農貸, 以緩和 GATT 所受衝擊最大之項目為優先貸款之對象。	例如目前對農會設立超市之低利融資, 並無繼續之必要。
3. 為便於農業進行長期調整, 宜擴大開放農地使用限制, 持有人移轉的範圍宜再予放寬, 惟此一開放利益宜儘可能回饋農業。	在做法上應考慮其機會成本, 農地農用不必堅持, 但應做好保育措施。

加入 GATT 對農業衝擊分析

單位: 億元; 千人

		中經院 (I)	王連教授	農委會	中經院 (II)
(1) 農業產值	1995年	−264		−276 ∼ −330 (−359.5 ∼ −313.5)	−136
	2000年	−730		−466 ∼ −551 (−376 ∼ −461)	
	2005年	−1,210			−398
(2) 農業國內	1995年	−100	−95		−71
生產毛額	2000年	−246	−267		
(GDP)	2005年	−405	−421		−199
(3) 農業勞動力	1995年	−42	−16	−64	−57
	2000年	−128	−153	−80	
	2005年	−178	−274		−133
(4) 農產品貿易	1995年進口	218	134	68∼122	68.7
	出口	4	7	1.2∼ −11	1.2
	2000年進口	850	250		
	出口	−4	−12		
	2005年進口	1,503	343		121.7
	出口	−9	−27		−11

資料來源: (1)中華經濟研究院 (周濟教授等) (1994)〈我國進入關稅貿易總協定經濟評估模型之建立〉,
行政院經建會委託研究, 6月。

(2)中華經濟研究院 (周濟教授等) (1994)〈建立我國台灣地區農業政策評估模型之研究〉,
行政院農委會委託研究, 8月。

(3)王連常福等 (1994)〈台灣可計算一般均衡模型之改進〉, 行政院經建會委託研究, 6月。

(4)行政院農委會 (1994)〈加入 GATT 對農業影響之初步分析〉, 行政院農委會自行研究,
9月。

國家圖書館出版品預行編目資料

國際經貿政策建言=Taiwanese international finance and trade policy / 梁國樹作. --初版. --臺北市：遠流，1998〔民87〕

面；　　公分. -- (大學館-梁國樹財經政策建言集；2)

ISBN 957-32-3532-3(平裝)

1.財政 - 論文
2.貿易 – 政策 – 論文

561.07　　　　　　　　　　　　87008023